CURSO DE
POLÍTICA EXTERNA
BRASILEIRA
CONTEMPORÂNEA

Alanna Lima dos Santos | Ana Carolina Marson | Bianca de Oliveira | Cairo Junqueira | Clarissa Nascimento Forner | Edson José de Araujo | Guilherme Augusto Guimarães Ferreira | Guilherme Di Lorenzo Pires | Ivan Filipe Fernandes | Julia Thassya Theodoro Soares | Laís Caroline Kuss | Letícia Cunha de Andrade Oliveira | Luis Fernando Baracho | Maurício Homma | Naiane Inez Cossul | Rafaela Resende Sanches | Rodrigo Corrêa Teixeira | Rodrigo Fernando Gallo | Rodrigo Pedrosa Lyra | Sara Toledo | Tatiana de Souza Leite Garcia | Thiago Felix Mattioli | Vinícius Tavares de Oliveira | Virgílio Franceschi Neto | Vitória Totti Salgado

CURSO DE
POLÍTICA EXTERNA
BRASILEIRA
CONTEMPORÂNEA

AGENDAS E POSICIONAMENTOS

Organizador:
Rodrigo Fernando Gallo

Freitas Bastos Editora

Copyright © 2023 *by* Alanna Lima dos Santos, Ana Carolina Marson, Bianca de Oliveira, Cairo Junqueira, Clarissa Nascimento Forner, Edson José de Araujo, Guilherme Augusto Guimarães Ferreira, Guilherme Di Lorenzo Pires, Ivan Filipe Fernandes, Julia Thassya Theodoro Soares, Laís Caroline Kuss, Letícia Cunha de Andrade Oliveira, Luis Fernando Baracho, Maurício Homma, Naiane Inez Cossul, Rafaela Resende Sanches, Rodrigo Corrêa Teixeira, Rodrigo Fernando Gallo, Rodrigo Pedrosa Lyra, Sara Toledo, Tatiana de Souza Leite Garcia, Thiago Felix Mattioli, Vinícius Tavares de Oliveira, Virgílio Franceschi Neto e Vitória Totti Salgado.

Todos os direitos reservados e protegidos pela Lei 9.610, de 19.2.1998.
É proibida a reprodução total ou parcial, por quaisquer meios, bem como a produção de apostilas, sem autorização prévia, por escrito, da Editora.

Direitos exclusivos da edição e distribuição em língua portuguesa:

Maria Augusta Delgado Livraria, Distribuidora e Editora

Direção Editorial: *Isaac D. Abulafia*
Gerência Editorial: *Marisol Soto*
Diagramação e Capa: *Julianne P. Costa*

Dados Internacionais de Catalogação na Publicação (CIP) de acordo com ISBD

```
C977        Curso de Política Externa Brasileira Contemporânea: Agendas
         e Posicionamentos / Alanna Lima dos Santos ... [et al.] ; organ-
         izado por Rodrigo Fernando Gallo. - Rio de Janeiro, RJ : Freitas
         Bastos, 2023
            528 p. ; 15,5cm x 23cm

            ISBN: 978-65-5675-305-8

            1. Relações internacionais. 2. Política Externa Brasileira.
         3. Paradiplomacia. 4. Diplomacia. 5. Agenda internacional. 6.
         Relações institucionais. I. Santos, Alanna Lima dos. II. Marson,
         Ana Carolina. III. Oliveira, Bianca de. IV. Junqueira, Cairo.
         V. Forner, Clarissa Nascimento. VI. Araujo, Edson José de. VII.
         Ferreira, Guilherme Augusto Guimarães. VIII. Pires, Guilherme Di
         Lorenzo. IX. Fernandes, Ivan Filipe. X. Soares, Julia Thassya
         Theodoro. XI. Kuss, Laís Caroline. XII. Oliveira, Letícia Cunha
         de Andrade. XIII. Baracho, Luis Fernando. XIV. Homma, Maurício.
         XV. Cossul, Naiane Inez. XVI. Sanches, Rafaela Resende. XVII.
         Teixeira, Rodrigo Corrêa. XVIII. Gallo, Rodrigo Fernando. XIX.
         Lyra, Rodrigo Pedrosa. XX. Toledo, Sara. XXI. Garcia, Tatiana
         de Souza Leite. XXII. Mattioli, Thiago Felix. XXIII. Oliveira,
         Vinícius Tavares de. XXIV. Franceschi Neto, Virgílio. XXV. Salga-
         do, Vitória Totti. XXVI. Gallo, Rodrigo Fernando. XXVII. Título.
2023-1557                                                     CDD 327
                                                              CDU 327
```

Elaborado por Vagner Rodolfo da Silva - CRB-8/9410

Índices para catálogo sistemático:
1. Relações internacionais 327
2. Relações internacionais 327

Freitas Bastos Editora
atendimento@freitasbastos.com
www.freitasbastos.com

SOBRE OS AUTORES

Alanna Lima dos Santos é doutoranda em políticas públicas na Universidade Federal do ABC (UFABC). Mestra em políticas públicas na Universidade Federal do ABC (UFABC) e Graduada em relações internacionais na Fundação Escola de Comércio Alvares Penteado (FECAP).

Ana Carolina Marson é graduada em Relações Internacionais e Ciências Econômicas e mestre e doutora em Relações Internacionais pelo Instituto de Relações Internacionais da Universidade de São Paulo. Atua como docente dos cursos de Relações Internacionais e Ciências Econômicas da Universidade São Judas Tadeu.

Bianca de Oliveira é mestra em Integração da América Latina pela Universidade de São Paulo (Prolam/USP) e bacharela em Relações Internacionais pela Universidade Anhembi Morumbi. No mestrado desenvolveu a pesquisa "Integração da infraestrutura de transportes na América do Sul: a atuação e os desafios da IIRSA/CO-SIPLAN nos Eixos de influência do MERCOSUL" e, desde então, tem publicado artigos e capítulos de livro sobre o tema. Atuou como assistente de professores no Programa de Aperfeiçoamento de Ensino da Universidade de São Paulo e no Programa Acessa Escola da Secretaria da Educação do Estado de São Paulo. Atualmente, é assistente administrativa da Escola de Relações Internacionais da Fundação Getulio Vargas (FGV).

Cairo Junqueira é professor Adjunto do Departamento de Relações Internacionais da Universidade Federal de Sergipe (DRI/UFS) e Pós-doutorando pelo Programa Interinstitucional de Pós-Graduação em Relações Internacionais "San Tiago Dantas" (UNESP, UNI-CAMP, PUC-SP).

Clarissa Nascimento Forner é professora de Relações Internacionais na Universidade São Judas Tadeu. Doutora em Relações Internacionais pelo PPGRI San Tiago Dantas (Unesp-Unicamp-PUC/SP). Pesquisadora do Grupo de Estudos de Defesa e Segurança Internacional (GEDES) e do Instituto Nacional de Ciência e Tecnologia para Estudos sobre os Estados Unidos (INCT/INEU).

Edson José de Araujo é economista, mestre em Governança Global e Formulação de Políticas Internacionais da PUC-SP e Especialista em Política e Relações Internacionais (FESPSP). Atuou como articulista no Centro de Estratégia, Inteligência e Relações Internacionais (CEIRI).

Guilherme Augusto Guimarães Ferreira é professor do Departamento de Relações Internacionais da Escola Paulista de Economia, Política e Negócios (EPPEN) da Universidade Federal de São Paulo (UNIFESP). Doutor em Relações Internacionais pelo Programa de Pós-Graduação em Relações Internacionais San Tiago Dantas (UNESP, UNICAMP, PUC-SP).

Guilherme Di Lorenzo Pires é doutor em Relações Internacionais pela Pontifícia Universidade Católica de Minas Gerais (Belo Horizonte, Brasil). Possui mestrado em Relações Internacionais pela Pontifícia Universidade Católica de Minas Gerais (Belo Horizonte, Brasil) e graduação em História pela Universidade Federal de Minas Gerais (Belo Horizonte, Brasil). Líder do Grupo de Estudo Oriente Médio e Magreb (GEOMM) cadastrado no CNPq. Foi coordenador e professor no curso de especialização sobre as Relações Internacionais do Oriente Médio pelo IEC PUC Minas.

Ivan Filipe Fernandes é professor de Políticas Públicas da Universidade Federal do ABC. Coordenador do Programa de Pós-Graduação em Políticas Públicas. Mestre e doutor em Ciência Política.

Julia Thassya Theodoro Soares é mestra em Relações Internacionais pela Pontifícia Universidade Católica de Minas Gerais. Doutoranda em Sociologia pela Universidade Federal de Minas Gerais, bolsista CAPES modalidade I e membro do Grupo de Pesquisa das

Relações Internacionais do Atlântico Sul e membro do Grupo de Pesquisa em Instituições Internacionais e Segurança da PUC Minas.

Laís Caroline Kuss é doutoranda em Ciência Política pelo Programa de Pós-graduação em Ciência Política da Universidade Federal de Pernambuco (PPGCP-UFPE), mestre em Relações Internacional pelo Programa de Pós-graduação em Relações Internacionais da Universidade Federal de Santa Catarina (PPGRI-UFSC) e bacharel em Relações Internacionais pela Universidade do Vale do Itajaí (UNIVALI).

Letícia Cunha de Andrade Oliveira é analista de Relações Internacionais e historiadora de formação, coordenadora e professora de cursos de Relações Internacionais do Vale do Paraíba, professora conteudista em cursos no formato EaD (elabora questões, grava aulas e escreve livros-texto das disciplinas específicas dos cursos de História e de Relações Internacionais), professora de Social Studies em escolas internacionais, tem experiência administrativa e pedagógica, prática em ensino remoto e à distância, vivência e experiência com o International Baccalaureate.

Luis Fernando Baracho é formado em Direito pela Universidade Presbiteriana Mackenzie, Especialista em Política e Relações Internacionais pela Fundação Escola de Sociologia e Política de São Paulo, mestre em Direito Internacional pela Faculdade de Direito da Universidade de São Paulo, cursando o doutorado em Políticas Públicas pela Universidade Federal do ABC. Advogado. Professor de Direito Internacional nos cursos de Direito e de Relações Internacionais da Universidade São Judas Tadeu.

Maurício Homma é doutor em Ciências Sociais: Relações Internacionais e mestre em Educação: Currículo pela PUC-SP. Graduado em Ciências Políticas e Sociais pela Escola de Sociologia e Política de São Paulo. Professor nos cursos de Relações Internacionais da Universidade São Judas Tadeu e da Universidade Anhembi Morumbi.

Naiane Inez Cossul é doutora em Estudos Estratégicos Internacionais pela Universidade Federal do Rio Grande do Sul (PPGEEI/UFRGS). Mestre e Bacharel em Relações Internacionais pela Universidade Federal de Santa Catarina (UFSC). Professora do Curso de Graduação em Relações Internacionais do Centro Universitário Ritter dos Reis (UniRitter). Coordenadora do Laboratório de Estudos de Defesa e Segurança (LEDS) e do Núcleo de Apoio e Assessoria a Refugiados e Imigrantes (NAARI) da UniRitter. Vice-Presidente e Pesquisadora Associada do Instituto Sul-Americano de Política e Estratégia (ISAPE).

Rafaela Resende Sanches é mestra e doutoranda em Relações Internacionais pela Pontifícia Universidade Católica de Minas Gerais (PUCMinas), bolsista CAPES – modalidade II, membro do Grupo de Pesquisa em Instituições Internacionais e Segurança da PUC Minas e professora do curso de Relações Internacionais do Centro Universitário de Belo Horizonte (UNIBH) e da Ânima Educação.

Rodrigo Corrêa Teixeira é professor do Departamento de Relações Internacionais e do Programa de Pós-Graduação em Geografia – Tratamento da Informação Espacial – PUC Minas; Especialista em Relações Internacionais (PUC Minas), mestre em História (UFMG) e doutor em Geografia (UFMG); Colíder do Núcleo de Estudos das Colonialidades – PUC Minas.

Rodrigo Fernando Gallo é cientista político, mestre e doutor em Ciências Humanas e Sociais pela Universidade Federal do ABC (UFABC). Leciona em cursos de graduação nas áreas de Administração, Ciências Econômicas e Relações Internacionais, e de pós-graduação nas áreas de Ciência Política e Relações Internacionais.

Rodrigo Pedrosa Lyra é doutor em Relações Internacionais pela Universidade de São Paulo (USP) e pelo King's College London.

Sara Toledo é socióloga, mestre e doutora em Relações Internacionais pelo Programa de Pós-Graduação em Relações Internacionais San Tiago Dantas (Unesp-Unicamp-PUC-SP). Professora de Relações Internacionais e pesquisadora do Núcleo de Estudos e Relações Internacionais NEAI, vinculado ao Instituto de Políticas Públicas e Relações Internacionais (IPPRI) da Unesp. Pesquisadora no Instituto de Relações Internacionais da Universidade de São Paulo IRI-USP.

Tatiana de Souza Leite Garcia é doutora pelo Programa de Pós--Graduação em Geografia Humana da Universidade de São Paulo, mestra em Geografia e Gestão do Território pela Universidade Federal de Uberlândia, especialista em Ecoturismo pela Universidade Federal de Lavras, Graduada em Relações Internacionais e Geografia. Pesquisadora associada do Laboratório de Geografia Política da USP. Trabalhou nos setores público e privado em funções ligadas a relações institucionais e responsabilidade social e ambiental. No setor acadêmico atuou como professora em diversos cursos de graduação e pós-graduação, e na coordenação do curso de Relações Internacionais e Comércio Exterior na Universidade de Ribeirão Preto. Atualmente é consultora do Instituto Interamericano de Cooperação para a Agricultura e docente nas Universidades Anhembi Morumbi e São Judas.

Thiago Felix Mattioli é internacionalista. Mestre e doutor em Ciências Humanas e Sociais pela Universidade Federal do ABC.

Vinícius Tavares De Oliveira é professor do Departamento de Relações Internacionais; Bacharel em Relações Internacionais (PUC Minas), mestre e doutor em Relações Internacionais pelo Programa de Pós-graduação em Relações Internacionais da PUC Minas.

Virgílio Franceschi Neto é bacharel em Relações Internacionais pela PUC-MG. Mestre em Gestão do Esporte pela Faculdade de Motricidade Humana/Universidade de Lisboa. Editor de conteúdo digital do Olympics.com – Olympic Channel – Comitê Olímpico Internacional.

Vitória Totti Salgado é doutoranda e mestre pelo Programa de Pós-Graduação em Relações Internacionais 'San Tiago Dantas' (Unesp, Unicamp e PUC-SP). Pesquisadora Associada e Assistente de Projetos na Escola de Relações Internacionais da Fundação Getulio Vargas (FGV RI). Pesquisadora vinculada ao Observatório de Regionalismo (ODR) e ao Grupo de Estudos de Defesa e Segurança Internacional (GEDES).

PREFÁCIO: A POLÍTICA EXTERNA BRASILEIRA NO SÉCULO XXI

IRENE VIDA GALA[1]

O século XXI, que já se encontra em seu terceiro decênio, trouxe novidades e experimentos à política externa brasileira. Na agenda das novidades, os dois primeiros mandatos do Presidente Luiz Inácio Lula da Silva sublinharam a orientação universalista e multilateralista na diplomacia brasileira, desta feita em um contexto de reconfiguração do sistema internacional, com a ascensão das chamadas potências emergentes e a complexidade de novos temas, como a questão ambiental e a demanda por reforma das principais estruturas de governança do sistema internacional. Também incluiu a agenda das relações do Brasil com países africanos como parte do propósito governamental de adequação da ação em política externa à identidade nacional afro-brasileira e às demandas da população afrodescendente. No plano dos experimentos, a gestão do presidente Jair Bolsonaro optou por romper posições tradicionais da diplomacia brasileira, como o voto no Conselho de Direitos Humanos da ONU a favor de Israel, em resoluções sobre territórios reivindicados pela Síria e pela Palestina, assim como nos pronunciamentos do próprio chefe de estado, contra a China, principal parceiro comercial do Brasil. Mais ainda, Ernesto Araújo e Carlos França, chanceleres da ocasião, promoveram a ausência do Brasil de importantes e sensíveis foros internacionais, em evidente rompimento da tradição de diálogo de uma diplomacia

---

[1] Irene Vida Gala é diplomata de carreira. Foi Embaixadora do Brasil em Gana e é autora do livro *Relações Brasil-África. Política Externa do Governo Lula. 2003-2007. A Política Externa como Ação Afirmativa*. Atualmente é subchefe do Escritório de Representação do Ministério das Relações Exteriores em São Paulo e Presidenta da Associação das Mulheres Diplomatas Brasileiras.

que, por 150 anos, se orgulhava em promover consensos e a solução pacífica de controvérsias.

O ano de 2023 e aqueles que o sucederão, assim se espera, abrem perspectivas não só do retorno do Brasil como membro pleno e engajado à cena e aos debates internacionais, como também renovam a expectativa dos atores internos brasileiros quanto ao uso eficaz da diplomacia brasileira para consecução do interesse nacional, cada vez mais compreendido como os objetivos inscritos em nossa Constituição Federal. Esses atores vêm crescendo em número, mobilização e representatividade na medida em que o Brasil, seu governo e a sociedade civil se compromete a estender cidadania a mais e mais brasileiros e brasileiras. Por essa razão, em cumprimento ao artigo 3º da Constituição cidadã de 1988, antecipa-se ser compromisso da diplomacia brasileira a partir de 2023, após os reveses do quadrante bolsonarista, contribuir de forma objetiva e transparente para aqueles que são os objetivos fundamentais da República Federativa do Brasil, a saber: a construção de uma sociedade livre, justa e solidária; a garantia do desenvolvimento nacional, certamente sustentável e inclusivo; a erradicação da pobreza e da marginalização, mediante a redução das desigualdades sociais e regionais; e, por fim, a promoção do bem de todos, sem preconceitos de origem, raça, sexo, cor, idade e quaisquer outras formas de discriminação.

A agenda diplomática capaz de incorporar todos esses propósitos precisa, necessariamente, estar aberta ao diálogo com os múltiplos segmentos da sociedade brasileira, sejam eles políticos, econômicos, acadêmicos e culturais, além, certamente, dos representantes da nossa diversidade social, regional e econômica. Mais do que nunca no passado, a política externa do século XXI requer sejam ampliadas as plataformas de diálogo interno que servirão para compor a posição externa a ser promovida e defendida pela diplomacia brasileira. Cada vez mais, essa agenda passa a ser fruto de uma rica, intensa e necessária, ainda que nem sempre fácil, composição de interesses oriundos não apenas da sociedade civil e de grupos econômicos, mas também dos próprios órgãos de governo, ciosos da transversalidade do internacional em suas respectivas pastas.

É nesse contexto que o estudo da política externa brasileira requer olhar atualizado e crítico sobre objetivos, atores, mecanismos e, sem dúvida, sobre o contexto internacional em que se desenvolve.

O Brasil é um grande país por atributos conhecidos como PIB, território, população, recursos minerais e ambientais, mesmo não sendo uma potência militar ou detentora de poderio nuclear. Dispõe de uma tradição pacifista e de uma ativa sociedade civil que, em passado muito recente, mostrou sua vocação para a opção democrática. Portanto, a partir da análise de atributos de poder, combinados a valores que inspiram e legitimam a diplomacia deste grande país, a política externa brasileira do século XXI impõe-se como campo de estudo essencial para a construção de um Brasil menos desigual, mais justo e inclusivo. Sobre os estudiosos da política externa brasileira contemporânea recai a responsabilidade de participar ativamente de uma reflexão, ao mesmo tempo, pragmática e principista, humanista e solidária. Essa tarefa implica na evolução, a passos largos, de estudos sobre temas a serem incorporados e abordados nesse campo teórico, tornado mais e mais sofisticado com a inserção de agendas associadas às fronteiras da ciência e da tecnologia, bem como dos desafios sociais nacionais e globais.

Espera-se, assim, sejam os alunos e alunas dos cursos de Relações Internacionais, público a quem se destina prioritariamente este volume, agentes dedicados à pesquisa, à reflexão e, sobretudo, à elaboração dos necessários avanços e sólidas bases para que a política externa brasileira chegue ao final do século XXI como referência internacional de promoção da paz mundial, de sustentabilidade planetária e, não menos importante, de justiça para todos os povos.

APRESENTAÇÃO: O BRASIL E A POLÍTICA EXTERNA CONTEMPORÂNEA

RODRIGO FERNANDO GALLO[2]

Estudar política externa brasileira obviamente é fazer um exercício de resgate de uma parte significativamente importante da história do Brasil, cuja ênfase recai sobre a diplomacia e sobre o processo de tomada de decisão dos assuntos internacionais, majoritariamente associados ao Ministério das Relações Exteriores e a seus ministros. No entanto, para além da leitura historiográfica, os cursos de PEB normalmente se focam em analisar os paradigmas adotados por cada gestão presidencial, de modo a observar as permanências e as transformações de um período para o outro – o que supostamente nos ajudaria a compreender como a política de governo afeta a política de Estado.

Nesse esforço, por exemplo, aprendemos em sala de aula que Ernesto Geisel e seu ministro Antônio Francisco Azeredo da Silveira elaboraram um modelo de política externa batizado de **pragmatismo ecumênico e responsável**, cujo foco seria a expansão das parcerias internacionais para países do então chamado Terceiro Mundo, e que, décadas antes, o jogo pendular de Getúlio Vargas e Oswaldo Aranha, envolvendo negociações com Estados Unidos e Alemanha, criava uma **equidistância pragmática** no contexto de Segunda Guerra Mundial. Esses paradigmas evidentemente são importantes se articulados de modo a ensinar aos estudantes da área o quanto a visão realista orienta o processo de tomada de decisão e o quanto as condições internas e

---

[2] Cientista político, mestre e doutor em Ciências Humanas e Sociais pela Universidade Federal do ABC (UFABC). Leciona em cursos de graduação nas áreas de Administração, Ciências Econômicas e Relações Internacionais, e de pós-graduação nas áreas de Ciência Política e Relações Internacionais.

externas "forçam" um Estado a seguir caminhos muitas vezes distantes de qualquer perspectiva ideológica da própria gestão. Entretanto, a mera leitura de uma linha do tempo só nos permite visualizar a diplomacia pela dinâmica da crônica política e das efemérides ligadas ao contexto político brasileiro.

Longe de desconsiderar a importância da análise e interpretação dos paradigmas, é fundamental reconhecer que o grande desafio, na realidade, é compreender do ponto de vista histórico e político o complexo processo de construção das agendas e dos posicionamentos da política externa brasileira – que, por razões estratégicas, criam impactos de médio e longo prazo para o projeto de inserção internacional do Brasil. Nesse sentido, surgem perguntas importantes, relacionadas aos motivos pelos quais o Brasil abraçou uma agenda internacional de meio ambiente, à forma como as missões de paz das Nações Unidas têm servido para o processo de inserção internacional do país e ao modo como a cultura e o esporte têm sido articulados em função dos grandes objetivos nacionais no plano externo.

Ao analisarmos tais debates numa perspectiva de longa duração, podemos entender como essas temáticas chegaram até o século XXI ainda no radar do Itamaraty, ainda que adequadas à conjuntura atual. Desta forma, ao invés de pensarmos a política externa como uma crônica política, marcada por datas-chave e pelo nome dos chanceleres de cada época, temos a possibilidade de analisar as condições domésticas e estrangeiras que criaram as bases para as agendas e posicionamentos históricos da PEB – que perduram até os dias atuais. Esse é um esforço importante não somente para compreender o ponto de vista do Estado, mas também como a política exterior afeta atores não-estatais, como empresas privadas e o terceiro setor, por exemplo.

É essa a proposta deste livro: oferecer um curso que permita ao leitor compreender o processo de construção e discussão das agendas temáticas fundamentais para a política externa brasileira, além de analisar os processos de estreitamento de relações do Brasil com atores regionais-chave para os objetivos do país no sistema internacional.

Para dar conta desta tarefa, o livro foi dividido em quatro unidades de estudo. Na primeira, os capítulos apresentam os conceitos fundamentais da política externa e esclarece os motivos para se estudar PEB – que, diferentemente do senso comum, não é um tema de interesse apenas de diplomatas e gestores públicos, mas também é fundamental para as empresas privadas compreenderem os caminhos seguidos pelo país. Na segunda unidade, os capítulos apresentam as principais agendas da política exterior no século XXI, como direitos humanos, ajuda humanitária, cooperação para o desenvolvimento, multilateralismo, dentre outros. Na terceira unidade do nosso estudo, os capítulos debatem os aspectos regionais da política externa brasileira: América do Sul e CELAC; Estados Unidos; Europa; Oriente Médio; e África. Por fim, na quarta unidade debatemos os limites da política externa e o fenômeno contemporâneo da paradiplomacia.

Como forma de oferecer um curso melhor para os leitores, convidamos autores e autoras especializados nos temas de cada capítulo.

Dito isso, desejamos uma boa leitura e um bom estudo sobre a política externa brasileira no século XXI.

SUMÁRIO

PREFÁCIO: **A POLÍTICA EXTERNA BRASILEIRA NO SÉCULO XXI**.. 11

APRESENTAÇÃO: **O BRASIL E A POLÍTICA EXTERNA CONTEMPORÂNEA**...15

UNIDADE I: **ASPECTOS TEÓRICOS E CONCEITUAIS DA POLÍTICA EXTERNA BRASILEIRA CONTEMPORÂNEA**

CAPÍTULO 1: **O CONCEITO DE POLÍTICA EXTERNA E SUA RELAÇÃO COM AS POLÍTICAS PÚBLICAS**..................................31

1. INTRODUÇÃO..31

2. DEFINIÇÃO DE POLÍTICA EXTERNA COMO POLÍTICA PÚBLICA...34

3. ANÁLISE DE POLÍTICA PÚBLICA...35

   3.1. Ciclo de políticas públicas 37

   3.2. Os principais modelos de análise 40

   3.3. As vertentes mais recentes..43

4. ANÁLISE DE POLÍTICA EXTERNA 43

   4.1. Níveis de Análise..45

   4.2. Níveis de Análise Estáticos 45

   4.3. Indivíduos 46

   4.4. Grupos 47

   4.5. Organização Burocrática... 47

   4.6. Desenho Institucional do Estado 49

   4.7. Cultura Nacional...50

   4.8. Níveis de Análise Dinâmicos.....................................52

5. CONSIDERAÇÕES FINAIS 53

6. ESTUDO DIRIGIDO...55

7. REFERÊNCIAS BIBLIOGRÁFICAS 56

8. RECURSOS AUDIOVISUAIS... 60

CAPÍTULO 2: RAZÕES PARA ESTUDAR POLÍTICA EXTERNA 61
1. INTRODUÇÃO 61
2. POLÍTICA EXTERNA E RELAÇÕES INTERNACIONAIS 64
   2.1. Impacto da política externa para o profissional de Relações
   Internacionais 64
   2.2. Como estudar Política Externa? 70
   2.3. Razões para estudar política externa no e do Brasil 74
3. CONSIDERAÇÕES FINAIS 82
4. ESTUDO DIRIGIDO 83
5. REFERÊNCIAS BIBLIOGRÁFICAS 84
6. RECURSOS AUDIOVISUAIS 89

**UNIDADE II: AGENDAS DA POLÍTICA EXTERNA BRASILEIRA
A PARTIR DA DÉCADA DE 1990**

**CAPÍTULO 3: POLÍTICA EXTERNA E A AGENDA DE DIREITOS
HUMANOS** **93**
1. INTRODUÇÃO 93
2. DEBATE SOBRE DIREITOS HUMANOS NO SISTEMA
INTERNACIONAL 93
3. POLÍTICA EXTERNA BRASILEIRA DE DIREITOS HUMANOS 96
4. CONSIDERAÇÕES FINAIS 109
5. ESTUDO DIRIGIDO 110
6. REFERÊNCIAS BIBLIOGRÁFICAS 111
7. RECURSOS AUDIOVISUAIS 113

**CAPÍTULO 4: POLÍTICA EXTERNA BRASILEIRA E
COOPERAÇÃO HUMANITÁRIA** **114**
1. INTRODUÇÃO 114
2. O QUE É E COMO FUNCIONA A AJUDA HUMANITÁRIA
INTERNACIONAL 115
   2.1. Uma breve linha do tempo institucional 118
3. BRASIL: POR QUE COOPERAÇÃO HUMANITÁRIA AO INVÉS
DE AJUDA OU ASSISTÊNCIA HUMANITÁRIA? 120
4. COOPERAÇÃO HUMANITÁRIA NO BRASIL: PRINCÍPIOS E
ESTRUTURA 123

5. COOPERAÇÃO HUMANITÁRIA NA POLÍTICA EXTERNA BRASILEIRA..127
    5.1. Alimentação Escolar: o Brasil e o Sul Global.........................129
    5.2. Combate ao HIV: Ação do Brasil na África Subsaariana 131
6. CONSIDERAÇÕES FINAIS..133
7. ESTUDO DIRIGIDO..134
8. REFERÊNCIAS BIBLIOGRÁFICAS 135
9. RECURSOS AUDIOVISUAIS.. 138

CAPÍTULO 5: **POLÍTICA EXTERNA E MISSÕES DE PAZ DA ONU** **139**
1. INTRODUÇÃO 139
2. CONCEITO DE MISSÃO DE PAZ 140
    2.1. A criação da ONU e das missões de paz.............................140
    2.2. A complexidade política das missões de paz.......................142
    2.3. A ONU e as missões de paz 144
3. AS PARTICIPAÇÕES BRASILEIRAS EM MISSÕES DE PAZ 146
    3.1. Da Liga das Nações à ONU 146
    3.2. Os números da participação brasileira em missões de paz da ONU...147
    3.3. O Brasil e o Haiti..159
4. CONSIDERAÇÕES FINAIS.. 161
5. ESTUDO DIRIGIDO 162
6. REFERÊNCIAS BIBLIOGRÁFICAS 162
7. RECURSOS AUDIOVISUAIS..165

CAPÍTULO 6: **O BRASIL E A COOPERAÇÃO PARA O DESENVOLVIMENTO** **166**
1. INTRODUÇÃO 166
2. CARACTERÍSTICAS DA COOPERAÇÃO INTERNACIONAL PARA O DESENVOLVIMENTO 166
    2.1. Definições e Conceitos 166
    2.2. Atores e Motivações...170
    2.3. Formas e Instrumentos 173
3. O BRASIL E SEU HISTÓRICO NA COOPERAÇÃO INTERNACIONAL PARA O DESENVOLVIMENTO..........................175

3.1. A estruturação da área no país 175

3.2. Momentos da Cooperação Internacional para o Desenvolvimento no Brasil 178

4. CONSIDERAÇÕES FINAIS 182

5. ESTUDO DIRIGIDO 185

6. REFERÊNCIAS BIBLIOGRÁFICAS 185

7. RECURSOS AUDIOVISUAIS....................................... 189

CAPÍTULO 7: POLÍTICA EXTERNA E COMBATE À POBREZA E À FOME **190**

1. INTRODUÇÃO 190

2. POR QUE O BRASIL?... 191

3. O COMBATE À POBREZA E À FOME EM ÂMBITO BILATERAL.. 196

3.1. Cooperação Técnica 197

3.2. Cooperação Humanitária 199

3.3. Cooperação Financeira... 200

4. O COMBATE À POBREZA E À FOME EM ÂMBITO MULTILATERAL...203

5. CONSIDERAÇÕES FINAIS 207

6. ESTUDO DIRIGIDO... 208

7. REFERÊNCIAS BIBLIOGRÁFICAS 209

8. RECURSOS AUDIOVISUAIS.....................................212

CAPÍTULO 8: POLÍTICA EXTERNA, MULTILATERALISMO E A ORGANIZAÇÃO MUNDIAL DO COMÉRCIO (OMC)...............**213**

1. INTRODUÇÃO 213

2. O ACORDO GERAL DE TARIFAS E COMÉRCIO (GATT) E A ABERTURA COMERCIAL BRASILEIRA 215

3. O PROTAGONISMO DO BRASIL NA ORGANIZAÇÃO MUNDIAL DO COMÉRCIO (OMC) 220

4. O BRASIL FRENTE À CRISE DO REGIME MULTILATERAL DE COMÉRCIO 226

5. CONSIDERAÇÕES FINAIS 230

6. ESTUDO DIRIGIDO...231

7. REFERÊNCIAS BIBLIOGRÁFICAS 232

8. RECURSOS AUDIOVISUAIS 234

CAPÍTULO 9: **O BRASIL E A POLÍTICA EXTERNA PARA MEIO AMBIENTE** **236**
1. INTRODUÇÃO 236
2. O BRASIL E SUAS POLÍTICAS DOMÉSTICA E EXTERNA PARA MEIO AMBIENTE 240
3. POLÍTICA EXTERNA BRASILEIRA E A AGENDA AMBIENTAL DE 2003 A 2023 249
4. CONSIDERAÇÕES FINAIS 259
5. ESTUDO DIRIGIDO 260
6. REFERÊNCIAS BIBLIOGRÁFICAS 260
7. RECURSOS AUDIOVISUAIS 264

CAPÍTULO 10: **POLÍTICA EXTERNA BRASILEIRA E QUESTÕES ENERGÉTICAS** **265**
1. INTRODUÇÃO 265
2. A GEOPOLÍTICA DAS ENERGIAS FÓSSEIS 267
   2.1. O Petróleo e a Política Externa Brasileira 267
   2.2. O Gás Natural e a Política Externa Brasileira 268
   2.3. O Etanol e a Política Externa Brasileira 269
3. POLÍTICA EXTERNA E EMPRESAS DE PETRÓLEO 270
   3.1. A Petrobras e a política externa brasileira 271
4. DESAFIOS GEOPOLÍTICOS DA TRANSIÇÃO ENERGÉTICA PARA O BRASIL 275
5. CONSIDERAÇÕES FINAIS 276
6. ESTUDO DIRIGIDO 277
7. REFERÊNCIAS BIBLIOGRÁFICAS 277
8. RECURSOS AUDIOVISUAIS 280

CAPÍTULO 11: **COOPERAÇÃO INTERNACIONAL EM SEGURANÇA E DEFESA** **281**
1. INTRODUÇÃO 281
2. EXPLORANDO OS CONCEITOS DE SEGURANÇA, DEFESA E ENTORNO ESTRATÉGICO 284

3. A COOPERAÇÃO INTERNACIONAL EM SEGURANÇA E DEFESA DE FORMA PRÁTICA: CASOS PARA A ANÁLISE............289
   3.1 A cooperação para a estruturação da Marinha da Namíbia.....289
   3.2. A cooperação para a transferência tecnológica da França para o Brasil na construção de submarinos 291
   3.3. A cooperação fronteiriça sul-americana para o combate ao crime organizado 293
4. A IMPORTÂNCIA DA COOPERAÇÃO EM SEGURANÇA E DEFESA............296
5. CONSIDERAÇÕES FINAIS 298
6. ESTUDO DIRIGIDO............299
7. REFERÊNCIAS BIBLIOGRÁFICAS 299
8. RECURSOS AUDIOVISUAIS............303

CAPÍTULO 12: POLÍTICA EXTERNA E DIPLOMACIA DO ESPORTE NO SÉCULO XXI: A COPA DO MUNDO DO BRASIL E OS JOGOS OLÍMPICOS DO RIO DE JANEIRO 304
   1. INTRODUÇÃO 304
   2. O ENVOLVIMENTO DO ESPORTE COM A POLÍTICA............305
   3. A GUERRA FRIA PROJETADA NO AMBIENTE ESPORTIVO 306
   4. A IMPORTÂNCIA DO ESPORTE NO SISTEMA DE ESTADOS-NAÇÃO 307
   5. O CASO DA ESPANHA DURANTE O PERÍODO DE FRANCO 308
   6. A IMPORTÂNCIA DO ESPORTE PARA A IMAGEM DO PAÍS 309
   7. O ESPORTE COMO INSTRUMENTO DE PODER NAS RELAÇÕES INTERNACIONAIS: O PODER BRANDO E A DIPLOMACIA PÚBLICA............ 310
   8. O ESPORTE COMO DIPLOMACIA PÚBLICA DO BRASIL 310
   9. A POLÍTICA EXTERNA DO BRASIL NO INÍCIO DO SÉCULO XXI E OS MEGAEVENTOS ESPORTIVOS 311
   10. CONSIDERAÇÕES FINAIS............313
   11. ESTUDO DIRIGIDO............313
   12. REFERÊNCIAS BIBLIOGRÁFICAS............314
   13. RECURSOS AUDIOVISUAIS............315

UNIDADE III: POLÍTICA EXTERNA BRASILEIRA CONTEMPORÂNEA E AS AGENDAS REGIONAIS

CAPÍTULO 13: **O BRASIL NA AMÉRICA DO SUL** **319**
   1. INTRODUÇÃO 319
   2. A POLÍTICA EXTERNA BRASILEIRA E A AMÉRICA DO SUL
   NA ATUALIDADE 322
   3. IDENTIDADE INTERNACIONAL DO BRASIL: POTÊNCIA
   MÉDIA E LIDERANÇA REGIONAL 328
   4. LIDERANÇA REGIONAL DO BRASIL NA AMÉRICA LATINA......329
      4.1. O governo Fernando Henrique Cardoso (1994-2002) 330
      4.2. O governo Lula (2003-2010) 334
   5. CONSIDERAÇÕES FINAIS 340
   6. ESTUDO DIRIGIDO..341
   7. REFERÊNCIAS BIBLIOGRÁFICAS 341
   8. RECURSOS AUDIOVISUAIS......................................343

CAPÍTULO 14: **O BRASIL E A CELAC**.. **344**
   1. A CRIAÇÃO DA CELAC 344
   2. A ESTRUTURA DA CELAC....................................... 348
   3. A PARTICIPAÇÃO DO BRASIL NA CELAC......................351
   4. A VOLTA DO BRASIL À CELAC 355
   5. DESAFIOS DO BRASIL E DA CELAC 357
   6. CONSIDERAÇÕES FINAIS 359
   7. ESTUDO DIRIGIDO.. 360
   8. REFERÊNCIAS BIBLIOGRÁFICAS 361
   9. RECURSOS AUDIOVISUAIS 363

CAPÍTULO 15: **AS RELAÇÕES BRASIL-ESTADOS UNIDOS NO SÉCULO XXI**... **364**
   1. INTRODUÇÃO 364
   2. O ESTATUTO HISTÓRICO DAS RELAÇÕES DIPLOMÁTICAS
   BRASIL-ESTADOS UNIDOS.....................................366
   3. AS RELAÇÕES BRASIL-EUA NOS PRIMEIROS GOVERNOS
   LULA (2003-2011) 373

4. AS RELAÇÕES BRASIL-EUA NO PERÍODO DILMA/TEMER (2011-2019) 378

5 AS RELAÇÕES BRASIL-EUA NO GOVERNO BOLSONARO (2018-2023) 383

6 CONSIDERAÇÕES FINAIS 387

7. ESTUDO DIRIGIDO 388

8. REFERÊNCIAS BIBLIOGRÁFICAS 389

9. RECURSOS AUDIOVISUAIS 392

CAPÍTULO 16: O BRASIL E A EUROPA **393**

1. INTRODUÇÃO 393

2. RELAÇÕES ENTRE BRASIL E EUROPA 395

    2.1. Histórico das relações diplomáticas (1960-2000) 395

    2.2. As relações entre Brasil e Europa no século XXI 399

3. RELAÇÕES COMERCIAIS E DESENVOLVIMENTO SUSTENTÁVEL 405

    3.1. O Acordo de Associação entre Mercosul e União Europeia 406

    3.2. Relações de Investimentos 408

4. TRANSIÇÃO VERDE E DIGITAL 409

    4.1. Questões Energéticas e Mudanças Climáticas 409

    4.2. Conectividade e Infraestrutura 411

5. DEMOCRACIA, SEGURANÇA E DIREITOS HUMANOS 412

6. CONSIDERAÇÕES FINAIS 414

7. ESTUDO DIRIGIDO 415

8. REFERÊNCIAS BIBLIOGRÁFICAS 415

9. RECURSOS AUDIOVISUAIS 419

CAPÍTULO 17: O ORIENTE MÉDIO NA POLÍTICA EXTERNA BRASILEIRA NO SÉCULO XXI **421**

1. INTRODUÇÃO 421

2. HISTÓRICO 422

3. GOVERNO LULA 423

4. GOVERNO DILMA ROUSSEFF 430

5. GOVERNOS DE MICHEL TEMER E JAIR BOLSONARO 435

6. CONSIDERAÇÕES FINAIS 438

7. ESTUDO DIRIGIDO..441
8. REFERÊNCIAS BIBLIOGRÁFICAS 441
9. RECURSOS AUDIOVISUAIS 444

CAPÍTULO 18: O BRASIL E A ÁFRICA **445**
1. INTRODUÇÃO...445
2. A ÁFRICA NA POLÍTICA EXTERNA BRASILEIRA 450
   2.1. A concepção brasileira de África 450
   2.2. A importância da Política Externa Independente 454
   2.3. O Retorno da África à Política Externa Brasileira no Governo
   Lula: oportunidades, avanços e desafios 461
3. CONCLUSÃO...463
4. ESTUDO DIRIGIDO..464
5. REFERÊNCIAS BIBLIOGRÁFICAS 465
6. RECURSOS AUDIOVISUAIS 468

UNIDADE IV: POLÍTICA EXTERNA E PARADIPLOMACIA

**CAPÍTULO 19: QUANDO O ITAMARATY NÃO É SUFICIENTE:
POLÍTICA EXTERNA E PARADIPLOMACIA NO BRASIL** **473**
1. INTRODUÇÃO...473
2. O QUE É PARADIPLOMACIA? 476
3. MOTIVADORES E CONTEXTOS DA INTERNACIONALIZAÇÃO
SUBNACIONAL...478
4. (DES)CAMINHOS DA PARADIPLOMACIA NO BRASIL 484
5. CONSIDERAÇÕES FINAIS 490
6. ESTUDO DIRIGIDO..492
7. REFERÊNCIAS BIBLIOGRÁFICAS 492
8. RECURSOS AUDIOVISUAIS 497

**CAPÍTULO 20: POLÍTICA EXTERNA E AS AÇÕES DE
PARADIPLOMACIA: OS IMPACTOS DA COVID-19
NO BRASIL**...**498**
1. O CONTEXTO DA GLOBALIZAÇÃO E A PARADIPLOMACIA ... 498
2. A PARADIPLOMACIA NOS ESTADOS FEDERADOS E NO
BRASIL 505

3. AS TENSÕES DA PARADIPLOMACIA BRASILEIRA NA PANDEMIA DA COVID-19..511
4. CONSIDERAÇÕES FINAIS..521
5. ESTUDO DIRIGIDO 524
6. REFERÊNCIAS BIBLIOGRÁFICAS 525
7. RECURSOS AUDIOVISUAIS...527

UNIDADE I:

ASPECTOS TEÓRICOS E CONCEITUAIS DA POLÍTICA EXTERNA BRASILEIRA CONTEMPORÂNEA

CAPÍTULO 1: **O CONCEITO DE POLÍTICA EXTERNA E SUA RELAÇÃO COM AS POLÍTICAS PÚBLICAS**

IVAN FILIPE FERNANDES[3], LUIS FERNANDO DE PAIVA BARACHO CARDOSO[4] E ALANNA LIMA[5]

1. INTRODUÇÃO

Neste capítulo discutimos o conceito de Política Externa a partir da perspectiva da Análise de Políticas Públicas. Pretendemos ao longo do texto mostrar as sinergias potenciais entre as duas áreas, cujo intercâmbio ainda é muito incipiente, apesar de ser potencialmente frutífero e de os campos de Análise de Política Externa (APE) e Análise de Políticas Públicas (APP) já estarem relativamente consolidados em suas esferas de discussão e debate.

A discussão sobre a formulação da Política Externa como Política Pública é pouco desenvolvida pelas análises tradicionais de Relações Internacionais por duas razões, que justificam um diálogo maior

---

[3] Professor de Políticas Públicas da Universidade Federal do ABC. Coordenador do Programa de Pós Graduação em Políticas Públicas. Mestre e Doutor em Ciência Política.

[4] Doutorando em Políticas Públicas pela Universidade Federal do ABC, Mestre em Direito Internacional pela Universidade de São Paulo e Bacharel em Direito pela Universidade Presbiteriana Mackenzie. Professor dos cursos de Direito e de Relações Internacionais da Universidade São Judas Tadeu.

[5] Doutoranda em Políticas Públicas pela Universidade Federal do ABC. Mestra em Políticas Públicas pela Universidade Federal do ABC e bacharel em Relações Internacionais pela Fundação Escola de Comércio Alvares Penteado (FECAP).

com o campo das políticas públicas. Em primeiro lugar, a disciplina de relações internacionais continua sendo muito influenciada pelas abordagens da vertente realista, cuja tendência principal é observar o Estado como um ator unitário que age sobre o cenário internacional, além de entender como o próprio meio internacional afeta o comportamento dos Estados.

Em segundo lugar, o campo de APE se desenvolveu de maneira independente da discussão sobre a APP. Até o final do século XX, a discussão de APE considerava a Política Externa como detentora de uma natureza distinta de qualquer outro tipo de política pública, pois se debruçava sobre a segurança e sobrevivência do Estado, sendo uma decisão mais insulada – e prioritária – que outras decisões do Estado.

As análises clássicas da política internacional, embora bastante divergentes em suas conclusões, compartilham do pressuposto básico da unicidade estatal. A origem de mudanças de políticas externas estaria nas alterações do sistema internacional, não levando em conta o papel das variáveis domésticas. Dentro deste arcabouço analítico os elementos nacionais simplesmente não importavam quando comparado com a capacidade de influência dos elementos internacionais.

Nos anos 1960, alguns estudiosos da área buscaram abrir esta caixa preta e analisar como as variáveis domésticas afetam e interagem com o meio externo para a promoção da Política Externa. Os mentores intelectuais desta linha de pensamento, que ficou conhecida como Análise de Política Externa (APE), foram Richard Snyder, H. W. Bruck e Burton Sapin, cujo trabalho mais importante, *Decision-making as an approach to the study of international politics* (1954) é considerado o marco inaugural do campo.

O pressuposto teórico da unicidade estatal não indica que os internacionalistas desconsideram qualquer possibilidade de influência doméstica na tomada de decisão em matéria de política externa. O pressuposto tem o objetivo de gerar parcimônia analítica. O *insight* central é que os efeitos do sistema internacional e da política externa de outros países se sobrepõem a qualquer preocupação de ordem doméstica na tomada de decisão. O argumento não é que esses fatores são completamente ausentes, mas sim que seus efeitos são de menor

Capítulo 1: O conceito de política externa e sua relação com as políticas públicas

monta frente aos desafios sistêmicos e diplomáticos que os Estados enfrentam.

Esse *insight* é fruto de uma percepção que os temas de política externa afetam a segurança e, por consequência, a sobrevivência do Estado. Desta forma a tomada de decisão no sistema internacional tende a ser mais insulada das pressões domésticas de modo a não inviabilizar a sobrevivência do Estado como entidade soberana. A segurança seria vista como a mais "alta política", enquanto a economia e outros assuntos sociais são de reduzida importância e, portanto, compreendidos como parte da "baixa política", pois estão menos relacionados com a sobrevivência da entidade estatal. A alta política é seara de atuação dos estadistas e grandes líderes, enquanto a baixa política é aberta aos atores "menores" da política doméstica e algo mais suscetível à pressão de interesses particulares e mesquinhos.

Essa separação tão comum no primeiro século da literatura internacionalista também dava aos diplomatas e aos especialistas em política externa um grau de legitimidade para isolar outros atores que tinham interesse em participar e influenciar o processo de tomada de decisão. Desta forma, o campo e conhecimentos desenvolvidos para a APP, que partilham desde seus primórdios da ideia que o Estado é uma entidade fragmentada e porosa à sociedade civil, não seriam úteis para entender a alta política dos gabinetes presidenciais e dos chanceleres.

Somente a partir dos anos 2000 que passa a existir um intercâmbio, ainda que incipiente e com algumas resistências paroquiais, entre as áreas. Cada vez mais vemos o uso de ferramentas e conceitos do campo de políticas públicas na APE e pesquisadores da área de APP começam a se debruçar também sobre as temáticas que ficavam quase que exclusivamente nas mãos dos internacionalistas e diplomatas.

O objetivo do capítulo é, portanto, delinear o conceito de Política Externa, seu lugar no debate das Relações Internacionais, assim como as potencialidades da sinergia entre os campos de APE e APP para o futuro da subdisciplina. Na próxima seção iremos apresentar o conceito de Política Externa, indicando os seus diferentes significados e nuances. Nas duas seções seguintes introduzimos os modelos clássicos de Análise de Política Pública e Análise de Política Externa, respectivamente.

2. DEFINIÇÃO DE POLÍTICA EXTERNA COMO POLÍTICA PÚBLICA

O último quarto do século XX é marcado por novos desafios às teorias dominantes do campo das relações internacionais. Atores não estatais passaram a ser considerados como relevantes na política internacional, tais como empresas multinacionais e organizações internacionais governamentais e não governamentais. Em decorrência disto, ganhava corpo a crítica que a separação entre política doméstica e internacional bem como à divisão entre alta e baixa política e à primazia da primeira em relação à segunda eram infundadas ou já não mais adequadas.

A ênfase dos realistas e dos analistas de relações internacionais do Entre Guerras na questão da guerra e paz em detrimento de outras questões de política internacional começou a ser fortemente questionada. Após a Segunda Guerra Mundial e o desenvolvimento das bombas nucleares, a Guerra deixou de ser uma alternativa viável e racional na interação entre as grandes potências. A ênfase teórica no conflito tornava as abordagens pouco úteis para a discussão de assuntos de cooperação e interdependência, negando o que a própria realidade do pós- guerra impunha aos analistas internacionais (Divério e outros, 2016).

Com a expansão dos assuntos concernentes à cooperação internacional, a prioridade da política externa passa a ser menos crível e a área começa a ser lentamente aberta à análise de políticas públicas, tornando-se do ponto de vista teórico conceitual uma política porosa à sociedade como as outras políticas públicas, com a especificidade de estar relacionada às ações do Estado sobre o meio internacional, sendo, portanto, ao mesmo tempo, determinada por vetores de dentro e de fora dos limites das fronteiras do Estado. Ao ser considerada uma política pública, as discussões que dizem respeito ao processo de decisão devem abranger tanto questões relacionadas à formulação quanto à implementação da Política Externa, incorporando na APE elementos teóricos do ciclo de políticas públicas.

Uma segunda diferenciação que foi perdendo legitimidade no debate acadêmico é a relação entre governo e Estado. Uma das contribuições fundamentais da APE é a superação da visão realista de que os Estados são atores unitários, agindo na defesa dos interesses nacionais. Dentro do campo de Análise de Políticas Públicas, o Estado não deve ser identificado do ponto de vista analítico com o governo e ainda menos com a Chefia de Governo. Inclusive há enorme polêmica no campo sobre qual é o conteúdo e significado do conceito de Estado, diante da multiplicidade de atores e da porosidade das fronteiras estatais às pressões societais. O processo de tomada de decisão dentro do Estado passa a ser o foco central do analista de APE e o Estado torna-se mais uma arena em relação ao qual se busca identificar os fatores de influência e definição de escopo de ação e menos propriamente uma entidade com interesses próprios. O corpo burocrático torna-se um dos atores, muitas vezes com atuação fragmentada, que buscam influenciar a tomada de decisão e a implementação de uma política pública.

A partir dos elementos do campo de públicas, é conceitualmente mais profícuo a definição que o interesse do Estado é uma pauta disputada politicamente e não um dado da realidade internacional. A disputa pela definição e criação de consensos sobre o interesse nacional torna-se mais um elemento da luta política pelos diversos grupos que disputam o poder e a capacidade de influência em determinado país.

3. ANÁLISE DE POLÍTICA PÚBLICA[6]

O termo "política" na língua portuguesa pode assumir dois significados principais que no idioma inglês são diferenciados pelos termos

---

[6] Para uma discussão sobre a evolução do campo de análise de políticas públicas ver FERNANDES, Ivan; ALMEIDA, Lia. Teorias e modelos de políticas públicas: uma revisão das abordagens sobre o processo de políticas. Revista Teoria & Pesquisa, v. 28, n. 1, 2019, p. 122-146.

politics e *policy* (Secchi, 2013). O primeiro termo relaciona-se com o processo político em si, é a atividade e a competição política. O segundo termo, diz respeito aos conteúdos concretos, ou seja, à configuração dos programas políticos e ao conteúdo material das decisões e tem relação com as orientações para a ação (Frey. 2000). O termo "política pública" está vinculado ao segundo sentido.

O campo de políticas públicas é um campo de análise recente e que demorou para ter seus próprios arcabouços teóricos de análise. A área de políticas públicas tem quatro grandes "pais fundadores": H. Laswell, H. Simon, C. Lindblom e D. Easton (Souza, 2006). Esses autores entendiam, "as políticas públicas como um produto do processo político que transforma *inputs* (demandas e apoios) em *outputs* (decisões e ações)" (Secchi, 2013, pg. 23). Laswell (1936) é quem introduz a expressão "análise de políticas públicas" como forma de unir a produção empírica dos governos com o conhecimento científico. Simon (1957) introduziu o conceito de que a racionalidade dos decisores públicos é limitada devido a problemas de informação incompleta e incapacidade de processamento. Lindblom (1959), por sua vez, faz uma crítica ao racionalismo dos dois autores anteriores, e propõe a inserção de outras variáveis, como as relações de poder, para a análise da formulação de políticas públicas.

Não há um consenso quanto a definição de política pública. Há quem adote uma abordagem mais estatista, dizendo que política pública só acontece quando emana do Estado e outros que adotam uma abordagem mais multicêntrica, considerando atores não estatais, como organizações não governamentais e organismos multilaterais, na produção de políticas públicas. Na literatura brasileira esse debate é ainda muito incipiente. Segundo Souza (2006), a definição mais conhecida do que é política pública é a estabelecida por Laswell, que diz que as decisões e análises sobre política pública implicam responder às seguintes questões: quem ganha o quê, por quê e que diferença isso faz.

Considerando as definições apresentadas, é possível inferir que a política pública é um fenômeno multifatorial e complexo. Um caminho para diminuir tal complexidade, facilitando o estudo e inferência sobre o fenômeno é a divisão em etapas, mais teóricas e conceituais do que empíricas, o chamado ciclo de políticas públicas, que apresentamos a seguir.

3.1. CICLO DE POLÍTICAS PÚBLICAS

O ciclo de políticas públicas não é uma tipologia de análise, mas uma descrição analítica – e não necessariamente empírica – das fases do processo de elaboração das políticas públicas. A delimitação das etapas do ciclo pode ser das mais variadas, a depender do autor que é mobilizado. O ciclo de políticas públicas é "um modelo abstrato, constituído de estágios, no qual cada etapa é sucedida por outra em um processo linear, desde a identificação do problema até a avaliação da intervenção e o reinício do ciclo" (Batista, Domingos e Vieira, 2021, pg. 1). Olhar para as etapas de forma separada é extremamente útil porque ajuda identificar o estágio da política que se busca compreender e explicar, contribuindo para que políticos, administradores e pesquisadores organizem suas ideias e criem referencial comparativo. Ademais, os estudos acadêmicos, não raras às vezes se especializaram em etapas específicas como a implementação ou a avaliação de uma política pública.

Apresentamos aqui a classificação em sete estágios. O ciclo começa na identificação do problema e termina na extinção da política pública. No esquema abaixo apresentamos os sete estágios e na parte de dentro do círculo os estágios que mais aparecem nos estudos.

Quadro 1: As etapas do ciclo de uma política pública

Fonte: Elaborado pelos autores

Identificação do problema: Uma situação é identificada como problema quando é percebida como insatisfatória por muitos atores relevantes. Um problema pode ganhar importância aos poucos, pode aparecer subitamente ou pode estar presente por muito tempo sem ser percebido. A identificação do problema envolve: a percepção, a definição e a sua delimitação, assim como uma avaliação da possibilidade de solução (Sjoblom, 1984). Se um ator político identifica um problema e tem interesse na resolução, ele poderá pleitear para que tal questão entre na lista de prioridades de atuação, que é conhecida como agenda (Secchi, 2013).

Formação da agenda: Agenda é um conjunto de problemas ou temas entendidos como relevantes pelos atores do processo de políticas (Kingdon, 1984). Nem todo problema entra para a agenda. A formação da agenda é um processo político que envolve muitos atores, sejam eles governamentais ou não. Muitas vezes o problema ganha notoriedade, mas não permanece muito tempo na agenda. Isto pode acontecer por limitações de recursos financeiros, falta de pressão popular, ou outros elementos que tirem o tema do centro das atenções.

Formulação de alternativas: A formulação de alternativas se desenvolve a partir de investigação das consequências do problema e da análise dos custos e benefícios das possibilidades de ação. Nessa etapa os atores envolvidos no processo definem seus objetivos e os resultados esperados da política pública. Esses objetivos podem ser mais genéricos ou mais concretos. Quanto mais concreto for um objetivo, mais fácil será avaliar a eficácia da política pública.

Tomada de decisão: "Representa o momento em que os interesses dos atores são equacionados e as intenções (objetivos e métodos) de enfrentamento de um problema público são explicitadas" (Secchi, 2013, pg. 51). Há três formas de entender a dinâmica da escolha:

A primeira é o entendimento mais intuitivo de que problemas que buscam solução, ou seja, os problemas nascem primeiro. Essa concepção está presente nos modelos de racionalidade, na qual o ator público pensa soluções para os problemas que foram postos na agenda. A segunda forma está presente no modelo incremental de Lindblom (1959) que rejeita o racionalismo sinóptico das primeiras concepções. Para o autor, os tomadores ajustam os problemas às soluções e as soluções aos problemas. Há uma relação interativa entre objetivos e soluções, uma vez que o tomador de decisão não controla toda a informação e desta forma sua principal atuação é por meio de ajustes naquilo que o Estado já tem como forma de atuação. A terceira e última concepção é aquela que diz que os *policymakers* primeiro criam soluções para depois buscar problemas. Tal entendimento é sublinhado pelo modelo da lata do lixo de Cohen, March e Olsen (1972) que inverte as relações cronológicas entre algumas etapas do processo de políticas públicas. O modelo da lata do lixo aponta que a capacidade de ação do Estado é o ponto de partida da tomada de decisão. A partir daquilo que o Estado é capaz de fazer, problemas possíveis de serem solucionados entram na agenda.

Implementação: É nessa etapa que os governos transformam os problemas que entraram na agenda, seus propósitos e plataformas eleitorais em ações que produzirão resultado (Souza, 2006). Pressman e Wildavsky (1973) analisaram os obstáculos e falhas que ocorrem durante essa fase, o que distancia os resultados esperados daqueles que são definitivamente obtidos. A literatura de implementação abre espaço para entender o papel dos burocratas responsáveis pela implementação de uma política pública e como são capazes de afetar a tomada de decisão ao terem controle sobre recursos e informações especializadas e específicas que os líderes políticos não dispõem no momento de decisão.

Avaliação: A avaliação é a fase do ciclo de políticas em que o desempenho da política pública para reduzir o problema que a gerou é analisado. Avaliar trata-se de atribuir uma medida de aprovação ou desaprovação de uma política ou um programa, logo, determinar se uma política pública teve sucesso ou não irá depender do(s) critério(s) adotado(s) para avaliação e dos valores em jogo. É somente nessa etapa que é possível atribuir uma relação de causalidade entre um programa e seu resultado.

3.2. OS PRINCIPAIS MODELOS DE ANÁLISE

A construção do campo foi marcada pelo desenvolvimento de abordagens que viabilizassem a investigação sobre as relações governamentais e pensar soluções para os problemas públicos. A disciplina nasce como subárea da ciência política norte-americana e abre um novo caminho de estudo: entender como e por que os governos optam por determinadas ações (Souza, 2006). Apresentamos, de forma breve, alguns dos principais modelos de análise.

Modelo lata do lixo, Cohen, March & Olsen (1972): O principal pressuposto do modelo é o de que muitas vezes soluções nascem antes dos problemas. As escolhas são feitas como se estivessem em uma lata do lixo em que vários tipos de problemas e soluções são despejados pelos tomadores de decisão até que uma solução encontre um problema (Souza, 2006). Logo, a tomada de decisão é apenas um encontro casual de uma capacidade de ação com um problema possível de ser incorporado na agenda. O tomador de decisão irá, desta forma, a partir da capacidade de ação do Estado encontrar problemas para enfrentar.

Fluxos múltiplos, Kingdon (1984): A partir do modelo de lata de lixo, a teoria dos múltiplos fluxos propõe que a construção de agenda não é um processo tão ordenado. Não haveria linearidade entre problema e solução, a solução pode surgir antes do problema, ou os dois de forma simultânea. A formulação da agenda estaria centralizada em três fluxos decisórios que são paralelos e se relacionam, mas não são dependentes entre si: problema, soluções ou alternativas (*policies*) e o jogo político (*politics*). Quando esses três fluxos se alinham ocorre o que o autor chama de "janela de oportunidade" e um tema entra na agenda.

Modelo incremental, Lindblom (1959): As tomadas de decisão de políticas públicas não acontecem em um espaço vazio, mas sim de forma incremental com base em políticas preexistentes, sendo um ajuste contínuo com tentativas e erros. As políticas são resultados de um processo de aproximações sucessivas aos objetivos pretendidos, no qual os próprios objetivos vão sendo reconsiderados e alterados. Apesar de a teoria ter perdido uma parcela do seu poder explicativo diante de profundas reformas em vários países ocasionadas pelos ajustes fiscais nos anos 1970, o *insight* de que as decisões tomadas no passado constrangem decisões futuras e limitam a capacidade dos governos de adotar novas políticas públicas ou de reverter rotas permanece valioso.

Modelo do Equilíbrio Pontuado, Baumgartner e Jones (1993): Duas questões centrais presentes no modelo do Equilíbrio Pontuado são os conceitos de monopólio político e imagem política. Fala-se em monopólio político quando um subsistema é dominado por um único interesse, acompanhado por estruturas institucionais bem definidas com poucos atores que são responsáveis pela formulação de políticas de uma determinada questão e que é apoiada por uma imagem poderosa (Baumgartner e Jones, 1993). Quando falamos em monopólio de política, estamos dizendo que aquela política é menos permeável para a construção de novas imagens a seu respeito dado que a mesma já foi consolidada, logo, é mais difícil que mudanças ocorram, fazendo com que o sistema seja estável. Nesse cenário, "as mudanças só ocorrem quando novos atores conseguem acesso aos monopólios, criando instabilidade e a possibilidade de mudança de agenda" (Capella e Brasil, 2015). O Equilíbrio Pontuado dialoga com a ideia de incrementalismo de Lindblom, fraturada por grandes decisões que provocam reviravoltas dentro de um determinado subsistema de políticas públicas.

Modelo das coalizões, Sabatier e Jenkins-Smith (1993): O modelo é uma teoria sobre o processo completo do ciclo de políticas públicas, sendo considerada uma das abordagens mais ambiciosas (Batista, Domingos e Vieira, 2021). Os atores envolvidos na política pertencem a subsistemas e compartilham crenças, ideias e recursos, formando coalizões que afetam e disputam as decisões políticas por meio de estratégias comuns. Esses atores se esforçam para que os elementos de seus sistemas de crenças se transformem em políticas reais. Interessante observar que do ponto de vista analítico, o Estado transforma-se em uma arena na qual as coalizões disputam espaço e poder. Os burocratas participam dos processos como outros não estatais, mas cujos recursos são distintos por terem acesso à máquina pública e às instituições do Estado.

Quadro 2: Principais Modelos analíticos e foco do ciclo

Principais Modelos de Análise	Estágio do Ciclo que modelo é predominante
Lata do Lixo, Cohen, March & Olsen (1972)	Formação de agenda
Fluxos múltiplos, Kingdon (1984)	Formação de agenda
Modelo incremental, Lidblom (1959)	Formulação de políticas ou tomada de decisão
Equilibrio Pontuado, Baumgartner e Jones (1993)	Formulação de políticas ou tomada de decisão
Modelo de coalizão, Sabatier e Jenkins-Smith (1993)	Conjuga elementos de formação da agenda, formulação, tomada de decisão e implementação

Fonte: autores

3.3. AS VERTENTES MAIS RECENTES

A disciplina segue uma tendência – presente em outras áreas das ciências humanas – de incorporar em seu campo as ideias do chamado pensamento pós-moderno (Capella, 2011). O pós-modernismo pode ser por vezes identificado como perspectiva "pós-positivista", "pós-empiricista" ou "pós-estruturalista". O termo abrange um conjunto amplo de ideias e pode assumir significados distintos. A ênfase na linguagem e sua importância na construção da realidade é uma das influências mais marcantes do debate pós-moderno. É nesse contexto que surge a "abordagem das ideias" ou "virada argumentativa". Esse campo de ideias enfatiza a linguagem e a argumentação para a análise de políticas públicas (Pineda e Machado, 2021).

A chamada virada argumentativa ocorre em meados da década de 1980 e surge com diversos autores apontando os limites das perspectivas positivistas. Enfatiza-se a importância das ideias para a compreensão das políticas públicas e a argumentação como um dos principais meios em que ocorrem as disputas dos assuntos públicos. "Mais especificamente, colocava-se tanto a análise, como o planejamento e a produção de políticas públicas como processos práticos de argumentação, destacando o papel das ideias e do conhecimento" (Pineda e Machado, 2021, pg. 8). O surgimento dessa perspectiva resgata diversas perspectivas teóricas como o pós-estruturalismo francês, a teoria social crítica da escola de Frankfurt e análise crítica do discurso.

4. ANÁLISE DE POLÍTICA EXTERNA[7]

A Análise de Política Externa (APE) pode ser compreendida como o estudo das políticas de um Estado em relação ao ambiente para além de suas fronteiras. De forma mais específica, como o estudo das tomadas de decisão de indivíduos e de grupos que ocupam posições

---

[7] Para uma discussão mais extensa sobre a formação do campo de análise de política externa ver FERNANDES, IVAN. Política Externa e Política Externa Brasileira. in: GALLO, Rodrigo (org). Relações Internacionais: Temas Clássicos, Rodrigo Gallo (org.); Editora Iole, 2021.

no aparato estatal voltadas para a interação externa. Posto isto, a APE estabelece os microfundamentos que sustentam a disciplina de Relações Internacionais (Fernandes, 2021). A APE é considerada um campo de estudo de médio alcance pelo elo que permite entre as ideias (conceitos, teorias e paradigmas) e os meios (capacidade econômica, militar, tecnológica *et al.*) ao focar na análise dos seres humanos como tomadores de decisão (Hudson, 2013).

Não se trata apenas de entender o porquê certas decisões foram tomadas e seus eventuais resultados, mas também como foram tomadas. Nesse sentido, a APE nos fornece instrumentos analíticos para compreensão de ciclos de processos de decisão em matéria de política externa. Com isso, lança-se luz sobre o conceito de interesse nacional, agora compreendido como um elemento determinável pela dinâmica de disputa por múltiplas partes interessadas, dentro e fora do Estado.

O campo da APE tem sua base nas reflexões sobre as decisões de política externa no contexto da Guerra Fria, sendo três as principais obras:

- *Decision-Making as an Approach to the Study of International Politics*, por Richard C. Snyder, H. W. Bruck, e Burton Sapin (1954);
- *Pre-Theories and Theories of Foreign Policy*, por James N. Rosenau (1966);
- *Man-Milieu Relationship Hypotheses in the Context of International Politics*, por Harold e Margaret Sprout (1956).

Os três trabalhos dão (i) importância às pessoas que tomam decisões em política externa; (ii) analisam processos dentro do aparato estatal; (iii) são interdisciplinares; (iii) ainda focam num sistema internacional majoritariamente estatal; (iv) e o comportamento dos indivíduos se aproxima mais dos pressupostos da teoria da escolha racional. Contribuições de múltiplas áreas das ciências sociais foram utilizadas: Psicologia, Políticas Públicas, Sociologia Organizacional, Política Comparada etc. O uso dessas contribuições dependia de qual perspectiva se queria analisar a tomada de decisão: (i) de um lado isolar o indivíduo ou a interação entre indivíduos, dialogando mais com a Psicologia; (ii) de outro se busca verificar a influência de questões sociais sobre o indivíduo ou grupo de indivíduos, dialogando mais com o subcampo da Sociologia Organizacional e da Política Comparada.

O fim da Guerra Fria foi fundamental para a renovação do horizonte teórico e dos seus instrumentos de análise. Isso se deu tanto pela contribuição interdisciplinar, a partir do avanço de outras áreas do conhecimento (p. ex., neurociência e ciência de dados), quanto pela necessidade de compreender um sistema internacional muito mais complexo, com mais temas na agenda internacional (p. ex., meio ambiente e direitos humanos), mais atores considerados relevantes (p. ex., Multinacionais e Organizações Não-Governamentais) e maior foco na cooperação do que no conflito (Alden e Amnon, 2016).

4.1. NÍVEIS DE ANÁLISE

Os estudos de APE se desenvolvem em diferentes níveis de análise. A figura de uma liderança política (p. ex., o(a) Chefe de Estado e/ou de Governo), um círculo de lideranças políticas (p. ex., o(a) Ministro(a) de Relações Exteriores e o(a) Chefe de Estado e/ou de Governo), passando pelo desenho da burocracia especializada em temas externos (p. ex., o Ministério de Relações Exteriores ou o Ministério da Defesa), a influência do desenho institucional nacional (p. ex., Presidencialismo ou Parlamentarismo; Democracia ou Autocracia), até o tipo de sistema internacional (p. ex., bipolar ou multipolar).

Propomos apresentar, de forma sucinta, alguns dos instrumentos de análise desenvolvidos pela APE a partir de duas diferentes propostas de níveis de análise: (a) uma proposta de níveis de análise estáticos, inspirada em Nye (2011) e Hudson (2013); (b) a proposta de níveis de análise dinâmico de Putnam (1988).

4.2. NÍVEIS DE ANÁLISE ESTÁTICOS

Níveis são estáticos na medida em que os arcabouços teóricos não formalizam as influências da interação entre tais níveis, apenas reconhecem que eles existem e apresentam os instrumentos que melhor explicam cada um. A nossa ênfase será nos dois primeiros níveis, uma vez que a literatura de Teoria de Relações Internacionais possui contribuições bem consolidadas para o terceiro nível.

Os níveis de análise dialogam com um debate clássico das ciências sociais: a relação estrutura/agente, questionando sobre a extensão da liberdade das escolhas feitas por indivíduos que possuem o poder de tomada de decisão e qual é o limite estabelecido pelas contingências dos sistemas políticos interno e internacional. Será que ao tomar uma decisão, uma ministra de relações exteriores está efetivamente influenciando a política externa do seu país ou apenas agindo dentro das possibilidades que os sistemas políticos nacional e internacional impõem?

Quadro 3: Níveis de Análise de Política Externa

Primeiro Nível	*Segundo Nível*	*Terceiro Nível*
Indivíduo	Organização Burocrática	Sistema Internacional
Grupos	Capacidades do Estado	Regimes Internacionais
	Cultura Nacional	

Fonte: autores

4.3. INDIVÍDUOS

Dois clássicos da APE, Snyder *et al.* (1954) e Sprout e Sprout (1956), se desenvolveram a partir de dois importantes paradigmas das ciências sociais, o behaviorismo e a escolha racional (Alden e Amnon, 2016). Para o primeiro, o comportamento humano é reflexivo, na medida em que responde a certos estímulos e, portanto, pode ser analisado e até reproduzido por meio de experimentos clínicos. Para o segundo, as ações humanas são direcionadas de forma a maximizar os ganhos e reduzir as perdas. Logo, os tomadores de decisão em política externa fazem escolhas que buscam eficiência e o seu processo de decisão é dependente de condicionantes cognitivas. Com isso, o analista de política externa pode observar o processo de tomada de decisão em sua totalidade e o decompor em partes menores.

A qualidade das informações, a forma como elas são transmitidas, o grau de experiência e de interesse sobre o tema e a seletividade da escolha das informações conforme certas crenças por parte da tomadora de decisão, são pontos importantes para compreender a escolha feita em matéria de política externa.

4.4. GRUPOS

Por mais influente que seja uma liderança em política externa, dificilmente decisões serão tomadas de forma singular. Antes de alcançar um nível maior de organização burocrática (p. ex., o Ministério de Relações Exteriores) há instâncias decisórias coletivas menores, chamadas de grupos. Em geral, tais grupos são formados por 15 ou menos pessoas (Hudson, 2013), e se mostram mais relevantes em momentos críticos e pontuais na condução de relações internacionais. Charles Hermann (1978) e Irving Janis (1982) estavam entre os primeiros a estudar o processo de decisão coletivo em matéria de política externa em pequenos grupos. Tais grupos, por um lado, tendem a apresentar um grau maior de coesão, maior propensão ao consenso, por outro lado, podem reforçar certos padrões e coagir os seus membros a buscarem aceitação de seus pares (o efeito chamado de *groupthink*).

No caso brasileiro, por exemplo, dadas situações de emergência, como declaração de guerra ou intervenção federal, obrigam a Presidência da República a consultar o Conselho de Defesa Nacional (Art. 91 da Constituição Federal de 1988), um órgão colegiado de 10 membros. O estudo de pequenos grupos busca identificar de que maneira a percepção e atuação de certos membros influencia não apenas os demais, mas a decisão final tomada.

4.5. ORGANIZAÇÃO BUROCRÁTICA

Decisões em política externa, como em qualquer política pública, não são tomadas no vácuo. O contexto imediato em que elas costumam ser tomadas é o das organizações burocráticas, isto é, uma estrutura coletiva de tomada de decisão vinculada ao Estado e juridicamente formalizada. O estudo das organizações burocráticas remonta aos clássicos da Administração Pública como Woodrow Wilson (1887), Max Weber (1922) e Herbert Simon (1947). Tais estruturas permitem ao Estado otimizar as suas competências pela especialização de funções, formação de uma memória institucional e de uma cultura organizacional.

Uma das primeiras formulações teóricas foi o trabalho de Graham Allison, em *Essence of Decision: Explaining the Cuban Missile Crisis*, (1971). O autor analisa as reações americana e soviética à crise dos mísseis de 1962, que se dariam pelas dinâmicas de barganha inerentes à tensão entre as estruturas organizacionais burocráticas e os interesses políticos. O processo decisório em política externa, portanto, é dinâmico e realizado ao longo de circuitos regulares (formais e informais) de comunicação entre atores estatais relevantes (Fernandes, 2011).

Tal processo possuiria dois momentos distintos na disputa burocrática: os jogos de decisão e os jogos de implementação, o que antecipa as contribuições do campo de políticas públicas sobre o ciclo de políticas. O primeiro é aquele onde são tomadas as decisões de natureza política, já o segundo é aquele no qual tais políticas são implantadas. Um ponto interessante dessa sequência (decisão – implementação) é demonstrar não apenas como as burocracias controlam o processo de implementação, mas também como isso lhes dá o poder de influenciar os tomadores de decisão. Afinal, elas podem ignorar opções que não as interessam ou até direcionar as informações que são repassadas aos decisores sobre a política pública implementada.

Como nos lembra Fernandes (2011), Alisson desenvolve o aforismo *"o que você defende depende de onde você se senta"*. Servidores públicos subordinados não são apenas mero executores e, com isso, atores passivos das políticas públicas. Antes competem pela atenção formal das respectivas lideranças burocráticas, promovendo suas próprias agendas e interesses, sejam eles de natureza corporativo/paroquiais ou mesmo a partir de suas respectivas concepções de mundo.

No caso da política externa brasileira, destaca-se o Ministério de Relações Exteriores, também conhecido como Itamaraty, como a organização burocrática por excelência das relações internacionais brasileiras. A APE nos apresenta, por exemplo, instrumentos de análise sobre formação e consolidação de competências (o que cabe àquela organização fazer e não fazer), como se dá a seleção e formação dos seus quadros técnicos (a seleção ocorre por concurso, exame de currículo, quais são as habilidades e conhecimentos desejados, quais são as ferramentas de desenvolvimento profissional?), quais são as ferramentas de trabalho atribuídas àquela organização (orçamento, capital humano, recursos materiais etc.), o grau de coesão e de formação de uma identidade própria (há uma forte noção de pertencimento àquela organização, como se dá a preservação das ações passadas dessa organização?) e como se dá a relação dessa organização com as demais (há um conflito por influência ou há cooperação?).

O Itamaraty não apenas possui competência jurídica para os temas de política externa ao assessorar a Presidência da República, como também busca reforçar o seu protagonismo perante outras organizações burocráticas e afins a ponto de alguns autores perceberem o insulamento institucional parte de sua identidade (Belém Lopes, 2013).

4.6. DESENHO INSTITUCIONAL DO ESTADO

Verificar os ativos tangíveis de um Estado (p. ex., aparato militar, o tamanho do PIB, a diversidade da matriz econômica, o nível de desenvolvimento tecnológico etc.) e os comparar com os demais Estados e disso derivar o nível de autonomia/poder que o Estado possui no sistema internacional está entre as primeiras abordagens das RI.

A escola realista se destaca no uso desse recurso analítico. Contudo, quando as análises de relações internacionais passam a se direcionar para além do Estado como unidade de análise homogênea e passam a se preocupar com os elementos que compõem esse Estado (p. ex., os tomadores de decisão e o desenho institucional), atentando-se também para a sociedade (p. ex., o capital humano), passa a haver um espaço próprio da APE.

Um dos precursores que melhor desenvolveu esse raciocínio foi Peter Katzenstein, para quem a politização vertical dos assuntos domésticos nos Estados influenciava a politização horizontal das relações entre as Sociedades (Katzenstein, 1976). O autor chamava a atenção para o fato de que muitos estudos de relações internacionais tomavam os desenhos institucionais das "economias industriais avançadas" (i.e., democracias liberais com economia de mercado e de elevada renda per capita) como sendo semelhantes a tal ponto de não influenciarem de forma significativa a política externa. Para o autor, no entanto, o "moinho de alguém pode ser a montanha de outro", no sentido de nuances institucionais capturadas pelos estudos de Política Comparada servirem como valioso instrumento de análise nas relações internacionais. Katzenstein argumenta que se, por um lado, o paradigma liberal das relações internacionais se preocupava com a questão da interdependência econômica entre tais economias industriais avançadas, por outro lado, o uso exclusivo de instrumentos de análise da escola neoclássica de comércio internacional não se atentava para o âmbito específico da "política doméstica", tampouco para as "capacidades internas" de dada sociedade (Katzenstein, 1976).

Para ilustrar o seu argumento, o autor demonstrou como França e Estados Unidos responderam de forma diferente à crise de 1973 por conta de seus modelos domésticos distintos. Por um lado, a França com seu dirigismo estatal sobre a economia (i.e., maior interferência do Estado sobre a economia nacional) e, por outro lado, os Estados Unidos com sua maior porosidade aos interesses privados de grupos econômicos organizados. Para o autor, esses diferentes desenhos domésticos influenciam a forma como esses países conduzem a sua política financeira e comercial internacionais.

Trazendo essa reflexão para o caso brasileiro, podemos nos questionar sobre a resiliência da postura protecionista comercial nacional diante dos poucos momentos de abertura comercial mais agressiva. Durante boa parte da segunda metade do século XX, a economia brasileira foi caracterizada pela busca da industrialização pelo paradigma da Substituição de Importações. Isso levou a uma postura mais protecionista da política comercial brasileira, que de certa forma se estendeu ao século XXI ao brecar reformas institucionais mais arrojadas (Fernandes, 2013).

4.7. CULTURA NACIONAL

O fim da Guerra Fria permitiu uma maior porosidade e fertilização do campo teórico das Relações Internacionais ao ampliar ainda mais o diálogo com outras áreas do conhecimento científico, em especial no campo das ciências sociais, como Sociologia e Antropologia (Jackson e Sorensen, 2018).

Entre os desdobramentos desse movimento, temos o avanço da dimensão cultural no estudo das Relações Internacionais, como, por exemplo, a escola do construtivismo (Wendt, 1992) e a teoria do choque das civilizações (Huntington, 1993). A APE não ficou imune a esse processo, com pesquisas que buscavam compreender em que medida questões como cultura e identidade nacional influenciam a escolha no processo de política externa (Hudson, 2013). O ponto crucial aqui é compreender os sistemas de crenças e o padrão de identidade nacional como fontes que dão sentido à política externa.

Ronald Inglehart e Christian Welzel (2005) demostram, com dados de *survey* a partir de 1981, um alinhamento entre diferentes blocos civilizacionais (p. ex., Confucionismo, Europa Protestante, Europa Católica, América Latina, África e Mundo Islâmico, Sudeste Asiático, Europa Ortodoxa e Mundo Anglófono) no plano mundial inserindo alguns países-chave dentro ou entre esses blocos. Os dados são retirados de uma pesquisa de opinião chamada "*World Value Survey*". A partir desta contribuição, fica mais potente a reflexão sobre como o nacionalismo hindu pode influenciar a política externa da Índia em relação ao Conflito na Caxemira, na divisa entre Índia e Paquistão ou como a questão de gênero influencia a política externa de países do mundo islâmico nos debates sobre direitos humanos em fóruns intergovernamentais.

Em que medida a questão de gênero influencia o processo de formulação da política externa brasileira a partir da formação do quadro diplomático do Itamaraty? Esse é um tipo de discussão que parte preferencialmente desta dimensão do estudo da APE. Porém, esse campo de estudo tem um grande desafio que é a penumbra às vezes imposta quando o debate se dá em torno das questões culturais. Afinal, estamos falando de um conceito facilmente perceptível, mas de difícil delimitação. A cultura pode sempre ser usada como um último recurso explicativo, uma espécie de caixa preta causal, que todos a compreendem intuitivamente, mas que sem uma definição clara e uma mensuração específica, tal como o projeto do *World Values Survey*, pouco agrega ao conhecimento.

4.8. NÍVEIS DE ANÁLISE DINÂMICOS

Outra forma de perceber a política externa em níveis foi apresentada por Robert Putnam, em *Diplomacy and domestic politics: the logic of two-level games*, de 1988. Nesta obra, o autor propõe explicar a dinâmica entre o nível doméstico e o internacional, a partir de uma metáfora de um jogo realizado em dois níveis simultaneamente e de forma interdependente. Neste sentido, o autor formaliza a forma como um nível influencia o outro. No nível nacional (Nível 2), os grupos domésticos buscam promover os seus interesses junto ao governo de plantão e políticos nacionais buscam construir o seu espaço permitindo coalizões com esses grupos. Já no nível internacional (Nível 1), governos nacionais buscam tanto maximizar os interesses internos sinalizados pelas coalizões internas quanto minimizar os danos causados no âmbito externo.

Dessa forma, a dinâmica se inicia com dois postulados:

a. No Nível 1, negociadores buscam um acordo internacional;

b. No Nível 2, negociadores buscam junto aos diferentes grupos domésticos apoio para ratificar (de maneira formal ou informal) o acordo previamente estabelecido.

É importante ressaltar que Putnam sabe que a realidade pode ser mais complexa com uma sequência de «pequenos jogos» em dois níveis até se chegar aos termos finais de um acordo internacional para então ser submetido a algum tipo de anuência interna. Entretanto, a estilização dessa dinâmica deve começar da forma mais simples, para que então ela possa ganhar densidade.

O "consenso" ideal em qualquer nível está submetido ao conceito de *win-set*, um conjunto de vitórias, no sentido de cenários possíveis reconhecidos por uma parte majoritária como aceitáveis (i.e., suas preferências). Quanto mais numerosos os cenários que uma parte reconhece como aceitáveis, maiores são as chances de se alcançar um acordo. Nesse caso, quanto maiores os cenários aceitáveis pelos grupos domésticos (Nível 2), maior a chance de se alcançar um acordo no âmbito internacional (Nível 1). Inversamente, quanto menor o número de cenários aceitáveis pelos grupos domésticos, menor a chance de se alcançar um acordo no âmbito internacional. Com isso,

Putnam lança luz sobre o fato de que a necessidade de uma aprovação interna de um acordo internacional acaba influenciando na margem de formação de consensos para o conteúdo deste acordo.

Por esse modelo, se uma diplomata brasileira está negociando os termos de um tratado com outro país, ela precisa saber que aquele texto precisa ter viabilidade política interna ao ser submetido ao nosso processo de aprovação junto ao Congresso Nacional. Contudo, mesmo havendo um acordo, ele pode não significar o melhor resultado possível para uma referida parte. Neste caso, o menor número de cenários aceitáveis amplia o poder de barganha da negociação internacional. Se o número de cenários aceitáveis for pequeno ela pode usar da estratégia de dizer *"eu até posso concordar com isso, mas não conseguiria aprovar no legislativo do meu país"*. Já se o número de cenários for grande, outro diplomata pode dizer a ela *"se o texto for diferente, imagino que os seus legisladores não vão encontrar a mesma dificuldade que os meus para aprovar este acordo"*. Por isso que Putnam percebe um jogo dinâmico não apenas por ser realizado em dois níveis, mas também por ser interdependente.

A conclusão do modelo de Putnam é que o tomador de decisão sobre a Política Externa não pode ignorar os atores presentes em nenhum dos níveis de negociação. Saber as preferências domésticas próprias e alheias e como elas ampliam ou reduzem a possibilidade de ratificação de acordos internacionais é fundamental para a negociação não apenas de um texto que seja possível, mas também para que seja o melhor texto para aquele dado negociador.

5. CONSIDERAÇÕES FINAIS

Ao longo do capítulo buscamos deixar claro que a ideia original dos estudos de relações internacionais que a política externa seria uma política de natureza distinta de outras políticas públicas não resiste à apreciação dos fatos. A consideração que existe uma alta política, não aberta ao escrutínio e disputa política dos atores domésticos não resiste a um mergulho mais profundo na literatura de análise de política externa. Além disso, as questões de segurança perderam prioridade nos debates em relações internacionais a partir do desenvolvimento da bomba nuclear e, em especial, a partir da Guerra Fria. O conflito militar entre as grandes potências é menos provável do que fora até a primeira metade do século XX e a cooperação é um tema mais importante com consequências complexas na densificação das relações internacionais.

Por outro lado, o diálogo dos estudos clássicos de análise de política externa ainda não incorporaram de maneira consciente as contribuições do campo de públicas. Enquanto a não unicidade estatal é um grande tema a ser desvendado pelo campo de APE, os estudos de públicas já partiam desde seu princípio que há dentro do Estado, e também da Sociedade, uma disputa para definir quem ganha o que, como e quando.

Não obstante, é possível vislumbrar nos estudos clássicos de APE elementos que dialogam como o campo de públicas e seu uso mais consciente seria fundamental para fortalecer os achados da literatura e sofisticar as análises de política externa. Os modelos administrativo e burocrático de Allison, por exemplo, antecipam as contribuições da literatura sobre implementação e sobre como os atores que implementam uma política pública possuem instrumentos e recursos próprios para influenciar os tomadores de decisão. Já o modelo dinâmico de Putnam também antecipa as contribuições dos estudos das coalizões de Sabatier e Jenkiens-Smith ao propor que grupos conformam pressão para a tomada de decisão por parte dos negociadores.

As contribuições sobre a racionalidade dos indivíduos e dos grupos de decisão também dialogam com o debate do campo de políticas públicas sobre os limites do modelo de racionalidade sinóptica. As contribuições de Lindblom e Baumgartner e Jones sobre o incrementalismo e as pontuações dialogam com a ideia de que a tomada de decisão é feita dentro de um contexto preestabelecido no qual as possibilidades de ação são limitadas e os atores partem na maioria das vezes daquilo que já existe para propor algo de diferente e relevante dentro do campo de política externa. A pontuação, como, por exemplo, a reviravolta da política externa americana para a China durante a administração de Richard Nixon na década de 1970, é a exceção e não a regra da tomada de decisão em política externa.

Posto isto, convidamos as leitoras e aos leitores do livro que aprofundem seus conhecimentos nos debates do campo de públicas para aperfeiçoar e aumentar os instrumentos de análise para compreender a ação internacional do Estado.

6. ESTUDO DIRIGIDO

Questão 1: Em que medida a política interna brasileira influencia a sua política externa? Nesse sentido, seria a nossa política externa apenas uma expressão dos interesses do governo de plantão ou ela é uma política de Estado?

Questão 2: Levando em consideração o ciclo de políticas públicas, a política externa brasileira é apenas implementada pelo Itamaraty ou também cabe a esta instituição a sua formulação, avaliação e monitoramento?

Questão 3: Você poderia exemplificar uma ação da política externa brasileira que pode ser explicada pelos pressupostos do Modelo da Lata do Lixo? Justifique sua escolha.

Questão 4: A política externa brasileira para a América do Sul foi marcada por mudanças profundas nas últimas décadas. Pesquise quais foram essas mudanças e como os modelos de políticas públicas podem ajudar a entender essas mudanças desde o governo Fernando Henrique Cardoso até a administração de Jair Bolsonaro.

Questão 5: Aponte de que forma a combinação entre os níveis de interação no sistema internacional, tal como apresentados por Putnam, podem afetar a tomada de decisão em política externa. Ilustre sua resposta com a utilização dos modelos de políticas públicas apresentados na seção 1.3 do capítulo.

7. REFERÊNCIAS BIBLIOGRÁFICAS

ALDEN, C.; ARAN, A. Foreign Policy Analysis: new approaches. 2ª ed. Nova Iorque: Routledge, 2017.

ALLISON, G. T. The Essence of Decision: explaining the Cuban Missile Crisis. Glenview, IL: Scott, Foresman, 1971.

ALVES-MAZZOTTI, A. J.; GEWANDSZNAJDER, F. O método nas ciências naturais e sociais. São Paulo: Pioneira, 1998.

ARRETCHE, M. Tendências no estudo sobre avaliação de políticas públicas. Rio de Janeiro: Terceiro Milênio: Revista crítica de sociologia e política, 2013.

BATISTA, M. D. A. VIEIRA, B. Políticas Públicas: modelos clássicos e 40 anos de produção no Brasil. São Paulo: BIB, 2021.

BAUMGARTNER, F. R.; JONES, B. D. Agendas and instability in American Politics. Chicago: University of Chicago Press, 1993.

BELÉM LOPES, D. Política Externa Brasileira: ensaio de interpretação histórica. São Paulo: Editora Unesp, 2013.

CAPELLA, N. A. C. Análise de políticas públicas: da técnica às ideias. Campinas: Ideias – revista instituto de filosofia e ciências humanas, 2015.

CAPELLA, N. A. C.; BRASIL, G. F. São Paulo: Novos Estudos: 2015.

CASARÕES, G. S. P. O papel do Itamaraty na definição da política externa do governo Collor de Mello. Revista Brasileira de Política Internacional, vol. 55, 2012.

COHEN, M.; MARCH, J. e OLSEN, J. A Garbage Can Model of Organizational Choice. Administrative Science Quarterley, 1972.

COSTA DA SILVA, D. Política Externa é Política Pública: reflexões sobre a política externa brasileira. Cadernos Argentina Brasil. Vol. 4, 2015.

DIVERIO, T. S. M.; SILVA, L. G. Z.; MIELITZ NETTO, C. GA. Debates teóricos das relações internacionais, política externa e a interação entre o nível internacional e o doméstico. *Revista História: Debates e Tendências.* 16, n. 1 (2016): 230-244.

EASTON, D. A Framework for Political Analysis. Englewood Cliffs: Prentice Hall. 1965.

FERNANDES, I. Burocracia e Política. *A Construção Institucional da Política*. Biblioteca24horas – Seven System International Ltda. São Paulo-SP, 2011.

FERNANDES, I. A construção institucional da política comercial brasileira: a Câmara de Comércio Exterior (CAMEX) no governo Cardoso. Revista de Sociologia e Política, v. 21, n. 45, 2013.

FERNANDES, I. Política Externa e Política Externa Brasileira. in: GALLO, Rodrigo (org). Relações Internacionais: Temas Clássicos, Rodrigo Gallo (org.); Prefácio: Paulo Roberto de Almeida. Boa Vista: Editora Iole, 2021.

FERNANDES, I.; ALMEIDA, L. Teorias e modelos de políticas públicas: uma revisão das abordagens sobre o processo de políticas. Revista Teoria & Pesquisa, v. 28, n. 1, 2019, p. 122-146.

FERREIRA, M. A. S. V. Análise de Política Externa em Perspectiva: atores, instituições e novos temas. João Pessoa: UFPB, 2020.

FERREIRA, P. C.; e VELOSO, F. O Desenvolvimento Econômico Brasileiro no Pós-Guerra in: FERREIRA, Pedro Cavalcanti. VELOSO, Fernando. GIAMBIAGI, Fábio. PÊSSOA, Samuel. Desenvolvimento Econômico: uma perspectiva brasileira. Rio de Janeiro: Elsevier Campus, 2013.

FREY, K. Políticas públicas: um debate conceitual e reflexões referentes à prática da análise de políticas públicas no Brasil. Planejamento e Políticas Públicas, 2000.

HERMANN, C. F. (1979) Decision Structure and Process Influences on Foreign Policy. In Why Nations Act, edited by M.A. East. S. A. Salmore and C. F. Hermann. pp. 69-102. Beverly Hills, California: Sage Publications.

HERMANN, J. Reformas, Endividamento Externo e o "Milagre" Econômico (1964-1973). in: GIAMBIAGI, F.; VILLELA, A.; CASTRO, L.; e HERMANN, J. *Economia brasileira contemporânea (1945-2010)*. Rio de Janeiro: Campus/Elsevier, 2011.

HUDSON, V. M. Foreign Policy Analysis: classic and contemporary theory. Nova Iorque: Rowman & Littlefield Publishers, 2013.

HUNTINGTON, S. P. The Clash of Civilizations? Foreign Affairs, Vol. 72, nº 3 (1993): 22-49.

INGLEHART, R.; WELZEL, C. (2005). Modernization, Cultural Change, and Democracy: The Human Development Sequence: Cambridge University Press.

JACKSON, R. SØRENSEN, G. Introdução às Relações Internacionais: teorias e abordagens. 3ª ed. Rio de Janeiro: Zahar, 2018.

JANIS, I. Groupthink: Psychological studies of policy decisions and fiascoes. Boston: Houghton Mifflin, 1982.

KATZENSTEIN, P. J. International Relations and Domestic Structures: foreign economic policies of advanced industrial states. International Organization, 30, pp. 1-45, 1976.

KINGDON, J. Agendas, Alternatives, and Public Policies. Boston: Little, Brown. 1984.

LASWELL, H. D. Politics: Who Gets What, When, How. Cleveland, Meridian Books, 1936.

LINDBLOM, C. E. The Science of Muddling Through. Public Administration Review, 1959.

LOWI, T. Four Systems of Policy, Politics, and Choice". Public Administration Review, 1972.

MARCH, J. G. e OLSEN, J. P. Democratic Governance. New York: The Free Press. 1995.

NYE Jr., J. Cooperação e Conflito nas Relações Internacionais. São Paulo: Gente, 2009.

OLIVEIRA, R. L. PASSADOR, S. C. Ensaio teórico sobre a avaliação de políticas públicas. Rio de Janeiro: Ebape, 2019.

PUTNAM, R. Diplomacy and Domestic Politics: The Logic of Two-Level Games. International Organization, Vol. 42, 1998, pp. 427-460.

RAMOS, P. M. SCHABBACH, M, L. O estado da arte da avaliação de políticas públicas: conceituação e exemplos de avaliação do Brasil. Rio de Janeiro: Revista de administração pública, 2012.

Referências Bibliográficas

ROSENAU, J. N. "Pre-theories and Theories of Foreign Policy." In Approaches in Comparative and International Politics, ed. por R. B. Farrell, pp. 115-169. Evanston: Northwestern University Press, 1966.

SABATIER, P. e JENKINS-SMITH, H. Policy Change and Learning: The Advocacy Coalition Approach. Boulder: Westview Press. 1993.

SALOMÓN, M.; PINHEIRO, L. Análise de Política Externa e Política Externa Brasileira: trajetória, desafios e possibilidades de um campo de estudos. Rev Brasileira de Política internacional. Vol. 56, 2013.

SECCHI, L. Políticas públicas: conceitos, esquemas de análise, casos práticos. São Paulo: Cengage Learning, 2013.

SIMON, H. A. Administrative Behavior: A Study of Decision-making Processes in Administrative Organization. Nova Iorque: Free Press, 1947.

SJÖBLOM, G. Problemi e Soluzioni in politica. Italian Political Science Review, 1984.

SNYDER, R. C.; BRUCK, H. W. e SAPIN, B. Decision-Making as an Approach to the Study of International Politics, Princeton: Princeton University. Organizational Behavior Section. 1954. pp. vi-120.

SOUZA, C. Políticas públicas: uma revisão da literatura. Porto Alegre: Sociologias, 2006.

SPROUT, H., AND M. SPROUT. Man–Milieu Relationship Hypotheses in the Context of International Politics. Princeton, NJ: Princeton University Press, 1956.

WEBER, M. Wirtschaft und Gesellschaft. Grundriss der verstehenden Soziologie, Tübingen, 1922.

WENDT, A. Anarchy Is What States Make of It: The Social Construction of Power Politics. International Organization, Vol. 46, nº 2 (1992): 391-425.

WILSON, W. The Study of Administration. Political Science Quarterly. Vol. 2, n. 2 (Jun., 1887), pp. 197-222.

8. RECURSOS AUDIOVISUAIS

O Palácio Francês. (*Quai d'Orsay*). Gênero: Comédia. Ano: 2013. Direção: Bertrand Tavernier. Sinopse: Recém-formado na Escola Nacional de Administração, Arthur Vlaminck (Raphaël Personnaz) é chamado para trabalhar no Ministério das Relações Exteriores a serviço do ambicioso ministro Alexandre Taillard (Thierry Lhermitte). Arthur será responsável por elaborar o discurso do ministro, mas logo percebe que em meio a golpes políticos e vaidades pessoais, esta tarefa não será nada fácil.

Os 60 anos de Política Externa Independente. Fora da Cadência (Episódio 26). Gênero: *Podcast.* Ano: 2021. Sinopse: No 26º episódio do *podcast* do Fora, os seus coeditores falam sobre os 60 anos da PEI e sua importância para a tradição diplomática brasileira, bem como sobre os recentes conflitos internos da Etiópia.
Link: https://open.spotify.com/episode/4BzIiSVRW3t7ojl-GEFQggz?si=3Vg3MdqjQeefldMYlip12Q

CAPÍTULO 2: **RAZÕES PARA ESTUDAR POLÍTICA EXTERNA**

LAÍS CAROLINE KUSS[8]

1. INTRODUÇÃO

O Estado ainda é o principal ator das Relações Internacionais (RI)[9]. Todos os temas da área passam, de alguma maneira, pelas estratégias e ações desse ator para sua inserção no Sistema Internacional (SI) e na sua relação com os demais atores. Portanto, apesar das RI enquanto campo de estudos terem seu início marcado pelos estudos de Guerra e Paz, é possível afirmar que a principal ferramenta para se chegar à paz é a política externa.

Mesmo quando se trata de organizações internacionais, cada vez mais essenciais à governança global[10] e muitas vezes vistas como entidades separadas de seus membros, o Estado é fundamental, pois são

---

[8] Doutoranda em Ciência Política pelo Programa de Pós-graduação em Ciência Política da Universidade Federal de Pernambuco (PPGCP-UFPE), mestre em Relações Internacional pelo Programa de Pós-graduação em Relações Internacionais da Universidade Federal de Santa Catarina (PP-GRI-UFSC) e bacharel em Relações Internacionais pela Universidade do Vale do Itajaí (UNIVALI).

[9] Aqui Relações Internacionais com letras maiúsculas será utilizado para designar o campo de estudos/a disciplina, enquanto relações internacionais será utilizado para se referir às atividades desenvolvidas no Sistema Internacional, como um todo.

[10] "Governança é a totalidade das maneiras pelas quais são administrados os problemas comuns" (Gonçalves, 2011, p. 43). Na ausência de um governo mundial, a governança ganha destaque na resolução de problemas globais, por meio de regras e instituições baseadas em objetivos comuns, não apenas entre Estados, mas também outros atores das RI.

eles que escolhem ceder parte de sua soberania à organização. Ainda, muitos podem se perguntar se as empresas transnacionais não teriam se tornado o principal ator das relações internacionais, já que sua receita é maior que o produto interno bruto de diversos Estados. No entanto, observa-se que todos os demais atores possuem alguma dependência ou conexão com as leis e a política externa dos países, sejam eles organizações internacionais, empresas e ONGs transnacionais, igrejas ou indivíduos. Assim, ao considerar como política externa o conjunto dos objetivos, estratégias e ações dos Estados para além de suas fronteiras, pode-se dizer que é por meio dela que acontece a maior parcela das relações internacionais.

Uma das características do Estado que contribuem para isso é a soberania. Por ser soberano, o Estado é a autoridade máxima de um determinado território, sem poderes acima ou abaixo dele que tenham legitimidade para governar ou deixar de respeitar suas regras. Isso não significa que sua autoridade não seja questionada ou que não surjam outros grupos que queiram se apropriar de partes do território ou declarar independência, à exemplo de grupos separatistas e milícias[11]. Ainda assim, o Estado dispõe de legitimidade para fazer valer a lei, o que se aplica para todos aqueles que vivem em seu território. Desse modo, ao considerar-se que todos os espaços de terra no mundo (à exceção da Antártica) são ocupados por Estados que detêm soberania sobre ele, todos os demais atores estão submetidos às leis de algum país e, portanto, precisam se relacionar com ele de algum modo.

Além do componente interno da soberania do Estado (domínio do território), há também o componente externo, que diz respeito à anarquia do Sistema Internacional, ou seja, não há um império ou governo global que esteja acima deles, o que reforça a relevância da interação entre os diversos atores das RI para a constituição de um sistema (Seitenfus, 2004; Silva, Gonçalves, 2010).

---

[11] Na Espanha, por exemplo, o País Basco e a Catalunha possuem grupos independentistas, que defendem a separação dessas províncias autônomas. Já no Brasil, em diversos territórios as milícias e o tráfico de drogas ocupam o lugar do Estado pelo exercício da força sobre os moradores de vilas e favelas.

Com a aceleração dos processos de globalização, na economia, na comunicação e no fluxo de pessoas e coisas ao redor do mundo, é ainda mais relevante compreender os princípios, estratégias e ações de um Estado em relação aos demais, sobretudo quando se é nacional ou vive naquele país. Por exemplo, quando se está em uma viagem ao exterior, é preciso saber o que fazer caso o passaporte seja roubado. Antes disso, saber se as relações entre o país de origem e o país que se está visitando permitem que se viaje sem a necessidade de um visto específico para o objetivo da viagem ou até se há algum conflito entre eles. Isso depende das relações bilaterais e da política externa desses Estados.

Mesmo quando se está dentro do próprio país, cada cidadão sofre os impactos da política externa do seu Estado e de outros. Questões comerciais e econômicas das relações entre Estados e dos Estados com empresas estrangeiras (e outros atores econômicos globais) afetam a economia local, a disponibilidade e o preço do que se vende e compra. Acordos internacionais firmados podem alterar leis nacionais, sejam elas regulamentações ou questões relacionadas a direitos dos cidadãos. Podemos citar como exemplos o aumento do preço dos alimentos, derivado da Guerra da Ucrânia no início de 2022; no Brasil, a criação do Programa Nacional de Segurança do Paciente em 2013, como forma de se adequar a uma prioridade da Organização Mundial da Saúde (OMS) (Ministério da Saúde, 2014); a instituição da Lei Maria da Penha (lei nº 11.340, de 7 de agosto de 2006), sobre violência doméstica, fruto da condenação do Brasil na Organização dos Estados Americanos (OEA) por não julgar e punir o ex-marido de Maria da Penha, cidadã vítima de violência[12].

Também com a globalização e com os processos de democratização, intensificou-se a influência de diversos atores domésticos na política externa. Isso se materializa na participação de ONGs junto às delegações em conferências internacionais, na pressão de empresas exportadoras por acordos comerciais com mercados de seu interesse,

---

[12] O Brasil foi condenado por descumprimento de dois tratados assinados pelo país, a Convenção Americana de Direitos Humanos e a Convenção Interamericana para Prevenir, Punir e Erradicar a Violência Contra Mulher.

nas trocas de conhecimentos e ideias entre o corpo diplomático e a academia, dentre outros casos. Desse modo, além do impacto da política externa e do que acontece no cenário internacional na vida da sociedade, observa-se ainda o caminho inverso, a influência de grupos domésticos na política externa de um Estado ou até mesmo com sua atuação direta em eventos e/ou fenômenos internacionais.

Para além desses exemplos, aos profissionais que trabalham com relações internacionais é ainda mais essencial estudar política externa, sobretudo a do próprio país. É o que será abordado na próxima seção. Para continuar o capítulo, posteriormente serão apresentadas algumas abordagens para o estudo da política externa. Por fim, busca-se responder à pergunta: por que estudar política externa do Brasil e no Brasil?

2. POLÍTICA EXTERNA E RELAÇÕES INTERNACIONAIS

2.1. IMPACTO DA POLÍTICA EXTERNA PARA O PROFISSIONAL DE RELAÇÕES INTERNACIONAIS

Em termos de mercado de trabalho, todo profissional de RI precisa estar familiarizado com a política externa (de maneira histórica e contemporânea) do país com o qual (ou com os quais) trabalha. Isso porque a política externa vai afetar diretamente o trabalho que já desenvolvem ou até mesmo as oportunidades e desafios para se inserirem no mercado. As carreiras mais tradicionais das RI são aquelas vinculadas à construção ou execução da política externa, com destaque para a **diplomacia**. Nela, os diplomatas irão pensar a inserção de um Estado no mundo e sua relação com os demais atores que nele atuam. No sentido amplo, alguns autores se referem à diplomacia como sinônimo de política externa ou até mesmo de relações internacionais. No entanto, no sentido mais restrito, podemos definir a diplomacia como a maneira de se conduzir as relações internacionais do Estado, ou o processo de negociação de interesses divergentes entre grupos humanos (Silva, Gonçalves, 2010).

A relação entre a carreira em RI e a política externa também fica clara nos postos de trabalho abertos em **organizações internacionais e outros foros multilaterais**. Quando um país se torna membro de uma dessas instituições, abrem-se vagas para seus nacionais, além da possibilidade de envio de diplomatas para missões junto a esses organismos (a fim de definir e executar a política do país naquela instituição). A própria participação indica um direcionamento da política externa, já que os temas debatidos naquele ambiente passam a entrar na agenda de debates do país. Além disso, a adesão a uma organização internacional representa adoção dos acordos e princípios dela, portanto, é normal que haja alteração também de normas e leis em seus países membros, o que, consequentemente, impacta o dia a dia de seus cidadãos, como os exemplos citados anteriormente.

Outro contexto de trabalho para internacionalistas conectados à política externa é a **paradiplomacia** (também chamada de cooperação descentralizada ou política externa subnacional). A paradiplomacia diz respeito às atividades internacionais realizadas por entes federados, como estados e municípios (ou outros tipos de governos abaixo do nacional) (Soldatos, 1990). Decolou no Brasil na década de 1990, embora iniciativas anteriores já existissem. No Brasil e na América Latina como um todo, Salomón (2017) indica que a paradiplomacia possui três dimensões: cooperação descentralizada, captação de recursos externos e promoção econômica comercial. Essas relações não podem ser descoladas da política externa do governo nacional, por vezes havendo uma relação de cooperação, outras de contestação.

No Brasil, os governos do Partido dos Trabalhadores (PT), a partir de 2003, buscaram impulsionar essas atividades. "Até então, a paradiplomacia tinha sido mais tolerada do que apoiada pelo governo federal" (Salomon, 2017, p. 26). Com o início do governo Lula, foi criada a Subchefia de Assuntos Federativos (SAF), ligada à presidência da República, que "entre outras funções, assumiu a responsabilidade de difundir e impulsionar a 'cooperação internacional federativa'" (Salomón, 2017, p. 26). Sua estrutura se somou à Assessoria Especial de Assuntos Federativos e Parlamentares (AFEPA), criada no governo de Fernando Henrique Cardoso, responsável pela articulação entre o Ministério das Relações Exteriores (MRE), governos subnacionais, assembleias estaduais e municipais e o Congresso Nacional.

Interessante observar que os governos subnacionais mantiveram nesse período uma relação que envolvia também demandas aos agentes da política externa nacional, como suporte técnico ou assessoria, utilizando-se da Agência Brasileira de Cooperação (ABC) e da rede de consulados nacionais para suas atividades no exterior, o que demonstra relações cooperativas com os formuladores nacionais da política externa. Portanto, observou-se a ampliação de oportunidades nesse campo (Salomón, 2017).

Contudo, durante o governo Bolsonaro (2018-2021), os estados e municípios passam a tomar ações de contestação da política externa brasileira (PEB), passando a desenvolver relações que seguiram no sentido da crítica e contrárias ao que estava sendo desenvolvido pelo Itamaraty[13]. De acordo com Oliveira e Nery (2021), vê-se desde 2019 um conjunto de ações internacionais de governos subnacionais contrariando a política externa, tendência que se acentuou com a pandemia da COVID-19, já que a falta de coordenação e a contraposição da União em relação às decisões dos governos estaduais e municipais levaram eles a buscar apoio internacional para suas demandas de equipamentos e cooperação para o combate ao vírus.

Por sua vez, aqueles que trabalham na seara do **comércio exterior e da logística internacional** devem estar atentos às políticas comercial e externa de seu país e das nações com as quais trata. Isso porque os acordos assinados e em vigor afetam tanto as permissões de investimento, passagem, viagem e comércio quanto taxas e exigências para tanto. Para exportar produtos como amendoim, pimenta do reino e

---

[13] O Ministério das Relações Exteriores ou Itamaraty é chamado assim devido ao nome de sua sede, inicialmente o Palácio do Itamaraty no Rio de Janeiro (RJ) e atualmente no novo Palácio, de mesmo nome, em Brasília (DF). Foi fundado em 1808, na época como Secretaria de Estado dos Negócios Estrangeiros e da Guerra. É uma das mais antigas burocracias do Brasil e uma das diplomacias mais tradicionais da contemporaneidade (Almeida, 2012). Mais sobre o desenvolvimento do MRE e a centralização do processo decisório da PEB nele pode ser visto em: Cheibub (1985), Figueira (2009) e Almeida (2012).

cravo da índia, dentre outros produtos alimentares, do Brasil para a China, por exemplo, é necessária uma recomendação do Ministério da Agricultura, Pecuária e Abastecimento do Brasil (MAPA) e uma série de outros processos, como disponibilizado no próprio site do Ministério[14]. Cada produto ou serviço exportado ou importado possui suas regras próprias, a depender dos acordos internacionais assinados pelos países envolvidos, o que faz parte de sua política externa.

Em cada momento da política externa também pode haver prioridades para o intercâmbio com determinados países ou regiões, trazendo novas oportunidades de negócios, acordos que beneficiem o comércio e os investimentos com aquele grupo de países e até a criação de novos fluxos logísticos. Durante o governo Sarney (1985-1990), para citar um caso, a consolidação das relações entre Brasil e Argentina em seu novo período democrático estabeleceu a base para o Mercosul, processo de integração regional da América do Sul, que representa hoje um importante mercado para os produtos industrializados brasileiros[15].

Um mercado que ainda não possui tanto destaque no Brasil como nos Estados Unidos, mas se apresenta como meio possível de influência na política externa de um país é o de *think tanks*. São espaços de debate e construção de conhecimento de determinados temas, na seara das RI muitas vezes ligados à política externa. Alguns deles estão ligados a universidades ou até mesmo a órgãos governamentais, enquanto outros são "organizações privadas voltadas para o desenvolvimento e o marketing de ideias e estratégias de política externa com o objetivo de moldar a opinião pública e influenciar as políticas de governo" (Jackson, Sorensen, 2018, p. 373). Ao longo do século XX diversas dessas organizações surgiram e ocuparam papel importante na política externa dos Estados, como o *Council on Foreign Relations*,

---

[14] Atualização (junho de 2022) das informações sobre as novas regras aduaneiras para exportação de produtos vegetais para a China. Disponível em: https://www.gov.br/agricultura/pt-br/assuntos/inspecao/produtos-vegetal/pasta-destaques-dipov/DIPOV_4.2021.CHINA.5.1.1.71, acesso em 04 de janeiro de 2023.

[15] Mais sobre o processo de integração regional, em especial do Mercosul, pode ser visto em Mariano (2015). Sobre os efeitos do Mercosul no comércio pode-se consultar Cordeiro (2015).

nos EUA, a *Chatham House*, no Reino Unido e, no Brasil, o Centro Brasileiro de Relações Internacionais (CEBRI). Atualmente, um fenômeno tem sido o surgimento de *think tanks* voltados à defesa de interesses e determinados valores. São espaços relevantes de compartilhamento de conhecimento e política.

As oportunidades e constrangimentos de uma política externa são válidos para as áreas acima, **países e regiões preferenciais** ou ainda para temas prioritários de determinados governos. O destaque dado para certos **temas nas agendas de política externa**[16] dos Estados dá maior visibilidade a eles e pode trazer também financiamento nessas áreas.

A partir da redemocratização, o Brasil passou a assumir determinado protagonismo em alguns temas, sobretudo com os governos Fernando Henrique Cardoso e Luiz Inácio Lula da Silva. Dentre esses temas estão aqueles que foram alvo das Conferências da ONU ao longo da década de 1990 (e que continuam acontecendo), como questões de gênero, meio ambiente e direitos humanos em geral (Vigevani, Oliveira, Cintra, 2003; Vigevani, Cepaluni, 2007). O fortalecimento do Brasil nesses debates representa oportunidades, pois dá visibilidade a eles.

Por fim, alguns instrumentos de política externa chamam a atenção para sua importância. Um deles são as políticas públicas domésticas que se tornam objeto de cooperação internacional e/ou transferência de políticas. A transferência de políticas públicas internacionalmente é uma ferramenta por meio da qual um país transfere a outro políticas públicas e instrumentos de ação pública exitosos de seu território[17]. Esse processo envolve diversos atores diferentes, desde organizações internacionais até os especialistas da área em questão, passando por grupos de interesse, burocratas, dentre outros (Grisa, Niederle, 2019).

---

[16] A agenda é uma lista de temas ou problemas com os quais os governantes estão lidando ou dando mais atenção em um determinado momento. No caso de uma agenda de política externa, seriam os temas prioritários dentro da política externa de um país naquele momento.

[17] Esse processo também acontece nacionalmente, entre estados e municípios, mas com a aceleração da globalização e o crescimento da cooperação entre os países do Sul Global, vem crescendo o destaque para essa transferência internacionalmente.

Como mencionado, a **transferência de políticas públicas** e a **cooperação internacional** como um todo são instrumentos de política externa dos Estados e podem envolver atores públicos e privados, em todos os países envolvidos. Durante o governo Lula esses instrumentos fizeram parte das prioridades da PEB. De acordo com Faria (2022), chegou a ser sua espinha dorsal. É importante ressaltar que esse tipo de cooperação pode ser utilizado tanto para fornecer modelos quanto para receber boas práticas. O Brasil, ao longo do século XX, foi receptor de políticas públicas e ajuda internacional dos países de maior desenvolvimento relativo e de organizações internacionais como o Programa das Nações Unidas para o Desenvolvimento (PNUD), e só mais recentemente passou a difundir e transferir suas políticas aos países em desenvolvimento, sobretudo de África e América Latina.

Nesse cenário, Bolsa Família e Fome Zero ganharam destaque (Fraundorfer, 2013). Além desses, toda a agenda de agricultura e segurança alimentar e nutricional se constituíram como área prioritária de difusão e transferência de políticas públicas (Grisa, Schneider, 2015). Para a difusão da Estratégia Fome Zero, por exemplo, Fraundorfer (2013) mostra que houve uma mobilização de diversas instituições, financiadas não só pelo Brasil, mas, também, por organismos internacionais como o Banco Mundial e o *Departament for International Development* (DFID), agência de cooperação do Reino Unido. Isso contribuiu para a projeção internacional do país e ainda deu legitimidade nacional a esses programas. Ou seja, a política externa com impacto doméstico e internacional.

De maneira mais ampla, a cooperação internacional abrange um arcabouço maior de projetos e programas que a transferência de políticas públicas, como a cooperação tecnológica, cooperação entre universidades, intercâmbio de estudantes, construção de projetos conjuntos entre instituições, entre outros, que apresentam possibilidades de atuação a diversos atores governamentais e privados.

Agora que já se explorou a importância da política externa, cabe conhecer algumas abordagens para seu estudo.

2.2. COMO ESTUDAR POLÍTICA EXTERNA?

Durante a consolidação das RI como disciplina, ao longo do século XX, o Estado foi tratado como um ator unitário, sobretudo pela visão da teoria dominante, o Realismo. Isso significa que o Estado é visto como um ente coeso, sem divisões ou conflitos, cuja política externa é "coerente e congruente com o interesse nacional" (Lima, 2000, p. 270). Esse interesse nacional beneficiaria a todos dentro do território e estaria acima das disputas da política doméstica, estabelecida de maneira racional pelos burocratas do Estado. Assim, na perspectiva mais tradicional das RI, a política externa e a política doméstica estariam separadas e a política externa seria superior. Isso também carrega um conteúdo normativo, já que se defende que a política externa é diferente das demais políticas públicas e, por isso, não deveria estar aberta à influência e ao controle da população. Essa visão foi se transformando à medida que novos atores passaram a se inserir nas relações internacionais e a sofrer consequências e influenciar a política externa.

Como objeto, a política externa pode ser tema de RI, Política Comparada, Políticas Públicas e Economia Política Internacional, ou seja, de um diverso grupo de áreas e subáreas das Ciências Sociais. O estudo da política externa também se insere em alguns debates contemporâneos relevantes para as Ciências Sociais, como a predominância da força da estrutura ou dos agentes; a conexão entre as dinâmicas econômicas e socioculturais e a divisão entre o doméstico e o internacional. Esse caráter interdisciplinar confere força ao objeto, já que pode ser visto de diversos ângulos diferentes (Smith *et al.*, 2016).

Na visão de Carlsnaes (2016), a política externa é sempre resultado de atores e estruturas domésticas e internacionais. Os atores podem ser indivíduos, grupos ou instituições. Já as estruturas podem ser políticas, sociais, psicológicas, econômicas, nacionais, globais, tecnológicas, ideacionais, cognitivas e normativas. Nem todas têm a mesma magnitude de relevância na construção da política externa. Por vezes, as estruturas e os atores podem ser onipresentes, ou seja, não é fácil identificá-los.

Além da combinação de atores e estruturas, a política externa deixa visível a fronteira entre o doméstico e o internacional, ambos como

Capítulo 2: **Razões para estudar política externa**

ambientes complexos. Essas características tornam seu estudo complicado, por isso, é necessário um ponto de partida, como um *framework* para a análise ou abordagem. Essas ferramentas são como teorias, que dão base para a exploração mais direta de determinados fatores e processos (Carlsnaes, 2016).

Portanto, existem diversas maneiras de se estudar política externa, que podem ser consideradas como abordagens. Há ainda diferentes maneiras de categorizá-las. Uma delas é pelo nível de análise que está em foco[18]. Nesse sentido, é possível estabelecer três níveis de análise: **1) sistêmico**, **2) estatal** e **3) individual**. Cada um deles abarca diversas abordagens diferentes, que jogam luz sobre aspectos do sistema, da ação dos Estados e sua relação com a sociedade ou dos indivíduos.

As Teorias de Relações Internacionais costumam adotar o nível sistêmico, buscando observar como funciona o sistema e como isso influencia o comportamento dos Estados como um todo. Essa perspectiva pode ser usada para observar comportamentos gerais, mas é difícil utilizá-la para trabalhar com Estados e situações específicas, já que buscam padrões e não análises individualizadas (Hudson, Vore, 1995).

Exemplos de estudos da política externa que privilegiam explicações sistêmicas são aqueles derivados das teorias Neorrealistas, o Institucionalismo neoliberal e o Construtivismo Social. Keohane (1993), por exemplo, defende que o ambiente anárquico do SI é positivamente impactado por regimes internacionais, que trazem regras comuns e informação e, por isso, geram cooperação entre os atores. Por sua vez, no Construtivismo acredita-se que as comunidades em que se inse-

---

[18] O debate sobre níveis de análise é introduzido por diferentes autores nas RI, dentre os quais Kenneth Waltz (2004, publicado originalmente em 1959) e David Singer (1961). Ele diz respeito à ênfase que se deveria dar aos fatores de nível individual, estatal ou sistêmico. Mais recentemente, tem-se defendido cada vez mais a relevância de fatores nos três níveis, reconhecendo a relevância dos fatores domésticos e individuais, que anteriormente ficavam em segundo plano na área. Isso não implica que todas as pesquisas irão examinar fatores dos três níveis, pelo contrário, a depender da utilidade e das implicações de um nível ele será a melhor escolha para um estudo ou não.

rem os Estados ajudam a moldar suas identidades, interesses e ações. Portanto, ideias compartilhadas no SI são capazes de constranger seu comportamento (Hoffmann, 2010).

Já no nível do Estado temos abordagens que dão ênfase no processo decisório e na relação entre Estado e sociedade. Como os grupos domésticos e as coalizões formadas entre eles influenciam a política externa? Como a maneira que o Estado está organizado influencia a política externa? Um estudo clássico que pode se encaixar nessa categoria é o de Allison (1971), que analisa a Crise dos Mísseis de Cuba por três óticas diferentes e introduz como fator a política burocrática, na qual os indivíduos não estão agindo por seus interesses próprios, mas da instituição. A pesquisa põe ênfase na interação dos indivíduos dentro do ambiente organizacional. Outro autor que joga luz sobre a interação de grupos sociais e políticos é Moravcsik (1997). Ele afirma que os interesses dos Estados representam uma parcela das preferências de grupos da sua sociedade e seu comportamento é delimitado por esses interesses e pela interdependência com os interesses de outros Estados.

Por fim, no nível do indivíduo estão as perspectivas que estudam o papel de pessoas específicas na construção/definição da política externa. Aqui se encontra o reconhecimento do papel das percepções e processamento de informações pelo indivíduo na política externa. Essas abordagens estão bastante conectadas com a literatura sobre a psicologia e o Construtivismo, que atribui um papel importante ao sistema de crenças e valores do ser humano. No entanto, é possível incluir aqui também abordagens clássicas que jogam luz sobre a participação decisiva de determinados líderes em eventos internacionais. Aqui, aparecem as perspectivas construtivistas que tratam de ideias e processos cognitivos individuais e não de contextos ideacionais que moldam as ações dos Estados, como no nível sistêmico.

Dois casos de abordagens nesse nível são Jervis (1968) e Hermann (1984). O primeiro dá ênfase ao papel das percepções dos tomadores de decisão. Por sua vez, as percepções são constrangidas por crenças enraizadas. Já Hermann (1984) estuda e categoriza a personalidade dos líderes, na tentativa de prever o comportamento dos Estados pelo tipo de personalidade de seu líder.

Dentro das abordagens de cada um dos níveis, pode-se optar por analisar diferentes unidades de análise, escolhendo Estados ou grupos de Estados específicos, aspectos ou estruturas diferentes dentro de um Estado, a participação/influência de atores domésticos ou transnacionais e indivíduos específicos.

Essa é apenas uma maneira de enxergar e categorizar os estudos de política externa, mas é possível adotar outras. Para além dos níveis de análise, é relevante salientar ainda o papel de perspectivas como a histórica, a Análise de Política Externa e a Política Externa Comparada. A primeira conectada aos trabalhos desenvolvidos no campo da História, privilegiando eventos já passados, por vezes com o uso de ferramentas das RI ou da História. Ganhou destaque no início dos estudos de PEB.

Já a Análise de Política Externa (APE) surgiu na década de 1950, na tentativa de ir além das Teorias de RI e desvendar como e por que certos Estados não seguiam o que elas esperavam. Sobretudo embalada pela conexão entre os fatores domésticos e internacionais, a APE busca teorias que expliquem o comportamento de grupos de Estados em determinadas circunstâncias, o que chama de teorias de médio-alcance. Para isso, vai a fundo no processo de tomada de decisão. Não considera os atores necessariamente racionais e examina a construção dos interesses dos Estados como uma composição com influência de diversos fatores (Hudson, Vore, 1995).

De maneira transversal à APE podemos inserir a Política Externa Comparada. Essa abordagem surgiu dentro da APE como corrente na década de 1950, a partir da tentativa de James Rosenau de desenvolver uma Teoria Geral de Política Externa (Gonçalves, Pinheiro, 2020). A Política Externa Comparada busca observar e sistematizar dados de maneira extensiva, a fim de captar padrões de comportamentos entre os Estados e fazer generalizações. Um trabalho relevante nesse sentido é Hermann (1990), sobre padrões de mudanças na política externa, que decorrem do processo decisório. O argumento é que há quatro tipos de transformação (ajuste, mudança de programa, redefinição de objetivos ou reorientação internacional), que podem ser impulsionadas por quatro fontes diferentes (líder, burocracia, reestruturação doméstica ou choques externos).

Duas obras brasileiras introdutórias dos estudos de política externa que são úteis para compreender diferentes abordagens e unidades de análise são *Introdução à Análise de Política Externa*, de Ariane Roder Figueira (2011), e *Análise de Política Externa: o que estudar e por quê?*, de Fernanda Nanci Gonçalves e Letícia Pinheiro (2020). A primeira possui diversos capítulos tratando do estudo da política externa pela análise de diferentes atores que a constroem ou influenciam. A segunda procura conectar a APE com as teorias de RI e traz um passeio por diferentes obras e abordagens. Por fim, a nível internacional, livro de referência em como estudar política externa é *Foreign Policy Analysis: theories, actors, cases*, de Steve Smith, Amelia Hadfield e Tim Dunne (2016), já em sua 3ª edição. Os três autores organizam a obra, mas ela é escrita por diversos pesquisadores de peso em suas abordagens.

Independentemente do nível e unidades de análise escolhidas, todos estão interessados no comportamento do Estado, que deriva de diversos fatores, domésticos e externos. Todos buscam ainda encontrar qual a melhor maneira de compreender, explicar os fatores decisivos e como ele irá se comportar, dadas determinadas situações e condições. Essas perspectivas sofreram e continuam sofrendo transformações ao longo do tempo, caminhando junto com o desenvolvimento científico na compreensão da política externa e com as transformações do mundo real.

2.3. RAZÕES PARA ESTUDAR POLÍTICA EXTERNA NO E DO BRASIL

No Brasil, a política externa é um dos temas de destaque na área de RI. Antes mesmo da criação dos primeiros cursos já se estudava a PEB, porém, pela ótica de diplomatas, historiadores ou juristas. A própria criação do primeiro bacharelado da área, na Universidade de Brasília (UnB), conectado aos interesses do Ministério de Relações Exteriores (MRE) em desenvolver quadros intelectuais do campo, é emblemático para a importância dessa subárea (Pinheiro, Vedoveli 2012).

Letícia Pinheiro e Paula Vedoveli (2012) fazem uma revisão da simbiose entre diplomacia e academia, defendendo a reflexão sobre

Capítulo 2: **Razões para estudar política externa**

o papel que os diplomatas possuem nos estudos de PEB. Para tanto, observam que, no princípio (primeira metade do século XX), o quadro diplomático brasileiro (guardião dos princípios, estratégias e ações externas do país) foi formado por intelectuais que dividiam seu tempo entre a diplomacia e outras atividades. A partir da década de 1940 começa a se constituir um quadro de diplomatas mais dedicados a essa missão, cuja tarefa intelectual ficava em segundo plano. Por fim, na década de 1970, com a consolidação da profissionalização da diplomacia e o surgimento de um campo acadêmico, os diplomatas passaram a congregar sua atuação enquanto tomadores de decisão da PEB e acadêmicos. Os diplomatas foram os primeiros a se dedicarem à política externa.

Desse modo, segundo Pinheiro e Vedoveli:

> (...) a institucionalização das Ciências Sociais e a subsequente formação da área acadêmica de RI no Brasil não conseguiram promover completamente a autonomia do campo de estudos de política externa da sua relação historicamente simbiótica com a produção de saber no interior da diplomacia (Pinheiro, Vedoveli, 2012, p. 216).

A participação dos diplomatas no campo intelectual foi influenciada pelo Instituto Rio Branco, seu espaço de formação[19]. O intercâmbio entre o Instituto e a academia aconteceu desde o início do curso de RI da UnB, como já afirmado. Lessa (2005b, p. 8) indica que entre os interesses do bacharelado estava "formar profissionais que pudessem vir a ser chamados a atuar de algum modo nas atividades do Estado relacionadas com a expansão da internacionalização do

---

[19] Reflexo disso foi gradual reconhecimento do Curso de Preparação à Carreira Diplomática como formação acadêmica, com critérios acadêmico-científicos, primeiro como nível superior pelo Ministério da Educação (MEC), em 1975, e posteriormente como mestrado profissional pela Coordenação de Aperfeiçoamento do Ensino Superior (CAPES), em 2002. Além disso, em 1977 foi criado o Curso de Altos Estudos do Itamaraty, para formação contínua dos diplomatas (Pinheiro, Vedoveli, 2012).

Brasil que então se observava"[20]. Aos poucos, o diálogo entre diplomatas e acadêmicos fortaleceu a área, com a presença de professores no Instituto Rio Branco e realizando pesquisas a pedido do Estado, enquanto diplomatas atuavam como professores e em publicações e eventos acadêmicos. À época, a maior parte da produção nacional em RI era dedicada à "história e natureza da política externa e da inserção internacional do Brasil" (Herz, 2002, p. 15-16).

Portanto, "O diálogo entre as duas instituições (a academia e a diplomacia) é parte constituinte do campo de estudos de política externa brasileira e nada indica que no futuro próximo ele será – ou mesmo que ele deva ser – desestimulado." (Pinheiro, Vedoveli, 2012, p. 241). Porém, é importante ressaltar que essa proximidade produz efeitos na interpretação da política externa, já que diplomatas escrevem a partir da perspectiva de funcionário de Estado e de intelectual. Assim, Pinheiro e Vedoveli (2012) não questionam a qualidade das análises dos diplomatas, mas chamam atenção para a necessidade de reflexão quanto a isso, já que eles partem de um ponto de vista específico e interessado. Ao mesmo tempo, as autoras lembram que acadêmicos também possuem interesses próprios, que devem ser reconhecidos.

Desse modo, observa-se que a história dos estudos de política externa no Brasil é a porta de entrada das RI no país e que há um elo entre quem estuda e quem formula essas ações e estratégias, o que torna o campo ainda mais interessante e frutífero em termos de possibilidade de troca entre esses dois mundos.

Nas primeiras décadas, talvez pela preocupação com a relação entre política externa e formação do Brasil como nação, houve uma dicotomia entre trabalhos que criticavam o alinhamento do país com o Ocidente e outros a defendendo. Em geral, a maior parte da literatura se ateve a estudos históricos, com destaque para períodos da PEB e a

---

[20] Na década de 1970, o choque do petróleo e outros eventos do cenário econômico global obrigaram o Brasil a desenvolver uma política externa "mais criativa e assertiva, que se mostrasse liberada dos preconceitos ideológicos da Guerra Fria e abertamente vinculada com a expansão internacional da economia brasileira". Esse movimento levou a um aprofundamento da internacionalização da economia do país e diversificação de parcerias comerciais (Lessa, 2005b, p. 7).

Capítulo 2: Razões para estudar política externa

relação entre política externa na dinâmica do SI. Um estudo de Mônica Herz (2002) apontou que entre 1982-1999, de 210 dissertações e teses de temas de relações internacionais produzidas em programas nacionais de pós-graduação ou apoiados por agências brasileiras no exterior, 86 eram da subárea de Política Externa Brasileira e Relações Internacionais do Brasil, ou seja, mais de 40%.

Os temas foram se diversificando à medida que o campo de estudos das RI se consolidou no Brasil. Isso aconteceu, sobretudo nas décadas de 1990 e 2000, por uma série de fatores. Enquanto o mundo assistia o fim da Guerra Fria e a aceleração da globalização, com a integração da quase totalidade dos Estados ao SI (já que os antigos países da URSS passam a conquistar sua independência e ter relações com o mundo liberal), no Brasil via-se a consolidação do processo de abertura política e econômica do país para o mundo.

De acordo com Lessa (2005a, p. 2), "A partir do início da década de 1990, a academia brasileira dedicada às relações internacionais cresceu quantitativa e qualitativamente e ganhou novas formas institucionais (...)", a fim de compreender as mudanças no Sistema e de que maneira o país iria se inserir nesse novo mundo, "mais complexo e diversificado". Nesse contexto, observou-se o crescimento do interesse pelas relações internacionais no Brasil, tanto por aqueles que já se dedicavam a ela (militares, diplomatas, acadêmicos, entre outros) quanto por outros atores. No campo acadêmico, as décadas de 1990 e 2000 viram uma explosão de cursos de graduação em Relações Internacionais (Ribeiro, Kato, Rainer, 2013) e a crescente abertura de programas de pós-graduação.

Para além disso, a abertura gerou um maior impacto internacional no ambiente doméstico, ou seja, os cidadãos brasileiros passaram a sentir mais no seu dia a dia as consequências dos eventos internacionais, estando ou não conscientes deles. Isso demanda da PEB um esforço para suavizar os efeitos negativos da política internacional e aumentar os positivos, balanceando também os interesses de diferentes grupos domésticos. Dessa maneira, a abertura política e econômica trouxe desafios para a construção da política externa, sobretudo porque a internacionalização da economia impactou de maneira diferente grupos diversos de brasileiros, o que Lima (2000) chama de "impactos distributivos".

No contexto da redemocratização brasileira e da globalização o desafio era compatibilizar instituições democráticas e política externa, já que, desde os primórdios da PEB, o MRE desempenhou um papel central e dominante nessa construção, tomado por essa perspectiva de que uma burocracia especializada e racional garantiria a continuidade e as melhores decisões para o interesse nacional. Segundo Lima (2000), isso só foi possível porque o Estado assumiu uma postura defensora da industrialização nacional e garantia que a política externa gerasse bens coletivos, o que durou até o processo de liberalização, na década de 1990.

> A integração à economia internacional e a abertura econômica contribuem para a politização da política externa em vista dos impactos distributivos internos da maior participação no comércio internacional, uma vez que em uma economia aberta há ganhos e perdas diferenciados frutos de decisões e negociações internacionais (Lima, 2000, p. 287)[21].

Houve duas consequências: politização da política externa e diminuição da autonomia do MRE. Esses processos embalaram a discussão da política externa como uma política pública, semelhante às demais políticas domésticas, com necessidade de um equilíbrio entre a continuidade e legitimidade e a representação democrática. O debate se fortaleceu ao longo dos primeiros 15 anos do século XXI, com os processos de horizontalização, pluralização e politização da PEB.

---

[21] Apenas para citar um exemplo, do ponto de vista do Brasil o tratado de livre comércio entre União Europeia e MERCOSUL (assinado em 2019), pode trazer consequências positivas para o agronegócio, já que se abre um importante mercado para as *commodities*, sendo o Brasil competitivo nessa área. Por outro lado, a Europa é mais competitiva em produtos que exigem alta tecnologia, o que pode representar perda de industrialização e mercado de setores tecnológicos nacionais. Ou seja, a estratégia de priorizar esse tratado na PEB deve ter suas consequências distributivas analisadas em relação aos interesses dos diversos grupos e diferentes caminhos para o desenvolvimento econômico.

Capítulo 2: **Razões para estudar política externa**

O processo de politização diz respeito à maior discussão dos temas de política externa, com maior desejo de influência por parte de diversos atores nacionais. A pluralização é semelhante, diz respeito à diversificação de atores com atuação internacional e influência e/ou participação na construção da política externa. Foram processos impulsionados pela redemocratização, mas com maior força durante os governos FHC e Lula, com a criação de espaços de diálogo com os demais órgãos da administração pública e interação com grupos de interesse, entes subnacionais, ONG's, dentre outros (Cason, Power, 2009; Milani, Pinheiro, 2013).

Já o processo de horizontalização é mais restrito. A tendência à horizontalização que aconteceu no início do século XXI diz respeito a uma maior participação de outros ministérios no processo decisório da PEB. Um dos impulsos a essa participação foi a diversificação de temas da agenda de política externa (meio ambiente, questões de saúde, de gênero, entre outras), que exigiram conhecimentos técnicos de outros atores. Essa foi caracterizada pela descentralização entre burocracias e cooperação com o MRE (França, Sanchez, 2009; Spécie, Silva, Vitale, 2010). Esses processos não aconteceram sem que houvesse também movimentos no sentido contrário, de centralização do poder decisório, sobretudo com alterações na estrutura do Ministério das Relações Exteriores e com um maior destaque para a Diplomacia Presidencial, o que Cason e Power (2009) chamaram de "presidencialização", pela participação mais ativa dos presidentes na PEB.

Isso reforça a importância do estudo da política externa, porque quando se reconhece a participação de atores domésticos na sua construção, com conflitos, negociações e interesses, isso complexifica o processo e permite abrir a caixa preta do Estado, para compreensão das decisões tomadas e suas consequências para cada um dos grupos domésticos. Ademais, se há uma influência de fatores domésticos, a política externa de cada país adquire contornos diferentes, exigindo maior aprofundamento em pesquisas específicas sobre Estados ou grupos de Estados distintos.

Alguns dos defensores da política externa como política pública e da necessidade de participação e controle democrático sobre ela são Leticia Pinheiro, Maria Regina Soares de Lima e Carlos Milani, que publicaram extensamente sobre o tema. Nesse sentido, Pinheiro (2003) argumenta que o Itamaraty manteve sua autonomia e passou a transmitir uma imagem de representatividade ao abrir a política externa para o debate e responder, em certa medida; porém, ainda há ausência de mecanismos normatizados/regulamentados de participação da sociedade, o que abre espaço para discriminação e escolha de grupos específicos. Em sua perspectiva, há uma "prática seletiva de diálogo" (Pinheiro, 2003, p. 64).

Como indicado, os processos de aumento de participação na construção da PEB se somaram a um alargamento da agenda de temas, sobretudo nos primeiros governos Lula. Esses fenômenos forneceram uma base societal para a política externa. Nunca se havia falado tanto sobre questões internacionais no debate público nacional (Hirst, Lima, Pinheiro, 2010).

Todo esse debate proporcionou uma diversificação de oportunidades para aqueles que se interessam por política externa, já que o Brasil estava atuando nas mais múltiplas frentes, com necessidade de pesquisas e reflexões sobre: as relações do país com as mais diversas regiões e países do mundo, sua participação em diferentes foros multilaterais, cooperação internacional, diplomacia presidencial, mudanças na estrutura decisória da política externa e participação de múltiplos atores na construção da PEB, tais como entes subnacionais, ONGs, setores econômicos, Legislativo, partidos políticos e outros grupos de interesse.

Ademais, o Brasil é o 5° maior país do mundo em extensão territorial (atrás apenas de Rússia, Canadá, China e Estados Unidos, se não considerarmos a Antártica), o 7° em população[22] e a 8ª maior economia do mundo (em termos de Produto Interno Bruto)[23] o que por

---

[22] A partir de dados do CIA Factbook, disponíveis em: https://www.cia.gov/the-world-factbook/field/area/country-comparison e https://www.cia.gov/the-world-factbook/field/population/country-comparison, acesso em 14 de janeiro de 2023.

[23] Dados do Fundo Monetário Internacional (FMI), disponibilizados na página da Fundação Alexandre de Gusmão (FUNAG). Disponível em: https://www.gov.br/funag/pt-br/ipri/publicacoes/estatisticas/as-15-maiores-economias-do-mundo, acesso em 14 de janeiro de 2023.

Capítulo 2: **Razões para estudar política externa**

si já confere importância ao país no Sistema Internacional. Em sua política externa, um traço de continuidade relevante é sua aspiração a ser uma grande potência, parte das crenças históricas nacionais e da identidade construída. Para que isso se materialize, ao longo do século XX e no início deste século, procurou-se independência e autonomia diante de outros Estados, por meio do desenvolvimento. Esses objetivos têm guiado a PEB e, por isso, são relevantes para compreender a inserção internacional do Brasil. Ao longo dos próximos capítulos desta obra, eles poderão ser observados no desenrolar das suas relações com as diversas regiões e permeando todos os temas.

O desejo do Brasil de se tornar uma grande potência ganhou ainda mais destaque durante os governos Lula, já que o então Ministro das Relações Exteriores Celso Amorim colocou em prática a chamada "política externa ativa e altiva" (Cason, Power, 2009). Durante esse período, consolidou-se uma política externa que deu maior visibilidade internacional ao Brasil, com a combinação de relações prioritárias com os países em desenvolvimento, mas sem deixar de lado a manutenção das relações com os países desenvolvidos. Além disso, o país diversificou os temas e os países com os quais se relacionava, aumentando sua presença no mundo (Vigevani, Cepaluni, 2007). Durante os governos Dilma (2011-2016) e Temer (2016-2018), a PEB manteve um perfil de menor atividade internacional, permeado pela crise política e econômica pela qual passou (Reis da Silva, 2022).

Já durante o governo Bolsonaro (2019-2022) viu-se uma radicalização do discurso da PEB, com a chegada de Ernesto Araújo ao ministério. A partir disso, o país adotou uma postura crítica ao chamado "globalismo", representado pelas instituições internacionais, e alinhou-se com países que possuíam governos semelhantes, voltados à extrema-direita, como Hungria e os Estados Unidos de Donald Trump (Hirst, Maciel, 2022; Reis da Silva, 2022). Ao longo do período, o país perdeu prestígio internacional e importantes fontes de recursos, tais como alguns contratos do Fundo Amazônia, e contribuiu com o fim da UNASUL (União das Nações Sul-Americanas). Essa que poderia ter desempenhado papel crucial durante a pandemia da

COVID-19, já que sua área de maior desenvolvimento da cooperação internacional era exatamente a saúde[24].

No entanto, com o início de um novo governo de Luís Inácio Lula da Silva, em 2023, o discurso aponta para a recuperação do protagonismo global do país. Já na posse, a presença massiva de delegações estrangeiras, maior do que a obtida na posse de Jair Bolsonaro[25], dá sinais do reconhecimento internacional e do prestígio que Lula possui internacionalmente. Essa nova fase gera expectativas e desafios aos analistas de política externa.

3. CONSIDERAÇÕES FINAIS

O Estado ainda é o principal ator das RI, com o qual se relacionam todos os demais atores do Sistema Internacional. Essa importância do Estado é reforçada por sua soberania, tanto do ponto de vista interno (autoridade sobre um território e sua população) quanto externo (anarquia do Sistema, com ausência de um governo central). Apesar disso, a globalização tem complexificado a construção da política externa dos Estados, ao mesmo tempo em que deixa mais explícito o seu impacto no dia a dia dos cidadãos. Esse impacto pode ser sentido pelos cidadãos comuns e, para esses, também é relevante ter ciência da política externa, ao menos de seu país. No entanto, é ainda mais essencial para aqueles que trabalham nas relações internacionais, seja aqueles que estão envolvidos diretamente com diplomacia ou organizações internacionais, até aqueles que lidam com comércio internacional, paradiplomacia, cooperação internacional ou *think tanks*. Ressalta-se ainda que as prioridades de temas e países em uma políti-

---

[24] Mais sobre a cooperação em saúde no âmbito da UNASUL pode ser visto em Santos Lima e Villarreal Villamar (2021).

[25] Segundo reportagem da BBC Brasil (2023) estiveram presentes na posse de Lula mais de 70 delegações estrangeiras, contando com 19 chefes de estado, quatro primeiros-ministros e uma primeira-dama, entre outros representantes de Estados e organizações internacionais. Já na posse de Bolsonaro em 2019 estiveram presentes apenas dez chefes de Estado e de governo e um total de 46 delegações. (BBC, 2023; Exame, 2019).

Capítulo 2: **Razões para estudar política externa**

ca externa apresentam também podem apresentar oportunidades ou constrangimentos aos profissionais da área.

A política externa pode ser estudada pela lente de diversas disciplinas, com ênfase em diferentes níveis de análise (sistêmico, estatal ou individual) e unidades de análise. Isso dá força ao subcampo e fornece um leque de possibilidades, todas com o interesse de explicar e prever o comportamento dos Estados em determinadas situações e condições, diante do cenário internacional.

O Brasil, por sua magnitude e aspiração à potência regional e global, ganha destaque nas relações internacionais. A PEB é tema prioritário dentre os estudos de RI no país e a complexidade adquirida nos processos de redemocratização e abertura econômica deram novo fôlego ao subcampo. Essas novas discussões foram impulsionadas pela visão da política externa como política pública e a maior participação e influência de atores domésticos em seu desenvolvimento, a fim de defender seus interesses.

Portanto, não apenas a política externa é um subcampo importante nas RI, mas também impacta a vida do cidadão comum e tem apresentado novas perspectivas e campos de trabalho, a partir das transformações do mundo e do Brasil contemporâneos.

4. ESTUDO DIRIGIDO

Questão 1. De que maneira a política externa pode impactar o dia a dia de um cidadão comum?

Questão 2. Por que é relevante ao profissional de relações internacionais conhecer a política externa do país com os quais trabalha?

Questão 3. Qual o impacto do diálogo entre diplomacia e academia para os estudos de política externa no Brasil?

Questão 4. De que modo a abertura política e econômica do Brasil transformou a PEB e seu estudo?

Questão 5. Quais as implicações da participação de atores domésticos na construção da política externa? Há atores que deveriam ter maior oportunidade de dialogar com os tomadores de decisão em política externa? Por quê?

5. REFERÊNCIAS BIBLIOGRÁFICAS

ALLISON, G. T. *Essence of Decision*: explaining the Cuban Missile Crisis. Boston: Little, Brown and Company, 1971, 277 pp.

ALMEIDA, P. R. Processos decisórios no âmbito da política externa do Brasil. *Revista Porto*. n. 02, p. 24-43. 2012.

CARLSNAES, W. Actors, structures, and foreign policy analysis. In: SMITH, S.; HADFIELD, A.; DUNNE, T. (eds.). *Foreign Policy* – theories, actors, cases. Oxford: Oxford University Press, 2016.

CASON, J.; POWER, T. Presidentialization, pluralization, and the roll-back of Itamaraty: explaining change in Brazilian Foreign Policy making from Cardoso to Lula. *International Political Science Review*, v. 30, n. 2, p. 117-140, 2009. Disponível em: http://journals.sagepub.com/doi/abs/10.1177/0192512109102432, acesso em 13 de janeiro de 2023.

CHEIBUB, Z. B. Diplomacia e construção institucional: o Itamaraty em uma perspectiva histórica. *Dados – Revista de Ciências Sociais*, v. 28, n. 1,1985.

CORDEIRO, B. F. Os impactos do Mercosul sobre o comércio: uma abordagem gravitacional /. – São Paulo, 2016. Dissertação de Mestrado. Faculdade de Economia, Administração e Contabilidade da Universidade de São Paulo, Programa de Pós-graduação em Economia. Disponível em: http://www.teses.usp.br/teses/disponiveis/12/12138/tde-06092016-144804/pt-br.php, acesso em 05 de janeiro de 2023.

FARIA, C. A. P. de. Política Externa e Difusão de Políticas Públicas no Brasil de Lula da Silva (2003-2010). *Contexto Internacional* [online]. 2022, v. 44, n. 1. Disponível em: https://doi.org/10.1590/S0102-8529.20224401e20200091. Acesso em 9 de janeiro de 2023.

FRANÇA, C.; SANCHEZ, M. R. A horizontalização da política externa brasileira. *Valor Econômico*, 24 abr. 2009. Disponível em: <http://www2.senado.leg.br/bdsf/handle/id/449319>, acesso em 13 de janeiro de 2023.

FIGUEIRA, A. R. *Introdução à Análise de Política Externa*. São Paulo: Saraiva, 2011, 190 pp.

FIGUEIRA, A. R. *Processo decisório em Política Externa no Brasil*. Tese (Doutorado em Ciência Política), Faculdade de Filosofia, Letras e Ciências Humanas da Universidade de São Paulo, 2009. Disponível em: https://www.teses.usp.br/teses/disponiveis/8/8131/tde-01122009-122258/publico/ARIANE_C_RODER_FIGUEIRA.pdf, acesso em 13 de janeiro de 2023.

GONÇALVES, A. Regimes internacionais como ações da governança global. *Meridiano 47*, vol. 12, n. 125, mai.-jun. 2011 [p. 40 a 45].

GONÇALVES, F. N.; Pinheiro, L. *Análise de Política Externa*: o que estudar e por quê? Curitiba: Intersaberes, 2020, 263 pp.

GRISA, C.; NIEDERLE, P. Transferência, Convergência e Tradução de Políticas Públicas: A Experiência da Reunião Especializada sobre Agricultura Familiar do Mercosul. *Dados*, vol. 62, núm. 2, e20160099, 2019. Disponível em: https://www.redalyc.org/journal/218/21868578004/html/, acesso em 09 de janeiro de 2023.

HERZ, M. O Crescimento da Área de Relações Internacionais no Brasil. *Contexto Internacional*, vol. 24, nº 1, janeiro/junho 2002, pp. 7-40.

HERMANN, M. G. *Validating a Technique for Assessing Personalities of Political Leaders at a Distance*: A Pretest. Report prepared for Defense Systems, Inc. as part of Contract.

HERMANN, C. F. Changing course: when governments choose to redirect foreign policy. *International Studies Quarterly*, v. 34, n. 1, p. 3-21, 1990.

HOFFMANN, M. J. Norms and Social Constructivism in International Relations. In: DENEMARK, R. A. (ed.). *The International Studies Encyclopedia*. Oxford: Blackwell, 2010.

HIRST, M.; LIMA, M. R. S. de; PINHEIRO, L. A política externa brasileira em tempos de novos horizontes e desafios. *Nueva Sociedad*, especial em português, 2010. Disponível em: https://static.nuso.org/media/articles/downloads/p6-2_1.pdf, acesso em 12 de janeiro de 2023.

HIRST, M.; MACIEL, T. *A política externa do Brasil nos tempos do governo Bolsonaro*. Seminário "Gobernanza democrática y regionalismo en América

Latina ¿en crisis o recomposición?". Colégio de Mexico (fevereiro de 2020). Disponível em: https://doi.org/10.1590/SciELOPreprints.4771, acesso em 17 de janeiro de 2023.

HUDSON, V. M.; VORE C. S. Foreign Policy Analysis Yesterday, Today, and Tomorrow. *Mershon International Studies Review*, vol. 39, Issue Supplement_2, 1995, p. 209-238. Disponível em: https://doi.org/10.2307/222751, acesso em 16 de janeiro de 2023.

JACKSON, R.; SØRENSEN G. *Introdução às Relações Internacionais: teorias e abordagens*, 3ª ed., rev. e ampl. Rio de Janeiro: Zahar, 2018.

JERVIS, R. *Perception and Misperception in International Politics*. Princeton: Princeton University Press, 1968, 445 pp.

KEOHANE, R. O. Institutionalist theory and the realist challenge after the cold war. In: BALDWIN, D. A. (ed.). *Neorealism and Neoliberalism*: the contemporary debate. Nova Iorque: Columbia University Press, 1993.

LESSA, A. C. Instituições, atores e dinâmicas do ensino e da pesquisa em Relações Internacionais no Brasil. *Revista Brasileira de Política Internacional*, v. 48, n. 2, 2005(a), p. 169-184.

LESSA, A. C. Trinta anos de ensino de Relações Internacionais em nível de graduação no Brasil. *Meridiano 47*: Boletim de Análise de Conjuntura em Relações Internacionais, v. 6, n. 54, p. 7-9, 2005(b). Disponível em: http://meridiano47.files.wordpress.com/2010/05/v6n54.pdf, acesso em: 11 de janeiro de 2023.

LIMA, M. R. S. de. Instituições democráticas e política exterior. *Contexto Internacional*, vol. 22, n° 2, julho/dezembro 2000, pp. 265-303.

MARIANO, Marcelo Passini. *A política externa brasileira e a integração regional*: uma análise a partir do Mercosul, 1. ed. – São Paulo: Editora da Unesp Digital, 2015. Disponível em: https://static.scielo.org/scielobooks/2f3jk/pdf/mariano-9788568334638.pdf, acesso em 05 de janeiro de 2023.

MILANI, C. R. S.; PINHEIRO, L. Política Externa Brasileira: Os Desafios de sua Caracterização como Política Pública. *Contexto Internacional*, vol. 35, n. 1, janeiro/junho 2013, p. 11-41.

MORAVCSIK, A. Taking preferences seriously: a liberal theory of international politics. *International Organization*, v. 51, n. 4, p. 513-553, 1997.

OLIVEIRA, P.; NERY, T. O papel da política externa brasileira e da paradiplomacia na resposta ao Coronavírus. *Mural Internacional*, Rio de Janeiro, vol. 12, e58859, 2021. DOI: 10.12957/rmi.2021.58859. Disponível em: https://www.e-publicacoes.uerj.br/index.php/muralinternacional/article/view/58859/38065, acesso em 08 de janeiro de 2023.

PINHEIRO, L. Os véus da transparência: política externa e democracia no Brasil. *IRI Textos*. Rio de Janeiro: PUC-Rio, n. 25, 2003.

PINHEIRO, L.; VEDOVELI, Paula. Caminhos Cruzados: Diplomatas e Acadêmicos na Construção do Campo de Estudos de Política Externa Brasileira. *Revista Política Hoje*, vol. 21, n. 1, 2012.

REIS DA SILVA, A. L. De Dilma a Bolsonaro: as transformações matriciais na política externa brasileira. *Interacción Sino-Iberoamericana*, vol. 2, n. 1, 2022, pp. 1-26. Disponível em: https://doi.org/10.1515/sai-2022-0007, acesso em 17 de janeiro de 2023.

RIBEIRO, P. F.; KATO, M.; RAINER, G. Mercado de Trabalho e Relações Internacionais no Brasil: um estudo exploratório. *Boletim Meridiano 47*, vol. 14, n. 135, jan.-fev. 2013, p. 10-18.

SALOMÓN, M. A paradiplomacia no Brasil: da implantação à normalização, p. 21-36 In: Mónica Salomón e.a. *A paradiplomacia do estado do Rio de Janeiro*, 2007-2017. Teoria e prática. Niteroi: Imprensa Oficial, 2017.

SANTOS LIMA, M. I.; VILLARREAL VILLAMAR, M. C. Regionalismos e Cooperação em Saúde: a experiência da Unasul | Regionalism and Health Cooperation: the Unasur experience. *Mural Internacional*, [S.l.], v. 12, p. e59256, out. 2021. Disponível em: <https://www.e-publicacoes.uerj.br/index.php/muralinternacional/article/view/59256/39887>. Acesso em: 14 jan. 2023.

SEITENFUS, R. A. S. *Relações Internacionais*. Barueri, SP: Manole, 2004.

SINGER, J. D. The Level-of-Analysis Problem in International Relations. *World Politics*, vol. 14, n. 1, The International System: Theoretical Essays, 1961, pp. 77-92. Disponível em: http://www.jstor.org/stable/2009557, acesso em 16 de janeiro de 2023.

SILVA; E.; SPÉCIE, P.; VITALE, D. Atual Arranjo Institucional para a política externa brasileira. *Textos para Discussão CEPAL – IPEA*, 3. Brasília, DF: CEPAL. Escritório no Brasil/IPEA, 2010.

SILVA, G. A.; GONÇALVES, W. Soberania Nacional. In: SILVA, G. A.; GONÇALVES, W. *Dicionário de relações internacionais.* 2. ed. rev. e ampl. – Barueri, SP: Manole, 2010.

SMITH, S.; HADFIELD, A.; DUNNE, T. Introduction. In: SMITH, S.; HADFIELD, A.; DUNNE, T (eds.). *Foreign Policy* – theories, actors, cases. Oxford: Oxford University Press, 2016.

SOLDATOS, P. An explanatory framework for the study of federated states as foreign-policy actors, In: MICHELMAN, H.; SOLDATOS, P. (eds.). *Federalism and International Relations*: the role of subnational units. Oxford: Clarendon Press. 1990.

VIGEVANI, T.; OLIVEIRA, M. F. de; CINTRA, R. Política externa no período FHC: a busca de autonomia pela integração. *Tempo Social* [on-line]. 2003, v. 15, n. 2, pp. 31-61. Disponível em: https://doi.org/10.1590/S0103-20702003000200003, acesso em 10 de janeiro de 2023.

VIGEVANI, T.; CEPALUNI, G. A Política Externa de Lula da Silva: A Estratégia da Autonomia pela Diversificação. *Contexto Internacional*, Rio de Janeiro, vol. 29, n. 2, julho/dezembro 2007, p. 273-335.

WALTZ, K. N. *O homem, o estado e a guerra*: uma análise teórica. São Paulo: Martins Fontes, 2004. 331 p.

6. RECURSOS AUDIOVISUAIS

Podcast "O Que É Tudo Isso?" – Ep. 62: Think Tanks e a política externa brasileira. Disponível em: https://www.ufrgs.br/luminapodcasts/site/episodio/ep-062-think-tanks-e-politica-externa-brasileira. O episódio apresenta o trabalho de Luciana Wietchikoski sobre *think tanks* e sua influência na política externa dos EUA e do Brasil.

Podcast "Diálogos de Política Exterior" – *podcast* quinzenal sobre política externa brasileira produzido pelo Observatório de Política Exterior (OPEx) do Grupo de Estudos de Defesa e Segurança Internacional (GEDES), vinculado ao Programa Institucional de Bolsas de Iniciação em Desenvolvimento Tecnológico e Inovação da Universidade Federal de Sergipe (UFS). Disponível em diversas plataformas de áudio, com links disponibilizados em: https://linktr.ee/dpex.

UNIDADE II: **AGENDAS DA POLÍTICA EXTERNA BRASILEIRA A PARTIR DA DÉCADA DE 1990**

CAPÍTULO 3: **POLÍTICA EXTERNA E A AGENDA DE DIREITOS HUMANOS**

ANA CAROLINA DE ARAUJO MARSON[26]

1. INTRODUÇÃO

Neste capítulo iremos nos aprofundar na política externa brasileira de direitos humanos. Entender a maneira como o Brasil enxerga a pauta humanitária, a partir dela, se insere no debate internacional sobre direitos humanos é fundamental para compreender um lado importante da nossa política externa e aspectos da agenda internacional que surgiram após o término da Guerra Fria. Para tal, nosso estudo está dividido em duas seções. Na primeira abordaremos o conceito de direitos humanos e a evolução de sua compreensão em um cenário internacional em constante mudança. Na segunda seção apresentaremos as bases da política externa brasileira de direitos humanos e sua trajetória a partir do processo de redemocratização brasileiro.

2. DEBATE SOBRE DIREITOS HUMANOS NO SISTEMA INTERNACIONAL

O conceito de direitos humanos, da maneira como o conhecemos atualmente, surgiu após o genocídio e massiva perda de vidas presenciados na Segunda Guerra Mundial. Em 1948, dois anos após o término do conflito, a Organização das Nações Unidas (ONU) promoveu a Declaração Universal dos Direitos Humanos (DUDH). Se-

---

[26] Ana Carolina Marson é doutora em Relações Internacionais e professora da Universidade São Judas Tadeu. Email: anacarolina.marson@gmail.com

gundo Devine *et al.* (2007) a Declaração tinha o objetivo de combater os movimentos fascistas que se valiam de atos de barbárie para desrespeitar e desprezar direitos básicos do ser humano (DUDH *Apud* Devine *et al.*, 2007). O intuito dos países signatários da Declaração era a modificação da conjuntura internacional, acarretando até mesmo em uma nova ordem mundial baseada nos direitos humanos (Malanczuk, 2006).

Esse desejo fica claro no preâmbulo da Declaração, onde estão dispostas as quatro liberdades de Roosevelt. Em seu discurso ao congresso norte-americano no dia 6 de janeiro de 1941, o então presidente Franklin Delano Roosevelt apresentou o Estado da União[27] e discutiu quatro liberdades fundamentais a todos os seres humanos: a liberdade de crença, a liberdade de fala e a liberdade de viverem a salvo do medo e da necessidade (Bobbio, 2004; Devine *et al.*, 2007). A origem do movimento a favor da criação dos direitos humanos coincidiu não somente com o final da Segunda Guerra Mundial, mas também com o início da Guerra Fria.[28] Então, por mais que os formuladores da proposta tentassem evitar, o embate ideológico que se desenvolvia entre Estados Unidos e União Soviética teve um grande peso na composição final do documento. Eleonor Roosevelt, então primeira-dama dos Estados Unidos e responsável pela coordenação do projeto, solucionou esse impasse propondo apresentar a Declaração dos Direitos Humanos em formato de resolução, não impositiva, pela Assembleia Geral das Nações Unidas (AGNU). Por isso, a Declaração foi aprovada, apesar de todas as ressalvas e divergências entre as nações, uma vez que ela não era vista como uma obrigação perante o direito internacional (Malanczuk, 2006).

---

[27]   O discurso conhecido como Estado da União (*State of the Union*, no original) é um relatório, em forma de discurso, apresentado pelo presidente ao Congresso norte-americano para informá-lo sobre as conquistas de seu governo e planos para o próximo ano.

[28]   A Guerra Fria foi um conflito geopolítico e ideológico entre as duas superpotências que surgiram com o final da Segunda Guerra Mundial – Estados Unidos e União das Repúblicas Socialistas Soviéticas (URSS). O conflito durou de 1945 a 1989 e recebeu esse nome por não ter nenhum conflito armado direto entre as duas superpotências.

Capítulo 3: **Política externa e a agenda de direitos humanos**

Outro passo importante foi a criação do Comitê de Direitos Humanos da ONU, que tinha como objetivo a promoção e proteção dos direitos humanos. Em março de 2006, o Comitê foi transformado em Conselho de Direitos Humanos, buscando ampliar sua atuação no cenário internacional. Ainda em 1948, o então Comitê já afirmava que os Estados não poderiam se envolver com escravidão, tortura ou submeter indivíduos a:

> (...) tratamento ou castigo cruel, desumano e degradante, privar arbitrariamente as pessoas de suas vidas, deter ou prender pessoas arbitrariamente, negar a liberdade de pensamento, consciência e religião, presumir a culpa de uma pessoa antes que ela prove sua inocência, executar mulheres grávidas ou crianças, permitir a promoção do ódio nacional, racial ou religioso, negar o direito de casamento a pessoas em idade de casar, ou negar às minorias o direito de desfrutar de sua cultura, professar sua religião, ou usar sua própria língua, (...) (e negar de modo geral) o direito a um julgamento justo (Devine *et al.*, 2007: 93).

É importante destacarmos que segundo o direito internacional, a Declaração Universal dos Direitos Humanos não pode ser imposta aos Estados, porém suas proposições podem ser vistas como coercivas.

Em relação à questão do significado de Direitos Humanos, a terminologia Direitos, para aqueles que redigiram a Declaração, engloba o indivíduo simplesmente em virtude de sua condição humana. Portanto, fica claro como a essência da DUDH está baseada em aspectos considerados básicos a qualquer ser humano, independente de qual seja sua crença, nacionalidade ou cultura. Devemos considerar também as características não negociáveis desses direitos: inerência, universalidade, indivisibilidade, interdependência e transnacionalidade (Devine *et al.*, 2007; Malanczuk, 2006; Weis, 2006).

A ideia de inerência traz a noção de que os direitos humanos são parte de qualquer pessoa, pelo simples fato de existir como ser humano. A universalidade, por sua vez, apresenta como os direitos humanos pertencem a todos os indivíduos, independentes de outros atributos que eles possuam. Já a indivisibilidade garante que os direitos humanos devem ser considerados como um todo, não existe meio-termo no respeito ou infração desses direitos. A interdependência demonstra como uma promoção eficaz dos direitos humanos não pode ser atingida sem o desenvolvimento conjunto de todos os direitos essenciais ao indivíduo. E por fim, a transnacionalidade fornece a noção de que esses direitos acompanham os indivíduos onde quer que ele esteja (Weis, 2006).

Atualmente o principal problema da pauta dos direitos humanos não é justificar sua relevância, mas protegê-los. Mesmo após setenta e cinco anos da instituição da Declaração dos Direitos Humanos algumas nações apresentam oposições em colocar determinados direitos em prática. Apesar dessas oposições, o sistema internacional possui diversos mecanismos de proteção ao indivíduo, e a promoção desses se tornou uma parte importante da política externa de diversas nações. Na próxima seção vamos focar exclusivamente na política externa do Brasil (PEB) em relação à pauta dos direitos humanos.

3. POLÍTICA EXTERNA BRASILEIRA DE DIREITOS HUMANOS

Em primeiro lugar, precisamos entender que qualquer pauta da política externa brasileira parte das diretrizes desenvolvidas no Ministério das Relações Exteriores (MRE) e se baseia nos princípios da Constituição Federal de 1988. Em relação às questões de direitos humanos, a PEB está embasada no artigo 4º, que aborda os princípios das relações internacionais do Brasil. A política externa brasileira de direitos humanos tem como objetivo promover e defender os direitos humanos em nível internacional, por meio de ações diplomáticas e participação em organizações multilaterais. O Brasil tem como princípio a defesa da não intervenção nos assuntos internos de outros países e da autodeterminação dos povos[29] e a solução pacífica de conflitos. A promoção dos direitos humanos é realizada por meio de ações de cooperação técnica, assistência humanitária, participação em

---

[29] O princípio de autodeterminação defende que todos os povos têm o direito de escolher sua forma de organização social e política sem sofrer interferências externas.

Capítulo 3: Política externa e a agenda de direitos humanos

fóruns internacionais e denúncia de violações de direitos humanos. O país também tem como estratégia o fortalecimento da Comissão Interamericana de Direitos Humanos[30] e do Sistema Internacional de Proteção aos Direitos Humanos[31] (Castro, 2013).

O Brasil tem se envolvido com questões humanitárias internacionais por meio de ações diplomáticas e de cooperação técnica, buscando contribuir para a promoção da paz e da segurança global, bem como para o desenvolvimento humano e a proteção dos direitos humanos. O país tem participado de missões de paz da ONU em diversos países, contribuindo com tropas e recursos, e tem se engajado em esforços multilaterais para lidar com crises humanitárias, como a crise de refugiados sírios e a crise humanitária na Venezuela. O Brasil também tem oferecido assistência humanitária, enviando recursos e equipes para atender vítimas de desastres naturais, conflitos armados e outras emergências humanitárias em diversos países. Além disso, o país tem apoiado iniciativas de desenvolvimento humano, como a luta contra a pobreza e a promoção do acesso à educação e à saúde em países em desenvolvimento (Mahlke, 2011).

Segundo o sítio eletrônico do governo brasileiro, a PEB voltada para os direitos humanos argumenta que a pauta deve ser tratada a partir de uma "abordagem universal e não politizada"[32]. Se abordada de maneira construtiva e transparente e embasada nos princípios constitucionais, a política externa pode promover os direitos humanos de maneira universal e não seletiva. A Constituição brasileira assegura ainda a dominância dos direitos humanos como princípios fundamentais das relações internacionais do Brasil.

---

[30] A Comissão Interamericana de Direitos Humanos é uma organização que atua dentro do âmbito da Organização dos Estados Americanos (OEA) em escopo regional. Para mais informações, ver: https://www.oas.org/pt/cidh/. Acesso em: 15/12/2022.

[31] O Sistema Internacional de Proteção aos Direitos Humanos é composto por todas as agências da ONU e organizações internacionais não governamentais voltadas para essa pauta, além das normas e tratados vigentes sobre o assunto.

[32] Governo Brasileiro. Disponível em: https://www.gov.br/mre/pt-br/assuntos/direitos-humanos-e-temas-sociais/direitos-humanos/politica-externa-para-direitos-humanos. Acesso em: 13/01/2023.

Porém, para entender a política externa brasileira de direitos humanos, em primeiro lugar precisamos compreender que, historicamente, as relações externas do Brasil oscilaram a partir de suas instabilidades internas. Segundo Amado Cervo, a relação entre a PEB e a pauta de direitos humanos pode ser analisada a partir de três períodos: logo após a Declaração Universal dos Direitos Humanos (1948), momento na qual a política externa brasileira foi mais assertiva em relação à promoção desses direitos; a partir da década de 1960, quando, inicialmente, agiu a partir da Política Externa Independente,[33] porém, sendo logo substituída pelo regime ditatorial que assumiu uma posição mais isolacionista nos foros internacionais; e, por fim, a partir do final da década de 1980, quando o Brasil dá início ao seu processo de redemocratização e retoma sua posição assertiva inicial. Nesse sentido, Cervo afirma também que "[...] O novo papel do Brasil na defesa e promoção universal dos direitos humanos desdobrou-se em duas dimensões, a primeira interna e a segunda externa" (Cervo, 2010: 466-467).

Desde a Declaração Universal dos Direitos Humanos em 1948, o Brasil participou de 50 operações entre manutenção da paz e políticas especiais, cedendo em torno de 60 mil militares e policiais militares para essas operações. De acordo com o sítio eletrônico das Nações Unidas Brasil, o país teve participação em 41 das 71 operações de paz realizadas pela Organização. Na tabela 1 podemos visualizar em quais missões o Brasil participou, por quanto tempo e a média de militares enviados.

---

[33] A Política Externa Independente (PEI) foi uma linha de política externa instituída nos governos Jânio Quadros e João Goulart. Ela propunha uma posição internacional brasileira mais independente dos Estados Unidos. Para mais informações sobre a PEI, ver: GRAÇA, Guilherme Mello. O Legado do pensamento de San Tiago Dantas e de Araújo Castro. 2012. 163 f. Dissertação (Mestrado em Política Internacional) - Universidade do Estado do Rio de Janeiro, Rio de Janeiro, 2012. Disponível em: https://www.bdtd.uerj.br:8443/handle/1/15614.

Capítulo 3: **Política externa e a agenda de direitos humanos**

Tabela 1: Participação brasileira em missões de manutenção da paz ou missões especiais da Organização das Nações Unidas entre 1948 e 2023.

Nome da Missão	Local de atuação	Duração
Comitê Especial das Nações Unidas para os Bálcãs (UNSCOB)	Região dos Bálcãs	1948-1953
I Força de Emergência das Nações Unidas (UNEF I)*	Canal de Suez	1956-1967
Comitê Especial das Nações Unidas para os Bálcãs (UNSCOB)	República Democrática do Congo	1960-1964
Missão de Observação das Nações Unidas na Índia-Paquistão (UNIPOM)	Índia e Paquistão	1965-1966
Força das Nações Unidas para Manutenção da Paz no Chipre (UNFICYP)	Chipre	1964-1967
Força de Proteção das Nações Unidas (UNPROFOR)	Antigo território da Iugoslávia	1992-1995
Operação das Nações Unidas em Moçambique (ONUMOZ)	Moçambique	1992-1994
Missão de Verificação das Nações Unidas em Angola (UNAVEM III)	Angola	1995-1997
Força Internacional para o Timor Leste (INTERFET)	Timor Leste	1999-2000
Administração Transitória das Nações Unidas no Timor Leste (UNTAET)	Timor Leste	1999-2002
Missão das Nações Unidas de Apoio a Timor Leste (UNMISET)**	Timor Leste	2003-2005
Missão das Nações Unidas para a estabilização do Haiti (MINUSTAH)	Haiti	2004-2017
Força Interina das Nações Unidas no Líbano (UNIFIL)***	Líbano	1978-2023

Fonte: tabela desenvolvida a partir de dados disponibilizadas pelo governo brasileiro. Disponível em: https://www.gov.br/defesa/pt-br/assuntos/relacoes-internacionais/copy_of_missoes-de-paz. Acesso em: 23/002/2023

* Entre 1962 e 1963, dois militares brasileiros da UNEF I foram enviados como reforço à Força de Segurança das Nações Unidas na Nova Guiné (UNSF). Em julho de 1963, outro militar brasileiro que atuava na UNEF I foi transferido como observador militar na Missão de Observação da ONU do Iêmen (UNYOM)

** Em 2005, a UNMISET foi substituída pelo Escritório das Nações Unidas no Timor Leste (UNOTIL)

*** Atualmente o Brasil é responsável pelo comando da Força Tarefa Marítima da UNIFIL, posto que assumiu em 2011

Devemos destacar que durante os vinte e um anos da ditadura militar no Brasil (1964-1985), a questão dos direitos humanos ficou em segundo plano, tanto em âmbito nacional, quanto internacional – como pode ser observado na tabela 1. Os governos autoritários do período evitavam a assinatura e ratificação de qualquer tratado voltado para essa questão e a participação em forças de paz da ONU, assim como promovia massivas violações de direitos humanos dentro do território brasileiro. Foi somente no ano de 1985, quando o Brasil deu início ao seu processo de redemocratização e reabertura econômica, que a pauta dos direitos humanos retornou à agenda de política externa brasileira.

Ao estudarmos os primeiros anos após a redemocratização do Brasil, é importante considerarmos a conjuntura econômica nacional naquele momento. Entre 1985 e 1994, o país vivia uma forte crise econômica e sofria com uma recessão e uma hiperinflação.[34] Assim, a política externa dos governos José Sarney (1985-1990), Fernando Collor de Mello (1990-1992) e Itamar Franco (1992-1994) serão marcadas pela busca da estabilização econômica via parcerias internacionais e relações multilaterais. Isso não significa que a pauta dos direitos humanos tenha sido esquecida durante essas administrações (Castro, 2013).

A política externa do governo José Sarney (1985 e 1990), primeira gestão dentro do processo de redemocratização, demonstrava claramente sua ligação com o retorno da democracia ao país. A evolução desse processo dentro do país, somada ao avanço da agenda multilateral, colocou em destaque a adesão brasileira aos mecanismos de proteção dos direitos humanos – algo que os governos militares tinham evitado. Então, ainda em 1985, Sarney enviou para a avaliação do Congresso Nacional os Pactos Internacionais sobre Direitos

---

[34] Para mais informações sobre a crise econômica brasileira entre as décadas de 1980 e 1990, ver: JUNIOR, Álvaro Antônio Zini. Hiperinflação, credibilidade e estabilização. Pesquisa e Planejamento Econômico, Rio de Janeiro, v. 24, n. 3, p. 345-390, 1994. Disponível em: https://ppe.ipea.gov.br/index.php/ppe/article/viewFile/797/736. Acesso em: 24/01/2023.

Humanos,[35] desenvolvidos pela ONU, e a Convenção Americana de Direitos Humanos,[36] desenvolvidos pela Organização dos Estados Americanos (OEA).

Outras sinalizações importantes por parte do governo brasileiro foram o discurso de José Sarney na abertura da XL Sessão da AGNU, na qual destacou o compromisso brasileiro com os direitos humanos e a assinatura da Convenção Americana pelo então Ministro das Relações Exteriores Olavo Setúbal. Em seu segundo ano de governo, Sarney também assinou a Convenção Interamericana para Prevenir e Punir a Tortura, passo importante após as massivas violações de direitos humanos promovidas durante a ditadura militar no país (Castro, 2013).

Segundo Seixas Corrêa (2006: 437), "a área dos direitos humanos [...] foi a que primeiro assinalou um curso novo para a diplomacia brasileira", levando o Brasil a entender de forma mais clara que os tratados internacionais de direitos humanos não intervinham em sua soberania e representavam um bom mecanismo para complementar os esforços democráticos que aconteciam no país naquele momento.

O político que sucedeu Sarney na presidência do Brasil foi Fernando Collor de Mello, que governou entre 1990 e 1992 – ano em que deixou a presidência porque enfrentava um processo de impeachment. Collor nomeou como Ministro das Relações Exteriores o antigo ministro do Supremo Tribunal Federal (STF), Francisco Rezek. O governo Collor coincidiu com um dos eventos internacionais mais importantes do século XX, o término da Guerra Fria e a dissolução da União Soviética. O fim desse conflito que dividia o cenário internacional a partir do confronto entre as duas superpotências, levou à

---

[35] Para mais informações ver, AGNU. Pacto Internacional sobre os Direitos Civis e Políticos (1966). Disponível em: https://www.cne.pt/sites/default/files/dl/2_pacto_direitos_civis_politicos.pdf. Acesso em: 20/01/2023. AGNU. Pacto Internacional sobre os Direitos Econômicos, Sociais e Culturais (1966). Disponível em: http://www.unfpa.org.br/Arquivos/pacto_internacional.pdf. Acesso em: 20/01/2023.

[36] Para mais informações ver, OEA. Convenção Americana de Direitos Humanos (1969). Disponível em: https://www.pge.sp.gov.br/centrodeestudos/bibliotecavirtual/instrumentos/sanjose.htm. Acesso em: 15/01/2023.

formação de uma nova ordem internacional. É nesse contexto que a política externa de Collor se inseriu, em um cenário internacional que ainda buscava se definir (Castro, 2013).

Durante seu curto período na presidência, Collor defendia uma inserção internacional brasileira mais competitiva na economia mundial, a partir dos princípios neoliberais. Portanto, é clara a diretriz da política externa brasileira durante seu mandato e seu foco na liberalização econômica. O Ministro das Relações Exteriores, Francisco Rezek, seguia a mesma linha, defendendo também uma participação mais ativa do país no processo de tomada de decisões internacionais. Rezek privilegiava as relações com a América Latina e buscava uma integração regional mais efetiva. Apesar do foco econômico, a gestão Fernando Collor de Mello reafirmou os princípios democráticos frente à comunidade internacional e o presidente discorreu sobre a importância do combate a violações desses direitos e princípios. Collor destacou a necessidade da preservação dos costumes e da vida das populações indígenas brasileiras, ponto para o qual recebeu forte apoio internacional. Ainda nessa linha, em janeiro de 1992, o Ministro das Relações Exteriores depositou na ONU os Pactos Internacionais de Direitos Humanos, reafirmando o compromisso brasileiro com sua promoção e defesa (Barreto, 2012; Vizentini, 2003).

Ainda em 1992, Francisco Rezek foi substituído por Celso Lafer como Ministro das Relações Exteriores, um movimento importante para a pauta dos direitos humanos. Lafer argumentava em prol da interdependência entre política externa e diplomacia e defendia a negociação e o diálogo baseados no respeito aos direitos humanos. Assim, a questão dos direitos humanos ganhou relevância durante seu mandato como ministro, quando tentou unir essa pauta com a noção de desenvolvimento. Por fim, em julho de 1992, o então presidente assinou a Carta de Adesão do Brasil à Convenção Americana sobre Direitos Humanos, colocando o Brasil em outro protocolo de proteção dos direitos humanos (Becard, 2009; Castro, 2013).

Em outubro de 1992 um processo de impeachment foi aberto contra o então presidente Fernando Collor de Mello, o que levou ao seu afastamento da presidência e à subida de Itamar Franco, seu vice. Antes que o processo fosse finalizado, Collor renunciou à presidência,

Capítulo 3: **Política externa e a agenda de direitos humanos**

o que transformou Itamar Franco em presidente de fato. Ele governou durante o restante do mandato original de Collor, 1992-1994 e elegeu como Ministro das Relações Exteriores o sociólogo Fernando Henrique Cardoso. Assim como os ministros que o antecederam no Ministério das Relações Exteriores (MRE), Cardoso seguia a ótica universalista de política externa, ou seja, a busca por contatos e parcerias diversificados no sistema internacional. Assim como seus antecessores, o então Ministro buscava dar maior visibilidade para o multilateralismo e ampliar as relações econômicas por meio da política externa. Sua principal preocupação era com os aspectos econômicos e a reestruturação financeira brasileira, visto que o país seguia enfrentando a crise econômica originada no final dos anos 1980 (Castro, 2013).

Em maio de 1993, Cardoso deixou o MRE para assumir o então Ministério da Fazenda e Celso Amorim foi colocado em seu lugar. Assim como seus antecessores, Amorim reafirmava o compromisso brasileiro com os valores democráticos e os princípios dos direitos humanos. Logo após sua ascensão a Ministro das Relações Exteriores, em junho de 1993 aconteceu em Viena a Conferência Mundial de Direitos Humanos. Durante a Conferência, o Brasil trabalhou no sentido de ampliar a compreensão da ONU sobre a pauta de direitos humanos, buscando não somente identificar e punir as violações, mas também fortalecer Estados democráticos para que eles pudessem criar mecanismos de garantias do estado democrático de direito. Percebe-se, então, como o Ministério das Relações Exteriores fortalecia seu diálogo nas questões de direitos humanos com diferentes atores da sociedade nacional e internacional (Castro, 2013).

Após seu período bem-sucedido como Ministro da Fazenda, Fernando Henrique Cardoso foi eleito como presidente por dois mandatos, ocupando o cargo entre 1995 e 2002. Cardoso nomeou Luiz Felipe Lampreia para o Ministério das Relações Exteriores, e assim como seus antecessores, ambos mantiveram o foco da política externa brasileira na questão da estabilização econômica. Devemos destacar que, apesar do destaque econômico, Lampreia continuou a embasar a atuação internacional do Brasil nos valores democráticos. Outro ponto importante foi a ampliação do diálogo, iniciado por Celso

Amorim, com outros atores da sociedade nacional e internacional (sociedade civil, organizações não governamentais e organizações internacionais). A gestão Lampreia também defendeu a proteção dos direitos humanos, que naquele momento era um requisito nas relações entre os Estados. Nessa linha, o MRE institucionalizou a pauta dos direitos humanos com a criação do Departamento dos Direitos Humanos e Temas Sociais, órgão subordinado à Subsecretaria-Geral de Assuntos Políticos (Castro, 2013).

É nesse momento que o país começa a se inclinar mais para a pauta humanitária, argumentando que ela deveria ser continuamente analisada e discutida pelos órgãos internacionais multilaterais de maneira não seletiva, imparcial e independente. No final de 1998, na comemoração dos 50 anos da Declaração Universal dos Direitos Humanos, Fernando Henrique Cardoso destacou a posição mais proativa do Brasil na questão e anunciou que o país reconhecia a jurisdição da Corte Interamericana de Direitos Humanos – ação que comprovava a vontade brasileira de adesão plena aos mecanismos de proteção dos direitos humanos (Castro, 2013).

Não podemos deixar de mencionar que a gestão Cardoso foi marcada por um dos eventos internacionais mais importantes do período pós-Guerra Fria; os atentados de 11 de setembro de 2001[37]. Os atentados levados a cabo pelo Talibã contra os Estados Unidos levaram a um retrocesso na garantia dos direitos humanos, principalmente na região do Oriente Médio, onde os norte-americanos realizaram processos intervencionistas. Apesar das repercussões desse evento na conjuntura internacional e do retrocesso que se seguiu, a posição brasileira em relação aos direitos humanos seguiu apresentando avanços. Exemplo nesse sentido é o aumento do fluxo de refugiados destinados aos Brasil após a consolidação de suas instituições democráticas e a melhora de sua situação econômica. Então, o país acabou elaborando

---

[37] Para maiores informações sobre os impactos dos ataques de 11 de setembro na pauta humanitária, ver: COURELA, Pedro. Luta antiterrorismo, direitos humanos e política externa. Relações Internacionais [Em linha], v. 9, p. 73-85, 2006. Disponível em: https://ipri.unl.pt/images/publicacoes/revista_ri/pdf/r9/RI09_05PCourela.pdf. Acesso em: 15/01/2023.

Capítulo 3: **Política externa e a agenda de direitos humanos**

uma legislação nacional para os refugiados por meio da Lei Federal nº 9.417 de 1997 – o primeiro da região a fazê-lo (Mahlke, 2011).

A guinada da política externa brasileira para a perspectiva dos direitos humanos aconteceu a partir de 2003, quando Luiz Inácio Lula da Silva assumiu a presidência brasileira por dois mandatos (2003-2010). Lula se valeu da diplomacia humanista como instrumento para o desenvolvimento nacional e redução da desigualdade entre as nações. Nesse viés proposto pelo então presidente, as pautas da fome e da pobreza assumiram protagonismo na política externa brasileira. Seguindo a linha de seus antecessores, Lula seguiu na promoção do multilateralismo e da solidariedade internacional, porém, a partir de parcerias voltadas para o crescimento das nações em desenvolvimento (Barreto, 2012; Nina, 2008).

O Brasil também ampliou sua participação no Conselho de Direitos Humanos da ONU, onde apresentava sua preocupação com a seletividade das pautas discutidas e a polarização. Além disso, a diplomacia brasileira começou a questionar o fato de assuntos não relacionados à proteção e promoção dos direitos humanos estarem interferindo no processo de tomada de decisão da organização. Nesse momento, o país trabalhava ainda pela implementação de um novo mecanismo de revisão periódica que avaliasse a situação dos direitos humanos nos países membros da ONU. O presidente Lula argumentava que o Conselho de Direitos Humanos deveria se consolidar como uma instituição cooperativa, universal e objetiva, para a qual todos os atores do cenário internacional pudessem recorrer para garantir a proteção dos direitos humanos (Belli, 2009; Castro, 2013).

Regionalmente, durante a gestão Lula da Silva, o Brasil funcionou como sede para o Grupo de Trabalho da OEA responsável por redigir um Projeto de Declaração dos Povos Indígenas. É importante ressaltar que, apesar da clara mudança na linha da política externa brasileira de direitos humanos, o país não estava livre de acusações de violações de direitos humanos. Exemplo nesse sentido foram os relatórios desenvolvidos pela Comissão Interamericana de Direitos Humanos sobre a situação da questão humanitária no Brasil (Castro, 2013). Por fim, foi durante o governo Lula que o Brasil assumiu o comando militar da Missão das Nações Unidas para a Estabilização do Haiti

(MINUSTAH). Porém, devemos destacar que o interesse brasileiro em participar da Missão estava voltado para a reforma do Conselho de Segurança da ONU e para a possibilidade de receber um assento permanente no Conselho (Mahlke, 2011).

Em janeiro de 2011, quando assumiu a presidência do Brasil, Dilma Rousseff afirmou que a política externa brasileira seguiria se baseando nos princípios da democracia e da tradição da diplomacia brasileira; defesa da paz, promoção do princípio de não intervenção, respeito aos direitos humanos e fortalecimento do sistema multilateral. Assim como Lula, a então presidente voltou o olhar da política externa brasileira para as relações com os países do sul global e reforçou o questionamento sobre a urgência de uma reforma no Conselho de Segurança das Nações Unidas. Para o Ministério das Relações Exteriores, Dilma escolheu o diplomata Antônio Aguiar Patriota, figura que já tinha apresentado destaque no governo Lula. Dessa forma, percebemos uma continuidade na linha da política externa brasileira entre os mandatos de Lula e Dilma (Saraiva e Gomes, 2016).

Porém, segundo palavras do Ministro Patriota, "continuar não é repetir", de maneira que a política externa do período Dilma para os direitos humanos apresentou suas próprias características (Patriota, 2011: 218). Dessa forma, no que tange a pauta dos direitos humanos, inicialmente o Brasil apoiou algumas resoluções do Conselho de Direitos Humanos da ONU. Contudo, não demorou para que seu posicionamento convergisse com aqueles de outros países emergentes – soberania *versus* direitos humanos. Durante o mandato Dilma diversos países emergentes questionavam o que consideravam violações de sua soberania por parte da comunidade internacional. Essa tensão entre a defesa da soberania e dos direitos humanos continuou presente na agenda externa brasileira, assim como a pauta multilateral. Segundo Saraiva e Gomes (2016) o Brasil se preocupava também em se resguardar de críticas por desrespeito aos direitos humanos dentro de suas fronteiras.

Dessa forma, os dois casos enfrentados pelo Brasil frente à Comissão Interamericana de Direitos Humanos foram muito relevantes para a administração Dilma. No caso conhecido como Caso Guerrilha do Araguaia[38] o governo aceitou parcialmente a sentença da Corte Interamericana de Direitos Humanos. Contudo, no caso da usina hidrelétrica de Belo Monte[39] houve atrito entre o governo brasileiro e a Organização dos Estados Americanos (Saraiva e Gomes, 2016).

Por fim, chegamos à presidência de Jair Bolsonaro (2019-2021), momento no qual de fato há uma ruptura com as gestões anteriores. Desde o início do mandato de Bolsonaro surgiu um receio, tanto interno, quanto externo, dadas suas ameaças ao Estado democrático de direito. Durante sua gestão foram levados a cabo desmontes de programas sociais e cortes orçamentários. Para Ministro das Relações Exteriores, Bolsonaro selecionou o diplomata Ernesto Araújo, que buscou mudar radicalmente as orientações e diretrizes da política externa brasileira, levando o país a um retrocesso na pauta humanitária (Hirst e Maciel, 2022). Devemos destacar que entre 2019 e 2021, o Brasil foi reeleito para seu segundo mandato no Conselho de Direitos Humanos da ONU, além de ter aderido a quase todos os tratados internacionais sobre proteção e promoção dos direitos humanos (tabela 2).[40] Assim, apesar do retrocesso promovido pela gestão Bolsonaro, o Brasil mantém sua tradição de defesa e promoção dos direitos humanos de maneira universal e não seletiva.

---

[38] Para mais informações sobre o caso, ver: GRABOIS, Victória. A Guerrilha do Araguaia e a Sentença da Corte Interamericana de direitos humanos. Revista TransVersos, [S.l.], n. 12, abr. 2018. ISSN 2179-7528. Disponível em: https://www.e-publicacoes.uerj.br/index.php/transversos/article/view/33665. Acesso em: 27/01/2023.

[39] Para mais informações sobre o caso da Usina Hidrelétrica de Belo Monte, ver: VIEIRA, Flávia do Amaral. Direitos Humanos e Desenvolvimento na Amazônia: Belo Monte na Comissão Interamericana de Direitos Humanos. Dissertação (Mestrado em Direito e Relações Internacionais) – Programa de Pós-Graduação em Direito, Universidade Federal de Santa Catarina, Florianópolis, 243p., 2015. Disponível em: https://repositorio.ufsc.br/bitstream/handle/123456789/135654/335074.pdf. Acesso em: 27/01/2023.

[40] Para mais informações ver: https://www.gov.br/mre/pt-br/assuntos/direitos-humanos-e-temas-sociais/direitos-humanos/politica-externa-para-direitos-humanos. Acesso em: 14/11/2022.

Tabela 2: Tratados de direitos humanos assinados pelo Brasil (internacionais e regionais)

Tratado	Ano de criação
Declaração Universal dos Direitos Humanos	1948
Declaração Americana dos Direitos e Deveres do Homem	1948
Convenção para Prevenção e a Repressão do crime de genocídio	1948
Convenção Interamericana sobre Concessão dos Direitos Políticos à Mulher	1948
Convenção Interamericana sobre Concessão dos Direitos Civis à Mulher	1948
Convenção Relativa ao Estatuto dos Refugiados	1951
Convenção Internacional sobre Eliminação de todas as formas de Discriminação Racial	1965
Pacto Internacional sobre Direitos Civis e Políticos	1966
Protocolo Facultativo relativo ao Pacto Internacional sobre Direitos Civis e Políticos	1966
Protocolo sobre o Estatuto dos Refugiados	1966
Pacto Internacional dos Direitos Econômicos, Sociais e Culturais	1966
Convenção Americana sobre Direitos Humanos	1969
Estatuto da Comissão Interamericana de Direitos Humanos	1979
Estatuto da Corte Interamericana de Direitos Humanos	1979
Convenção Internacional sobre Eliminação de todas as formas de Discriminação contra a Mulher	1979
Convenção contra a tortura e outros Tratamentos ou Penas cruéis, desumanas ou degradantes	1984
Convenção Interamericana para prevenir e punir a Tortura	1985

Protocolo Adicional à Convenção Americana sobre Direitos Humanos em matéria de direitos econômicos, sociais e culturais	1988
Convenção Interamericana sobre Obrigação Alimentar	1989
Convenção sobre os Direitos das Crianças	1989
Protocolo Adicional à Convenção Americana sobre Direitos Humanos referentes à abolição da pena de morte	1990
Convenção Intermericana sobre o Desaparecimento Forçado de Pessoas	1994
Convenção Interamericana sobre Tráfico Internacional de Menores	1994
Convenção Interamericana para prevenir, punir e erradicar a violência contra a Mulher	1994
Protocolo Facultativo à Convenção Internacional sobre Eliminação de todas as formas de Discriminação contra a Mulher	1999
Convenção Interamericana para a Eliminação de todas as formas de discriminação contra as pessoas portadoras de deficiência	1999
Protocolo Facultativo à Convenção sobre os Direitos da Criança relativo ao envolvimento de crianças em conflitos armados	2000
Protocolo Facultativo à Convenção sobre os Direitos da Criança referente à venda de criança, à prostituição infantil e à pornografia infantil	2000
Regulamento da Corte Interamericana de Direitos Humanos	2010
Regulamento da Comissão Interamericana de Direitos Humanos	2013

Fonte: tabela criada a partir de dados do Ministério Público Federal. Disponível em: https://www.mpf.mp.br/atuacao-tematica/sci/publicacoes/docs/15_007_tratados_em_direitos_humanos_vol_3_online.pdf. Acesso em: 15/01/2023.

4. CONSIDERAÇÕES FINAIS

A temática dos direitos humanos não é nova no cenário internacional, porém ganhou força com o término da Guerra Fria e o fim da bipolaridade entre as duas superpotências do período. No Brasil, a questão dos direitos humanos ganhou espaço a partir de 1985, quando o país entrou em seu processo de redemocratização. Conforme apresentado em nosso estudo, a política externa brasileira de direitos humanos desde então tem sido voltada para sua promoção e proteção de forma universal e não seletiva.

Após a redemocratização do país e a reabertura econômica, o Brasil aderiu aos tratados internacionais de direitos humanos que surgiram durante o seu período ditatorial e ampliou sua participação em foros multilaterais. Internamente, a democracia e o estado democrático de direito foram garantidos e novas iniciativas voltadas para a promoção dos direitos humanos foram instauradas.

Apesar de todos os avanços na área dos direitos humanos, o país enfrentou alguns retrocessos, como os processos sofridos junto à Comissão Interamericana de Direitos Humanos e a gestão presidencial de Jair Bolsonaro. Porém, concluímos que, mesmo com esses obstáculos, a política externa brasileira de direitos humanos evoluiu no sentido de garantir e promover os direitos humanos nos âmbitos interno e externo.

5. ESTUDO DIRIGIDO

Questão 1. Quais são os pontos fundamentais para compreendermos a definição do conceito de direitos humanos e a evolução de sua aplicação dentro de um cenário internacional volátil?

Questão 2. Como podemos pensar na evolução da política externa brasileira entre 1985 e 2022?

Questão 3. É possível traçar uma linha mestra para a política externa brasileira de direitos humanos para todos os presidentes do período pós-redemocratização?

Questão 4. Quais são os principais pontos que podemos destacar da política externa de cada presidente a partir do período de redemocratização brasileira?

Questão 5. A partir da análise da evolução da política externa brasileira de direitos humanos, quais são os próximos passos para pensarmos na pauta de direitos humanos dentro do Brasil e a partir de sua participação nos foros internacionais?

6. REFERÊNCIAS BIBLIOGRÁFICAS

BARRETO, F. M. A política externa após a redemocratização. Brasília: FUNAG, 2012.

BECARD, D. S. R. Relações exteriores do Brasil contemporâneo. Petrópolis: Vozes, 2009.

BELLI, Benoni. A politização dos direitos humanos. São Paulo: Perspectiva, 2009.

BOBBIO, N., A Era dos Direitos. 2a ed. Rio de Janeiro: Elsevier, 2004.

CASTRO, G. M. de. Direitos Humanos e a Política Externa Brasileira: um diálogo com o Sistema Interamericano. Dissertação (Mestrado em Relações Internacionais) – Instituto de Filosofia e Ciências Humanas, Universidade Federal do Rio Grande do Sul. Porto Alegre, p. 142. 2013.

CERVO, A. L.; BUENO, C. História da política exterior do Brasil. 3 ed. Brasília: Editora Universidade de Brasília, 2010.

DEVINE, C. et al. (Org. Hilary Poole), Direitos Humanos: Referências Essenciais. São Paulo: EDUSP, 2007.

HIRST, M.; MACIEL, T. BRAZIL'S FOREIGN POLICY IN THE TIME OF THE BOLSONARO GOVERNMENT. SciELO Preprints, 2022. DOI: 10.1590/SciELOPreprints.4771. Disponível em: https://preprints. scielo.org/index.php/scielo/preprint/view/4771. Acesso em: 21/01/23.

MAHLKE, H. Política externa brasileira em relação aos direitos humanos: necessidade de correção de rumo?. In: 3° ENCONTRO NACIONAL ABRI 2011, 3., 2011, São Paulo. Proceedings *online*. Associação Brasileira de Relações Internacionais, Instituto de Relações Internacionais – USP, Available from: <http://www.proceedings.scielo.br/scielo.php?script=sci_arttext&pid=MSC0000000122011000200022&lng=en&nrm=abn>. Acess on: 14 Feb. 2023.

MALANCZUK, P., Modern Introduction to International Law. 6 ed. Nova Iorque: Routledge, 2006.

NINA, A. A ação contra a fome e a pobreza. In: O Brasil e a ONU. Fundação Alexandre de Gusmão. Brasília: FUNAG, 2008.

PATRIOTA, A. 15 set. 2011. Folha de São Paulo. Disponível em: <http://www.itamaraty.gov.br/sala-de-imprensa/discursos-artigos-entrevistas-e-outras-comunicacoes/ministro-estado-relacoes-exteriores/poder-e-politica-entrevista-antonio-patriota-folha-de-s.paulo-uol-15-09-2011/?searchterm=viagens%20internacionais%20e%20dilma>. Acesso em: 13/12/2022.

SARAIVA, M. G. La política exterior de Dilma Rousseff hacia América del Sur: Continuidad en estrategias y ajustes en prioridades. In: SERBIN, Andrés; MARTÍNEZ, Laneydi; RAMANZINI JÚNIOR, Haroldo. El regionalismo "post–liberal" en América Latina y el Caribe: Nuevos actores, nuevos temas, nuevos desafíos. Buenos Aires: Cries, 2012. p. 289-300.

SARAIVA, M. G.; GOMES, Z. S. B. Os limites da Política Externa de Dilma Rouseff para a América do Sul. Relaciones Internacionales, n. 50, 2016.

SEIXAS CORRÊA, L. F. de. A política externa de José Sarney. In: ALBUQUERQUE, José Augusto Guilhon; SEINTEFUS, Ricardo; NABUCO DE CASTRO, Sergio Henrique. Sessenta Anos de Política Externa Brasileira (1930-1990). Vol. I. – Crescimento, Modernização e Política Externa. 2. Ed. Rio de Janeiro: Lumen Juris, 2006.

VIZENTINI, P. F. Relações Internacionais do Brasil: de Vargas a Lula. 3 ed. São Paulo: Editora Fundação Perseu Abramo, 2008.

WEIS, C., Direitos Humanos Contemporâneos. 2 ed. São Paulo: Malheiros Editores, 2006.

7. RECURSOS AUDIOVISUAIS

Cafarnaum. Gênero: Drama. Ano: 2019. Direção: Nadine Labaki. Sinopse: Aos doze anos, Zain (Zain Al Rafeea) carrega uma série de responsabilidades: é ele quem cuida de seus irmãos no cortiço em que vive junto com os pais, que estão sempre ausentes graças ao trabalho. Quando sua irmã de onze é forçada a se casar com um homem mais velho, o menino fica extremamente revoltado e decide deixar a família. Ele passa a viver nas ruas junto aos refugiados e outras crianças que, diferentemente dele, não chegaram lá por conta própria.

Sergio. Gênero: Biografia, drama. Ano: 2020. Direção: Greg Barker. Sinopse: Baseado no livro "O homem que queria salvar o mundo", de Samantha Power, e produzido pela Netflix, Sergio relata a biografia de Sergio Vieira de Mello (Wagner Moura), diplomata brasileiro das Nações Unidas que morreu em Bagdá, em 2003, durante um bombardeio à sede da ONU local.

CAPÍTULO 4: **POLÍTICA EXTERNA BRASILEIRA E COOPERAÇÃO HUMANITÁRIA**

JULIA THASSYA THEODORO SOARES[41] E RAFAELA RESENDE SANCHES[42]

1. INTRODUÇÃO

O termo "cooperação humanitária" pode ser considerado como uma expressão recente a entrar nos vocabulários e debates sobre cooperação internacional, ação humanitária e direitos humanos. Isso porque a expressão surge como uma alternativa a termos anteriores, que formavam uma relação hierárquica entre doadores e recebedores. Ao pensar em cooperação ao invés de assistência ou ajuda, considera-se uma relação muito mais horizontal e de compartilhamento de experiências.

Neste capítulo, a temática da cooperação humanitária será trabalhada. Para isso, primeiro é necessário compreender a relação entre cooperação e ajuda humanitária, assim como o que constitui as práticas de tais. Além disso, neste texto, será apresentada uma breve

---

[41] Mestra em Relações Internacionais pela Pontifícia Universidade Católica de Minas Gerais. Doutoranda em Sociologia pela Universidade Federal de Minas Gerais, bolsista CAPES modalidade I e membro do Grupo de Pesquisa das Relações Internacionais do Atlântico Sul e membro do Grupo de Pesquisa em Instituições Internacionais e Segurança da PUC-Minas

[42] Mestra e doutoranda em Relações Internacionais pela Pontifícia Universidade Católica de Minas Gerais (PUC-Minas), bolsista CAPES – modalidade II, membro do Grupo de Pesquisa em Instituições Internacionais e Segurança da PUC-Minas e professora do curso de Relações Internacionais do Centro Universitário de Belo Horizonte (UNIBH) e da Ânima Educação.

linha do tempo das principais conferências internacionais sobre ajuda e cooperação humanitária.

No Brasil, a cooperação humanitária faz parte da agenda Sul-Sul das Relações Exteriores, e é um importante mecanismo para aproximar o país de outros Estados em desenvolvimento. Nesse sentido, serão exploradas as diretrizes normativas da cooperação humanitária no Brasil, assim como dois exemplos de sucessos humanitários brasileiros: a cooperação na alimentação escolar e no combate ao vírus HIV.

2. O QUE É E COMO FUNCIONA A AJUDA HUMANITÁRIA INTERNACIONAL

Mapear os primórdios do que pode ser chamado de ajuda humanitária pode ser considerada uma atividade quase impossível. Desde a antiguidade, quando houve conflitos, estavam presentes ali também pessoas que se dispusessem a fornecer cuidado e recurso aos combatentes e aos habitantes das regiões afetadas (Rysback-Smith, 2016). No mundo moderno, por outro lado, aquilo que se chamava de humanitarismo se torna a principal forma de intervenção em ambientes conflituosos a partir do século XIX e se torna central nos debates sobre emergências internacionais ao final da Segunda Guerra Mundial (De Lauri, 2016).

A partir de um bom olhar analítico, é possível conceber a expansão do discurso e das ações humanitárias caminhando lado a lado com a expansão e consolidação do Sistema Internacional contemporâneo. O processo de consolidação das intervenções internacionais e do envio de ajuda humanitária, porém, não se deu sem críticas. Em um século marcado pela dominação e subsequente libertação das colônias europeias, por duas guerras mundiais e uma guerra fria, não pode conceber o humanitarismo sem se pensar em uma maneira de associação entre as partes marcada por uma ideologia e uma forma de governar (De Lauri, 2016).

Enquanto durante o século XX, a concepção de ajuda humanitária se dava especialmente na figura de ações imediatas de alívio em conflitos armados e em grandes pandemias como a da gripe espanhola nos anos 1910. A partir das últimas duas décadas do século XX, outros temas começaram a se tornar parte do discurso do humanitarismo, como o combate à fome e a doenças nos países mais pobres. Essa expansão da agenda nas décadas de 1970 e 1980 se dá principalmente através da ação de Organizações Não Governamentais (ONGs). Além disso, nesse período, o foco da ação humanitária passa a se dar principalmente nos países do então chamado "Terceiro Mundo". A ajuda humanitária deixa também de ser exclusivamente focada nos conflitos militares e se expande para o alívio em emergências como desastres naturais e humanos (Rysback-Smith, 2016).

No século XXI, os empreendimentos de ação humanitária são, portanto, de diversas naturezas, desde a provisão de medicamentos e vacinas em surtos de doenças nos países mais pobres, até ao socorro de civis em zonas de conflito (Rysback-Smith, 2016). É importante colocar que é a partir dos anos 1990, Organizações Internacionais se tornaram mediadoras centrais dos esforços de ajuda humanitária, principalmente com a criação do Escritório das Nações Unidas para a Coordenação dos Assuntos Humanitários, o OCHA (em inglês *Office for the Coordination of Humanitarian Affairs*) e todo o sistema institucional ligado a ele (Dias, 2013).

É importante localizar também que essa expansão da agenda acontece simultaneamente à expansão da agenda da segurança para incluir a segurança humana entre as preocupações de segurança internacionais. Essa mudança de paradigma se deu tanto academicamente quanto nas arenas de negociação internacionais, e colocou o indivíduo como objeto de referência e principal sujeito do debate. Dessa forma, a manutenção das condições de sobrevivência desses sujeitos seria se torna um ponto essencial para as decisões tomadas internacionalmente (Santos, 2015).

O conceito geral do que é chamado de ajuda humanitária, nesse sentido, é: uma ação política executada por diferentes instituições (públicas, privadas ou do terceiro setor) que objetiva assegurar as necessidades de indivíduos em situações de emergência (Dias, 2013). As atividades que compõem o guarda-chuva da ajuda humanitária incluem doação de vacinas e medicamentos, doações em divisas, cooperação entre profissionais de saúde, assistência em infraestrutura,

Capítulo 4: Política externa brasileira e cooperação humanitária

doação de alimentos e produtos de higiene (Rysaback-Smith, 2016). Vale colocar que até mesmo projetos de cooperação bilateral e transferências de tecnologias podem ser considerados como ajuda humanitária em devidas circunstâncias (De Lauri, 2016).

Desde o período posterior à Segunda Guerra Mundial, as ações de ajuda humanitária se deram majoritariamente entre os países desenvolvidos do Norte Global e os países em desenvolvimento do Sul Global, sendo os primeiros os provedores de tal e os segundos os sujeitos de tal ajuda. Essa dinâmica, em muitas ocasiões, segue os mesmos desenhos que a dominação colonial. Tais relações, assim, são fortemente marcadas por poder (De Lauri, 2016).

Tais relações de poder são fortemente marcadas por uma ideologia do progresso, assim como as próprias noções de humanitarismo. A ajuda humanitária seria uma forma de assegurar a promessa de um futuro estável em que os países recebedores conseguiriam alcançar o *status* dos doadores. Essa ideologia do progresso também marca as relações de ajuda humanitária por uma dinâmica parecida com a dos regimes de desenvolvimento, onde as posições de desenvolvidos são tidas como objetivos para aqueles que não são considerados possuidores delas (De Lauri, 2016). No âmbito da Organização para a Cooperação e Desenvolvimento (OCDE), por exemplo, as iniciativas de ajuda humanitária são alocadas dentro do fundo para "assistência oficial para o desenvolvimento" (Machado; Alcântara, 2018).

Nesse sentido, não é estranho que a própria expressão *ajuda* humanitária possa ser concebida como uma relação de dominação. Dessa forma, com a crescente participação de outros países em desenvolvimento nas iniciativas de ajuda humanitária nas duas primeiras décadas do século XXI, propõe-se uma mudança na expressão, e o termo "cooperação humanitária" é preterido nas organizações internacionais formadoras do sistema de ação humanitária. Ações de cooperação humanitária, teoricamente, possuiriam um caráter horizontalizado, e o advento das iniciativas de cooperação sul-sul ocasionou a maior utilização da expressão cooperação humanitária (Machado; Alcântara, 2018).

Essa mudança sintática, porém, não necessariamente representa uma mudança *de fato* nas práticas. Muitas instituições ainda se utilizam das expressões ajuda ou assistência humanitária, principalmente no âmbito doméstico (Machado; Alcântara, 2018). Assim como essas relações de cooperação, mesmo entre dois países em desenvolvimentos, não deixam de ser relações de poder (De Lauri, 2016).

2.1. UMA BREVE LINHA DO TEMPO INSTITUCIONAL

As normas e regras que formam o sistema internacional contemporâneo são em sua maioria resultado de um longo processo de consolidação dos valores europeus. Isso porque a formação desse sistema de normas se dá concomitantemente à expansão colonial, de forma com que as relações entre colônias e metrópoles, é, em muitas ocasiões, formadora dos Estados como tal (Bull, 1984). Qual a importância de tal reflexão para compreender a evolução dos tratados sobre ajuda humanitária? Bem, é possível perceber que as convenções reguladoras da ajuda humanitária são influenciadas também por esse caminho de transformações normativas.

Para muitos autores, a Primeira Convenção de Genebra de 1864 foi o primeiro documento internacionalmente firmado a regulamentar o direito humanitário e as atividades de ajuda humanitária (Machado; Alcantâra, 2018). Destaca-se que os Estados participantes da convenção eram apenas as grandes potências coloniais europeias. As normativas ali colocadas consolidavam como ação humanitária a participação neutra de agentes de saúde em situações de conflito, para isso, foi criado nessa ocasião o Comitê da Cruz Vermelha (Martenson, 1989).

As regras acordadas em 1864 foram revistas logo antes da Primeira Guerra Mundial, em Haia, no ano de 1907. Mais uma vez os debates ocorreram quase especificamente sobre a regulação dos conflitos militares, e a proteção de combatentes nesses (ICRC, s.d.). Essa é, também, uma das primeiras convenções internacionais onde estavam presentes países de fora da Europa, e que não necessariamente eram potências coloniais (Bull, 1984). Os países voltaram a se reunir em Genebra no final da Primeira Guerra, e em resposta à violência do conflito, firmaram normas mais rígidas em relação à utilização de armamentos nos conflitos (ICRC, s.d.). É necessário se ter em mente que os temas em relação à ajuda humanitária para civis ainda não eram debatidos nesse momento.

Somente após a Segunda Guerra Mundial a Convenção de Genebra de 1949 incluiu os civis nas normativas. Aqui são tomadas decisões regulamentando a assistência para feridos e doentes, proteção de prisioneiros de guerra e proteção dos civis no local do conflito. A esses sujeitos são resguardadas as necessidades em momentos de emergência (ICRC, s.d.). Essa convenção acontece tendo no horizonte a Declaração Universal de Direitos Humanos, assinada em 1948.

Outras conferências sobre o direito humanitário e sobre a regulamentação das práticas em guerras e conflitos, mas a próxima convenção de grande peso no que tange à ajuda humanitária seria em 1991, na Assembleia Geral das Nações Unidas. Naquela ocasião, foi firmada a criação da OCHA e a formação de um sistema interinstitucional de monitoramento das atividades de ajuda humanitária. É nessa ocasião que se define a expansão das atividades para incluir a assistência emergencial em caso de desastres e emergências. As ações de ajuda e cooperação humanitária deveriam ser pautadas em três princípios: neutralidade, imparcialidade e humanidade (Machado; Alcântara, 2018).

Vale ressaltar que esses princípios já eram adotados desde as convenções do começo do século XX, porém, o significado da ideia de neutralidade e imparcialidade se modificou conforme os valores internacionais também se modificaram. Inicialmente, os conceitos de imparcialidade e neutralidade tinham por função assegurar que os prestadores da ajuda humanitária não influenciaram no conflito para nenhuma das partes, uma vez que o foco eram os conflitos militares. Na convenção da década de 1990, por outro lado, a ideia de imparcialidade e neutralidade aparecia ligada à necessidade de não se fazer distinção dos sujeitos que receberiam a assistência, especialmente em relação a categorias como gênero, raça, nacionalidade ou religião. Além dos prestadores de ajuda humanitária diretamente ligados à ONU pelo OCHA, essas regras também se aplicariam às outras organizações, privadas ou do terceiro setor, que se incluíam no sistema de ajuda humanitária (Rysback-Smith, 2015). Essa pequena linha do tempo pode ser visualizada na Figura 1.

Figura 1: Tratados Internacionais sobre Ajuda Humanitária

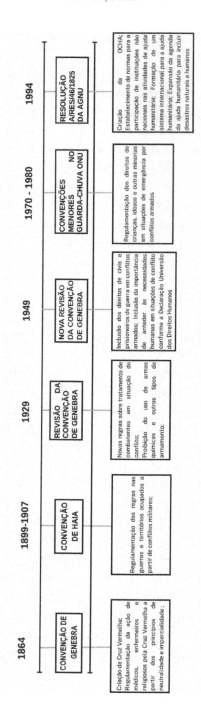

Fonte: Elaborado pelas autoras, 2023.

3. BRASIL: POR QUE COOPERAÇÃO HUMANITÁRIA AO INVÉS DE AJUDA OU ASSISTÊNCIA HUMANITÁRIA?

Considerando a diferenciação entre ajuda e cooperação humanitária apresentada no tópico anterior, este tem a finalidade de apresentar os motivos pelos quais o Brasil, na figura de seus representantes no plano internacional, utiliza a expressão cooperação humanitária para referenciar as ações humanitárias promovidas e desenvolvidas pelo país nos últimos anos. Nessa lógica, o intuito é apresentar ao leitor um quadro amplo da utilização do termo não só na prática da política internacional, mas também da política externa do Brasil.

Rotineiramente nos deparamos com a utilização do termo "ajuda humanitária" nos tratados, documentos, normativas e outros elementos do plano internacional, assim como nos telejornais, nas redes sociais e outros. Valença e Affonso (2019) argumentam que o termo possui uma conotação negativa, que implica em uma impressão equivocada de que o país que recebe esse tipo de ajuda advinda do plano internacional não possui a capacidade de se desenvolver ou que dependem desse tipo de ajuda em demasia. Da mesma forma, o termo assistência, também muito difundido e utilizado, remete à dependência de outros atores internacionais para a promoção do desenvolvimento, resposta às emergências e aos desastres, entre outros (Machado; Alcântara, 2018).

Os termos "ajuda" e "assistência" humanitária possuem dois elos em comum: a relação desigual entre o doador/provedor da ajuda/assistência e receptor; e a dimensão temporal relacionada ao provimento de recursos. Em relação ao primeiro elo, é possível considerar que a relação entre doador/provedor e receptor sugere que se trate de uma relação de dependência, onde os últimos não conseguiriam, por exemplo, prover comida para pessoas desabrigadas por um desastre em larga escala. Nessa lógica, o receptor estaria sempre sujeito à necessidade da ajuda externa, altamente dependente desses recursos, assim como incapaz de responder às situações com recursos próprios.

O segundo elo diz respeito à temporalidade da ajuda ou assistência prestada ao país receptor. Geralmente, as ações relacionadas à ajuda e/ou assistência humanitária estão relacionadas à resposta com o intuito de "[...] aliviar o sofrimento durante conflitos, turbulências sociais, desastres e exclusão social" (Whittal; Reis; Deus, 2016:1). Ou seja, trata-se de ações mais emergenciais, que precisam ser mais rápidas para salvaguardar o máximo de vidas possíveis, dado o contexto em que se encontram. Exemplo disso são os envios de alimentos, água potável e medicamentos para regiões em conflitos ou afetadas por desastres. Segundo a CNN (2022), o Brasil enviou mais de onze toneladas de alimentos e medicamentos para as vítimas da Guerra na Ucrânia.

Considerando as questões relacionadas aos dois outros termos, o Brasil tem adotado gradativamente nas últimas duas décadas a substituição dos termos por cooperação humanitária. Para Valença e Affonso (2019), a adoção está relacionada ao passado colonial presente tanto no Brasil quanto em outros países do Sul Global, além de, "[...] por outro lado, [atribuir] agência a ambas as partes, estabelecendo, ao menos no discurso, uma relação mais justa, mais horizontal e igualitária." (Valença; Affonso, 2019:200). Portanto, ao utilizar o termo cooperação ao invés de ajuda ou assistência humanitária, outro elemento ganha proeminência para além da busca pela horizontalidade e igualdade da relação entre os atores envolvidos: o tempo.

A cooperação humanitária remete às ações de curto, médio e longo prazo, que envolvem diversos atores, demanda recursos e relações mais longas entre os atores. Assim, a cooperação humanitária extrapola a resposta humanitária pontual e se configura em um conjunto de ações que podem iniciar com o provimento de alimentos para desabrigados por um desastre, resgate de vítimas até a criação de políticas públicas em parceria com atores internacionais, entre outros. Exemplo disso é a missão brasileira de 2008 destinada ao Haiti, que tinha como principal objetivo a melhoria da alimentação escolar naquele país através da cooperação técnica com o Programa Nacional de Alimentação Escolar[43] (MEC, 2009).

---

[43] De acordo com o Ministério da Educação (2022): O Programa Nacional de Alimentação Escolar (PNAE) oferece alimentação escolar e ações de educação alimentar e nutricional a estudantes de todas as etapas da educação básica pública. O governo federal repassa, a estados, municípios e

A figura a seguir sumariza a diferença entre ajuda, assistência e cooperação humanitária conforme apresentado nos parágrafos anteriores.

Figura 2: Diferença entre ajuda, assistência e cooperação humanitária

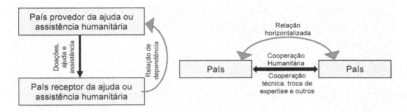

Fonte: Elaborada pelas autoras, 2023

Prosseguindo, a utilização do termo cooperação em detrimento dos demais, o Brasil deixa em evidência um leque maior de ações que envolve aquele tipo de relação, se diferenciando da relação tradicional doador-receptor. Nessa lógica, "o Estado se dispõe a cooperar com o país em situação de vulnerabilidade ocupa não apenas o papel de tradicional doador, mas também se beneficia do intercâmbio de práticas, experiências e políticas [...]" (Machado; Alcântara, 2018:256).

4. COOPERAÇÃO HUMANITÁRIA NO BRASIL: PRINCÍPIOS E ESTRUTURA

Considerando que o Brasil, mesmo que nos discursos, coloca em prática a cooperação humanitária em detrimento dos termos tradicionais ajuda ou assistência humanitária, é preciso compreender quais

---

escolas federais, valores financeiros de caráter suplementar efetuados em 10 parcelas mensais (de fevereiro a novembro) para a cobertura de 200 dias letivos, conforme o número de matriculados em cada rede de ensino. O PNAE é acompanhado e fiscalizado diretamente pela sociedade, por meio dos Conselhos de Alimentação Escolar (CAE), e também pelo FNDE, pelo Tribunal de Contas da União (TCU), pela Controladoria Geral da União (CGU) e pelo Ministério Público.

são os princípios que orientam esse tipo de cooperação, assim como a estrutura que a sustenta. De acordo com a Agência Brasileira de Cooperação (ABC) (2022), a cooperação humanitária promovida pelo Brasil se fundamenta em quatro princípios: humanidade, imparcialidade, neutralidade e independência. Estes princípios estão vinculados à Carta das Nações Unidas, às Resoluções da ONU, à Constituição Federal e à Lei nº 13.684 de 21/06/2018 (Art. 11). O quadro a seguir sumariza estes instrumentos.

Quadro 1: Instrumentos que orientam a cooperação humanitária promovida pelo Brasil

Instrumentos	Síntese
Carta das Nações Unidas	Este documento foi criado em 1945 e fundamenta a criação da Organização das Nações Unidas (ONU). Em termos de cooperação humanitária, ela contribui ao instituir e destacar que a cooperação internacional é um dos meios para a solução de problemas internacionais que envolvem questões econômicas, sociais, culturais, humanitárias e outros.
Resoluções da ONU	Resoluções 46/182 e 58/114 da Assembleia Geral da ONU instituem os princípios internacionais adotados pela Assembleia no que diz respeito à assistência humanitária. Nesse sentido, ambas destacam o papel que os países possuem em prover esse tipo de assistência e ajuda aos países necessitados, assim como destaca que a cooperação internacional é importante neste aspecto, destaca o papel dos Estados no provimento de resposta humanitária (a ideia é que os Estados são os únicos responsáveis por prover proteção e assistência aos seus cidadãos. Estes devem solicitar a ajuda e a assistência internacional quando não possuem os meios e/ou recursos para lidar com a situação).

Instrumentos	Síntese
Constituição Federal e Lei nº 13.684 de 21/06/2018	A Constituição Federal estabelece no Artigo 4º os princípios que regem as relações internacionais do Brasil. São eles: "I - independência nacional; II - prevalência dos direitos humanos; III - autodeterminação dos povos; IV - não-intervenção; V - igualdade entre os Estados; VI - defesa da paz; VII - solução pacífica dos conflitos; VIII - repúdio ao terrorismo e ao racismo; IX - cooperação entre os povos para o progresso da humanidade; X - concessão de asilo político. Parágrafo único. A República Federativa do Brasil buscará a integração econômica, política, social e cultural dos povos da América Latina, visando à formação de uma comunidade latino-americana de nações." (Brasil, 1988:1). De forma complementar, a Lei nº 13.684 de 21/06/2018, no Artigo 11º coloca que: "A União poderá prestar cooperação humanitária, sob a coordenação do Ministério das Relações Exteriores, a fim de apoiar países ou populações que se encontrem em estado de conflito armado, de desastre natural, de calamidade pública, de insegurança alimentar e nutricional ou em outra situação de emergência ou de vulnerabilidade, inclusive grave ameaça à vida, à saúde e aos direitos humanos ou humanitários de sua população. Parágrafo único. O Poder Executivo regulamentará a prestação de cooperação humanitária, inclusive a participação dos órgãos da administração pública federal em suas ações." (Brasil, 2018:1).

Fonte: elaborado pelas autoras com os dados de Brasil (1988; 2018) e ONU (1945; 1991; 2003).

De acordo com a ABC (2022), a cooperação humanitária no Brasil se concentra nesta agência, que pertence ao Ministério das Relações Exteriores. Assim, a ABC tem como uma de suas atribuições coordenar as ações voltadas para a cooperação humanitária que o Brasil provê, assim como as que o país recebe. A agência também é responsável por outros tipos de cooperação que extrapolam a cooperação humanitária. Dentro da ABC existe a Coordenação-Geral de Cooperação Humanitária (CGCH), "com a responsabilidade e, no âmbito nacional, planejar, coordenar, negociar, aprovar, executar, acompanhar e validar programas, projetos e atividades de assistência e cooperação humanitários do país [...]" (ABC, 2022:1). A CGCH também é responsável por coordenar e participar dos trabalhos que envolvem as organizações internacionais e regionais, como o Escritório das Nações Unidas para a Coordenação de Assuntos Humanitários (OCHA) (ABC, 2022).

A ABC também faz parte do Grupo de Trabalho Interministerial sobre Cooperação Humanitária. Este grupo é coordenado pela agência, assim como envolve ministérios e secretarias que compõem o governo brasileiro. Este grupo de trabalho tem a finalidade de centralizar e coordenar as ações destes no que diz respeito às respostas humanitárias em que o Brasil se envolve. De acordo com a ABC (2022), seus objetivos são:

> I) coordenar as ações de cooperação humanitária internacional empreendidas pelo Brasil; II) propor iniciativas para ampliar a capacidade e a eficácia das ações humanitárias internacionais empreendidas pelo Brasil; e III) formular propostas de atos normativos para viabilizar ações humanitárias internacionais empreendidas pelo Brasil. (ABC, 2022:1).

Nesta lógica, a cooperação humanitária promovida pelo Brasil possui uma estrutura que ancora as ações necessárias para sua implementação e que envolve uma série de atores governamentais. Vale ressaltar que, quando existe o provimento de alimentos – por exemplo, outros ministérios podem se envolver, como o Ministério da Agricultura.

Por fim, a cooperação humanitária internacional provida pelo Brasil pode ocorrer de diversas formas, abrangendo o fornecimento de diversos bens e promovendo trocas e cooperação técnicas. Assim, o país pode enviar alimentos para países (o que ocorre através da coordenação entre a ABC e o Ministério da Agricultura), enviar medicamentos a partir da coordenação com o Ministério da Saúde, troca de *expertise* sobre projetos e políticas públicas educacionais com o Ministério da Educação (ABC, 2022). Ou seja, a cooperação humanitária não envolve apenas o provimento de bens necessários à manutenção da vida dos indivíduos de forma imediata, engloba também ações de curto, médio e longo prazo sobre os mais diversos temas e nas mais diversas áreas. Considerando as discussões feitas até este ponto, o próximo tópico abordará a cooperação humanitária na política externa brasileira.

5. COOPERAÇÃO HUMANITÁRIA NA POLÍTICA EXTERNA BRASILEIRA

Tendo em conta que a cooperação humanitária promovida pelo Brasil varia desde a doação de bens (como alimentos e água potável) até as trocas de conhecimento sobre políticas públicas, esse tópico tem o objetivo de apresentar ao leitor como o tema é tratado na política externa do país. De acordo com Valença e Affonso (2019:201), "mesmo não apresentando um histórico de destaque internacional em termos de cooperação humanitária, o Brasil aumentou significativamente sua atuação no campo durante as décadas de 2000 e 2010, quantitativa e qualitativamente". Os autores ainda destacam que o Brasil ficou na sétima colocação mundial em termos de volume de doações em proporção ao Produto Interno Bruto (PIB) em 2015 para o Programa Mundial de Alimentos. Inclusive, à sua frente constavam apenas países desenvolvidos – entre eles os Estados Unidos e Canadá (Valença; Affonso, 2019).

Oliva e Schutz (2020:1) sumarizam este processo

> No Brasil as características das doações vão de encontro ao pragmatismo da política externa. Da era Vargas até Collor de Mello, o Brasil recebeu ajuda humanitária, a primeira doação oficial surge em 1997 com Fernando Henrique Cardoso. O novo milênio

trouxe fatores internos e externos determinantes para o surgimento do Brasil como grande doador mundial de alimentos como a estabilidade econômica e a valorização das *commodities* agrícolas em nível mundial. (Oliva; Schutz, 2020:1).

Não cabe neste capítulo fazer uma recapitulação histórica. Porém, vale ter em mente que a doação de alimentos ao longo dos governos Lula era uma de suas características e que tinham como objetivo destacar o país como um *player* da política internacional. No governo Dilma houve a diminuição dessas doações em virtude do contexto doméstico complexo e um contexto internacional conturbado em virtude dos reflexos da crise de 2007. O governo Temer, em virtude de suas próprias características e contexto, não traz grandes diferenças. Por fim, no governo de Jair Bolsonaro a política de diminuição das doações de alimentos foi mantida. Por outro lado, nas últimas duas décadas o país também foi responsável pela doação de medicamentos e vacinas (Oliva; Schutz, 2020), assim como a cooperação técnica em diversas temáticas, como saúde, educação, meio ambiente e outras.

Prosseguindo, é possível definir política externa, em linhas gerais, como um conjunto de ações, decisões e discussões que é formulada a partir de demandas domésticas ou internacionais e que é colocada em prática pelo Estado. Nessa lógica, a política externa diz respeito à relação de um país com os demais atores internacionais, como outros países e organizações internacionais, com o intuito de satisfazer seus interesses e necessidades (Pinheiro, 2004). Assim, essa se configura como um instrumento utilizado pelos países para promover o desenvolvimento, seja ele econômico, social, cultural, assim como estabelecer relações com outros atores e satisfazer seus interesses.

Desse modo, por mais que o caráter humanitário esteja atrelado aos termos cooperação e política externa, é preciso se atentar para os objetivos e interesses que estão presentes nessas relações. Com o Brasil não seria diferente. Tambourgi (2017) argumenta, focando no aspecto econômico das doações humanitárias providas pelo Brasil entre 2006 e 2015, que se tratava de uma ação para aumentar a participação do país na política internacional, assim como estratégia para ganhar prestígio e de aproximação com outros países. A autora destaca que no período citado anteriormente, o Brasil realizou 618 ações, totalizando cerca de US$ 288,5 milhões – que foram destinados para países da América do Sul e da África. O país também atuou junto às organizações internacionais na questão humanitária, especialmente nas questões relacionadas à segurança alimentar e à saúde.

> Argumenta-se que, embora não seja um grande doador internacional em volume financeiro absoluto, o Brasil tem relevância estratégica inegável no cenário internacional. Dada suas particularidades no âmbito da cooperação humanitária, como seu passado recente de receptor de ajuda e representante do Sul Global, o país faz parte do Grupo de Boa Doação Humanitária. Não obstante, seu envolvimento como contribuinte das operações de paz da ONU ajuda a impulsionar seu papel estratégico por meio de um leque mais amplo de iniciativas na questão humanitária (Jones 2016, 150). (Valença; Affonso, 2019:202).

Tendo em vista todas as discussões feitas até este ponto, os próximos tópicos apresentam três estudos de caso da cooperação humanitária internacional colocada em prática pelo Brasil. São eles: a cooperação técnica na temática da alimentação escolar entre Brasil e vários países e a cooperação voltada para o combate ao HIV na África Subsaariana.

5.1. ALIMENTAÇÃO ESCOLAR: O BRASIL E O SUL GLOBAL

Segundo Almino e Lima (2017), uma das iniciativas de maior sucesso do Brasil foi a de compartilhamento de conhecimentos através da cooperação Sul-Sul no que diz respeito ao provimento de alimentação escolar. Naquela ocasião, o Brasil foi convidado por vários países a estabelecer acordos de cooperação que visavam compartilhar as boas práticas em alimentação escolar, assim como auxiliar outros países a estabelecerem suas próprias políticas neste tema. Isto foi feito através do Fundo Nacional de Desenvolvimento da Educação (FNDE, responsável pelo Programa Nacional de Alimentação Escolar (PNAE).

Em linhas gerais, o segundo Ministério da Educação (2022), é um programa nacional voltado para o provimento de alimentação escolar e ações voltadas para a educação nutricional e alimentar dos alunos da rede pública do país. Assim, o principal objetivo do programa

> [...] é contribuir para o crescimento e o desenvolvimento biopsicossocial, a aprendizagem, o rendimento escolar e a formação de práticas alimentares saudáveis dos alunos, por meio de ações de educação alimentar e nutricional e da oferta de refeições que cubram as suas necessidades nutricionais durante o período letivo. (Brasil, 2013:1).

Com a crescente demanda pela cooperação dentro deste tema, o Brasil fez uma série de acordos com vários países (como Haiti, Cabo Verde e outros) e com organizações internacionais, entre elas a Organização das Nações Unidas para Alimentação e Agricultura (FAO). Estes projetos estão voltados para o provimento de conhecimento técnico, compartilhamento de boas práticas, auxílio na elaboração e implementação de políticas públicas voltadas para alimentação escolar em outros países partindo do exemplo da criação e implementação do PNAE. Assim, o Brasil enviou vários profissionais envolvidos com o FNDE e o PNAE para os países interessados e buscou estabelecer uma relação mais próxima destes (Almino; Lima, 2017).

Mais tarde, o governo brasileiro estabeleceu o Fundo Fiduciário Brasileiro, que tinha como principal objetivo apoiar o Programa Mundial de Alimentos (PMA) a partir de uma série de investimentos. A ideia era expandir o PNAE para outros países, através do desenvolvimento de capacidades daqueles países, assegurando a segurança alimentar dos alunos das escolas públicas e o desenvolvimento biopsicossocial. Entre as atividades figurava o desenvolvimento de um programa nacional de alimentação escolar que fosse sustentável, seu respectivo marco legal e fonte de financiamento. Para além disso, envolvia ações em outras temáticas, como meio ambiente e saúde – a partir de uma concepção de que a questão alimentar perpassa outras esferas da vida humana (Almino; Lima, 2017). Estas ações foram implementadas em mais de 5 países, todos considerados países em desenvolvimento.

Diferente da ajuda humanitária, a cooperação humanitária internacional promovida pelo Brasil tem o objetivo de construir capacidades nos países envolvidos e compreendem ações de curto, médio e longo prazo. Exemplo disso foi a expansão e implementação de projetos semelhantes ao PNAE em outros países. Isto se deu pelo reconhecimento internacional da importância do projeto, o que garantiu ao Brasil uma posição de destaque na temática. Há que se mencionar que esse tipo de cooperação promovida pelo país também se diferencia da cooperação tradicional (e da relação doador-receptor), na medida em que o país busca construir os projetos em conjunto e com a participação de atores locais e da sociedade. Assim, os projetos semelhantes ao PNAE que foram implementados em outros países (como Haiti) correspondiam às necessidades e recursos locais, diferente de projetos que já estavam, em alguma medida, prontos e que vinham dos países desenvolvidos sem reconhecer os contextos locais. Nas palavras de Almino e Lima (2017:292-293), o Brasil, "sempre que possível, busca envolver igualmente a sociedade civil nesses países, tanto na definição das prioridades, metas e estratégias, como na implementação de ações e avaliação dos resultados".

5.2. COMBATE AO HIV: AÇÃO DO BRASIL NA ÁFRICA SUBSAARIANA

Entre 2005 e 2016, o governo brasileiro efetuou doações para vinte e quatro países diferentes, em três continentes. O montante de doações ultrapassa os 80 milhões de reais. Considerando esse cenário e valores, é possível se pensar que a cooperação em saúde, feita através da doação de medicamentos, é um dos pontos mais relevantes na agenda humanitária brasileira (Ribeiro; Lupatini; Santos, 2018).

Do total de países recebedores de remessas de medicamentos identificados por Ribeiro, Lupatini e Santos (2018), oito estavam localizados na região da África Subsaariana[44]. Os medicamentos doados, por outro lado, eram em sua maioria destinados ao tratamento de doenças infecciosas, como HIV, malária, leishmaniose, cólera, entre outras. Essas doenças são, em sua maioria, consideradas doenças negligencia-

---

[44]   Esses países são Angola, Benin, Burkina Faso, Cabo Verde, Costa do Marfim, Guiné Bissau e Moçambique e São Tomé e Príncipe

das, isto é, doenças que afetam principalmente as populações de baixa renda e que possuem consideravelmente menos recurso para pesquisa e desenvolvimento de novos tratamentos (FIOCRUZ, s.d.).

As doenças negligenciadas não representam alternativas economicamente viáveis para grandes laboratórios privados. Além disso, o sistema de patentes faz com os preços praticados de um medicamento sejam muito superiores aos valores disponíveis pelos governos de países periféricos. Nesse sentido, a cooperação para distribuição e até mesmo pesquisa dessas doenças é uma das poucas oportunidades de se impulsionar as propostas de tratamento para esse tipo de doenças (Feres; Cuco; Silva, 2015).

Ainda que o Brasil receba medicamentos doados de outros países (excepcionalmente para o tratamento da hanseníase, da oncocercose e da geo-helmintíase), o país ainda é um importante doador. Alguns medicamentos para o tratamento da Doença de Chagas e antimaláricos são produzidos apenas por laboratórios públicos brasileiros (Ribeiro; Lupatini; Santos, 2018).

É estimado que cerca de 36 milhões de pessoas são portadoras do vírus HIV no mundo, porém menos da metade recebe o devido tratamento (Dunda, 2018). O Brasil é considerado com um dos principais agentes no combate à AIDS e ao vírus da Imunodeficiência Humana no mundo (Júnior; Farias, 2020). Os medicamentos antirretrovirais representavam a maior quantidade de doações no levantamento de Ribeiro, Lupatini e Santos (2018), porém, as ações de combate ao HIV não podem se restringir ao envio de antirretrovirais.

O Brasil foi o primeiro país em desenvolvimento do mundo a estipular um plano de prevenção à AIDS através do sistema público de saúde com a criação do SUS. A partir da Lei de número 9.313, de 1996, estipula-se que todo brasileiro portador do vírus HIV deve receber toda a medicação necessária para o tratamento. Para consolidar a capacidade do Estado em prover tais tratamentos, o Brasil participou de diversos fóruns internacionais buscando a quebra das patentes, e buscando parcerias internacionais para o fortalecimento do Sistema Único de Saúde. Já nos anos finais da década de 1990, foram firmadas iniciativas de cooperação humanitária que visavam compartilhar as tecnologias e estratégias que geraram o sucesso no enfrentamento do HIV com Angola, Guiné-Bissau, Moçambique e São Tomé e Príncipe. Esses projetos foram feitos através da articulação da Agência de Assuntos Internacionais do Ministério da Saúde (AISA/MS) e da Agência Brasileira de Cooperação (ABC/MRE) (Figueiredo, 2018).

Através da Comunidade de Países de Língua Portuguesa, juntamente a Portugal, iniciativas para fortalecer políticas públicas para a saúde reprodutiva foram implementadas em Angola, Moçambique e Cabo Verde, assim como políticas conjuntas para aumentar a capacidade de laboratórios em produzir medicamentos e testes (Feres; Cuco; Silva, 2015).

A atuação brasileira nas ações de cooperação humanitária na área da saúde, mais especificamente no que tange ao combate ao HIV, pode ser considerada também como um tipo de *soft power*. A política externa se torna aqui uma forma de legitimação do Brasil como uma autoridade moral tendo em vista países desenvolvidos, e também, uma forma de expandir a influência em regiões menos desenvolvidas (Dunda, 2018).

Dunda (2018) também coloca que a ajuda humanitária para o tratamento da AIDS funcionou como um mecanismo de inserção do Brasil no sistema internacional após a Ditadura Militar. Através desse tipo de cooperação, o país surge como uma liderança emergente no Sul Global, dotada de uma influência cada vez mais global.

6. CONSIDERAÇÕES FINAIS

A ideia de cooperar para atender aqueles que estão em necessidade em situações emergenciais há muito faz parte da realidade das coletividades humanas. Na contemporaneidade, há a formação de um sistema institucional entre Estados e Organizações Internacionais que mediam as atividades de assistência e cooperação humanitária, baseado nos princípios da neutralidade, humanidade e imparcialidade.

Neste sistema institucional, as relações, muitas vezes, seguem padrões de poder e hierarquia que remontam ao passado colonial, com a disparidade na capacidade de ação se tornando evidente em alguns modelos de assistência. Dessa forma, com o intuito de formular uma heurística mais horizontal e igualitária, a expressão "assistência" ou "ajuda" foram gradativamente substituídas por "cooperação" após a década de 1990. É a partir desse período também que mais países em desenvolvimento começaram a ocupar o centro da agenda, não mais como apenas receptores de remessas dos países desenvolvidos, mas como gestores e doadores para outros países em desenvolvimento.

O Brasil, como um dos países em desenvolvimento que mais se destacaram a partir da expansão da agenda humanitária, além dos três princípios propostos pelos documentos acordados na ONU, aplica ainda um quarto princípio: o da independência. Desta forma, o Brasil assegura em seu discurso a proeminência da cooperação e da horizontalidade, assim como busca ganhar influência internacional a partir da relação com outros países.

Para concluir, considerando a atuação brasileira nos casos apresentados, é possível perceber um ponto importante na disseminação da prática da cooperação humanitária: o foco nas relações de longo prazo e da construção de capacidades no país receptor. Tanto no caso da cooperação para a alimentação escolar quanto no combate ao HIV, há um foco especial no compartilhamento de políticas públicas exitosas e também nas estratégias de ação e negociação nas arenas internacionais.

7. ESTUDO DIRIGIDO

Questão 1. Elabore uma linha do tempo a respeito da temática humanitária em contraponto com a evolução das agendas internacionais. Em seguida, elabore um quadro que diferencie ajuda, assistência e cooperação humanitária.

Questão 2. Considerando as discussões realizadas ao longo deste capítulo, reflita a respeito da cooperação humanitária promovida pelo Brasil e a diferencie do modo tradicional de cooperação tradicional.

Questão 3. Polemize a ideia de ajuda humanitária internacional e aponte os seus problemas e limitações.

Questão 4. Aponte, em suas palavras, quais são os benefícios proporcionados ao Brasil ao promover a cooperação humanitária.

Questão 5. Discuta como a cooperação humanitária se constitui como eixo de política externa brasileira e busque outros casos que demonstrem a atuação brasileira dentro dessa temática.

8. REFERÊNCIAS BIBLIOGRÁFICAS

ABC – AGÊNCIA BRASILEIRA DE COOPERAÇÃO. *Cooperação Humanitária*. 2022. Disponível em: https://www.gov.br/abc/pt-br/assuntos/cooperacao-humanitaria/cooperacao-humanitaria. Acesso em: 17 dez. 2022.

ALMINO, J.; LIMA, S. E. M. *30 anos da ABC*: visões da cooperação técnica internacional brasileira. Brasília: FUNAG, 2017. 332 p.

BRASIL. *Lei nº 13.684 de 21/06/2018*. Dispõe sobre medidas de assistência emergencial para acolhimento a pessoas em situação de vulnerabilidade decorrente de fluxo migratório provocado por crise humanitária; e dá outras providências. Brasília, DF: Diário Oficial da União, 2018. Disponível em: http://www.planalto.gov.br/ccivil_03/_ato2015-2018/2018/lei/L13684.htm. Acesso em: 17 dez. 2022.

BRASIL. Ministério da Educação. Fundo Nacional de Desenvolvimento da Educação (FNDE). *Resolução CD nº 26 de 17 de junho de 2013*: Dispõe sobre o atendimento da alimentação escolar aos alunos da educação básica no âmbito do Programa Nacional de Alimentação Escolar (PNAE). Diário Oficial da União, 2013.

BRASIL. *Constituição da República Federativa do Brasil de 1988*. Brasília, DF: Presidente da República, 1988.

CNN. *Brasil envia alimentos e remédios para vítimas da guerra na Ucrânia*. 2022. Disponível em: https://www.cnnbrasil.com.br/internacional/brasil-envia-alimentos-e-remedios-para-vitimas-da-guerra-na-ucrania/. Acesso em: 12 dez. 2022.

DE LAURI, A. Introduction. IN: DE LAURI, A (ed). *The Politics of Humanitarism: Power Ideology and Aid*. Londres: I.B. Tauris; pg. 1-17; 2016.

DIAS, F. H. M. *A Reforma Humanitária nas Nações Unidas: Um Mecanismo Rumo à Eficácia da Ajuda Humanitária? Caso do Haiti*. 2014. Dissertação (mestrado em Relações Internacionais) – Universidade do Minho, Braga, 2014.

DUNDA, F. F. E. A cooperação Sul-Sul brasileira em HIV/AIDS: a doação de antirretrovirais como Soft Power do Brasil no cenário internacional. *Carta Internacional*: Belo Horizonte; vol. 13; n. 3; 2018.

FERES, M. V.; CUCO, P. H. O.; SILVA, L. A. Cooperação internacional e organizações não governamentais: releitura do papel institucional no combate às doenças negligenciadas. *Scientia Iuris*: Londrina; v. 19; n. 2; p. 181-198; 2015.

FIOCRUZ. *Doenças Negligenciadas*. s.d. Disponível em: <https://agencia.fiocruz.br/doen%C3%A7as-negligenciadas>. Acesso em: 19 jan. 2023.

ICRC – Comitê Internacional da Cruz Vermelha. *IHL Treaties*. s.d. Disponível em: <https://ihl-databases.icrc.org/en/ihl-treaties/treaties-and-states-parties>. Acesso em: 18 jan. 2023.

JÚNIOR, A. P.; FARIAS, L. W. Da Cooperação Humanitária à Estruturante: O papel do Brasil na construção de capacidades para resistir à epidemia do HIV a partir da rede de laços Sul-Sul. *Boletim de Economia Política Internacional*. Brasília; n. 26; pg. 7-16; 2020.

MACHADO, R.; ALCÂNTARA, T. L. R. Cooperação humanitária em Saúde. In: BRASIL. MINISTÉRIO DA SAÚDE. (org.). *Saúde e Política Externa*: os 20 anos da Assessoria de Assuntos Internacionais de Saúde (1998-2018). Brasília: Ministério da Saúde, 2018. p. 253-268.

MATERSON, J. The 1864 Geneva Convention, a link between ICRC and the United Nations. *International Review of the Red Cross*; vol. 29; n. 273; pg. 553-556. 1989.

MEC – Ministério da Educação. Brasil. *Brasil vai reforçar programa de merenda escolar do Haiti*. 2009. Disponível em: http://portal.mec.gov.br/ultimas-noticias/222-537011943/13594-brasil-vai-reforcar-programa-de-merenda-escolar-do-haiti. Acesso em: 13 dez. 2022.

MEC – Ministério da Educação. Brasil. *Sobre o PNAE*. 2022. Disponível em: https://www.fnde.gov.br/programas/pnae. Acesso em: 13 dez. 2022.

OLIVA, C. V.; SCHUTZ, N. S. X. *AJUDA HUMANITÁRIA BRASILEIRA COMO POLÍTICA EXTERNA ATRAVÉS DA DOAÇÃO DE ALIMENTOS*: altruísmo ou troca?. 2020. Disponível em: eventos.unipampa.edu.br/siepe. Acesso em: 17 dez. 2022.

ONU – ORGANIZAÇÃO DAS NAÇÕES UNIDAS. *Carta das Nações Unidas*. 1945. Disponível em: https://www.oas.org/dil/port/1945%20 Carta%20das%20Na%C3%A7%C3%B5es%20Unidas.pdf. Acesso em: 17 dez. 2022.

ONU – ORGANIZAÇÃO DAS NAÇÕES UNIDAS. *Resolução 46/182 – Strengthening the coordination of humanitarian emergency assistance of the United Nations*. 1991. Disponível em: https://documents-dds-ny.un.org/ doc/RESOLUTION/GEN/NR0/582/70/IMG/NR058270.pdf?OpenElement. Acesso em: 17 dez. 2022.

ONU – ORGANIZAÇÃO DAS NAÇÕES UNIDAS. *Resolução 58/114 – Strengthening of the coordination of emergency humanitarian assistance of the United Nations*. 2003. Disponível em: https://documents-dds-ny.un.org/ doc/UNDOC/GEN/N03/501/42/PDF/N0350142.pdf?OpenElement. Acesso em: 17 dez. 2022.

PINHEIRO, L. A. *Política externa brasileira*. 2004. Rio de Janeiro: Jorge Zahar Editora.

RIBEIRO, A. A.; LUPATINI, E. O.; SANTOS, D. G. Cooperação internacional: doações de medicamentos realizados pelo governo brasileiro de 2005 a 2016. *Revista Panamericana de Salud Pública*: Washington; n. 42; pg. 1-8; 2018.

RISBACK-SMITH, H. History and Principles of Humanitarian Action. *Turkish Journal of Emergency Medicine*. Ankara: n. 9; v. 15, pg. 5-7; 2016.

SANTOS, L. B. Climate Change as Environmental International Security Issue: The Threat of Global Warming in the Small Island States. *Conjuntura Internacional*: Belo Horizonte; v. 12; p. 28-35; 2015.

TAMBOURGI, P. V. Ascensão e Queda do Brasil como Doador de Assistência Humanitária Internacional. *Brazilian Journal Of International Relations*, [S.L.], v. 6, n. 3, p. 573-606, 3 fev. 2018.

VALENÇA, M. M.; AFFONSO, L. B. O PAPEL DA COOPERAÇÃO HUMANITÁRIA NA POLÍTICA EXTERNA BRASILEIRA COMO ESTRATÉGIA DE SOFT POWER (2003-2016). *Austral*: Revista Brasileira de Estratégia e Relações Internacionais, [S.L], v. 8, n. 15, p. 195-212, jun. 2019.

WHITTAL, J.; REIS, R.; DEUS, S. *O que não fazer*: como a manipulação da ajuda humanitária prejudica a eficácia da resposta a emergências. 2016. Disponível em: https://www.msf.org.br/noticias/o-que-nao-fazer-como-manipulacao-da-ajuda-humanitaria-prejudica-eficacia-da-resposta/#:~:text=Os%20trabalhadores%20da%20ajuda%20humanit%-C3%A1ria,afetados%20por%20conflitos%2C%20que%20o. Acesso em: 16 dez. 2022.

9. RECURSOS AUDIOVISUAIS

Doc Humanitarian Response for Indigenous People UNHCR Brazil. Gênero: Documentário. Ano: 2022. Direção: Desconhecido. Sinopse: O documentário relata a situação de indígenas venezuelanos que buscam apoio e ajuda humanitária no Brasil. A obra destaca o papel da ACNUR, de organizações da sociedade civil e entidades governamentais no suporte e recepção desses indivíduos. Disponível em: https://www.youtube.com/watch?v=9_zmOvg3lgA. Acesso em: 15 jan. 2023.

TEDx Talks – Foreign Aid: are we really helping others or just ourselves? Maliha Chishti. Gênero: Palestra. Ano: 2016. Direção: Desconhecido. Sinopse: Dra. Maliha Chishti palestra sobre as reais intenções relacionadas à ajuda externa. A palestrante destaca o seu projeto voltado para a capacitação de mulheres nas atividades de reconstrução pós-conflito no Afeganistão. Disponível em: https://www.youtube.com/watch?v=1xJ6p0B5V_A&t=230s. Acesso em: 15 jan. 2023.

CAPÍTULO 5: **POLÍTICA EXTERNA E MISSÕES DE PAZ DA ONU**

RODRIGO FERNANDO GALLO[45]

1. INTRODUÇÃO

Se considerarmos que o projeto de inserção internacional de um país pode ser diversificado e se valer de uma série de estratégias distintas, que não se restringem apenas à economia e ao comércio exterior, é fundamental reconhecermos que participar das grandes discussões globais nos organismos multilaterais corresponde a um importante esforço de reivindicar uma espécie de interesse nos assuntos coletivos, como segurança e paz. Nesse aspecto, integrar missões de paz promovidas pelas Nações Unidas se transformou em um expediente relativamente comum para a política externa brasileira desde a década de 1950 – o que posicionou o Brasil como um dos maiores componentes de tais empreendimentos na história da ONU.

É importante ressaltar que as Nações Unidas surgiram depois do fracasso da Liga das Nações, que não se provou capaz de impedir o avanço do nazifascismo e a construção de um cenário de tensões entre as décadas de 1920 e 1930 – que culminariam na Segunda Guerra Mundial. Ainda no decorrer do conflito, os países iniciaram as tratativas para criar uma nova organização de fins amplos com o objetivo de assegurar a paz por meio da adoção de mecanismos de segurança coletiva (Weiss, Forsythe, Coate & Pease, 2016). O novo organismo in-

---

[45] Cientista político, mestre e doutor em Ciências Humanas e Sociais pela Universidade Federal do ABC (UFABC). Leciona em cursos de graduação nas áreas de Administração, Ciências Econômicas e Relações Internacionais, e de pós-graduação nas áreas de Ciência Política e Relações Internacionais.

ternacional, dentre outras funções, deveria assumir a responsabilidade de mobilizar tropas multinacionais, mediante a aprovação dos membros do Conselho de Segurança e sob a bandeira da própria ONU, e construir condições para pacificar territórios em guerra, ainda que tal medida seja frequentemente envolta em polêmicas.

Gradualmente, as operações de paz se transformaram em importantes instrumentos de projeção internacional, mesmo com todos os entraves criados pelo choque entre as superpotências durante a Guerra Fria. Desta forma, diversos países optaram por se engajar nesses esforços militares para, obviamente, contribuir para encerrar um conflito e promover a paz, mas também para demonstrar relevância enquanto potência do sistema internacional – o que se configura, de certa forma, como um meio para atingir seus próprios objetivos.

O Estado brasileiro, desde os primórdios de operação das Nações Unidas, tem se apresentado como um dos maiores interessados em participar desse tipo de instrumento de segurança coletiva, estratégia reavivada na década de 1990 e que possivelmente atingiu seu ápice com a aprovação da Resolução 1492 do Conselho de Segurança, em 2004, que estabeleceu pelo Conselho de Segurança a criação de uma força de paz para o Haiti – cuja liderança militar, em campo, coube ao Brasil até o seu encerramento em 2017.

Nesta etapa do nosso estudo sobre a política externa brasileira contemporânea, vamos discutir inicialmente o que são missões de paz e como até certo ponto elas compõem o rol de ações da diplomacia brasileira em seu projeto de inserção internacional nos organismos multilaterais.

2. CONCEITO DE MISSÃO DE PAZ

2.1. A CRIAÇÃO DA ONU E DAS MISSÕES DE PAZ

Antes de discutirmos o conceito de missão de paz, é importante lembrarmos que a criação da Organização das Nações Unidas está associada à emergência dos organismos multilaterais contemporâneos,

Capítulo 5: **Política externa e missões de paz da ONU**

ideia que se disseminou após a Segunda Guerra Mundial para contribuir com o reordenamento do sistema internacional por múltiplas perspectivas, de modo a evitar novos colapsos (Chimni, 2016: 113). Em pouquíssimo tempo, percebeu-se que tais organismos se apresentavam como atores políticos relevantes, que poderiam inclusive ser articulados pelos países-membros para finalidades diversas – sobretudo para aqueles com maiores capacidades de negociação e/ou coerção. As missões de paz, nesse sentido, poderiam resultar em ganhos tangíveis e intangíveis para os seus participantes, em especial para os Estados que pudessem não apenas enviar tropas, mas também comandar as forças internacionais.

O embrião da ONU começou a ser desenvolvido ainda durante a Segunda Guerra, formalmente na Conferência de Teerã, em 1943, quando os Aliados sugeriram a necessidade de uma nova organização, em substituição à Liga, para formar uma ampla coalizão entre Estados em função da paz. A discussão seguiu em 1944, e a Conferência de Dumbarton Oaks fez com que China, Estados Unidos, Reino Unido e União Soviética criassem o esboço das Nações Unidas. Nessa ocasião, foi apresentada uma proposta norte-americana para que o Brasil fosse incluído na futura lista de membros permanentes do Conselho de Segurança, ideia rejeitada pelos delegados soviéticos e britânicos (Garcia, 2018: 121). Ainda que o veto tenha frustrado os planos da diplomacia brasileira, tal indicação foi simbólica e sugeriu que, eventualmente com algum esforço político, o país poderia posteriormente ser incluído na seleta lista de potências do Conselho.

A consolidação da vitória sobre Alemanha, Itália, Japão, bem como seus aliados, levou à convocação de outro encontro, a Conferência de São Francisco, que inaugurou oficialmente a ONU. O Preâmbulo do documento de fundação deixou evidente que o grande objetivo central das Nações Unidas era o estímulo à cooperação entre os países para a promoção da paz (United Nations, 1945), tarefa que demandaria uma imensa articulação de mecanismos complexos de negociação e arbitragem. A questão é que, mesmo com essa predisposição dos participantes, os problemas entre os Estados continuariam ocorrendo, muitas vezes levando a conflitos. O desafio para gerenciar situações mais delicadas é a omissão, talvez proposital, na própria

Carta: o documento não menciona a expressão "missão de paz" em nenhum trecho, dificultando de certa forma a aprovação de tais empreendimentos, além de colocar sua legitimidade em dúvida.

O que se tem feito, na prática, é driblar essa "falha" quando os membros do Conselho de Segurança julgam necessário para intensificar os esforços pela paz – ou quando seus interesses particulares indicam a necessidade de se lançar em uma operação desse tipo. Por conta disso, a ONU tem utilizado os capítulos VI e VII da Carta para aprovar legalmente as missões de paz. Respectivamente, esses dois capítulos discutem as possibilidades de que a paz seja construída a partir da anuência das partes envolvidas no confronto ou por meio do uso da força, caso haja supostos riscos de que o conflito coloque a segurança coletiva em risco (Diniz, 2006: 304-305). Na prática, significa que numa das situações existe negociação com os atores em guerra e arbitragem, e na outra há uma imposição da paz. O Brasil, na condição de membro rotativo do Conselho, participou de diversas discussões como essas.

Essas operações são formadas teoricamente por forças imparciais, cujo propósito seria criar as condições mínimas para encerrar os confrontos e permitir a negociação, e posteriormente estabelecer a paz (United Nations, 2003: 1). Outro arranjo necessário para impedir que o esforço se caracterize como a ocupação de uma nação por outra é que as tropas devem ser compostas por militares de diversos países diferentes, além de ser integrada por civis, como juízes e observadores, que gradativamente desempenhariam mais funções de ajuda humanitária.

2.2. A COMPLEXIDADE POLÍTICA DAS MISSÕES DE PAZ

O sistema de segurança coletiva das Nações Unidas é bastante complexo, inclusive porque os esforços de paz dependem de negociação constante, o que inevitavelmente esbarra nos interesses econômicos, políticos e geopolíticos dos membros do Conselho. Parte dos especialistas no assunto indica que podemos dividir as missões da ONU em três fases bem delimitadas. A primeira diz respeito às operações aprovadas durante a Guerra Fria, algumas delas que já contaram com a participação brasileira. É possível afirmar que muitas dessas operações tiveram relação com os impactos do desmonte do modelo colonial europeu na Ásia e na África.

A segunda fase, por sua vez, teve início no cenário pós-Guerra Fria (ou mesmo no contexto que antecedeu a dissolução da União Soviética), quando a ONU se viu diante da necessidade de administrar uma série de conflitos no Leste europeu - a zona de influência soviética que entrou em colapso. Por último, a terceira etapa começou em 1999, quando houve a incorporação de elementos de *peacebuilding* nas operações como forma de atuar dentro da lógica da paz sustentável (Gowan, 2018: 422-423). Coincidentemente, esse período foi marcado, para a diplomacia brasileira, como o momento em que o Itamaraty e diversos outros órgãos do governo contribuíram com a criação do Estado do Timor Leste.

Para além dessa divisão cronológica, as literaturas das Relações Internacionais, da Ciência Política e da Histórica também buscaram uma forma de categorizar as operações a partir da forma como as Nações Unidas estabeleciam as ações em campo – algo expresso no mandato de cada missão, ou seja, o documento que deixa claro os objetivos dos países envolvidos no empreendimento. Essa discussão teve início na década de 1970 com a publicação das ideias de Johan Galtung, para quem as operações poderiam ser classificadas como *peacemaking*, *peacekeeping* e *peacebuilding*, a depender dos mecanismos que orientariam os trabalhos em campo.

Dentro dessa lógica, as operações batizadas de *peacemaking* eram aquelas estabelecidas para encerrar um conflito o mais rápido possível, como forma de cessar a violência e preservar vidas, o que inclui acabar com as hostilidades físicas e interromper a corrida armamentista (Galtung, 1976: 290). O autor chamou de *peacekeeping* as missões utilizadas com o intuito de impedir que as agressões recomecem. O esforço, nesses casos, seria manter os grupos de oposição pacificados por meio de acordos formais que precisariam ser respeitados sob ameaça de sanções e punições (Galtung, 1976: 282). Logo, os trabalhos de *peacekeeping* sucedem às ações de *peacemaking*.

Por fim, a expressão *peacebuilding* passou a se referir aos empreendimentos dos capacetes azuis orientados para modificar as estruturas internas do país afetado pelo conflito como forma de combater a pobreza, a fome e outros problemas similares, considerados causas primárias que desencadeiam guerras entre grupos rivais que eventualmente lutam por recursos básicos, como água e comida (Galtung, 1976: 297). Nesses casos, devido à complexidade dos objetivos e os altos custos necessários, as Nações Unidas contam com o suporte de outros organismos, como o Banco Mundial e o Banco Interamericano de Desenvolvimento (BID), responsáveis muitas vezes por financiar os projetos de reconstrução. Essas operações de *peacebuilding* ocupam a preferência da atuação brasileira na ONU.

Em 1992, o então secretário-geral da ONU, Boutros-Ghali, publicou um documento com recomendações gerais para o gerenciamento das missões de paz após a Guerra Fria, considerando que, em casos de conflito, o Conselho de Segurança poderia articular acordos via *peacemaking*, para na sequência estabelecer ações de *peacekeeping* (Diniz, 2006: 313), e, por último, implementar um novo mandato baseado nos princípios de *peacebuilding* para reconstruir o Estado (Boutros-Ghali, 1992). Desta forma, compreende-se que as operações são como fases que sucedem umas às outras à medida que os trabalhos em campo surtem efeitos.

2.3. A ONU E AS MISSÕES DE PAZ

A primeira operação de paz promovida pela ONU foi autorizada pelos membros do Conselho de Segurança em 1948, quando foram enviados observadores internacionais para monitorar o conflito no Oriente Médio. A partir de então, diversas missões seriam estabelecidas ainda durante a Guerra Fria, nesta primeira fase em que parte considerável dos empreendimentos não envolvia o uso de força, mas sim o monitoramento do cenário e do conflito.

Deste momento inicial até dezembro de 1991, quando a União Soviética foi dissolvida, as Nações Unidas aprovaram um total de 23 missões de paz. Porém, desde o encerramento da Guerra Fria houve um aumento expressivo no número de operações autorizadas, chegando a um total de 48 delas entre 1992 e 2019. O Gráfico 1 nos ajuda a visualizar o crescimento do uso dos capacetes azuis após o fim da ordem bipolar: é perceptível que os números cresceram já no fim da década de 1980, quando o bloco soviético começava a romper.

Gráfico 1: As missões de paz da ONU (1948-2019)

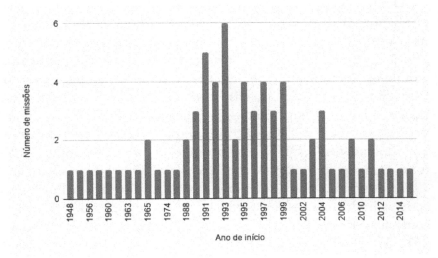

Fonte: United Nations Peacekeeping, 2020

É importante perceber duas questões interessantes. A primeira é que, após a Guerra Fria e em um período, portanto, menor de tempo, as Nações Unidas precisaram promover um número maior de missões do que durante todo o conflito bipolar - inclusive como forma de olhar para as antigas zonas de influência soviética que entraram em colapso e desencadearam conflitos civis. Segundo, que a maior concentração de novas operações corresponde justamente ao contexto pós-Guerra Fria.

3. AS PARTICIPAÇÕES BRASILEIRAS EM MISSÕES DE PAZ

3.1. DA LIGA DAS NAÇÕES À ONU

Desde a década de 1920, bem antes da eclosão da Segunda Guerra Mundial, o Brasil já tinha demonstrado interesse em se inserir nos dispositivos de segurança internacional como forma de mostrar disposição para os processos de construção da paz. Naquele momento, a diplomacia brasileira tentou criar condições para inserir o país no Conselho Executivo da Liga das Nações, cujo fracasso também levaria à desfiliação do organismo (Cheibub, 1984: 129; Garcia, 2000: 44; Santos, 2003: 27). Ocorre que, após a derrota do nazifascismo e o surgimento da ONU, esse objetivo de projeção internacional foi reconfigurado: durante a Conferência de Dumbarton Oaks, em 1944, o governo norte-americano teria cogitado que o Brasil deveria assumir uma cadeira permanente do Conselho de Segurança como forma de reconhecer o esforço no combate ao Eixo (Garcia, 2011:66). Ainda que tal discussão tenha sido vetada por britânicos e soviéticos (Garcia, 2018: 121), restou o sonho de emergir como média potência de maior relevância.

Diante disso, o Ministério das Relações Exteriores parece ter incorporado o objetivo de ampliar a participação nas Nações Unidas como parte do projeto de Estado. Por conta disso, em diversos momentos o Itamaraty procurou indicar a necessidade de reforma do Conselho de Segurança para torná-lo mais representativo (Amorim, 1998: 6-7), o que eventualmente abriria espaço para o assento brasileiro. Ainda que essa meta não tenha sido alcançada, o Estado brasileiro procurou utilizar as missões como expediente para manter a percepção de que o país quer contribuir para a segurança coletiva e para a construção da paz e o desenvolvimento das nações em conflito. Então, podemos afirmar que, do ponto de vista histórico, a política externa se dedicou em boa parte das últimas décadas a aproximar o Brasil das grandes discussões sobre o tema – e incluiu militares e civis em diversas operações.

Antes de pensarmos nos números, é interessante destacar que a literatura interpreta que Itamaraty opta por participar de intervenções legitimadas pelos princípios do capítulo VI da carta da ONU, pois demandam o consentimento entre as partes envolvidas (Bracey, 2011: 317) e, por isso, envolvem cenários politicamente menos desgastantes do que aqueles que recebem a operação de paz via outorga do capítulo VII. A partir de 1988, com a promulgação da nova Constituição Federal, a política externa passou a ser obrigada a atender esse detalhe, pois o artigo 4º determina que o país sempre escolha o caminho da solução pacífica de conflitos ao invés da imposição da força (Pereira da Silva, 2013: 25).

Outra característica importante referente à participação do Brasil nos empreendimentos dos capacetes azuis é que, sobretudo após a missão do Timor Leste, a agenda de desenvolvimento adotada pela política externa passou a condicionar o Itamaraty a preferir compor forças de paz que permitissem a adoção de ações paralelas de luta contra a pobreza, a fome e a miséria (Diniz, 2006: 316), integrando as preocupações sociais no debate de segurança. Deste modo, assume-se a perspectiva de que, para além da interrupção do ciclo de violência e do desarme dos grupos em combate, seria essencial corrigir as causas primárias que produzem guerras, como a desigualdade socioeconômica e a falta de alimentos. A conjuntura da década de 2000, sobretudo nos dois governos de Luiz Inácio Lula da Silva (2003-2010), ajuda a explicar parte das estratégias adotadas para a operação no Haiti, cujo componente militar foi liderado pelo Brasil.

3.2. OS NÚMEROS DA PARTICIPAÇÃO BRASILEIRA EM MISSÕES DE PAZ DA ONU

A partir do entendimento de que as operações de paz compõem o rol de ações da política externa brasileira desde a fundação da ONU e que o Brasil tem algumas preferências no momento de decidir se integra ou não os empreendimentos militares, podemos analisar os dados quantitativos relacionados à participação brasileira. Conforme já discutimos anteriormente, as Nações Unidas promoveram um total de 71 missões até 2019; o Estado brasileiro esteve presente em 41 oportunidades.

É importante atentarmos para o fato de que a participação brasileira não ocorre apenas com o envio de soldados. O Itamaraty também envia para o exterior policiais, diplomatas, juízes, observadores de diferentes setores e médicos, além de equipamentos e veículos militares.

O Quadro 1 indica o histórico das missões de paz que contaram com a participação brasileira, além de indicar o tipo de contribuição enviada pelo Brasil para o conflito:

Quadro 1: O Brasil e as missões de paz (1956-2019)

Missão	Ano da missão	País	Contribuição brasileira
First United Nations Emergency Force (UNEF I)	1948 - atual	Egito e Israel	Envio de tropas e comando operacional da missão em períodos específicos.
United Nations Operation in the Congo (ONUC)	1960 - 1964	Congo	Cessão de tripulações e pessoal de terra para operação de aviões e helicópteros.
United Nations Security Force in West New Guinea (UNSF)	1962 - 1963	Nova Guiné	Cessão de militares.
United Nations Peacekeeping Force in Cyprus (UNFICYP)	1964 - atual	Chipre	Envio de militares.

Capítulo 5: **Política externa e missões de paz da ONU**

Missão	Ano da missão	País	Contribuição brasileira
Mission of the Representative of the Secretary-General in the Dominican Republic (DOMREP)	1965 - 1966	República Dominicana	Envio de um militar.
United Nations India-Pakistan Observation Mission (UNIPOM)	1965 - 1966	Índia e Paquistão	Cessão de observadores militares.
United Nations Interim Force in Lebanon (UNIFIL)	1978 - atual	Líbano	Envio de uma fragata da Marinha e comando da força naval por um período.
United Nations Angola Verification Mission I (UNAVEM I)	1989 - 1991	Angola	Cessão de observadores militares.
United Nations Observer Group in Central America (ONUCA)	1989 - 1992	Costa Rica, El Salvador, Guatemala, Honduras e Nicarágua	Cessão de observadores militares.

Missão	Ano da missão	País	Contribuição brasileira
United Nations Mission for the Referendum in Western Sahara (MINURSO)	1991 - atual	Marrocos	Envio de observadores militares.
United Nations Angola Verification Mission II (UNAVEM II)	1991 - 1995	Angola	Cessão de observadores militares e policiais.
United Nations Observer Mission in El Salvador (ONUSAL)	1991 - 1995	El Salvador	Cessão de observadores militares e policiais, e observadores eleitorais.
United Nations Protection Force (UNPROFOR)	1992 - 1995	Bósnia e Herzegovina, Croácia, Iugoslávia e Macedônia	Envio de observadores militares.
United Nations Transitional Authority in Cambodia (UNTAC)	1992 - 1993	Camboja	Cessão de observadores eleitorais em 1993.

Capítulo 5: **Política externa e missões de paz da ONU**

Missão	Ano da missão	País	Contribuição brasileira
United Nations Operation in Mozambique (ONUMOZ)	1992 - 1994	Moçambique	Envio de observadores militares e policiais, além da cessão de uma brigada de paraquedistas, observadores eleitorais e um juiz eleitoral.
United Nations Observer Mission Uganda-Rwanda (UNOMUR)	1993 - 1994	Uganda e Ruanda	Cessão de observadores militares.
United Nations Observer Mission in Liberia (UNOMIL)	1993 - 1997	Libéria	Envio de observadores militares.
United Nations Assistance Mission for Rwanda (UNAMIR)	1993 - 1996	Ruanda	Cessão de militares e policiais.
United Nations Angola Verification Mission III (UNAVEM III)	1995 - 1997	Angola	Envio de militares, médicos e observadores policiais e militares.

Missão	Ano da missão	País	Contribuição brasileira
United Nations Confidence Restoration Operation in Croatia (UN-CRO)	1995 - 1996	Croácia	Cessão de observadores militares e policiais.
United Nations Preventive Deployment Force (UNPRE-DEP)	1995 - 1999	Iugoslávia e Macedônia	Cessão de observadores militares.
United Nations Transitional Administration for Eastern Slavonia, Baranja and Western Sirmium (UNTAES)	1996 - 1998	Croácia, Eslovênia Oriental, Sírmia Ocidental e Baranja	Cessão de observadores militares.
United Nations Mission of Observers in Prevlaka (UNMOP)	1996 - 2002	Croácia	Cessão de observadores militares.
United Nations Verification Mission in Guatemala (MINUGUA)	1997 - 1999	Guatemala	Cessão de observadores militares.

Missão	Ano da missão	País	Contribuição brasileira
United Nations Observer Mission in Angola (MONUA)	1997 - 1999	Angola	Envio de observadores militares e oficiais do Estado-maior.
United Nations Transitional Administration in East Timor (UNTAET)	1999 - 2002	Timor Leste	Cessão de observadores policiais e peritos eleitorais.
United Nations Mission in Ethiopia and Eritrea (UNMEE)	2000 - 2008	Etiópia e Eritréia	Cessão de militares.
United Nations Mission of Support in East Timor (UNMISET)	2002 - 2005	Timor Leste	Cessão de militares e policiais.
United Nations Mission in Côte d'Ivoire (MINUCI)	2003 - 2004	Costa do Marfim	Envio de observadores militares.
United Nations Mission in Liberia (UNMIL)	2003 - 2018	Libéria	Cessão de militares.

Missão	Ano da missão	País	Contribuição brasileira
United Nations Operation in Côte d'Ivoire (UNOCI)	2004 - 2017	Costa do Marfim	Cessão de militares.
United Nations Stabilization Mission in Haiti (MINUSTAH)	2004 - 2017	Haiti	Envio de militares e policiais, e o comando militar da missão.
United Nations Mission in the Sudan (UNMIS)	2005 - 2011	Sudão	Cessão de observadores militares.
United Nations Integrated Mission in Timor-Leste (UNMIT)	2006 - 2012	Timor Leste	Cessão de militares e policiais.
African Union-United Nations Hybrid Operation in Darfur (UNAMID)	2007 - atual	Sudão	Envio de policiais.

Capítulo 5: **Política externa e missões de paz da ONU**

Missão	Ano da missão	País	Contribuição brasileira
United Nations Mission in the Central African Republic and Chad (MINURCAT)	2007 - 2010	República Centro--Africana e Chade	Envio de observadores militares.
United Nations Organization Stabilization Mission in the Democratic Republic of the Congo (MONUSCO)	2010 - atual	República Democrática do Congo	Cessão de militares.
United Nations Organization Interim Security Force for Abyei (UNISFA)	2011- atual	Sudão e Sudão do Sul	Envio de observadores e oficiais do estado-maior.
United Nations Mission in the Republic of South Sudan (UNMISS)	2011 - atual	Sudão do Sul	Cessão de militares e policiais.

155

Missão	Ano da missão	País	Contribuição brasileira
United Nations Supervision Mission in Syria (UNSMIS)	2012 - 2012	Síria	Envio de policiais.
United Nations Multidimensional Integrated Stabilization Mission in the Central African Republic (MINUSCA)	2014 - atual	República Centro--Africana	Cessão de militares.

Fonte: Elaboração do autor, a partir de Aguilar (2015), Cavalcante (2010), Diniz (2006), Fontoura (2005), Oliveira Junior & Góes (2010) e United Nations Peacekeeping (2020).

Conforme pode ser visto no Quadro 1, o Brasil tem participado ativamente das missões de paz cedendo policiais e militares para as áreas de conflito, além de médicos e observadores eleitorais, em algumas ocasiões, como forma de contribuir para o desenvolvimento e a consolidação de democracias nesses territórios (Oliveira Junior & Góes, 2010: 16). Parte da literatura afirma que, numa etapa inicial, a inserção brasileira nas intervenções de paz poderia ser considerada tímida, com exceção da UNEF I, em que o Brasil contribuiu com um número considerável de tropas e também assumiu o comando das operações (Seitenfus, 2008: 44). Posteriormente, até 1988, a diplomacia brasileira se distanciou ainda mais das ações dos capacetes azuis. É importante ressaltar que, embora a UNIFIL tenha sido iniciada durante esse intervalo, a Marinha brasileira enviou uma embarcação ao Líbano em 2011, quando o país também assumiu o comando da força naval (Cavalcante, 2010: 147-148). Depois de 1989, naquele período que coincide com uma ampliação das missões, a presença brasileira também se intensificou.

Ao analisarmos os dados quantitativos baseados na divisão temporal imposta pela bipolaridade do sistema internacional, concluímos que, das 23 operações de paz promovidas pelas Nações Unidas durante o período de Guerra Fria, o Brasil integrou 12 delas. No que diz respeito aos 48 empreendimentos aprovados após dezembro de 1991, o Itamaraty envolveu o país em 29, demonstrando o quanto o período representou um incremento na inserção brasileira baseada nas missões de paz, conforme pode ser visto no Gráfico 2.

Gráfico 2: A participação brasileira em missões de paz

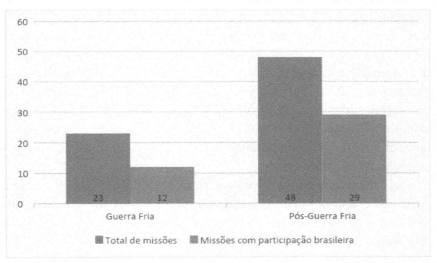

Fonte: Elaboração do autor, a partir de United Nations Peacekeeping, 2020.

O Gráfico 2 destaca que, desde a fundação das Nações Unidas, o Brasil integrou 41 operações de paz, de um total de 71 missões promovidas pelo Conselho de Segurança. Esses números sugerem fortemente que compor esse tipo de evento de segurança coletiva é parte das estratégias da política externa brasileira para inserir o país em determinadas agendas da ONU, que não se restringem apenas aos componentes clássicos de segurança e uso da força – sobretudo por conta da predileção do Estado pelas missões baseadas no capítulo VI da Carta e pela preferência por atuar em cenários de *peacebuilding*. Isso significa que, estrategicamente, o Brasil escolhe onde e como se envolver nos empreendimentos militares, inclusive pela posição geográfica da nação recipiente da operação. Por exemplo, Haiti e Timor Leste, dois países localizados em locais de interesse geopolítico para o Itamaraty. Além disso, são ambientes onde os trabalhos de promoção da desigualdade social e econômica, como o combate à fome e à miséria, são complementos potencialmente importantes para o estabelecimento da ordem sustentável.

Desta forma, podemos constatar que a participação brasileira em missões de paz está atrelada não somente às necessidades do país que enfrenta o conflito – em especial a construção de um cenário pacífico. O que está em jogo, para o Ministério das Relações Exteriores e para a diplomacia nacional, é utilizar tais eventos da ONU para atingir as próprias demandas de inserção internacional, o que inclui demonstrar às Nações Unidas que o Brasil possui interesse em contribuir para a paz global e que, dentro das estratégias empregadas nas operações, destaca-se o trabalho de *peacebuilding* e cooperação internacional paralela às ações militares.

Se considerarmos que esse expediente de integrar missões de paz é histórico e data dos primórdios da ONU, podemos afirmar, também, que essa estratégia compõe o rol de metas de longo prazo do Estado brasileiro – ainda que durante a ditadura militar, entre 1964 e 1985, o país tenha ingressado em poucas operações em virtude de questões domésticas. É possível constatar que, neste período, os presidentes militares optaram por se afastar desse tipo de ação internacional para não chamar atenção ao Brasil – que, por conta da ruptura democrática e dos inegáveis desrespeitos aos direitos humanos, certamente resultaria em críticas. O Quadro 2 ajuda a identificar essa lacuna.

3.3. O BRASIL E O HAITI

Conforme vimos na seção anterior, o Brasil é um país bastante ativo no controverso sistema de operações de paz da ONU praticamente desde a criação do organismo internacional. Contudo, uma missão em particular ocupa um lugar de destaque para a política externa contemporânea, dada sua importância e relevância para as estratégias de inserção internacional. Ela representou, de alguma forma, a materialização de um objetivo que vinha sendo buscado há décadas: transformar o país no protagonista do empreendimento.

A Missão das Nações Unidas para a Estabilização no Haiti (Minustah), nome dado à operação em território haitiano, teve início após a queda do então presidente Jean-Bertrand Aristide, em 2004. A Minustah foi aprovada e renovada sucessivamente pelo Conselho de Segurança, e duraria até 2017, sem encerrar os problemas sociais, políticos e econômicos enfrentados pelo país caribenho.

O contexto haitiano já era turbulento há muito tempo. Na década anterior, uma série de outras operações já havia sido promovida para tentar estabilizar o país, que foram insuficientes para corrigir seus problemas estruturais. Uma das principais questões envolvia as fragilidades institucionais que impediam que a democracia fosse plenamente realizada, dada a conjuntura de golpes e contra golpes de estado.

Os anos 2000, no entanto, foram mais desafiadores por inúmeros motivos. A saída de Aristide da presidência agravou o quadro de crises sociais e políticas no Haiti de forma acelerada, levando o país a um quadro crônico de lutas pelo poder. A violência praticada por grupos armados e o consequente desrespeito aos direitos humanos levaram, na sequência, a ONU a criar uma Força Multinacional Provisória (FMP), que três meses depois seria substituída pela Minustah, a maior operação em território haitiano. A força contava com um total de 6.700 militares e 1.622 policiais (CSNU, 2004), além de um vasto número de civis atuando indiretamente no cenário de conflito – especialmente em organismos internacionais, agências das Nações Unidas e organizações não-governamentais.

A proposta do mandato aprovado pelo Conselho de Segurança era vasto: desarmar e reintegrar os grupos rebeldes na sociedade, promover o cumprimento dos direitos humanos e realizar uma eleição monitorada por observadores internacionais, de modo a encerrar o ciclo de colapso político (Lemay-Hébert, 2015).

O Haiti era visto como estratégico por diversas grandes potências, que mesmo assim não quiseram atuar em solo caribenho. Para a França, representava uma ex-colônia que se insurgiu, séculos antes, e sempre desfrutou de um contexto político complicado, o que demandava uma solução para minimizar as eventuais críticas tardias feitas contra o imperialismo; para os Estados Unidos, era uma nação próxima cujos efeitos do conflito poderiam levar ao desencadeamento de levas de refugiados em fuga para a Flórida. Logo, era um problema de segurança regional.

Na ocasião do início da missão, à convite do governo francês, coube ao Brasil assumir a liderança das tropas internacionais em campo, que eram compostas por militares da Argentina, do Benim, da Bolívia, do Canadá, do Chade, do Chile, da Croácia, da França, da Jordânia, do Nepal, do Paraguai, do Peru, de Portugal, da Turquia e do Uruguai, além dos brasileiros (Diniz, 2006). Ao longo dos 13 anos de missão, 11 generais brasileiros assumiram o comando da Minustah, comprovando o quanto o empreendimento foi fundamental não somente para a política externa brasileira, mas também para as Forças Armadas. Trata-se de uma situação incomum, uma vez que a ONU normalmente realiza um rodízio de países que indicam o comandante.

Ainda que os resultados da missão sejam questionados por diversos atores nacionais e internacionais, é inegável que ela correspondeu ao maior esforço militar brasileiro no exterior desde a Segunda Guerra Mundial, e foi utilizada pelo Ministério das Relações Exteriores como uma espécie de laboratório: na conjuntura paralela ao mandato da operação e das ações militares, o Brasil transferiu para o Haiti uma série de 114 políticas públicas, inspiradas em programas nacionais, cujo foco era investir no desenvolvimento social e econômico do país caribenho, o que inclui uma série de ações inspiradas no Programa Fome Zero.

Essa foi uma estratégia que visava mostrar capacidade de lidar com as causas primárias que geram os conflitos, além de indicar que o Brasil não se preocupava somente com a imposição da paz, mas sim com a correção de problemas estruturais crônicos que agravam questões sociais, econômicas e políticas.

4. CONSIDERAÇÕES FINAIS

Conforme tivemos a oportunidade de estudar neste capítulo, o sistema de segurança coletiva desenhado pelas Nações Unidas prevê a realização de missões de paz, mediante aprovação do Conselho de Segurança, que basicamente levam à formação de uma força internacional para supostamente pacificar um território em conflito. O fim da Guerra Fria levou a mudanças no modo como os conflitos são travados, além de gerar colapsos nas antigas zonas de influências soviéticas – o que demandou da ONU a aprovação de novos empreendimentos dos capacetes azuis.

Historicamente, as missões de paz vêm sendo utilizadas pelo Estado brasileiro como importantes instrumentos de inserção internacional, o que tem feito com que tais eventos sejam tratados como oportunidades de demonstrar capacidade de lidar com conflitos. Esse cenário fez com que o país se engajasse em um total de 41 operações de paz ao longo do tempo, a maior parte delas ligadas ao contexto pós-Guerra Fria.

É importante frisar que a operação de paz do Haiti foi a mais importante delas, não somente por contar com um grande contingente de tropas brasileiras, mas por ter sido uma missão cujas ações militares em campo foram coordenadas pelo Brasil, que indicou todos os *force commanders* da missão. Cabe reforçar que o Haiti encontra-se em uma zona de influência norte-americana, região também importante para o Brasil – que vinha buscando oportunidades de ampliar a relevância na América Latina e no Caribe.

Logo, tratou-se de um empreendimento da ONU fundamental para a política externa brasileira contemporânea – a despeito das críticas feitas aos resultados finais da operação.

5. ESTUDO DIRIGIDO

Capítulo 1. Defina o conceito de missão de paz e explique os dispositivos utilizados pelas Nações Unidas para legitimá-las.

Capítulo 2. Explique as principais características das operações de paz da ONU e explique o impacto da Guerra Fria e do contexto pós-Guerra Fria para a aprovação de tais missões.

Capítulo 3. Explique os possíveis motivos que levam o Brasil a ser historicamente um dos maiores contribuintes com o sistema de missões de paz das Nações Unidas.

Capítulo 4. Explique o motivo de o Brasil teoricamente não poder integrar missões de paz legitimadas pelo Capítulo VII da Carta das Nações Unidas.

Capítulo 5. Ainda que operações de paz sejam instrumentos de construção da ordem, a participação brasileira em tais empreendimentos militares tem sido complementada por ações paralelas de promoção do desenvolvimento social. Explique.

6. REFERÊNCIAS BIBLIOGRÁFICAS

AGUILAR, S. L. C. A participação do Brasil nas operações de paz: passado, presente e futuro. *Brasiliana – Journal for Brazilian Studies*, vol. 3, n. 2, 2015, p. 113-141.

AMORIM, C. *A reforma da ONU*. Conferência proferida no IEA. São Paulo, 2 de abril de 1998.

BOUTROS-GHALI, B. An agenda for peace: preventive diplomacy, peace-making and peacebuilding. *United Nations*, 1992. Disponível em <https://www.un.org/ruleoflaw/files/A_47_277.pdf>. Acesso: 10 de agosto de 2020.

BRACEY, D. O Brasil e as Operações de Manutenção da Paz da ONU: os casos Timor Leste e Haiti. *Contexto Internacional*. Rio de Janeiro, n. 2, v. 33, 2011, p. 315-331.

CAVALCANTE, F. Instrumentalizando o uso do peacekeeping? A abordagem brasileira às operações de manutenção da paz das Nações Unidas durante o governo Lula da Silva (2003-2010). *Revista Brasileira de Política Internacional.* São Paulo, n. 53, v. 2, 2010, p. 142-159.

CHEIBUB, Z. B. Diplomacia e construção institucional: o Itamaraty em uma perspectiva histórica. *Pensamento Iberoamericano*, n. 6, 1984, p. 113-131.

CHIMNI, B. S. International organizations, 1945-present, In: COGAN, J. K.; HURD, I.; JOHNSTONE, I. (ed.). *The Oxford Handbook of International Organizations.* Oxford: Oxford University Press, 2016, p. 113-130.

CSNU. *Resolução nº 1.542.* CS Index: S/RES/1542. Nova Iorque: CSNU, 30 abr. 2004.

DINIZ, E. O Brasil e as operações de paz. In: OLIVEIRA, H. A.; LESSA, A. C. (org.). *Relações Internacionais do Brasil: temas e agendas (vol. 2).* São Paulo: Saraiva, 2006, p. 303-338.

FONTOURA, P. R. C. T. da. *O Brasil e as operações de manutenção da paz das Nações Unidas.* Brasília: FUNAG, 2005.

GALTUNG, J. Three approches to peace: peacekeeping, peacemaking and peacebuilding. *Impact of Science on Society*, 1976, p. 282-304.

GARCIA, E. V. *Cronologia das Relações Internacionais do Brasil.* Rio de Janeiro: Contraponto Editora, 2018.

GARCIA. *O Brasil e a Liga das Nações: vencer ou não perder.* Porto Alegre: UFRGS, 2000.

GARCIA. *O sexto membro permanente: o Brasil e a criação da ONU.* Rio de Janeiro: Contraponto, 2011.

GOWAN, R. Peace Operations. In: WEISS, T.; DAWS, S. (ed.). *The Oxford Handbook on the United Nations: second edition.* Oxford: Oxford University Press, 2018.

LEMAY-HÉBERT, N. United Nations Stabilization Mission in Haiti (MINUSTAH). In: KOOPS, J. et al. (Ed.). *The Oxford Handbook of Peacekeeping Operations.* Oxford: Oxford University Press, 2015.

OLIVEIRA JUNIOR, A. de; GÓES, F. L. *A presença brasileira nas operações de paz das Nações Unidas*. Rio de Janeiro: IPEA, 2010.

PEREIRA DA SILVA, A. Os princípios das relações internacionais e os 25 anos da Constituição Federal. *Revista de Informação Legislativa*, ano 50, n. 200, 2013, p. 15-32.

SANTOS, N. B. dos. Diplomacia e fiasco: repensando a participação brasileira na Liga das Nações. *Revista Brasileira de Política Internacional*, São Paulo, n. 46, v. 1, 2013, p. 87-112.

SEITENFUS, R. De Suez ao Haiti: a participação brasileira nas operações de paz. In: FUNAG. *O Brasil e a ONU*. Brasília: Funag, 2008, p. 39-58.

UNITED NATIONS. *Charter of the United Nations*. Nova York, 1945. Disponível em <https://www.un.org/en/charter-united-nations/>. Acesso: 8 de agosto de 2020.

UNITED NATIONS. *Handbook on United Nations multidimensional peacekeeping operations*. Nova York: United Nations, 2003.

UNITED NATIONS PEACEKEEPING. *List of Peacekeeping Operations (1948-2019)*. Nova York, 2020. Disponível em <https://peacekeeping.un-.org/sites/default/files/unpeacekeeping-operationlist_3_1_0.pdf>. Acesso: 30 de julho de 2020.

WEISS, T. G.; FORSYTHE, D. P.; COATE, R. A.; PEASE, K-K. *The United Nations and changind world politics*. Boulder: Westview Press, 2016.

7. RECURSOS AUDIOVISUAIS

A Informante. Gênero: Drama. Ano: 2010. Direção: Larysa Kondracki. Sinopse: Uma policial norte-americana é enviada à Bósnia, nos anos 1990, no contexto de uma missão de paz, e descobre uma complexa realidade de escândalos sexuais envolvendo pessoas sob a bandeira da ONU.

O Dia em que o Brasil Esteve Aqui. Gênero: Documentário. Ano: 2005. Direção: Caíto Ortiz e João Dornelas. Sinopse: Documentário sobre o chamado Jogo da Paz, o amistoso entre a Seleção Brasileira de Futebol e a Seleção do Haiti, promovido no início da Minustah como forma de utilizar o esporte como instrumento de diplomacia.

Pod Mundo e Política – episódio Brasil é referência em missões de paz da ONU na América do Sul. Ano: 2015. Sinopse: Juliana de Paula Bigatão, da Unesp, reflete brevemente sobre a relevância das operações de paz das Nações Unidas e a participação brasileira nesses empreendimentos militares.

Hotel Ruanda. Gênero: Drama. Ano: 2004. Direção: Terry George. Sinopse: Em 1994, a escalada de tensões entre hutus e tutsis leva a um massacre em Ruanda, enquanto o gerente de um hotel procura abrigar vítimas e turistas. Nesse contexto, forças da ONU atuam como seguranças das pessoas refugiadas no imóvel.

CAPÍTULO 6: **O BRASIL E A COOPERAÇÃO PARA O DESENVOLVIMENTO**

THIAGO FELIX MATTIOLI[46]

1. INTRODUÇÃO

O presente capítulo oferece uma breve introdução sobre a cooperação internacional para o desenvolvimento, a partir de alguns de seus elementos básicos, suas formas e mecanismos, de forma a introduzir o leitor nos estudos sobre este tema. A partir disto, oferece uma visão sobre a institucionalização da área no país, desde a criação da Comissão Nacional de Assistência Técnica até a criação da Agência Brasileira de Cooperação, somando-se a tal uma breve exposição de diferentes momentos da CID no país, que contextualizam seu desenvolvimento, em particular a partir da cooperação técnica recebida e prestada pelo país.

2. CARACTERÍSTICAS DA COOPERAÇÃO INTERNACIONAL PARA O DESENVOLVIMENTO

2.1. DEFINIÇÕES E CONCEITOS

O campo de estudos sobre a cooperação internacional para o desenvolvimento (CID) conta com uma grande diversidade de concei-

---

[46] Internacionalista. Mestre e Doutor em Ciências Humanas e Sociais pela Universidade Federal do ABC. thiagofelixmattioli@gmail.com.

tos, sem uma definição aceita de forma incontroversa, ficando tais concepções a cargo dos diferentes agentes, atores e pesquisadores envolvidos neste tipo de atividade (Develtere; Huyse; Ongevalle, 2021). Essa realidade exige do estudante ou profissional de Relações Internacionais um grande cuidado ao estudar este tema, dado que tal diversidade pode gerar alguma confusão. Assim, uma breve introdução sobre os significados e sentidos da CID torna-se necessária, não como forma de esgotar o debate, mas de permitir a compreensão desse fenômeno, particularmente a partir de alguns elementos básicos que auxiliam na compreensão e navegação por este campo.

Dessa forma, pode-se afirmar que as ações e atividades do que se pode compreender como CID, em seu sentido tradicional, se baseiam em alguns elementos básicos, como: a) percepção de que interesses podem ser alcançados simultaneamente entre as partes envolvidas; b) expectativa de que as ações realizadas pelas partes contribuem para a realização de objetivos, interesses e valores; c) estabelecimento de atividades a partir de acordos tácitos ou formais; d) implementação de regras e pautas que orientem transações futuras e e) desenvolvimento de atividades para a consecução dos objetivos e acordos (Ayllón, 2007; Holsti, 1967). A partir disso, é possível definir a CID como uma espécie de relação entre dois ou mais atores, que se concretizam a partir de uma série de atividades e ações, na busca pela satisfação de interesses ou objetivos que não poderiam ser alcançados de forma individual ou que necessitam de ação conjunta para sua obtenção.

Entretanto, a CID possui outras características complementares que ampliam sua definição e possibilidade de análise. Assim, a CID é um ato discricionário dos atores que dela fazem parte, não havendo obrigação em participar de atos ou projetos de cooperação. A pluralidade de atores é, também, uma de suas características, dado que não apenas Estados Nacionais participam destas atividades, contando também com outros atores públicos ou privados, elemento este que permite sua outra característica: a especialização, dado o caráter das ações e divisões setoriais possíveis, o que também ajuda a compreender seu elemento de descentralização, que é exemplificado pelo fato de que muitas ações e projetos não possuem um comando central unificado, cabendo aos diferentes atores uma coordenação no agir e, por fim, que devem ser percebidos no seu sentido histórico, a partir do contexto de suas ações (Galán; Sanahuja, 1999).

Com base no que foi discutido acima, é possível alargar o conceito anteriormente definido de forma que a CID seja compreendida como: uma espécie de relação discricionária entre dois ou mais atores públicos ou privados, que se concretizam a partir de uma série de atividades e ações de caráter especializado, na busca pela satisfação de interesses ou objetivos que não poderiam ser alcançados de forma individual ou que necessitam de ação conjunta para sua obtenção, baseadas no contexto histórico na qual são desenvolvidas.

E, apesar da definição acima apresentada e extraída de alguns dos elementos essenciais da CID, existem outros termos utilizados neste campo e que em alguns casos possuem diferentes interpretações. Este é o caso do termo ajuda externa, que pode ser entendida como uma assistência que não tem, necessariamente, como objetivo principal o desenvolvimento do país beneficiário, como a ajuda militar ou mesmo econômica e que, por tal, podem estar relacionadas mais aos interesses do doador do que do receptor (Ayllón, 2007). Entretanto, este mesmo termo pode ser entendido de forma mais ampla, indicando a transferência voluntária de recursos públicos a partir de um governo independente para outro, para ONGs ou organizações internacionais, com um elemento de concessão e que tenha como um de seus objetivos a melhora da condição humana no país receptor (Lancaster, 2007).

Outros termos presentes nos relatórios e estudos sobre o campo são o de assistência – ou ajuda – ao desenvolvimento que, em sua gênese, expõe uma relação desigual, vertical e de subordinação entre doador e receptor, envolvendo ações internacionais de transferência de recursos públicos e/ou privados em situação vantajosa as existentes no mercado de bens e serviços financeiros (Ayllón, 2007) e a ajuda oficial ao desenvolvimento (AOD), de caráter exclusivamente público – mas crescentemente com participação de outros atores e agências – desenvolvida de forma bi ou multilateral, de países desenvolvidos aos em desenvolvimento, onde existe o cumprimento de critérios técnicos (Develtere; Huyse; Ongevalle, 2021).

Os critérios para a AOD são desenvolvidos pelo Comitê de Ajuda ao Desenvolvimento (CAD) da Organização para a Cooperação e Desenvolvimento Econômico (OCDE). Com estes critérios a OCDE exclui de sua lista a ajuda militar e o perdão de dívida, por exemplo, e define a AOD como sendo efetuada para a promoção do desenvolvimento econômico e social dos países beneficiários. Há também o financiamento oficial ao desenvolvimento (FOD) que, ainda que seguindo as mesmas regras da AOD, não possui a mesma liberdade de utilização de recursos, sendo exemplos as operações de reestruturação da dívida em termos não concessionais e a assistência não oficial que inclui recursos privados de organizações não governamentais (ONGs) ou fundações privadas (OCDE, 2023; Ayllón, 2007; Lancaster, 2007).

Outro termo utilizado, de forma mais recente e a partir da CID voltada ao desenvolvimento sustentável e às agendas internacionais sobre o tema, é o *Total Official Support for Susteinable Development* (TOSSD), ou Total de Ajuda Oficial ao Desenvolvimento Sustentável, em sua tradução para o português. Este termo é inicialmente criado pela OCDE e posteriormente desenvolvido por especialistas internacionais em uma força-tarefa, de forma a incluir nas análises e métricas da AOD os elementos e fluxos de promoção ao desenvolvimento sustentável, por vias e recursos oficiais (TOSSD, 2023).

Dentro da CID também existem as ações consideradas como horizontais ou, em outros termos, a Cooperação Sul-Sul (CSS). Esta cooperação surge da crise da CID tradicional, em particular no sentido de sua associação aos seus resultados parcos, a falta de transparência dos atores envolvidos, a fragmentação das estratégias e ao descumprimento das promessas de desenvolvimento em um cenário de transformações mundiais complexas e crescente atuação de países em desenvolvimento, com novas alianças e posicionamentos geopolíticos (Ayllón, 2014; Milani, 2012a; Milani, 2012b; Dominguez, 2011).

Assim, o conceito de CSS é utilizado para descrever diferentes fenômenos das relações entre países em desenvolvimento como, por exemplo, coalizões de geometria variável, assistência para o desenvolvimento e fluxos de comércio (Leite, 2012). Entretanto, há argumentos que apontam que as definições que incorporam ao conceito de CSS elementos comerciais e de investimento não representariam a noção de cooperação, mas sim de competição (Leite, 2012).

Por outro lado, estas relações possuem objetivos e recompensas, portanto, poderiam também ser compreendidas dentro de uma visão mais ampla como CSS. Entretanto, talvez o maior consenso esteja em considerar a CSS como uma forma de cooperação internacional para o desenvolvimento (Leite, 2012, Corrêa, 2010). Mas, dada a diversidade de atores e dinâmicas desta forma de cooperação, alguns autores e organizações têm relacionado suas discussões ao conceito de Cooperação Sul-Sul para o Desenvolvimento (CSSD), uma forma de delimitar os atores e que significaria uma intersecção entre os dois conceitos. Dessa forma, há múltiplas possibilidades de compreensão do fenômeno, que estão ligadas a diferentes propostas e práticas desta forma de cooperação (Apolinário Júnior, 2019).

Portanto, verifica-se que o campo da CID compreende diferentes possibilidades de definições e conceitos, a partir dos atores que dela fazem parte e de seus critérios, também é possível observar que alguns estudos usam os termos acima de forma irrestrita, se referindo ao fenômeno da CID de forma genérica, enquanto outras pesquisas se aprofundam na diferenciação entre CID e CSS. Entretanto, sempre cabe ao estudante e ao pesquisador de Relações Internacionais envolvido com este campo ter um grande cuidado na definição de seus conceitos e no uso dos termos específicos, em particular quando estes estão ligados a determinados atores.

2.2. ATORES E MOTIVAÇÕES

Quanto aos atores da CID, que são múltiplos, é possível os dividir em dois grupos principais: o primeiro, correspondendo aos governos centrais dos países e os organismos internacionais[47], e o segundo, as

---

[47] Corrêa (2010) subdivide o primeiro grupo em estrato político, aqueles que possuem influência direta no processo de decisão e formulação da cooperação internacional (políticos e diplomatas) e estrato técnico, corpo téc-

Capítulo 6: O Brasil e a cooperação para o desenvolvimento

instituições setoriais e especializadas, a academia e centros de pesquisa, a sociedade civil organizada e o setor produtivo privado (Corrêa, 2010). No mesmo sentido, é possível indicar de forma ainda mais específica tais atores, passando pelos Estados doadores e receptores, suas unidades subnacionais, suas agências especializadas e governamentais, as organizações multilaterais e regionais, os atores privados – desde bancos até indivíduos entre outros atores[48]. Abaixo se apresenta um quadro sintético de modo a classificar os atores da cooperação internacional para o desenvolvimento, conforme suas características:

Quadro 1: Atores da Cooperação Internacional para o Desenvolvimento

	Públicos	**Privados**
Doadores	Estados Governos Subnacionais Instituições Financeiras Multilaterais Organizações Multilaterais Organizações de Integração	Fundações ONGs Sindicatos Universidades Empresas Indivíduos
Receptores	Estados Administrações Públicas Subnacionais Organizações Internacionais de Cooperação Regional	ONGs Associações Movimentos Sociais Comunidades Locais Indivíduos

Fonte: elaborado a partir de Develtere, Huyse e Ongevalle (2021) e Ayllón, (2007).

---

nico que dá suporte às decisões tomadas pelo primeiro grupo. Também indica a importância da relação entre os dois grupos no desenvolvimento adequado dos projetos de cooperação.

[48] Outros exemplos são a atuação das organizações financeiras multilaterais, como o Fundo Monetário Internacional, o Banco Mundial, os bancos regionais de desenvolvimento e as agências do sistema ONU. No caso das organizações da sociedade civil dá como exemplo ONGs, empresas privadas e apresenta a União Europeia e o CAD/OCDE (Develtere; Huyse; Ongevalle, 2021; Afonso; Fernandes, 2005).

Tais atores, que são livres para participar ou não da CID, o fazem a partir de suas motivações específicas, o que leva a necessidade do estudo dos casos concretos para sua identificação. Entretanto, algumas pesquisas apresentam quais são algumas das motivações encontradas na história e prática da CID, sendo estas: a) motivos éticos, morais e humanitários, ligados à ideia de que os países desenvolvidos têm a obrigação de auxiliar os países em desenvolvimento; b) interesses econômicos, políticos e geopolíticos, onde os países desenvolvidos utilizam a CID como forma de assegurar seus investimentos, favorecer o comércio e suas relações políticas ou assegurar interesses geopolíticos e geoeconômicos; c) motivos ambientais e de sustentabilidade, onde esta forma de cooperação é voltada para a resolução das questões difusas, que afetam a todos e d) fluxos migratórios e questão de segurança internacional, particularmente após os ataques terroristas ocorridos em 11 de setembro de 2001, em Nova York e as crises de refugiados verificadas em diferentes momentos recentes, somando-se a isso a visão de uma CID que oferece a possibilidade de ganhos mútuos aos atores participantes, além das motivações histórico-culturais, desenvolvidas entre países com laços profundos ou relações de dominação em contextos passados (Develtere; Huyse; Ongevalle, 2021; Puente, 2010; Lancaster, 2007; Afonso; Fernandes, 2005).

Assim, múltiplas são as motivações existentes para a participação na CID e, em diferentes casos, tais motivações não são imediatamente identificáveis ou mesmo há uma discrepância entre o discurso oficial e a prática em si. Por tal, é necessário ao pesquisador ou estudante da área verificar os interesses das partes, em particular dos países doadores desenvolvidos. Tal análise deve contar com uma avaliação de diferentes indicadores, além de um julgamento informado, ou seja, baseado em conceitos e experiências diversas (Lancaster, 2007).

Assim, é necessário examinar os discursos oficiais dos governos (mesmo que exista uma diferença entre o discurso e a prática), sua atuação e distribuição, desta forma, é necessário verificar indicadores que possam ajudar a identificar tais propósitos como: 1) montante da ajuda; 2) países e organizações selecionados como receptores; 3) quantidade de recursos destinados a cada país; 4) para o que a ajuda é canalizada; 5) os termos do oferecimento de ajuda e 6) a porcentagem

Capítulo 6: O Brasil e a cooperação para o desenvolvimento

de ajuda-casada (necessidade de compras no país doador) (Lancaster, 2007).

É importante ressaltar que uma análise sobre as motivações para a CID deve considerar o contexto doméstico dos atores envolvidos, assim como o internacional, porém, o montante destinado à CID pode ser visto como uma espécie de símbolo político, que demonstra o interesse do autor em uma determinada região ou país. Nesse sentido, acréscimos ou decréscimos podem ser vistos como formas de apoio ou censura a determinadas movimentações por parte dos receptores ou mesmo a aproximação ou distanciamento entre os atores envolvidos (Lancaster, 2007).

2.3. FORMAS E INSTRUMENTOS

Quanto às formas possíveis de cooperação internacional para o desenvolvimento, é importante ressaltar sua a classificação entre origem, canais de execução e instrumentos utilizados (Puente, 2010; Afonso; Fernandes, 2005). As origens da CID podem ser tanto públicas quanto privadas, ou seja, países e organizações multilaterais no primeiro caso e empresas, fundações, entre outros no segundo. Quanto aos canais de execução, podem ser divididos entre a) bilateral, quando envolve dois atores; b) triangular, quando envolvem dois atores agindo em um terceiro ator; c) multilateral, quando desenvolvida através de organizações internacionais multilaterais; d) descentralizada, quando é efetuada por atores subnacionais (Côrrea, 2010; Puente, 2010; Afonso; Fernandes, 2005).

Por fim, quanto aos instrumentos, é possível verificar a utilização da cooperação financeira, cooperação técnica, assistência humanitária e ajuda militar, existindo outros tipos mais específicos, como a ajuda projeto, a ajuda programa[49], e o cofinanciamento das ONGs, contudo estes instrumentos podem também ser classificados como partes

---

[49] A autora subdivide este instrumento entre: apoio a balança de pagamentos, operações de alívio de dívida, apoio as importações, apoio ao orçamento (também subdividido), créditos concessionais e microcrédito. Nota-se claramente que a ajuda programa está inserida dentro da lógica da cooperação financeira ou, utilizando um dos termos apresentados, a FOD.

de outros apresentados anteriormente (Afonso, Fernandes, 2005). Cada um destes possui características específicas e são utilizados em diferentes contextos e sob necessidades distintas.

Quadro 2: Síntese dos Instrumentos da Cooperação Internacional para o Desenvolvimento

Instrumento de Cooperação	Característica principal
Cooperação técnica/ científica e tecnológica	Disseminação e transferência de conhecimentos, técnicas e experiências para o desenvolvimento das capacidades humanas e institucionais
Cooperação econômica	Fortalecimento do setor produtivo, da infraestrutura institucional e desenvolvimento do setor de serviços
Cooperação financeira	Facilitar o acesso a capitais, subvenções, linhas de crédito vinculado a programas ou projetos
Ajuda humanitária	Visa à preservação da vida e redução do sofrimento no curto-prazo (grandes tragédias/catástrofes naturais)
Ajuda alimentar	Transferências de alimentos ou bens para sua produção a países com graves problemas de fome

Fonte: Adaptado de Ayllón (2007) e incluídas informações de Afonso e Fernandes (2005) e Puente (2010).

As características apresentadas nesta seção representam alguns apontamentos iniciais sobre a cooperação internacional para o desenvolvimento, que também compreende a questão da CSS, que utiliza estas formas e instrumentos, variando em sua interpretação e lógica de ação. É possível verificar, dentro da literatura, diferentes discussões sobre quais características representam a CID, da mesma forma como quais instrumentos são ou não considerados como partes deste tipo de cooperação. A seguir será apresentada uma breve introdução sobre o contexto histórico da CID no caso brasileiro, apresentado o desenvolvimento da área e discutindo suas características de acordo com os períodos em que se desenvolveu.

3. O BRASIL E SEU HISTÓRICO NA COOPERAÇÃO INTERNACIONAL PARA O DESENVOLVIMENTO

3.1. A ESTRUTURAÇÃO DA ÁREA NO PAÍS

Quanto à criação de instituições relacionadas à CID no país, identifica-se na década de 1950 a criação da Comissão Nacional de Assistência Técnica (CNAT) que tinha como principais competências: a) estudar os problemas relativos à participação do Brasil em programas de assistência técnica da ONU e, eventualmente, OEA; e b) fazer levantamentos das necessidades brasileiras de assistência técnica e preparar planos e programas para sua obtenção, como uma primeira iniciativa de coordenação do recebimento da assistência técnica (Puente, 2010; Valler Filho, 2007).

Em 1959 foi criado o Escritório Técnico de Coordenação dos Projetos e Ajustes Administrativos do Ponto IV, criado para administrar as relações de assistência técnica entre Brasil e Estados Unidos, tendo foco nas áreas de saúde, educação, agricultura e administração geral e em 1965 foi criado o Conselho de Cooperação Técnica da Aliança para o Progresso (CONTAP), ao qual competia à obtenção e gestão de recursos para financiamentos de programas de cooperação técnica no âmbito da Aliança para o Progresso. A partir de 1965 havia três diferentes instituições que coordenavam a cooperação técnica recebida pelo país: 1) a CNAT, sob o Itamaraty; 2) a CONTAP, sob o Ministério do Planejamento e 3) o Escritório do Ponto IV, que reunia diferentes ministérios e órgãos em sua composição (Puente, 2010; Valler Filho, 2007).

Porém, estas diferentes instituições pareciam não satisfazer de forma adequada as demandas e necessidades da área, em particular dado o crescimento de programas e projetos de cooperação técnica internacional tendo o Brasil como receptor, tornando-se necessário fortalecer este sistema, adequando-o às diretrizes e prioridades dos Planos Nacionais de Desenvolvimento (Puente, 2010).

Assim, o sistema de cooperação internacional brasileiro começa a ser fortalecido a partir do Decreto nº 65.476/69, onde estavam dispostas as competências do Ministério do Planejamento e Coordenação Geral (MPCG) e do Ministério das Relações Exteriores (MRE) no tocante a cooperação técnica, também criando a Divisão de Cooperação Técnica (DCT/DCOPT), dentro do MRE e a Subsecretaria de Cooperação Econômica e Técnica Internacional (SUBIN), dentro do MPCG. extinguindo a CNAT, o CONAP e o Escritório do IV Ponto (Milani, 2017; Puente, 2010; Valler Filho, 2007; Cervo, 1994).

De acordo com o Decreto, cabia ao MPCG estabelecer a política interna de cooperação técnica, coordenar sua execução e estabelecer prioridades de acordo com os planos do governo. Ao MRE cabia a formulação da política externa desta forma de cooperação, sua negociação e encaminhamentos às agências estrangeiras e organismos internacionais. Vale salientar que havia um comando duplo para a política de cooperação técnica, uma vez que de acordo com o Decreto – em especial seu artigo 2º – os encaminhamentos de solicitações e pedidos seriam apenas feitos após a análise de cada um dos Ministérios, respeitando suas competências. Por meio do artigo 5º o Decreto garantiu a criação de divisões nos outros Ministérios que tratassem da cooperação setorial, que posteriormente se tornaram as secretarias, divisões e coordenações de cooperação internacional (Milani, 2017; Valler Filho, 2007; Cervo, 1994).

Porém, a organização do sistema de cooperação técnica internacional brasileira não representava um sistema autônomo, uma vez que os órgãos que tratavam da questão também estavam envolvidos com demais formas de cooperação (financeira, econômica, empresarial e acadêmica) e possuíam diferentes estruturas internas (Cervo, 1994). No mesmo sentido, surge a necessidade de uma nova reforma que veio com a publicação do Decreto nº 94.973/87 dando luz à Agência

Brasileira de Cooperação (ABC), dentro da estrutura da Fundação Alexandre de Gusmão (FUNAG) (Milani, 2017; Valler Filho, 2007).

A ABC teria autonomia financeira e como competências a geração ou coleta de recursos líquidos para o Fundo Especial de Cooperação Técnica (FUNEC), assumir obrigações de cofinanciamento e fornecer apoio financeiro direto a programas e atividades de cooperação. Com a instituição da ABC ficavam extintas a SUBIN e o DCOPT e assim o MRE centralizaria a cooperação técnica brasileira, cabendo a Secretaria de Assuntos Internacionais (SEAIN) do Ministério do Planejamento e do Ministério da Fazenda a cooperação financeira internacional (Milani, 2017; Valler Filho, 2007).

Cabe salientar que são múltiplos os decretos e mudanças institucionais presentes na história da ABC, não sendo possível os pormenorizar neste espaço. Entretanto, apesar de suas alterações, as competências da agência permaneceram as mesmas, cabendo a ela:

> Art. 16. À Agência Brasileira de Cooperação compete planejar, coordenar, negociar, aprovar, executar, acompanhar e avaliar, no âmbito nacional, programas, projetos e atividades de cooperação humanitária e técnica para o desenvolvimento em todas as áreas do conhecimento, do País para o exterior e do exterior para o País, sob os formatos bilateral, trilateral ou multilateral (Brasil, 2023: n.p.).

Com isso, verifica-se que a história da ABC pode ser dividida em três períodos: o de sua criação e primeiros momentos (1987-1994), com foco específico na cooperação técnica, mas representando um importante passo para a retomada da agenda de cooperação por parte do MRE e em um momento histórico de alterações nos fluxos de cooperação e na alteração da posição do país em relação aos parceiros doadores tradicionais, mas que também ofereceu uma importante parceria com o Programa das Nações Unidas para o Desenvolvimento (PNUD) (Milani, 2017; Cervo, 1994).

Seu segundo momento esteve ligado a própria consolidação institucional (1994-2008), em um cenário nacional e internacional de grandes alterações, com uma crescente participação do país na cooperação técnica, em particular com países em desenvolvimento, efetivados muita das vezes com o apoio do PNUD (Milani, 2017; Puentes, 2010). Seu último período, a partir de 2008, está relacionado à modernização e reforma da agência, em um contexto de uma política externa mais altiva e ativa, com foco na cooperação Sul-Sul (Apolinário Júnior, 2019; Milani, 2017).

Ressalta-se que há outros elementos relevantes no processo, como a participação de ministérios e outras organizações, entretanto, com o intuito de apresentar o desenvolvimento institucional a partir de sua principal realizadora, focou-se nos antecedentes e criação da ABC, sendo que um histórico importante e detalhado foi desenvolvido por Milani (2017) em livro escrito para comemorar os 30 anos da instituição e que serve como importante fonte de consulta aos pesquisadores da área.

3.2. MOMENTOS DA COOPERAÇÃO INTERNACIONAL PARA O DESENVOLVIMENTO NO BRASIL

Ao avaliar a atuação brasileira na CID é possível verificar que ao longo do tempo o país passou de receptor para doador (ou parceiro) de recursos de cooperação internacional[50]. Esta mudança se deu em contextos políticos e econômicos específicos e através da criação de instituições que possuíam como função a captação e posteriormente a doação de recursos para esta forma de cooperação.

Assim, pode-se discutir que a CID no país se inicia antes mesmo da criação de instituições com competências para geri-la. Este processo está relacionado com o contexto histórico da revolução de 1930, no qual a diplomacia brasileira começa a ser posta a serviço do desenvolvimento nacional, sendo possível identificar isto, em particular, na política externa pendular de Getúlio Vargas, cujas negociações levaram a construção da Usina de Volta Redonda e outras negociações resultaram na vinda de missões norte-americanas para discutir e formu-

---

[50] É importante ressaltar que, apesar de os termos serem utilizados, há a indicação de que o Brasil tenta se distanciar da lógica tradicional da CID (Milani, Carvalho, 2013).

Capítulo 6: O Brasil e a cooperação para o desenvolvimento

lar as diretrizes para ao desenvolvimento econômico (Cervo, 2008; 1994; Cervo e Bueno, 2008; Vizentini, 2008; Valler Filho, 2007).

Na década de 1940, os EUA permaneciam oferecendo assistência técnica e empréstimos ao Brasil, além das missões que tinham como objetivo discutir o desenvolvimento econômico e que configurariam algumas das primeiras tentativas de elaboração de um plano nacional de desenvolvimento, como a Missão Cooke e a Missão Abbink. Já na década de 1950 foi criada a Comissão Mista Brasil-EUA (CMBEU), cujo objetivo era analisar possíveis financiamentos de projetos e que levaria a criação do Banco Nacional de Desenvolvimento – BNDES, em 1952, e do Conselho de Desenvolvimento da Coordenação Econômica e Financeira, em 1956 (Valler Filho, 2007).

As décadas posteriores, particularmente entre 1950 e 1960, compreenderem o processo de institucionalização da CID no país, como demonstrado anteriormente, na qual se cria e capacita estruturas e instituição para a recepção de recursos, em particular a cooperação técnica, com objetivos de crescimento econômico, a partir do foco na infraestrutura e tecnologia (Apolinário Júnior, 2019).

É a partir da década de 1970 que o país começa a desenvolver seus projetos de oferta de CID, em particular a cooperação técnica a seus parceiros. Isso ocorre em um contexto de ampliação da atuação brasileira com parceiros em desenvolvimento – particularmente na África e na América Latina – somado ao impulso a tal agenda na esfera internacional, a partir das discussões ocorridas no seio da Organização das Nações Unidas (Puente, 2010; Valler Filho, 2007). Quanto à recepção da cooperação, verifica-se que seu contínuo uso para a obtenção de tecnologias e a implementação de projetos alinhados aos Planos Nacionais de Desenvolvimento, de forma que a CID no país servia a um duplo objetivo: desenvolvimento nacional, no sentido da recepção e promoção do país e de seus interesses, em termos de oferta (Valler Filho, 2007).

Dessa forma, é possível identificar duas fases na evolução da cooperação brasileira até 2005. A primeira, que corresponde ao período de 1950 até aproximadamente 1980, pode ser enquadrado no modelo tradicional de cooperação Norte-Sul, com programas e projetos que tinham como objetivo principal a estruturação de instituições ligadas ao crescimento econômico, a partir da crença de que com o crescimento outros avanços seriam alcançados e levariam a melhora das condições de vida da população (Corrêa, 2010).

Na primeira fase prevaleceu a reprodução dos métodos operacionais praticados em outros países em desenvolvimento, ou seja, financiamento externo dos projetos com a gestão feita diretamente pelos países ou organizações doadoras e, por possuir um conteúdo tangível (formação de profissionais, aparelhamento de instalações), acabou sendo percebida como mais eficaz e benéfica do que a fase posterior. Nesta primeira fase o governo não teve sucesso em obter experiências para lidar com problemas como a miséria, as assimetrias e para obter um nível adequado de educação para a população, sendo que a opção do regime militar em focar-se na infraestrutura econômica acabou por minar a possibilidade de desenvolvimento de iniciativas de modernização no país (Milani, 2017; Corrêa, 2010; Puente, 2010; Valler Filho, 2007).

A segunda fase corresponde ao período entre 1985 e 2005, dentro do contexto da redemocratização do país, do reposicionamento do papel do Estado e da internalização de temas da agenda global à agenda nacional[51]. Nesta fase a cooperação com organizações internacionais teve grande crescimento em termos de projetos, porém as atividades das agências especializadas da ONU foram reduzidas (Corrêa, 2010; Puente, 2010; Valler Filho, 2007).

O PNUD se colocou como principal parceiro multilateral do país, com enfoque na modernização do setor público, no meio ambiente e no desenvolvimento social. Os projetos ligados à infraestrutura perderam gradativamente o espaço, em um cenário de abertura comercial e de uma agenda de privatizações[52]. Aliado a isso, o Brasil se tornava um país graduado, de acordo com os critérios do CAD/OCDE, o que

---

[51] Corrêa (2010) cita a promoção dos bens públicos globais, políticas de desenvolvimento sustentável e preservação do meio ambiente como exemplos.

[52] Vale recordar que o período corresponde aos governos Collor (1990-1992), Itamar Franco (1992-1994) e Fernando Henrique Cardoso (1995-2002) que possuíam uma visão neoliberal (Cervo, 2008; Cervo e Bueno, 2008; Vizentini, 2008).

Capítulo 6: O Brasil e a cooperação para o desenvolvimento

colocava limite ao recebimento de ajuda oficial, forçando a expansão da utilização de recursos nacionais nos projetos desenvolvidos (Corrêa, 2010; Puente, 2010; Valler Filho, 2007).

É neste segundo contexto que a criação da ABC ocorre, ainda nos anos 1980, como forma de reestruturação de um sistema brasileiro de cooperação que sofre pressões da ampliação do número de projetos e parcerias e a partir de uma realidade que se altera com a volta de democracia no país enquanto no cenário internacional verifica-se a alteração da forma pela qual a CID é desenvolvida, com um foco em programas e projetos de combate – ou alívio – à pobreza e de ajustes econômicos estruturais (Milani, 2017; Puente, 2010; Valler Filho, 2007). Nesse sentido, entre os anos 1980 e 1990 a CID brasileira vai alterando seu foco da recepção de recursos e projetos e de sua crescente participação em cooperação técnica com outros países em desenvolvimento, para também receber cooperação técnica multilateral (Puente, 2010, Valler Filho, 2007).

Assim, durante o governo de Fernando Collor de Mello (1990-1992) e Itamar Franco (1992-1994) identifica-se que a CID expande seus temas, abarcando questões ambientais e de direitos humanos, mas sem deixar as questões econômicas – principalmente no sentido da inserção internacional com tal objetivo – de lado e, em particular no segundo período destacado, com um foco nas questões regionais, como o Mercosul, representando uma forma de integração ao sistema internacional, a partir de valores democráticos e considerando o contexto doméstico (Puente, 2010; Valler Filho, 2007).

O processo de alargamento das relações internacionais do país e da oferta de sua cooperação técnica para países em desenvolvimento também está presente nos dois governos do presidente Fernando Henrique Cardoso (1995-2002), agora com grande atuação em países de língua portuguesa e crescentes ações em países da América Central e do Caribe, somando-se aos parceiros de períodos anteriores (Apolinário Júnior, 2019; Puente, 2010; Valler Filho, 2007).

Durante os governos de Luiz Inácio Lula da Silva (2003-2010) a CID do país passa por um processo de larga expansão, articulada com a visão de política externa do governo, que privilegiou novas parcerias e diferentes focos, tendo a Cooperação Sul-Sul, iniciada no governo anterior, como um dos seus elementos constitutivos, levando a um incremento dos recursos destinados à área (IPEA/ABC, 2010; 2013). Entretanto, durante o governo sucessor, de Dilma Rousseff (2011-2016) e Michel Temer (2016-2018) ocorre um declínio da política externa (Cervo; Lessa, 2014) continuada a partir das crises políticas que levam ao segundo momento (Suyama; Silva; Waisbich, 2017), o que geram alterações significativas na ação do país na CID, a partir da queda de ações e recursos para o setor em relação aos governos anteriores (IPEA/ABC, 2017; 2018; 2020).

Dessa forma, torna-se possível identificar um eventual terceiro período da CID brasileira, a partir de 2010, que representa uma queda das ações e recursos, em particular por questões relacionadas à condução da política externa do país e as crises políticas enfrentadas. Com isso, o brevíssimo resumo acima apresentado permite identificar alguns momentos da CID no Brasil, basicamente relacionados aos projetos de cooperação técnica internacional e que oferecem a oportunidade de perceber a alteração das características do país que passa de receptor de recursos e projetos para, cada vez mais, um ofertante deste tipo de cooperação. Cabe ressaltar que a cooperação técnica foi aqui exposta por ser tema de múltiplas pesquisas ao longo dos anos, mas não se deve esquecer que outras formas de cooperação – como abordadas na primeira seção existem.

Assim, para uma análise das diferentes formas de cooperação oferecida pelo Brasil ao longo dos anos, particularmente a partir de 2005, é possível consultar os relatórios da COBRADI – Cooperação Brasileira para o Desenvolvimento Internacional, publicados pelo Instituto de Pesquisa Econômica Aplicada em conjunto com a ABC.

4. CONSIDERAÇÕES FINAIS

A área da CID é permeada de múltiplos termos, conceitos e definições, o que exige do estudante ou profissional de Relações Internacionais um cuidado a mais ao adentrar este campo. Como forma de definir – operacionalmente – um conceito para o fenômeno, se com-

Capítulo 6: O Brasil e a cooperação para o desenvolvimento

preendeu que a CID representa uma espécie de relação discricionária entre dois ou mais atores públicos ou privados, que se concretizam a partir de uma série de atividades e ações de caráter especializado, na busca pela satisfação de interesses ou objetivos que não poderiam ser alcançados de forma individual ou que necessitam de ação conjunta para sua obtenção, baseadas no contexto histórico na qual são desenvolvidas.

A definição acima auxilia, mas não esgota, o que pode ser entendido como o fenômeno da CID, mas é fundamentado em algumas de suas características principais. E, assim, permite que outros termos sejam analisados e avaliados a partir de tais elementos essenciais, reconhecendo a importância e relevância do conteúdo político dos demais termos utilizados como, por exemplo, a ajuda externa, a assistência ao desenvolvimento e ajuda e financiamento oficial ao desenvolvimento. Dessa forma, independente do termo utilizado em particular, está se discorrendo sobre um fenômeno internacional que está ligado à busca de melhores condições, seja a partir da visão dos doadores ou dos receptores.

E para que tal melhoria seja obtida, diferentes instrumentos podem ser utilizados como a cooperação técnica, a cooperação econômica e financeira, a ajuda humanitária ou alimentar, cada uma delas oferecida a partir de critérios específicos, com ação especializada e com o objetivo de auxiliar – ou resolver – um problema determinado. Tais recursos, oferecidos por países desenvolvidos, e crescentemente por países em desenvolvimento, empresas, bancos e outras organizações públicas ou privadas, compreendem motivações das mais diversas. Enquanto alguns atores oferecem seus préstimos a partir de visões humanitárias e morais, outros as fazem a partir de laços históricos comuns; outros, por sua vez, o façam a partir de cálculos estratégicos e interesses econômicos, militares ou geopolíticos e, em tempos mais recentes, a CID tem se orientado para questões e problemas regionais ou globais, como a questão da migração e do meio ambiente.

O Brasil não está alheio ao tema, também se colocando dentro destas ações, a partir de interesses próprios e a partir de uma visão específica de mundo. Como apresentado, o desenvolvimento da CID no país se dá a partir da cooperação técnica, primeiramente como receptor, passando a doador ou ofertante desta forma de cooperação, aliado a demais formas. Para manejar os recursos, programas e necessidades de cooperação, o país precisou criar instituições que permitissem esse gerenciamento e a aquisição de experiência, o que foi desenvolvido durante todo o período entre 1950 e permanece, de certa forma, até o momento presente. As instituições criadas serviram como porta de entrada da cooperação oferecida pelos parceiros desenvolvidos do Brasil, contribuindo para a modernização do Estado e da burocracia nacional e da própria estruturação econômica, o que se coloca em consonância com os objetivos da política externa do período.

Com o passar do tempo, considerando a experiência adquirida e as novas necessidades da política externa, o país começa a oferecer aos parceiros em desenvolvimento sua cooperação, particularmente a técnica, mas sem deixar de ser receptor de recursos. Isso permitiu com que a CID brasileira se colocasse como um instrumento da atuação internacional brasileira ao mesmo tempo em que a entendia como parte do processo de desenvolvimento nacional. Os diferentes períodos mencionados – de forma breve, por conta do espaço – indicam esse caráter duplo.

Verifica-se também que as ações de cooperação técnica, representantes da CID brasileira, se expandem a partir dos interesses e visões de cada governo e com temáticas ligadas à agenda internacional. Nesse sentido, apesar de a questão econômica e do desenvolvimento nacional estar sempre presente nas ações de CID do país, temas como a questão ambiental, de democracia e direitos humanos aparecem de forma crescente, em particular a partir da segunda metade da década de 1980. Esse período também apresenta uma diversificação dos parceiros, expandindo as ações brasileiras além do entorno próximo para países em desenvolvimento de todo o continente americano e africano.

Esse processo de crescente participação do país na CID, considerada nesse sentido como Cooperação Sul-Sul, se inicia com o próprio processo de redemocratização, se intensificando a partir dos anos 2000. Entretanto, verifica-se que as crises internacionais e, em especial, domésticas reduzem e fazem cair o ritmo e a quantidade de recursos a partir de 2010. Assim, coloca-se um terceiro momento da

CID brasileira, que deve ser mais bem explorado pelos pesquisadores e estudantes de Relações Internacionais.

5. ESTUDO DIRIGIDO

Questão 1. Considerando os elementos essenciais da cooperação internacional para o desenvolvimento, elenque e descreva cada um deles, os relacionando com os diferentes momentos e instituições do caso brasileiro.

Questão 2. A partir da exposição sobre a institucionalização da cooperação internacional para o desenvolvimento no Brasil, apresente as principais alterações ocorridas, indicando como tais contribuem para um sistema de cooperação mais efetivo ou eficiente.

Questão 3. Tendo os três períodos da cooperação internacional para o desenvolvimento apresentadas como base, discorra como eles se relacionam aos elementos de política externa dos períodos mencionados.

Questão 4. A partir do trabalho acima apresentado, elabore um pequeno texto que relacione a cooperação internacional para o desenvolvimento e suas motivações com diferentes teorias de relações internacionais.

Questão 5. Considerando o conceito apresentado de cooperação internacional para o desenvolvimento, discorra sobre sua importância em um cenário internacional de crises econômicas e sociais crescentes.

6. REFERÊNCIAS BIBLIOGRÁFICAS

AFONSO, M. M.; FERNANDES, A. P. *abCD – Introdução à cooperação para o desenvolvimento*. Lisboa: Instituto Marquês de Valle Flôr/Oikos, 2005.

APOLINÁRIO JÚNIOR, L. *A cooperação brasileira para o desenvolvimento internacional como instrumento de política externa*: a economia política da cooperação técnica brasileira. 2019. 300 f. Tese (Doutorado) – Curso de

Ciência Política, Departamento de Ciência Política, Universidade de São Paulo, São Paulo, 2019.

AYLLÓN, B. Evolução histórica da Cooperação Sul-Sul (CSS). In: SOUZA, André Mello e (org.). *Repensando a cooperação internacional para o desenvolvimento*. Brasília: Ipea, 2014. p. 57-88.

AYLLÓN, B. La cooperación internacional para el desarrollo: Fundamentos y justificaciones en la perspectiva de la Teoría de las Relaciones Internacionales. *Carta internacional*. São Paulo, v. 2, n. 2, 2007. pp. 32-47.

BRASIL. Aprova a Estrutura Regimental e o Quadro Demonstrativo dos Cargos em Comissão e das Funções de Confiança do Ministério das Relações Exteriores e remaneja cargos em comissão e funções de confiança. *Decreto nº 11.357*, de 1º de janeiro de 2023. Disponível em: http://www.planalto.gov.br/ccivil_03/_Ato2023-2026/2023/Decreto/D11357.htm#art4. Acesso em: 20 jan. 2023.

CERVO, A. L. *Inserção Internacional*: Formação dos Conceitos Brasileiros. São Paulo: Saraiva, 2008.

CERVO, A. L. Socializando o Desenvolvimento: uma história da cooperação técnica internacional no Brasil. *Rev. bras. polít. Int.,* Brasília. v. 37, n. 1, p. 37-63, 1994.

CERVO, A. L.; LESSA, A. C. O declínio: inserção internacional do Brasil (2011-2014). *Revista Brasileira de Política Internacional*, [S.L.], v. 57, n. 2, p. 133-151, dez. 2014.

CERVO, A. L.; BUENO, C. *História da Política Exterior do Brasil*. 3ª ed. Brasília: Editora UNB, 2008.

CORRÊA, M. L. *Prática comentada da cooperação internacional*: entre a hegemonia e a busca pela autonomia. Brasília: Edição do Autor, 2010.

DEVELTERE, P.; HUYSE, H.; VAN ONGEVALLE, J. *International development cooperation today*: a radical shift towards a global paradigm. Leuven: Leuven University Press, 2021.

DOMINGUEZ, R. La crisis de identidad del sistema de ayuda. *Nombres Proprios*. Barcelona: Fundação Carolina, maio de 2011. Disponível em: http://www.fundacioncarolina.es/es-ES/nombrespropios/Documents/NP-Dom%C3%ADnguez1105.pdf. Acesso em: 20 jan. 2023.

GALÁN, M. G.; SANAHUJA, J. A. *El sistema internacional de cooperación al desarrollo*: una aproximación a sus actores e instrumentos. Madrid: CIDEAL, 1999.

HOLSTI, K. J.: *International Politics*: a framework for analysis, Englewood Cliffs: Prenctice Hall, 1967.

IPEA – Instituto de Pesquisa Econômica Aplicada; ABC – Agência Brasileira de Cooperação. *Cooperação brasileira para o desenvolvimento internacional*: 2005-2009. Brasília: Ipea/Abc, 2010. Disponível em: https://www.ipea.gov.br/portal/images/stories/PDFs/livros/livros/livro_cooperacao_brasileira.pdf. Acesso em: 20 jan. 2023.

IPEA – Instituto de Pesquisa Econômica Aplicada; ABC – Agência Brasileira de Cooperação. *Cooperação brasileira para o desenvolvimento internacional*: 2010. Brasília: Ipea/Abc, 2013. Disponível em: https://www.ipea.gov.br/portal/images/stories/PDFs/livros/livros/livro_cooperacao_brasileira_ed02a.pdf. Acesso em: 20 jan. 2023.

IPEA – Instituto de Pesquisa Econômica Aplicada; ABC – Agência Brasileira de Cooperação. *Cooperação brasileira para o desenvolvimento internacional*: 2011-2013. Brasília: Ipea/Abc, 2017. Disponível em: https://www.ipea.gov.br/portal/images/stories/PDFs/livros/livros/livro_braziliancooperation_ingles2011-2013.pdf. Acesso em: 20 jan. 2023.

IPEA – Instituto de Pesquisa Econômica Aplicada; ABC – Agência Brasileira de Cooperação. *Cooperação brasileira para o desenvolvimento internacional*: levantamento 2014-2016. Brasília: Ipea/Abc, 2018. Disponível em: https://www.ipea.gov.br/portal/images/stories/PDFs/livros/livros/livro_braziliancooperation_ingles2011-2013.pdf. Acesso em: 20 jan. 2023.

IPEA – Instituto de Pesquisa Econômica Aplicada; ABC – Agência Brasileira de Cooperação. *Dimensionamento de gastos das instituições da Administração Pública Federal na Cooperação Brasileira para o Desenvolvimento Internacional*: COBRADI 2017-2018. Brasília: Ipea/Abc, 2020. Disponível em: https://www.ipea.gov.br/portal/images/stories/PDFs/livros/livros/livro_braziliancooperation_ingles2011-2013.pdf. Acesso em: 20 jan. 2023.

LANCASTER, C. *Foreign Aid*: diplomacy, development, domestic politics. Chicago: University of Chicago Press, 2007.

LEITE, I. C. Cooperação Sul-Sul: conceito, história e marcos interpretativos. *Obs. On-line*. v. 7, n. 3, Mar. 2012. Disponível em: http://observatorio.iesp.uerj.br/images/pdf/observador/observador_v_7_n_03_2012.pdf. Acesso em: 20 jan. 2023.

MILANI, C. R. S. *ABC 30 anos*: história e desafios futuros. Brasília: Agência Brasileira de Cooperação, 2017.

MILANI, C. R. S. South-South Cooperation and Foreign Policy Agendas: a comparative framework. In: *22nd World Congress of Political Science (IPSA)*, 2012a, Madri. 22nd World Congress of Political Science, 2012.

MILANI, C. R. S. Aprendendo com a história: críticas à experiência da cooperação norte-sul e atuais desafios da cooperação sul-sul. *Cad. CRH*. Salvador, v. 25, n. 65, p. 211-213, Mai/Ago. 2012b. Disponível em: http://www.scielo.br/scielo.php?script=sci_arttext&pid=S0103-49792012000200003&lng=en&nrm=iso. Acesso em: 20 jan. 2023.

OCDE – Organização para a Cooperação e Desenvolvimento. *Official development assistance*. 2023. Disponível em: https://www.oecd.org/dac/financing-sustainable-development/development-finance-standards/official-development-assistance.htm. Acesso em: 20 jan. 2023.

PUENTE, C. A. I. *A cooperação técnica horizontal brasileira como instrumento de política externa*: a evolução da cooperação técnica com países em desenvolvimento – CTPD – no período 1995-2005. Brasília: Funag, 2010.

SUYAMA, B.; SILVA, D. M.; WAISBICH, L. T. *Guia para o monitoramento e mensuração da cooperação Sul-Sul brasileira*. São Paulo: Articulação Sul, 2017. Disponível em: https://articulacaosul.org/wp-content/uploads/2017/06/Guia_Monitoramento_da_CSS_pdf-1.pdf. Acesso em: 20 jan. 2023.

TOSSD – Total Official Support for Sustainable Development. *What is TOSSD*. 2023. Disponível em: https://www.tossd.org/what-is-tossd/. Acesso em: 20 jan. 2023.

VALLER FILHO, W. *O Brasil e a crise Haitiana*: a cooperação técnica como instrumento de solidariedade e de ação diplomática. Brasília: Funag, 2007.

VIZENTINI, P. F. *Relações Internacionais do Brasil*: de Vargas a Lula. 3ª ed. São Paulo: Perseu Abramo, 2008.

7. RECURSOS AUDIOVISUAIS

LESSA, Michele. A atuação do Brasil na cooperação internacional em segurança alimentar e nutricional. 2014. 1 vídeo (20m39s). Publicado pelo canal do Núcleo de Estudos sobre Bioética e Diplomacia da Saúde. Disponível em: https://www.youtube.com/watch?v=8qyR_FxlitI. Acesso em: 20 jan. 2023.

LABMUNDO. Resenhas: Atual crise da COVID-19 e suas consequências para a cooperação internacional para o desenvolvimento. Entrevistada: Renata Albuquerque Ribeiro. LABMUNDO, setembro de 2021. *Podcast*. Disponível em: https://open.spotify.com/episode/3WQHzVHpsDJdWSf-6CLyfRT?si=368fedccca3e46c7. Acesso em: 20 jan. 2023.

CAPÍTULO 7: **POLÍTICA EXTERNA E COMBATE À POBREZA E À FOME**

LETÍCIA CUNHA DE ANDRADE OLIVEIRA[53]

1. INTRODUÇÃO

Há mais de seis décadas, escrevia João Cabral de Melo Neto no seu aclamado Auto de Natal: "Morremos de morte igual / mesma morte severina / que é a morte que se morre / de velhice antes dos trinta / de emboscada antes dos vinte / de fome um pouco por dia".

O poeta e diplomata brasileiro, pernambucano de Recife, escreveu *Morte e Vida Severina* para denunciar a tragédia que vitimava o povo nordestino durante os períodos de seca. Escrita em 1955, a obra permanece atual no Brasil, país onde pobreza, fome, desemprego e discriminação são responsáveis pelo surgimento de milhões de "severinos", espalhados pelos mais diversos rincões.

No Brasil, mesmo depois do advento da era republicana, os governantes levaram mais de um século para encarar pobreza e fome como problemas políticos que demandavam políticas públicas. O saudoso Herbert José de Sousa, o Betinho, sociólogo mineiro e ativista dos direitos humanos, já alertava para o fato de que pobreza e fome deveriam estar em todos os debates, palanques e comícios. Ele faleceu antes de testemunhar as conquistas logradas pelos primeiros programas de transferência de renda no Brasil, mas, sem dúvida, seu ativismo foi importante para que uma nova mentalidade prevalecesse entre os governantes brasileiros a partir de meados dos anos 1990.

---

[53] Doutora em Relações Internacionais pela Universidade de São Paulo, professora e coordenadora do curso de Relações Internacionais da Universidade Paulista.

Tal mentalidade deu origem a um conjunto de políticas públicas que, aliadas a um cenário econômico favorável, num intervalo de cerca de dez anos (2003-2013), permitiu ao Brasil reduzir a pobreza e a fome domesticamente e, assim, servir de exemplo de boas práticas a outros países em desenvolvimento num momento em que a comunidade internacional propunha soluções para promover o desenvolvimento dos povos de todas as regiões por meio dos Objetivos de Desenvolvimento do Milênio.

O objetivo deste capítulo é discutir a importância do combate à pobreza e à fome na agenda da política externa brasileira. Vale dizer que não se pretende aqui comparar as políticas externas dos governantes brasileiros, mas analisar como o tema da pobreza e da fome se insere no debate mais amplo da política externa brasileira contemporânea.

É sabido que, embora o Brasil já tivesse implementado exitosamente seus primeiros programas de transferência de renda durante o governo Fernando Henrique Cardoso, foi a partir do governo Lula que a luta contra a pobreza e a fome passou a figurar no discurso e na prática doméstica e internacional, fazendo do Brasil um país legítimo para ensinar a outros o caminho para combater esses problemas. Assim, a diplomacia do combate à pobreza e à fome se tornou carro-chefe da agenda de política externa brasileira.

O primeiro tópico discute o que possibilitou ao Brasil diminuir pobreza e fome internamente num curto espaço de tempo e, assim, tornar-se referência para a Organização das Nações Unidas (ONU) no alcance do primeiro dos Objetivos de Desenvolvimento do Milênio, qual seja, reduzir a pobreza extrema e a fome à metade do nível de 1990 até 2015. Já o segundo tópico trata da cooperação internacional enquanto ferramenta da política externa brasileira voltada para o combate da pobreza e da fome em outros países (bilateralmente). Por fim, o terceiro tópico apresenta iniciativas brasileiras em âmbito multilateral para combater a pobreza e a fome no mundo.

2. POR QUE O BRASIL?

Os primeiros mecanismos para combater a fome no Brasil datam dos anos 1940 e se resumiam a medidas paliativas sem grande efeito transformador, ou seja, medidas que não resolviam o problema, a exemplo da distribuição controlada de alimentos. É razoável argumentar que isso fazia sentido porque quem tem fome, tem pressa, mas nada se fazia simultaneamente para impedir que a fome voltasse e dependesse da iniciativa pública para ser saciada, ou seja, não existiam políticas de geração de emprego e renda, ou, em outras palavras, dava-se o peixe ao invés de se ensinar a população carente a pescar (Andrade, 2013).

Em 1939, foi criada a Comissão de Abastecimento, que visava a evitar a alta dos preços decorrente da escassez de alimentos, o que era feito através da regulação da produção e do comércio de alimentos (Silva, Takagi, 2001). Em 1940, foi criado o Serviço de Alimentação da Previdência Social (SAPS), cujo objetivo era melhorar a alimentação e, consequentemente, a capacidade de trabalho dos trabalhadores (Peliano, 2010). O SAPS promoveu: a) a instalação de restaurantes populares em algumas cidades brasileiras; b) a criação dos postos de subsistência para a comercialização de gêneros de primeira necessidade a preço de custo; c) a oferta de educação nutricional para o povo; e d) a criação de cursos de treinamento sobre nutrição. O órgão entrou em crise em 1945 e foi extinto em 1967 (Vasconcelos, 2005).

Em 1945, foi criada a Comissão Nacional de Alimentação (CNA), cuja finalidade era promover a suplementação alimentar e nutricional das gestantes, nutrizes, crianças menores de seis anos, crianças de sete a catorze anos de idade matriculadas na rede pública de ensino e trabalhadores de baixa renda. A CNA foi responsável, em 1953, pela elaboração e pela aprovação do Primeiro Plano Nacional de Alimentação e Nutrição do Brasil, mas foi extinta em 1972 (Vasconcelos, 2005).

Em 1951, foi criada a Comissão Federal de Abastecimento e Preços (COFAP), cuja atuação inicial se restringiu ao abastecimento do mercado interno. Em 1962, foi criada, dentro da COFAP, a Companhia Brasileira de Alimentos (CONAB), que, além de abastecer o mercado interno, distribuía alimentos (Belik, Silva, Takagi, 2001).

Em 1954, o governo federal criou o Programa Nacional de Alimentação Escolar (PNAE), que objetivava suplementar de 15% a 30% as necessidades nutricionais dos alunos de sete a catorze anos de idade matriculados na rede pública e filantrópica de ensino fundamental por meio do fornecimento de pelo menos uma refeição diária no período de permanência na escola (Belik, Silva, Takagi, 2001). A merenda escolar, como ficou conhecida, é uma das mais exitosas políticas públicas brasileiras de combate à fome e, por meio de iniciativas de cooperação internacional, vem sendo implementada em outros países desde 2003, tendo sido o Equador o último país a implementá-la.

Em 1976, foi a vez do governo federal instituir o Programa de Alimentação do Trabalhador (PAT) e o Programa de Combate às Carências Nutricionais Específicas (PCCNE), ambos ainda vigentes. O primeiro fornecia refeições nas empresas e vales para a aquisição de alimentos no comércio e distribuía cestas básicas aos trabalhadores de baixa renda, ao passo que o segundo promovia atividades de enriquecimento de alimentos e distribuía medicamentos (Vasconcelos, 2005).

Desses órgãos, restou apenas a CONAB. Já os programas nacionais permaneceram vivos e atuantes em duas frentes importantes: por um lado, incentivavam a produção da agricultura familiar ao demandar os alimentos que seriam distribuídos; por outro, proporcionavam alimentação adequada e de qualidade a grupos vulneráveis, alimentação essa produzida pelos pequenos agricultores brasileiros. Assim, esses programas tentavam diminuir a pobreza no campo e a fome nas grandes cidades.

Os anos 1980 são encarados como uma grande lacuna no que diz respeito ao combate da pobreza e da fome no Brasil, já que praticamente não houve iniciativas nesse sentido durante o período. A partir dos anos 1990, ganha força a participação mais ativa da sociedade civil nos debates sobre pobreza e fome no Brasil (Anna Maria Peliano cria o Núcleo de Estudos da Fome na Universidade de Brasília, em 1987, e Betinho cria o projeto Ação da Cidadania Contra a Fome, a Miséria e pela Vida, em 1992), ao mesmo tempo em que ocorre a progressiva substituição da distribuição de alimentos pela transferência de renda em dinheiro para os beneficiários dos programas assistenciais (Vasconcelos, 2005).

Em 1993, junto com o Partido dos Trabalhadores (PT), a Ação da Cidadania pediu ao Instituto de Pesquisa Econômica Aplicada (IPEA) a elaboração do Mapa da Fome, que utilizou a seguinte metodologia para mapear a fome: levantou o custo, por região, de uma cesta básica de alimentos necessária para satisfazer as necessidades nutricionais das famílias e levantou o número de famílias que tinham renda suficiente para a aquisição de uma cesta básica. Assim, o IPEA constatou que 32 milhões de brasileiros passavam fome em 1990 (IPEA, 1993a).

Ainda em 1993, por pressão da sociedade civil, foi criado o Conselho Nacional de Segurança Alimentar (CONSEA), composto por membros do Poder Executivo e da sociedade civil e ao qual cabia coordenar a elaboração e a implantação do Plano Nacional de Combate à Fome e à Miséria (IPEA, 1993b). Apesar de extinto em 1995, o CONSEA logrou uma conquista importante: descentralizou os recursos do PNAE em direção aos municípios e às próprias escolas, o que possibilitou que mais crianças tivessem acesso à merenda escolar (Belik, Silva, Takagi, 2001).

Em 2001, o governo federal criou o primeiro programa de transferência de renda do país, o Programa Nacional de Renda Mínima, mais conhecido como Bolsa Alimentação, que visava beneficiar gestantes, nutrizes e crianças menores de sete anos de idade em risco nutricional e pertencentes a famílias sem renda ou detentoras de renda mensal de até R$ 90,00 por familiar. As famílias beneficiadas sacavam, com um cartão magnético, o valor mensal de R$ 15,00 por beneficiário, limitado a R$ 45,00 por mês (MEDIDA PROVISÓRIA nº 2.206-1, 2001).

Por que não se pensou antes nos programas baseados na transferência de renda? Nos anos 1980, proporcionar um salário a famílias carentes era uma prática inconcebível, pois não era sustentável para um país em crise política e econômica e não condizia com a cultura e a forma brasileiras de lidar com os problemas sociais. O Brasil demorou, desde as primeiras iniciativas, mais de meio século para substituir leite e cesta básica por uma renda condicionada que, apesar de baixa, ao ser utilizada, fazia com que a economia girasse nas pequenas comunidades – uma mãe de família sacava o dinheiro e se dirigia ao armazém mais próximo para comprar leite e pão, já o dono do armazém ganhava novos e duradouros clientes, posto que aquela e outras mães voltariam ao seu estabelecimento periodicamente para comprar mais gêneros alimentícios (Andrade, 2013).

Capítulo 7: Política externa e combate à pobreza e à fome

É certo que alguns fatores limitam os programas de transferência de renda: a) é difícil garantir que apenas famílias carentes sejam beneficiadas; b) é difícil cadastrar e acompanhar os beneficiários, que são muitos; c) é difícil assegurar recursos financeiros para cobrir um tipo de política pública que demanda muito capital; e d) é ainda mais difícil assegurar, para cada família, um valor que seja suficiente e que acompanhe os índices de inflação (Rocha, 2005; Silva, 2007). Contudo, é certo que eles se mostraram muito mais eficazes no combate à pobreza e à fome do que as políticas públicas focadas na distribuição de alimentos.

Em 2003, o governo Lula reuniu os programas Bolsa Alimentação, Vale Gás e Bolsa Escola, criados no governo Fernando Henrique Cardoso, num único programa de transferência de renda, o Bolsa Família, carro-chefe do seu famigerado Programa Fome Zero (Albuquerque, 2019).

O Fome Zero já fazia parte do ideário do PT desde o início dos anos 1990 e era composto por quatro eixos prioritários: a) acesso à alimentação, b) fortalecimento da agricultura familiar, c) geração de emprego e renda e d) articulação, mobilização e controle social. O primeiro eixo era mais amplo, pois abarcava quatro tipos de programas: a) os de transferência direta de renda, como o Bolsa Família; b) os de alimentação e nutrição, como o PNAE, existente desde 1954; c) os de incentivos fiscais, como o PAT, existente desde 1976; e d) os de redução de tributos, como os de desoneração da cesta básica de alimentos. Os outros eixos eram mais simples, pois abarcavam apenas um tipo de programa – fortalecimento da agricultura familiar incluía iniciativas para financiar projetos individuais ou coletivos que gerassem renda aos agricultores familiares e aos assentados da reforma agrária e para valorizar os alimentos produzidos pelas pequenas propriedades rurais trabalhadas pela família; geração de emprego e renda incluía iniciativas para incentivar o crescimento dos microempreendimentos populares e para promover gradativamente a universalização do direito dos trabalhadores à qualificação. E o eixo de articulação, mobilização e controle social incluía iniciativas para articular ações de segurança pública para o combate à criminalidade e para promover melhorias em comunidades minoritárias, como os remanescentes de quilombos (Andrade, 2013).

Com o passar dos anos, a imagem do Fome Zero se desgastou, de modo que seu nome foi intencionalmente ofuscado para permanecer apenas o do Bolsa Família, que funcionava de modo semelhante ao Bolsa Alimentação, condicionando o benefício à frequência escolar e ao cumprimento do calendário vacinal das crianças (é em virtude das condições para concessão que essas iniciativas se denominam programas de transferência de renda condicionada). Em 2004, eram concedidos R$ 50,00 para os beneficiários pertencentes a famílias com renda mensal per capita de até R$ 70,00 e R$ 15,00 para os beneficiários pertencentes a famílias com renda mensal per capita de R$ 71,00 a R$ 140,00, sendo limitado este benefício variável a, no máximo, três integrantes por família. Esses valores eram reajustados a cada ano, mas a atualização nunca acompanhava a inflação (Andrade, 2013).

Assim, entre 2004 e 2014, o Brasil experimentou uma redução da proporção da população em situação de pobreza, o que levou a Organização das Nações Unidas para Agricultura e Alimentação (FAO) a anunciar a saída do país do Mapa da Fome, relatório divulgado periodicamente pela organização. Esses êxitos, consequência da estabilização macroeconômica por que passou o Brasil após a bem-sucedida implementação do Plano Real em 1994 e de políticas de combate à pobreza e à fome, transformaram-se em bandeira da política externa brasileira e em instrumento de inserção internacional do Brasil, principalmente sob os dois mandatos de Lula (Albuquerque, 2019).

3. O COMBATE À POBREZA E À FOME EM ÂMBITO BILATERAL

Uma das vertentes da internacionalização da experiência brasileira de combate à pobreza e à fome ocorre por meio das ações de cooperação internacional bilateral a cargo da Agência Brasileira de Cooperação (ABC), cujo orçamento foi incrementado durante os mandatos de Lula.

As ações de combate à fome podem variar, indo desde a implementação de políticas destinadas ao fortalecimento da agricultura familiar, passando por estratégias como a "revolução verde", até o lançamento de iniciativas voltadas para a geração de emprego e renda (Porto, Pal; 2018). É por isso que não se pode resumir tais ações a programas de transferência de renda condicionada e deve-se considerar nesse universo iniciativas como o Banco de Leite Humano, o Programa Nacional de Alimentação Escolar ou o Programa Nacional de Fortalecimento da Agricultura Familiar, dentre outras.

A ABC é quem coordena os projetos de cooperação internacional que têm o Brasil como doador. Criada em 1988, apesar de vinculada ao Itamaraty, a agência pertencia inicialmente à estrutura da Fundação Alexandre de Gusmão, mas passou a integrar a Secretaria Geral do Ministério em 1996 e teve as suas competências paulatinamente aumentadas, em consonância com o ganho de importância da cooperação internacional brasileira no cenário internacional (Vaz, Inoue, 2007).

No papel de doador, o Brasil executa cinco modalidades de cooperação internacional: técnica, educacional, humanitária, em ciência, tecnologia e inovação e as contribuições para as Organizações Internacionais (OIs). Antes de prosseguir, vale ressaltar que esse tópico discute apenas os projetos de cooperação técnica e humanitária, eixos onde se localizam as iniciativas de combate à pobreza e à fome, e deixa a discussão sobre as contribuições para as OIs para o próximo tópico, onde as iniciativas em âmbito multilateral serão tratadas. Ademais, embora a ABC não reconheça em seu expediente as iniciativas de cooperação financeira e comercial, a exemplo do Programa Mais Alimentos, considerado como tal por mais sugestivo que seu nome pareça, essas iniciativas serão tratadas nesse tópico, já que configuram ações de dimensão bilateral.

3.1. COOPERAÇÃO TÉCNICA

Essa modalidade de cooperação se materializa por meio de projetos voltados para desenvolver capacidades técnicas, institucionais e de indivíduos e para compartilhar práticas destinadas a promover mudanças qualitativas e estruturais em benefício de países parceiros (IPEA, 2021). A própria ABC foi criada por meio de um projeto de cooperação técnica firmado com o Programa das Nações Unidas para o Desenvolvimento (PNUD), que forneceu apoio para capacitar recursos humanos, ensinar técnicas gerenciais para a gestão da cooperação internacional brasileira e implementar sistemas para acompanhamento e monitoramento de projetos (Viana, 2015).

O último relatório da Cooperação Brasileira para o Desenvolvimento Internacional (COBRADI), produzido IPEA, apontou que, no biênio 2019-2020, a África foi o continente onde se registrou o maior volume de gastos com cooperação técnica da ABC (71% do orçamento), tendo sido os maiores investimentos realizados em Guiné-Bissau, Moçambique, Senegal e Mali, ao passo que a América Latina e o Caribe e a Ásia, respectivamente, receberam 25% e 4% desses investimentos. Nesse mesmo período, a ABC coordenou 288 projetos de cooperação técnica, 72 deles com foco no fortalecimento da agricultura e voltados para combater pobreza e fome e o restante destinado a meio ambiente (33), saúde (32), administração pública (23), desenvolvimento social (22), educação (22), gestão da cooperação técnica (20), trabalho e emprego (10), justiça (8), segurança pública (8), indústria e comércio (7), planejamento (7), cultura (6), defesa (5), pecuária (5), comunicação (3), ciência e tecnologia (2), legislativo (2) e cidades (1) (IPEA, 2021).

A distribuição dos recursos destinados aos projetos de cooperação técnica é ilustrativa de como a agricultura e, consequentemente, as iniciativas voltadas para combater a pobreza e a fome são prioridade para a ABC, o que converge com a agenda brasileira de política externa durante o Governo Lula.

Iniciativas das mais variadas sempre atraíram o interesse de outros países, a exemplo dos Bancos de Leite humano, do Cadastro Único, do Bolsa Família, da Merenda Escolar e dos programas de desenvolvimento agrícola. Ao longo das gestões de Lula e Rousseff, o Brasil manteve estreita cooperação com os países falantes da Língua Portuguesa, sobretudo Moçambique e Guiné-Bissau, e na América Latina e Caribe, estreitaram-se laços com El Salvador, Haiti e Guatemala. Essas duas regiões permanecem na atualidade como as principais destinatárias dos projetos de cooperação brasileira (Albuquerque, 2015).

À título de ilustração, dentre os principais projetos recentes, destacam-se, no continente africano, o projeto voltado para a sustentabilidade da exploração florestal na Etiópia e o apoio ao setor produtivo de algodão nas pequenas comunidades produtoras de Senegal, Benin, Burkina Faso, no Chade, Mali e Togo. O Brasil ainda enviou missão técnica para realizar visitas de a fim de avaliar a qualidade de solos em regiões do Mali. Na América Latina, o Brasil ajudou a implementar algumas de suas políticas públicas mais importantes: no Paraguai, o Estado de Pernambuco executou o projeto "Capacitação Técnica para Melhoria da Cadeia de Produção de Melado de Cana" com o intuito de estruturar a cadeia produtiva da produção de melado de cana; no Suriname, o Ministério da Educação brasileiro executou o projeto "Programa de Alimentação Escolar em Koewarasan, Distrito de Wanica" com o objetivo de capacitar profissionais para elaborar cardápios para o projeto piloto do Programa Nacional de Alimentação Escolar (PNAE) surinamês; e no Equador, a Fiocruz treinou pessoal para gerir a Rede de Bancos de Leite Humano equatoriana, uma das políticas públicas brasileiras de maior sucesso de todos os tempos e, justamente por isso, uma das mais exportadas para países em desenvolvimento (IPEA, 2021).

3.2. COOPERAÇÃO HUMANITÁRIA

Essa modalidade de cooperação busca, em caráter emergencial, proteger, promover e garantir os direitos humanos fundamentais e universais em situações em que, por conta de desastres, emergências ou fragilidade institucional, os governantes e a sociedade civil perdem sua capacidade de proteger, promover e prover esses direitos, tendo de apelar, assim, ao apoio da comunidade internacional (IPEA, 2021).

Tal modalidade de cooperação nem sempre esteve sob responsabilidade da ABC. A Coordenação-Geral de Cooperação Humanitária e Combate à Fome (CGFOME) e o Grupo de Trabalho Interministerial sobre Assistência Humanitária Internacional (GTI-AHI), criados durante o Governo Lula, coordenavam esse tipo de cooperação, mas, após o desmonte da CGFOME no Governo Temer, em 2016, essa competência passou a ser exercida pela ABC com um orçamento menor (Tambourgi, 2012; Albuquerque, 2019).

No período em que a CGFOME esteve à frente desse tipo de cooperação, o Brasil se firmou como doador de assistência humanitária e cerca de R$ 822 milhões foram investidos em cooperação humanitária, com destaque para 2010, quando o governo brasileiro, que mantinha estreita relação com o Haiti em virtude da Missão das Nações Unidas para a Estabilização no Haiti (MINUSTAH), a qual liderava, auxiliou o país após a ocorrência de um terremoto de grandes proporções (Tambourgi, 2012; Albuquerque, 2019).

A partir de 2013, houve queda acentuada dos investimentos e a CGFOME atuou primordialmente por meio de contribuições para ações e programas de entidades como a FAO e o PMA e de doações de itens de primeira necessidade para países como Cuba, Haiti, Cabo Verde, Guiné-Bissau e Moçambique (Albuquerque, 2019).

De acordo com o último documento do IPEA, já citado, o governo federal brasileiro investiu em 2019-2020 um total de R$ 114 milhões em ações de cooperação humanitária, o que foi feito por meio de doações de medicamentos, doações de alimentos e outras ações de resposta humanitária emergencial. O Paraguai foi o país que mais recebeu ações de cooperação humanitária do Brasil, todas correspondendo a doações de medicamentos e vacinas pelo Ministério da Saúde. Gêneros alimentícios e de primeira necessidade foram enviados a Moçambique, Belize, Guatemala, Honduras, Panamá, Colômbia e Ilhas Fiji após desastres naturais (IPEA, 2021).

3.3. COOPERAÇÃO FINANCEIRA

Antes de discutir essa modalidade de cooperação, cabe reforçar que ela não é coordenada pela ABC e não incorpora os princípios tradicionais da cooperação sul-sul brasileira, quais sejam: elaboração por demandas específicas do país receptor, adaptação da experiência brasileira ao contexto local do país receptor, incondicionalidade, inexistência de fins comerciais e não interferência em assuntos domésticos do país receptor. Inclusive, na cooperação sul-sul, o governo brasileiro rejeita a posição de doador e enfatiza a horizontalidade de suas iniciativas (Cabral, Shankland, 2013). Portanto, a cooperação financeira é antes iniciativa de promoção comercial do que modalidade de cooperação sul-sul.

Capítulo 7: **Política externa e combate à pobreza e à fome**

A cooperação financeira empreendida pelo Brasil é das mais criticadas porque foge do discurso solidário e desinteressado da cooperação sul-sul brasileira. Nessa modalidade de cooperação, as instituições brasileiras executoras dos projetos assumem a premissa de que o país tem o direito de buscar mercados consumidores, comprar matérias primas e oferecer serviços e produtos nacionais, além de considerar que estreitar laços financeiros e comerciais com o Brasil é do interesse dos próprios países demandantes.

Justamente em virtude desse interesse por parte dos países receptores é que a atuação do Brasil não pode ser encarada como algo imposto de cima para baixo ou mero "neoimperialismo tupiniquim". Essa noção, utilizada principalmente para analisar a cooperação Brasil-África, é simplista, estereotipada e equivocada ao assumir que a relação com o continente africano seja desinteressada do lado brasileiro e passiva do lado africano, sem ganhos para o Brasil e gentil com uma África carente e marginalizada (Andrade, 2019).

Esse tipo de cooperação está mais presente no continente africano e, apesar dos anunciados interesses comerciais, se apoia no discurso de combate à pobreza e à fome por meio do fortalecimento da agricultura familiar, sempre exigindo uma contrapartida. O interesse mundial pelo continente africano cresce a cada ano, bem como as iniciativas de cooperação internacional de caráter financeiro e comercial: além dos tradicionais atores estrangeiros na região, tais como Estados Unidos, França e Reino Unido, países como China, Índia e Turquia estão buscando conquistar zonas de influência naqueles países. E o Brasil não está alheio a esse cenário, de modo que, a partir de 2003, empreendeu esforços para estreitar laços com o continente, o que se traduziu na abertura de embaixadas brasileiras em dezenove países de 2003 a 2013, duas delas extintas em 2020 – a de Serra Leoa e a da Libéria (Freddo, Souza, 2021).

O principal expoente dessas iniciativas financeiras e comerciais foi o Programa Mais Alimentos Internacional, suspenso ainda no Governo Temer, em 2017. O programa (que já era implementado domesticamente através do Programa Nacional de Fortalecimento da Agricultura Familiar – Pronaf), sob responsabilidade da Câmara de Comércio Exterior do Ministério da Economia, combinava a convencional cooperação técnica em agricultura com uma linha de crédito direcionada a pequenos agricultores estrangeiros (de Moçambique, Gana, Senegal, Zimbábue e Cuba) para a aquisição de maquinário brasileiro voltado para o mercado agrícola (Andrade, Schor, 2020).

O Mais Alimentos foi concebido durante o governo Lula, em 2010, logo após o Diálogo Brasil-África em Segurança Alimentar, Combate à Fome e Desenvolvimento Rural, no qual Lula propôs a criação de uma linha de crédito para o financiamento de exportação de maquinário agrícola brasileiro para agricultores familiares estrangeiros (em sua maioria africanos). Para tanto, ele se apoiou no discurso de promoção da segurança alimentar através do fortalecimento da agricultura familiar e a partir da aquisição de maquinário brasileiro para mecanização agrícola (Andrade, 2019).

Através do programa, fabricantes brasileiros de maquinário agrícola puderam exportar seus produtos para esses cinco países. A principal crítica ao Mais Alimentos é no sentido de que apenas algumas poucas empresas, aquelas mais ativas no lobby, de fato se beneficiaram das demandas estrangeiros pelos produtos brasileiros. De forma geral, a ideia foi bem pensada, pois conciliava o anseio estrangeiro por produtos agrícolas à capacidade brasileira para suprir tal demanda, mas sua execução acabou servindo apenas aos interesses das empresas que tinham acesso facilitado ao Itamaraty. Além disso, quando se analisa o lado dos países recipiendários, o programa não mudou a dura realidade dos pequenos agricultores africanos (Andrade, Schor, 2020).

Por fim, cabe refletir sobre como o Mais Alimentos inaugurou uma nova vertente de cooperação brasileira: ao restringir o crédito a pequenos agricultores para a compra de produtos e de serviços brasileiros, o programa foi na contramão do princípio da incondicionalidade pregado pela ABC; e ao promover o aumento de um fluxo comercial específico do Brasil para os países parceiros, beneficiando o segmento industrial brasileiro de maquinário agrícola, o programa fez cair por terra o princípio da inexistência de fins comerciais tão alardeado pela ABC (Patriota, Pierri, 2012).

Assim, o Mais Alimentos constitui o primeiro projeto brasileiro de cooperação internacional orientado por negócios (Cabral, Shankland, 2013). É uma pena que a cooperação financeira, apesar de todo seu potencial econômico e social tanto para o Brasil quanto para os países africanos, demandantes de capitalização e cada vez mais assertivos na busca de capital externo para o financiamento de seu desenvolvimento, não tenha logrado grandes saltos, tendo falhado tanto em seu objetivo comercial quanto em seu objetivo de promover segurança alimentar nos países parceiros.

E apesar da orientação comercial desse tipo de cooperação, que no fim não quer beneficiar apenas famintos e desvalidos, mas principalmente um segmento comercial brasileiro, ela não deixa de ser considerada uma das práticas da diplomacia de combate à pobreza e à fome priorizada pela política externa brasileira durante o Governo Lula.

4. O COMBATE À POBREZA E À FOME EM ÂMBITO MULTILATERAL

O Brasil sempre deu preferência às vias multilaterais de cooperação e, por isso, aloca a maior parte dos recursos e implementa a maior parte de suas ações por meio de instituições multilaterais (Tambourgi, 2017).

As contribuições para as OIs, uma das modalidades de cooperação da ABC, tomaram 93,5% do orçamento da agência no biênio 2019-2020, o que correspondeu a R$ 4 bilhões em contribuições para fundos e bancos de desenvolvimento (47%), organismos internacionais (43%), operações de manutenção de paz (8%) e tribunais internacionais (1%). Do total direcionado a organismos multilaterais (ou seja, a iniciativas voltadas para combater pobreza e fome no mundo), mais da metade do orçamento foi destinado à ONU (54%) e à FAO (5%), não obstante, o Brasil tenha ficado inadimplente com essa última organização no biênio em questão (IPEA, 2021).

Além dessas contribuições diretas a instituições internacionais, o Brasil criou mecanismos específicos nas últimas décadas para reforçar sua legitimidade enquanto país experiente em boas práticas de combate à pobreza e à fome e abrir caminhos para uma inserção internacional mais assertiva.

Os primeiros passos do Brasil em seu mandato global para combater a pobreza e a fome em âmbito multilateral consistiram na criação de um centro internacional de pesquisa para o estudo da pobreza. O Centro Internacional de Políticas para o Crescimento Inclusivo (IPC-IG) foi lançado em 2002 no Rio de Janeiro e alocado em Brasília em 2004 até se tornar o primeiro órgão da ONU com um mandato global em solo brasileiro (Fraundorfer, 2013; Albuquerque, 2019).

O IPC se desenvolveu a partir dos esforços do Programa de Desenvolvimento das Nações Unidas (UNDP) e do IPEA e tinha como principal objetivo avaliar políticas de combate à pobreza estabelecendo linhas de pobreza nacionais e buscando maneiras de mensurar crescimento, ou seja, tratava-se de uma função puramente técnica (Fraundorfer, 2013).

Em 2005, o Departamento para o Desenvolvimento Internacional (DFID), do Reino Unido, fez uma pesquisa sobre o impacto do Bolsa Família no Brasil e encontrou evidência científica comprovando que o programa lograra, num intervalo de dez anos, reduzir a pobreza e a fome no país. A pesquisa atraiu a atenção de várias organizações internacionais, interessadas no Bolsa Família e em como implementá-lo em outros países. A partir daí, o IPC, que até então tinha função técnica, foi encarregado de transferir o conhecimento do programa para outros países em desenvolvimento (Fraundorfer, 2013).

A primeira tarefa do IPC foi coordenar o Programa África-Brasil de Cooperação em Desenvolvimento Social. Lançado em 2008, tal iniciativa envolvia o IPC, o Ministério do Desenvolvimento Social e Combate à Fome (MDS) e o DFID. O objetivo era familiarizar Gana, Guiné-Bissau, Moçambique, Nigéria, África do Sul e Zâmbia com o Bolsa Família e levou o governo ganês a desenvolver seu próprio programa de transferência de renda condicionada (Fraundorfer, 2013).

A partir de 2009, houve nova expansão das responsabilidades do IPC, que, além de atuar em países em desenvolvimento, passou a se relacionar com países emergentes como Índia, Rússia e China através do Diálogo IBAS e do BRICS. Em 2010, o IPC participou dos encontros das duas coalizões políticas, ambos ocorridos em Brasília: organizou o Fórum Acadêmico do IBAS e o *think tank* do BRICS. Além

Capítulo 7: Política externa e combate à pobreza e à fome

disso, o IPC também se tornou parceiro do G20, compartilhando sua experiência em pesquisa com os países do clube (Fraundorfer, 2013).

Outra iniciativa em âmbito multilateral consistiu no Centro de Excelência contra a Fome, iniciativa do governo brasileiro em parceria com o Programa Mundial de Alimentos (PMA) da ONU. Criado em 2011 e desde então já tendo trabalhado com 28 países, sobretudo africanos e asiáticos, o Centro tem como finalidade difundir a experiência brasileira de combate à fome a outros países em desenvolvimento e fomentar a criação de políticas públicas sustentáveis para alimentação escolar, proteção social e melhoria da nutrição (Dri, Silva, 2019).

O que o Centro de Excelência faz é prestar assistência técnica para desenvolver capacidades necessárias para encontrar soluções relativas à fome e à pobreza, especialmente no âmbito da alimentação escolar. Sua atuação deriva do trabalho desenvolvido no Fundo Nacional de Desenvolvimento da Educação (FNDE), vinculado ao Ministério da Educação do Brasil e ao qual cabe financiar os custos da implementação da merenda escolar (Dri, Silva, 2019).

Desde 2012, o Centro de Excelência tem se envolvido no Programa de Aquisição de Alimentos África, também baseado numa versão brasileira análoga. No PAA, o Centro de Excelência promove a aquisição local de alimentos da agricultura familiar em dez países africanos, de maneira a fortalecer os pequenos agricultores (Fraundorfer, 2013).

Recentemente, China, Índia e Rússia vêm criando seus próprios Centros de Excelência, baseados no modelo brasileiro (Dri, Silva, 2019). Isso mostra que a diplomacia de combate à pobreza e à fome parece estar entrando na agenda de política externa de outros países emergentes, deixando de ser exclusividade do Brasil.

O Brasil também foi responsável por liderar a criação de dois fundos de combate à pobreza e à fome. Em 2004, o Brasil propôs a criação do Fundo IBAS, parte de sua estratégia de criar um fundo global para o combate à pobreza e à fome. O fundo confrontou a pobreza e a fome ao aceitar subsidiar projetos locais em áreas como agricultura, gerenciamento de lixo e saúde. A maioria dos projetos subsidiados está localizada nos continentes africano e latino-americano, sendo que o foco é apoiar os países menos desenvolvidos (Fraundorfer, 2013).

Em 2005, Lula e os chefes de Estado do Sistema de Integração Centro-americana (SICA) propuseram à ONU e à FAO o lançamento da iniciativa América Latina sem Fome. Para executar os objetivos definidos na agenda da iniciativa, a FAO e entidades públicas brasileiras criaram, em 2008, o Fundo Brasil-FAO, coordenado pelo escritório regional da FAO para América Latina e o Caribe.

Esses dois fundos aplicam uma considerável quantidade de recursos nos esforços para combater a pobreza e a fome no mundo ao aprovar projetos para financiamento no mundo em desenvolvimento, em particular na América Latina e na África.

Ainda em âmbito multilateral, no seio da Organização Mundial do Comércio (OMC), o Brasil clamava por um comércio internacional mais justo e tratamento mais favorável a países em desenvolvimento. Se juntando ao coro de outros países emergentes e em desenvolvimento, o país denunciava que regras sobre subsídios e antidumping no setor agrícola estavam sendo aplicadas de maneira discriminatória por parte dos países desenvolvidos, o que aumentava as discrepâncias comerciais e, por conseguinte, agravava a situação de pobreza e de fome em escala global (Albuquerque, 2019).

Sabe-se que, na OMC, quando se trata do setor agrícola, o Brasil defende os interesses da agricultura patronal e do agronegócio brasileiro, grupos que exportam sua produção e estão inseridos comércio internacional (domesticamente é diferente, quem põe alimento na mesa dos brasileiros e merenda na lancheira das crianças é o agricultor familiar). Nesse sentido, existe incompatibilidade entre os discursos pró-agricultura familiar e pró-agricultura comercial propagados pelo Brasil nos mais diversos espaços de debate internacional.

Voltando aos discursos proferidos em âmbito multilateral, retórica semelhante àquela proferida na OMC, o Brasil também dirigiu à comunidade internacional em outros espaços. Já num dos primeiros discursos oficiais como presidente, no Fórum Econômico Mundial, em 2003, Lula convocou os países desenvolvidos para uma "cruzada" contra a fome, expressão que ele repetiria numa das cúpulas do G8. Em seu primeiro discurso na reunião anual da Assembleia Geral da ONU, Lula repetiu 18 vezes a palavra "fome", afirmando que eliminá-la era um imperativo moral e político e fazendo referência ao Fome Zero (Fraundorfer, 2013).

5. CONSIDERAÇÕES FINAIS

Discutimos aqui a importância do combate à pobreza e à fome na agenda da política externa brasileira, em particular durante o Governo Lula, período no qual essa bandeira foi priorizada pela diplomacia brasileira. Foi possível constatar que, ao tornar-se referência mundial de boas práticas após ter reduzido consideravelmente os índices de pobreza e fome num curto espaço de tempo, o Brasil promoveu ações em âmbito bilateral (cooperação técnica, humanitária e financeira) e multilateral (IPC, Centro de Excelência, Fundos IBAS e Brasil-FAO e discursos direcionados à comunidade internacional na ONU e na OMC) com o intuito de incorporar a luta contra a pobreza e a fome ao seu repertório de política externa.

Resta agora espaço para uma breve reflexão. O Brasil voltou a figurar no Mapa da Fome a partir de 2018, o que acontece quando mais de 2,5% da população enfrenta falta crônica de alimentos, número que chegou a 4,1% no Brasil em 2022. A mais recente pesquisa da Rede Penssan (2022) estima que 33,1 milhões de brasileiros não têm o que comer, 58,7% da população convive com a insegurança alimentar em grau leve, moderado ou grave (fome) e apenas 4 em cada 10 famílias alcançam a segurança alimentar (o país retrocedeu aos índices de 1990).

Esse retorno ao Mapa da Fome foi consequência das crises políticas e econômicas por que vem passando o Brasil desde 2013, crises que foram potencializadas pela recente pandemia de coronavírus e seu impacto negativo sobre as economias nacionais.

Assim, a partir de 2013, o país voltou a ter piora nos índices de pobreza e fome, o que, além de revelar a persistência de um problema crônico, apontado pela primeira vez por Josué de Castro nos anos 1950, ocasionou a menor relevância do tema na agenda da política externa brasileira já durante o Governo Rousseff. Sob a gestão de Temer, essa guinada completou-se na medida em que o governante ampliou o ajuste fiscal iniciado no governo anterior e pôs fim a uma parte das ações internacionais de combate à pobreza e à fome. Sob a gestão de Bolsonaro, a política externa brasileira sofreu inflexão, abandonando algumas bandeiras, dentre elas a do combate à pobreza e à fome, que passou a ser considerada de segunda importância, assim como a cooperação internacional e outras ferramentas nesse sentido.

Nesse sentido, é preciso refletir sobre se essa piora nos índices de pobreza e fome mina a legitimidade brasileira nessa seara, afetando negativamente a inserção internacional que o país vinha trilhando nos últimos anos. É razoável assumir que não: apesar de o Brasil ter voltado ao patamar que se encontrava em 1990, muitas conquistas permanecem e o país continua tendo propriedade para compartilhar experiências sobre o tema. É certo que agora o Brasil não figura sozinho sob os holofotes, visto que outros países emergentes agora abraçam a causa da luta contra a pobreza e a fome enquanto prioridade de política externa, mas seu protagonismo persiste, bem como as expectativas de um futuro melhor na medida em que as crises forem superadas.

6. ESTUDO DIRIGIDO

Questão 1. O que possibilitou ao Brasil diminuir pobreza e fome domesticamente num curto espaço de tempo e, assim, tornar-se referência para a ONU no alcance do primeiro dos Objetivos de Desenvolvimento do Milênio?

Questão 2. Como funcionam os programas de transferência de renda e por que eles são mais eficazes do que ações que se resumem à distribuição de alimentos?

Questão 3. Enumere e discuta as ações brasileiras de combate à pobreza e à fome em âmbito bilateral:

Questão 4. Enumere e discuta as ações brasileiras de combate à pobreza e à fome em âmbito multilateral:

Questão 5. Na sua opinião, ao sofrer piora nos índices de pobreza e fome a partir de 2014 e ao voltar para o Mapa da Fome com números próximos aos de 1990, o Brasil perdeu legitimidade para ensinar a outros países o caminho para se alcançar a segurança alimentar?

7. REFERÊNCIAS BIBLIOGRÁFICAS

AGÊNCIA SENADO. Retorno do Brasil ao Mapa da Fome da ONU preocupa senadores e estudiosos. Disponível em: <https://www12.senado. leg.br/noticias/infomaterias/2022/10/retorno-do-brasil-ao-mapa-da-fome-da-onu-preocupa-senadores-e-estudiosos> Acesso em 10 dez. 2022.

ALBUQUERQUE, F. Cooperation on Food Security with Africa as an Instrument of Brazil's Foreign Policy (2003-2010). Brazilian Journal of International Relations, v. 4, n. 3, 2015. p. 558-581.

ALBUQUERQUE, F. O Brasil e a Diplomacia do Combate à Fome e à Pobreza. In: LIMA, T. (Org.). Segurança Alimentar e Relações Internacionais. João Pessoa: Editora UFPB, 2019.

ANDRADE, L. A Redução da Pobreza e da Fome no Brasil no Âmbito dos ODMs: interações entre o global, o nacional e o subnacional. Dissertação (Mestrado em Relações Internacionais) – Programa de Pós-Graduação em Relações Internacionais. Universidade de Brasília, 2013.

ANDRADE, L. A Transferência de Políticas entre Países: um estudo de caso sobre o Programa Mais Alimentos em Moçambique. Tese (Doutorado em Relações Internacionais) – Programa de Pós-Graduação em Relações Internacionais. Universidade de São Paulo, 2019.

ANDRADE, L.; SCHOR, A. Do Brasil para Moçambique: transferência e implementação do Programa Mais Alimentos. Revista de Políticas Públicas, v. 24, n. 2, 2020, pp. 782-801.

BELIK, W.; SILVA, J.; TAKAGI, M. Políticas de Combate à Fome no Brasil. São Paulo em Perspectiva, v. 15, n. 4, 2001, pp. 119-129.

BRASÍLIA (Cidade). Medida Provisória nº 2.206-1, de 6 de setembro de 2001. Cria o Programa Nacional de Renda Mínima, vinculado à saúde, "Bolsa Alimentação", e dá outras providências. Disponível em: <http://www.planalto.gov.br/ccivil_03/mpv/Antigas_2001/2206-1.htm> Acesso em: 10 dez. 2022.

CABRAL, L.; SHANKLAND, A. Africa Cooperation for Agricultural Development: new paradigms? Londres: ESRC, 2013.

DRI, C.; SILVA. A. Da prática aos Princípios da Cooperação Sul-Sul: a metodologia de atuação do Centro de Excelência contra a Fome. In: LIMA, T. (Org.). Segurança alimentar e relações internacionais. João Pessoa: Editora UFPB, 2019.

FRAUNDORFER, M. Zero Hunger for the World - Brazil's Global Diffusion of Its Zero Hunger Strategy. Austral: Brazilian Journal of Strategy, International Relations, v. 2, n. 4, 2013, pp. 97-122.

FREDDO, D.; SOUZA, G. Entre Diplomacia e Comércio Exterior: uma análise das relações Brasil-África. Revista Brasileira de Estudos Africanos, v. 6, n. 12, 2021, p. 175-195.

G1. Brasil volta ao Mapa da Fome das Nações Unidas. Disponível em: <https://g1.globo.com/jornal-nacional/noticia/2022/07/06/brasil-volta-ao-mapa-da-fome-das-nacoes-unidas.ghtml> Acesso em 10 dez. 2022.

IPEA. Mapa da Fome: subsídios à formulação de uma política de segurança alimentar. Brasília, 1993a.

IPEA. Plano de Combate à Fome e à Miséria: princípio, prioridades e mapa das ações de governo. Brasília, 1993b.

IPEA. Cooperação Brasileira para o Desenvolvimento Internacional: 2019-2020. Brasília, IPEA/ABC, 2021.

PATRIOTA, T.; PIERRI, F. Family Farming for Greater Food Sovereignty in Africa: relevance of Brazil's More Food Africa. Poverty in Focus, n. 24, 2012.

PELIANO, A. Lições da História: avanços e retrocessos na trajetória das políticas públicas de combate à fome e à pobreza no Brasil. In: ARANHA, A. (Org.). Fome Zero: uma história brasileira. Brasília: MDS, 2010.

PORTO, O.; PAL, L. Novas Fronteiras e Direções na Pesquisa sobre Transferência, Difusão e Circulação de Políticas Públicas: agentes, espaços, resistência e traduções. Revista de Administração Pública, v. 52, n. 2, 2018, pp. 199-220.

REDE PENSSAN. 2º Inquérito Nacional sobre Insegurança Alimentar no Contexto da Pandemia da Covid-19 no Brasil. Disponível em: <https://pesquisassan.net.br/2o-inquerito-nacional-sobre-inseguranca-alimentar-no-contexto-da-pandemia-da-covid-19-no-brasil/> Acesso em 10 dez. 2022.

ROCHA, S. Impacto Sobre a Pobreza dos Novos Programas de Transferência de Renda. Economia Contemporânea, v. 9, n. 1, 2005, pp. 153-185.

SILVA, M. O Bolsa Família: problematizando questões centrais na política de transferência de renda no Brasil. Ciência, Saúde Coletiva, v. 12, n. 6, 2007, p. 1.429-1.439.

SILVA, J.; TAKAGI, M. Pobreza e Fome: em busca de uma metodologia para quantificação do problema no Brasil. Texto para Discussão nº 101. Campinas: IE/Unicamp, 2001.

TAMBOURGI, P. O Brasil e a Assistência Humanitária Internacional: prática, discurso e tendências. Dissertação (Mestrado em Relações Internacionais) – Programa de Pós-Graduação em Relações Internacionais. San Tiago Dantas (UNESP/UNICAMP/PUCSP), 2012.

TAMBOURGI, P. Ascensão e Queda do Brasil como Doador de Assistência Humanitária Internacional. Brazilian Journal of International Relations, v. 6, n. 3, 2017, pp. 573-606.

VASCONCELOS, F. Combate à Fome no Brasil: uma análise histórica de Vargas a Lula. Revista de Nutrição, v. 18, n. 4, 2005, pp. 439-457.

VAZ, A.; INOUE, C. Emerging Donors in International Development Assistance: The Brazil Case. International Development Research Centre, 2007.

VIANA, S. Cooperação Internacional para o Desenvolvimento e Interesses Organizados: os atores privados na cooperação técnica entre países em desenvolvimento brasileira. Tese (Doutorado em Relações Internacionais) – Programa de Pós-Graduação em Relações Internacionais. Universidade de São Paulo, 2015.

8. RECURSOS AUDIOVISUAIS

Histórias da Fome no Brasil. Gênero: Documentário. Ano: 2017. Direção: Camilo Tavares. Sinopse: Do Brasil Colônia até as políticas públicas recentes que culminaram na saída do Brasil do Mapa da Fome, o documentário retrata o enfrentamento deste mal por parte da sociedade e do governo.

Do Quilombo pra Favela. Gênero: Documentário. Ano: 2022. Direção: Manoela Meyer e Roberto Almeida. Sinopse: No Vale do Ribeira, sudeste de São Paulo, uma cooperativa de agricultoras e agricultores quilombolas uniu esforços para minimizar o impacto da pandemia da COVID-19. Por geração de renda e segurança alimentar, eles elaboraram um plano emergencial para distribuir a comunidades vulneráveis alimentos orgânicos produzidos em suas roças tradicionais, que mantêm a Mata Atlântica em pé. Assim, quilombo e favela, que pareciam distantes, tornaram-se parceiros de lutas semelhantes.

Agricultura Tamanho Família. Gênero: Documentário. Ano: 2014. Direção: Sílvio Tendler. Sinopse: No Brasil, dos quase 5 milhões de estabelecimentos rurais, 4,5 milhões são ocupados por outro tipo de agricultura: a agricultura familiar, que utiliza estratégias de produção que respeitam o meio ambiente e é responsável pela produção da maior parte do alimento que chega à mesa dos brasileiros. O filme mostra as diversas formas de agricultura familiar e o quanto esse modelo de produção agrícola cria e movimenta a cultura, a produção econômica, as relações sociais e inclusive os afetos no interior do País.

CAPÍTULO 8: **POLÍTICA EXTERNA, MULTILATERALISMO E A ORGANIZAÇÃO MUNDIAL DO COMÉRCIO (OMC)**

GUILHERME AUGUSTO GUIMARÃES FERREIRA[54]

1. INTRODUÇÃO

O processo de redemocratização do Brasil representou, para a política externa brasileira, o início de uma trajetória de importantes mudanças no que diz respeito à atuação do Brasil junto às instituições multilaterais internacionais. No que tange ao Regime Multilateral de Comércio – entendido aqui como o conjunto de princípios, normas e regras que buscam regular o comércio internacional –, tais mudanças se materializaram no movimento de adesão aos princípios, normas e regras estabelecidas no Acordo Geral de Tarifas e Comércio (GATT) e, posteriormente, em uma atuação protagonista nas negociações no âmbito da Organização Mundial do Comércio (OMC).

O fim da ditadura militar brasileira marcou, também, a superação de uma política externa de oposição ao multilateralismo e aos regimes internacionais, entendidos como ameaças à soberania nacional. Assim, foi a partir de 1985 que os diferentes governos brasileiros buscaram a inserção do Brasil na economia global a partir de políticas

---

[54] Professor do Departamento de Relações Internacionais da Escola Paulista de Economia, Política e Negócios (EPPEN) da Universidade Federal de São Paulo (UNIFESP). Doutor em Relações Internacionais pelo Programa de Pós-Graduação em Relações Internacionais San Tiago Dantas (UNESP, UNICAMP, PUC-SP).

de abertura comercial e de defesa dos mecanismos multilaterais de comércio.

As políticas de abertura comercial resultaram do reconhecimento do Brasil como um país de interesses comerciais globais – um *Global Trader* –, e buscavam a inserção qualificada do país na economia mundial via expansão comercial. A defesa dos mecanismos multilaterais internacionais, por sua vez, se colocou com estratégica para a política externa brasileira, uma vez que eram entendidos como ambientes de negociação comercial em que o Brasil era capaz de negociar em melhores condições de barganha, uma vez que possibilitavam a formação de coalizões entre Estados com menores recursos de poder, reduzindo os impactos das assimetrias de poder e proporcionando estrutura de diálogo estável, equitativo e não-discriminatório.

Assim, conforme Lima (2005), o multilateralismo comercial consolidou-se como elemento perene e central na estratégia de inserção internacional do Brasil, materializado na contínua e intensa participação do país na construção das regras que irão reger as relações econômicas internacionais, com vistas à defesa dos interesses do Brasil e dos países em desenvolvimento.

Considerando tais características da atuação internacional do Brasil, neste capítulo vamos analisar os posicionamentos da política externa brasileira frente ao Regime Multilateral de Comércio. Primeiramente, vamos tratar do processo de adesão do Brasil aos princípios, normas e regras do GATT, destacando a importância das pressões externas no processo de abertura comercial brasileira. Em seguida, dedicamo-nos a compreender o protagonismo brasileiro junto à OMC, com destaque para o papel de liderança no G20 e para a atuação brasileira nas negociações da agenda agrícola. Por fim, analisamos a política externa brasileira no contexto de crise do Regime Multilateral de Comércio e de esvaziamento da OMC e discutimos os desafios impostos à atuação brasileira pelas tendências contemporâneas das negociações comerciais internacionais.

2. O ACORDO GERAL DE TARIFAS E COMÉRCIO (GATT) E A ABERTURA COMERCIAL BRASILEIRA

A política externa implementada pelos governos de José Sarney (1985-1990), Fernando Collor de Mello (1990-1992) e Itamar Franco (1992-1994) demarcaram a transição de uma atuação internacional caracterizada pelo protecionismo comercial e pela resistência às normas, princípios e regras comerciais consolidados no âmbito multilateral, em favor de uma política externa de adesão ao regime multilateral de comércio e de uma estratégia de inserção internacional baseada na abertura comercial. Afinal, conforme argumentam Hirst e Pinheiro (1995), o principal desafio da política externa brasileira no processo de reconstrução democrática iniciado em 1985 era atualizar a agenda internacional do Brasil de forma a integrar o país à globalização, o que implicava, majoritariamente, na adesão aos regimes multilaterais internacionais.

Em paralelo a esse processo de mudança de orientação na política externa brasileira, o regime multilateral de comércio também passou, a partir de 1986, por transformações significativas. Até então, as rodadas de negociação no âmbito do GATT haviam alcançado relativo sucesso na redução das barreiras tarifárias entre as partes contratantes do acordo, tendo reduzido a tarifa média mundial para o comércio de bens de 38% em 1947, para 6% na década de 1980, após finalização da Rodada Tóquio (OMC, 2005).

A partir de 1986, como mostra Velasco e Cruz (2017), o lançamento da Rodada Uruguai materializou a reestruturação do regime multilateral de comércio que, tendo atingido o teto da redução tarifária do comércio de bens entre os países desenvolvidos, passou a discutir a liberalização do setor de serviços e de investimentos, o estabelecimento de medidas de proteção intelectual e a eliminação de barreiras não-tarifárias.

Ademais, a década de 1980 marcou uma virada importante na política comercial implementada pelo governo dos Estados Unidos que, sob a gestão de Ronald Reagan (1981-1989), implementou uma política comercial ofensiva com o objetivo de reduzir o déficit comercial resultante da apreciação do dólar no cenário pós-crise de 1979 por meio de pressões para abertura comercial e exigências de reciprocidade. De um lado, como mostra Oliveira (2007), o governo dos EUA adotou a estratégia de negociação de acordos bilaterais de comércio como forma de conseguir negociar termos mais benéficos à economia norte-americana que, em uma negociação multilateral no âmbito do então GATT, teriam maiores dificuldades de serem negociados. De outro, conforme Vigevani, Mendonça e Lima (2018), a gestão Reagan buscou pressionar a abertura comercial dos países em desenvolvimento, sobretudo na América Latina, por meio de contenciosos comerciais e sanções unilaterais.

Foi diante desse contexto de pressões externas que o governo brasileiro alterou substantivamente seus posicionamentos frente ao GATT e ao regime multilateral de comércio. Afinal, como mostra Seixas Correa (1996), o governo dos EUA havia elegido o Brasil como exemplo para os países em desenvolvimento, submetendo-o a intensa pressão para abertura comercial.

Para além das diversas ações antidumping contra setores industriais brasileiros (calçados, siderurgia, aviões, dentre outros), vale destacar os casos do "Contencioso da Informática" e o "Contencioso das Patentes Farmacêuticas". Ambos são episódios em que o governo Reagan impôs uma série de sanções tarifárias contra as exportações brasileiras como retaliação à Política Nacional de Informática (lei nº 7.232 de 1984) e à ausência de legislação nacional de proteção de propriedade intelectual e patentes. Nos dois casos, o governo brasileiro cedeu às demandas do governo dos EUA, promoveu alterações na legislação nacional, abriu seu mercado de informática e, no âmbito do GATT, passou a convergir com a agenda dos países desenvolvidos, notadamente, no apoio ao Acordo sobre Medidas de Investimentos Relacionadas ao Comércio (TRIMS) e ao Acordo sobre Aspectos dos Direitos de Propriedade Intelectual Relacionados ao Comércio (TRIPs).

O contexto de pressão externa foi agravado, ainda, pela conjuntura doméstica brasileira. Como argumenta Seixas Correa (1996), a reorganização das estruturas políticas do Estado brasileiro no contexto da redemocratização e a conjuntura econômica débil tornaram o Brasil permeável às pressões internacionais e pressionaram para que o país passasse a aderir aos regimes econômicos multilaterais. A economia brasileira viveu, desde os anos finais da ditadura militar, uma grave crise produzida pelos elevados níveis de endividamento externo, descontrole inflacionário e crise fiscal. Conforme demonstram Abreu e Werneck (2014), tal conjuntura impôs ao Brasil, sobretudo a partir da declaração da moratória da dívida externa pelo governo Sarney, em 1987, a necessidade de superar o modelo econômico baseado na política de substituição de importações por meio da implementação de uma agenda de reformas macroeconômicas que, dentre outras medidas, resultou na intensificação do processo de liberalização comercial convergente com os princípios, normas e regras estabelecidos no GATT, com a implementação de reduções tarifárias unilaterais e eliminação de barreiras não tarifárias.

Contudo, apesar das pressões externas, o governo brasileiro ensaiou um movimento de resistência às pressões pela abertura comercial e adesão à agenda comercial dos países desenvolvidos. Na Conferência Ministerial de *Punta del Este*, em 1986, o Brasil fez parte do chamado Grupo de Cairns[55], composto por países exportadores de produtos agrícolas críticos à Política Agrícola Comum (PAC) europeia e insatisfeitos com a agenda estabelecida para as negociações da Rodada Uruguai do GATT, que não havia incorporado os temas de liberalização agrícola e de redução dos subsídios ao setor. No entanto, de acordo com Mariano, Ramanzini Júnior e Almeida (2015), a assinatura do Acordo *Blair House*[56] entre os EUA e a então Comunidade Econômica Europeia (CEE), atual União Europeia, em 1992, a atuação do Grupo de Cairns no âmbito do GATT perdeu expressão.

---

[55] À época, o Grupo de Cairns era composto pelos seguintes países: Austrália, Canadá, Nova Zelândia, Argentina, Brasil, Bolívia, Chile, Colômbia, Costa Rica, Filipinas, Indonésia, Malásia, Paquistão, Paraguai, Tailândia e Uruguai.

[56] O Acordo de Blair House foi assinado em novembro de 1992 entre o governo dos EUA e a então Comunidade Econômica Europeia (CEE), atual União Europeia, e versa sobre o comércio agrícola bilateral e sobre compromissos de redução de subsídios à exportação. Para maiores detalhes, ver: Blair House Agreement. In: OECD, Glossary of Statistical Terms. Disponível em: <https://stats.oecd.org/glossary/detail.asp?ID=222>.

O governo Collor de Mello adensou a agenda positiva com os EUA, seja por meio do apoio à agenda dos países desenvolvidos nas negociações da Rodada Uruguai do GATT, seja pela implementação das medidas unilaterais de redução tarifária e facilitação de procedimentos aduaneiros (Ricupero, 2017). Vale destacar, ainda, que no âmbito regional, a postura liberalizante do governo brasileiro convergiu na criação do Mercado Comum do Sul (Mercosul) em 1991 que, nesse contexto, era entendido como uma iniciativa de liberalização comercial complementar ao GATT e aos do regime multilateral de comércio (Ferreira, 2015).

A partir de 1992, já no contexto de enfraquecimento do governo Collor de Mello, que resultaria no processo de *impeachment*, a política externa brasileira liderada por Celso Lafer reduziu o ímpeto da agenda positiva com os EUA e de abertura comercial unilateral a partir da construção da ideia de Brasil como um *Global Trader*, o que significava reconhecer que o país possuía interesses comerciais globais, refutando a ideia de alinhamento com as potências desenvolvidas.

Merece destaque, como aponta Canani (2004), o posicionamento do governo brasileiro na Cúpula do G15, em 1992, em que vocalizou enfaticamente a demanda de que a abertura comercial dos países em desenvolvimento deveria ter como contrapartida a facilitação de acesso aos mercados agrícolas dos países desenvolvidos e políticas de transferência de tecnologia no setor industrial. Para o posicionamento do Brasil no âmbito das negociações da Rodada Uruguai do GATT, essa visão implicou na continuidade da defesa dos princípios, normas e regras que guiavam a abertura comercial, mas, ao mesmo tempo, na reinserção das demandas por políticas de promoção do desenvolvimento na agenda comercial multilateral.

Assim sendo, ao longo das negociações da Rodada Uruguai do GATT, nota-se uma inflexão no posicionamento da política externa brasileira que, diante das pressões externas em favor da abertura comercial e de uma conjuntura doméstica de fragilidade econômica, consolidou a percepção da inevitabilidade da globalização econômica e passou a aderir aos princípios, normas e regras do GATT e a participar das negociações da Rodada Uruguai, buscando barganhar termos mais favoráveis nos acordos multilaterais, sobretudo no que diz respeito às agendas de interesse dos países em desenvolvimento. Como afirmam Vigevani e Cepaluni, "Os dirigentes do Estado [brasileiro] passaram a acreditar que a maior adesão aos regimes internacionais prevalecentes poderia oferecer a possibilidade de influenciar as decisões" (2016, p. 46).

O Governo Itamar Franco, embora curto, ao mesmo tempo em que deu continuidade às medidas de abertura comercial e à estratégia de adesão e participação nas negociações comerciais multilaterais, entendidas como etapas necessárias para a estabilização econômica do Brasil, consolidou a percepção de que os países desenvolvidos vinham exigindo uma postura generosa de abertura comercial dos países em desenvolvimento, sem as devidas contrapartidas, conforme já havia sido colocado pelo Brasil na Cúpula do G15 de 1992. Como afirmou o próprio Fernando Henrique Cardoso, então Ministro das Relações Exteriores: As medidas de liberalização não deverão, contudo, ser gratuitas, as concessões devem ter contrapartidas a ser obtidas mediante nossa tradicional habilidade de negociação. (Cardoso, 1994, p. 185).

A partir de então, apesar de não se contrapor às agendas dos países desenvolvidos no âmbito do GATT, o governo brasileiro passou a defender uma agenda voltada aos países em desenvolvimento, centrada na demanda pelo fortalecimento institucional do sistema multilateral de comércio e pela liberalização no setor agrícola e de têxteis, setores que ao longo da história do GATT foram se tornando exceções ao princípio de liberalização comercial e sendo protegidos da competição internacional pelos países desenvolvidos.

A finalização das negociações da Rodada Uruguai do GATT, em 1994, consolidou o regime multilateral de comércio em dois elementos centrais. De um lado, o fortalecimento institucional com a criação da OMC e de um mecanismo de solução de controvérsias centralizado. De outro, os acordos nas áreas de serviços (GATS), investimentos (TRIMS) e propriedade intelectual (TRIPS) que apontavam o deslocamento do foco temático das negociações comerciais multilaterais, cujas disciplinas passaram a regular as políticas nacionais, sobretudo de cunho não tarifário (Velasco e Cruz, 2017).

O governo brasileiro votou favoravelmente a todas essas decisões. No que tange ao fortalecimento institucional, a percepção era de que o fortalecimento das instituições multilaterais e a criação de um mecanismo com caráter jurídico de solução de controvérsias comerciais poderia servir como proteção às práticas protecionistas dos países desenvolvidos e à imposição de retaliações unilaterais. Ao mesmo tempo, prevaleceu o entendimento de que a agenda de negociações não havia avançado nos temas de interesse dos países em desenvolvimento, sobretudo no que diz respeito à agenda agrícola, de interesse central da política externa brasileira. Como resumiu o embaixador Luiz Felipe Lampreia, representante do governo brasileiro junto ao GATT: "com toda franqueza, devemos dizer que os resultados da Rodada Uruguai nos deixaram algumas vezes com sentimento contraditórios" (Lampreia, 1993, *apud* Canani, 2004, p. 113).

Em síntese, nota-se uma trajetória coincidente entre os primeiros governos após a redemocratização brasileira e a implementação de uma política externa voltada para a abertura comercial e adesão aos princípios, normas e regras do sistema multilateral de comércio. Destaca-se, ainda, que tal processo se deu, em grande medida, em decorrência de uma forte pressão externa proveniente, principalmente, do governo dos EUA. Ao mesmo tempo, sobretudo durante o governo Itamar Franco, nota-se a consolidação da compreensão de que a abertura comercial dos países em desenvolvimento, como o Brasil, deveria ser realizada mediante contrapartidas, especialmente no que diz respeito à necessidade de incorporação das demandas dos países em desenvolvimento na agenda multilateral de comércio.

3. O PROTAGONISMO DO BRASIL NA ORGANIZAÇÃO MUNDIAL DO COMÉRCIO (OMC)

Durante os governos de Fernando Henrique Cardoso (1995-2002) e de Luiz Inácio Lula da Silva (2003-2010), o Brasil se tornou um ator protagonista nas negociações da Rodada Doha da OMC, sobretudo na temática agrícola. Para além da já apresentada ideia de *Global Trader*, consolidou-se no período a perspectiva do Brasil como um ator global com interesse e capacidade de influenciar a agenda das negociações internacionais – o Brasil como *Global Player*. Nesse pro-

Capítulo 8: Política externa, multilateralismo e a Organização Mundial de Comércio (OMC)

cesso, merece destaque a estratégia brasileira de formação de coalizões com países em desenvolvimento, com destaque para o G20, de modo a fortalecer as posições e demandas frente aos países desenvolvidos.

A trajetória das negociações multilaterais de comércio a partir de 1995, ano de início dos trabalhos da Organização Mundial do Comércio (OMC), caracterizou-se por um crescente tensionamento entre as demandas dos países desenvolvidos e dos países em desenvolvimento. Em decorrência disso, as conferências ministeriais que se seguiram à criação da OMC, notadamente a Conferência Ministerial de Singapura (1996), a Conferência Ministerial de Genebra (1998) e a Conferência Ministerial de Seattle (1999), foram marcadas por um impasse na definição da agenda de negociações. Velasco e Cruz (2007), em referência à Conferência Ministerial de Seattle resume:

> Os obstáculos eram conhecidos: a insistência dos países em desenvolvimento na realização dos acordos celebrados (e na flexibilização de regras em várias áreas) chocava-se com o interesse dominante das grandes potências na inclusão de novos temas e na obtenção de acordos mais exigentes nas áreas de serviço, propriedade intelectual e acesso a mercados de bens industriais. (Velasco e Cruz, 2017, p. 238).

É digno de nota, ainda, que a Conferência Ministerial de Seattle tenha sido palco de diversos protestos de organizações da sociedade civil organizadas em redes transnacionais[57] que, sob o lema *Fair Trade, not Free Trade*, materializavam uma visão crítica ao capitalismo globalizado e exigiam mudanças na direção das negociações comerciais. Nesse sentido, é preciso compreender que tal dinâmica se deu no contexto das crises financeiras e econômicas de meados dos anos 1980 que, sobretudo na América Latina, levaram à adoção de uma agenda de reestruturação dos Estados nacionais, sob liderança do Fundo Monetário Internacional (FMI) e do Banco Mundial, que resultaram

---

[57] Para maiores detalhes sobre processo de construção de redes transnacionais entre organizações da sociedade civil, ver: VON BÜLOW, M. A batalha do livre comércio: a construção de redes transnacionais da sociedade civil nas Américas. São Paulo: Editora UNESP, 2014.

na ampliação da pobreza e da desigualdade social (Ocampo; Bértola, 2015). Assim, especificamente no que diz respeito à agenda comercial, tais movimentos vocalizavam a necessidade de repensar o ímpeto liberalizante do Regime Multilateral de Comércio e as políticas de abertura comercial implementadas nos países em desenvolvimento.

É nesse contexto de impasses no âmbito da OMC que o governo Cardoso vai implementar sua política externa, orientada pela concepção de que o Brasil possuía interesses comerciais globais e, portanto, deveria não só manter uma postura de adesão ao regime multilateral de comércio, mas ter participação protagonista na sua elaboração, de forma a garantir termos mais favoráveis aos interesses brasileiros. Segundo Vigevani e Cepaluni (2016), foi adotada uma estratégia de negociações comerciais multilaterais organizadas simultaneamente em três foros: a OMC, o Mercosul e as negociações da Área de Livre Comércio das Américas (ALCA).

Prevaleceu o entendimento de que as negociações no âmbito da OMC deveriam ser a prioridade da agenda comercial da política externa brasileira. Primeiramente, porque a percepção do governo brasileiro à época era de que, para um país com capacidade militar reduzida, como o Brasil, era preciso apostar na construção de uma ordem internacional baseada em regras. Ademais, diferentemente das negociações bilaterais, a estrutura multilateral da OMC reduzia o impacto das assimetrias de poder e possibilitava maior capacidade de influência para os países em desenvolvimento, como o Brasil. Por fim, somente a OMC permitia que os temas de interesse do Brasil, dada as suas dimensões globais, como o caso da agenda agrícola, fossem devidamente negociados.

Inicialmente, diante das dificuldades de construção de consenso em torno da agenda de negociações na OMC, a atuação do governo brasileiro se deu através de contenciosos no âmbito do mecanismo de solução de controvérsias da OMC, em que o Brasil alcançou importantes vitórias, com destaque para o contencioso contra o Canadá, envolvendo as empresas Bombardier e Embraer[58]; e o contenciosos

---

[58] Para maiores detalhes sobre o contencioso, ver: LORENTZ, A. Controvérsias entre o Brasil e o Canadá sob os auspícios da OMC. Interfaces Brasil/Canadá, v. 3, n. 1, p. 59-78, 2003.

Capítulo 8: Política externa, multilateralismo e a Organização Mundial de Comércio (OMC)

contra os EUA sobre o direito de quebra de patentes farmacêuticas para o tratamento da AIDS[59].

No âmbito do Mercosul, entendido como plataforma de inserção internacional do Brasil, o governo brasileiro apostou na ampliação dos membros associados do bloco e na agenda externa, dando início às negociações de Tratados de Livre Comércio com a União Europeia e com a Comunidade Andina. Paralelamente, no que diz respeito às negociações com os EUA sobre a ALCA, apesar de favorável ao acordo, o governo brasileiro, de acordo com Vigevani e Mariano (2017), adotou a estratégia de atrasar as negociações de forma a conseguir termos mais favoráveis. Por fim, vale destacar o esforço de diversificação de parcerias bilaterais, especialmente a aproximação econômico-comercial com a China, a Índia e a Rússia.

A Reunião Ministerial de Doha, em novembro de 2001, marcou um momento breve de superação dos impasses quanto à agenda de negociações da OMC. Como argumenta Velasco e Cruz (2017), a necessidade de sinalização de unidade e força do multilateralismo como resposta aos atentados de 11 de setembro de 2001 levou os países desenvolvidos, liderados pelos EUA, a assumirem uma postura mais flexível com relação às demandas dos países em desenvolvimento, resultando na construção do consenso em torno do lançamento da Rodada Doha, conhecida como "Agenda do Desenvolvimento".

Conforme Narlikar (2005), a Declaração Ministerial de Doha caracteriza-se por consolidar conquistas importantes para o mundo em desenvolvimento, tal como a ampliação das disposições sobre o chamado Tratamento Especial e Diferenciado; a Declaração sobre Acordo TRIPS e Saúde Pública e a Declaração sobre Segurança Alimentar e Desenvolvimento Rural. Ao mesmo tempo, a agenda de negociações acordada incluía amplo conjunto de temas que, se por um lado indicava concessões aos países em desenvolvimento, sobretudo no setor agrícola e têxtil, não excluía os interesses do mundo desenvolvido, tais como as regras mais exigentes no setor de serviços, investimentos, e de

---

[59] Para maiores detalhes sobre o contencioso, ver: OLIVEIRA, M. F. O contencioso Brasil x Estados Unidos sobre patentes farmacêuticas na OMC. Carta Internacional, v. 1, n. 1, p. 41-51, 2006.

proteção de propriedade intelectual; facilitação de acesso a mercados não-agrícolas; e facilitação de comércio.

Já em 2003, ano da Reunião Ministerial de Cancun, o antagonismo entre países desenvolvidos e em desenvolvimento, brevemente superados em Doha, se consolidou. A divergência central se deu em torno da agenda de liberalização do setor agrícola, demanda histórica do mundo em desenvolvimento que esbarrava nas consolidadas práticas protecionistas dos países desenvolvidos, sobretudo os subsídios à exportação do governo dos EUA e a Política Agrícola Comum Europeia.

É nesse contexto que vai se formar o G20 comercial[60], composto por países em desenvolvimento e que se articulou como coalizão para ampliar a capacidade de fazer frente às posições dos países desenvolvidos nas negociações da agenda agrícola. Conforme Ramanzini Júnior e Lima (2015), as discussões agrícolas se davam em torno de uma triângulo de posições formado: *i)* pelo G20, que demandavam dos países desenvolvidos o aumento de cesso a mercados e redução de apoios e subsídios a produtores domésticos e exportadores; *ii)* pelos EUA, que buscavam maiores acessos aos mercados agrícolas europeus e dos países em desenvolvimento e se recusavam a diminuir seus programas de apoio e subsídios ao setor agrícola; e *iii)* pela União Europeia, que buscava manter as restrições de acesso ao seu mercado agrícola, bem como dar continuidade ao seu sistema de subsídios organizados na Política Agrícola Comum (PAC) do bloco.

Como demonstram Mariano, Ramanzini Júnior e Almeida (2015), o governo brasileiro, ao lado do governo da Índia, assumiu a liderança do G20 e passou a atuar como interlocutor dos países em desenvolvimento e como protagonista nas negociações comerciais agrícolas. De acordo com Lima e Hirst (2006) e Cepaluni e Vigevani (2009), a liderança brasileira à frente do G20, sobretudo nos anos finais da gestão FHC e ao longo dos governos Lula da Silva, materia-

---

[60] São Membros do G20 Comercial: África do Sul, Argentina, Bolívia, Brasil, Chile, China, Cuba, Egito, Filipinas, Guatemala, Índia, Indonésia, México, Nigéria, Paquistão, Paraguai, Tailândia, Tanzânia, Uruguai, Venezuela e Zimbábue.

Capítulo 8: Política externa, multilateralismo e a Organização Mundial de Comércio (OMC)

lizou a estratégia brasileira de utilizar os instrumentos de cooperação sul-sul para buscar maior equilíbrio nas negociações com os países desenvolvidos e consolidar o papel do Brasil como protagonista nas demandas de liberalização do setor agrícola e facilitação de acesso ao mercado agrícola dos países desenvolvidos.

Como relata Celso Amorim, embaixador do Brasil em Genebra entre 1999 e 2001, período das negociações de lançamento da Roda-da Doha, e Ministro das Relações Exteriores durante os governos de Lula da Silva,

> O traço essencial dessa nova fase [de negociações na OMC] era a forte participação de países em desenvolvimento mesmo nos grupos mais restritos. Estava claro que já não seria mais possível para as duas maiores potências comerciais (Estados Unidos e União Europeia) costurar um acordo entre elas e, depois, impô-lo aos demais, com pequenos ajustes aqui e ali, como estavam acostumadas a fazer. A partir desse ponto, se acordo houvesse, ele teria, desde o início, que incluir países como Brasil e Índia. Esse fora o grande ganho do G20 em Cancún. (Amorim, 2013, p. 95).

Para além das articulações junto ao G20, no bojo do ímpeto de avançar na agenda de liberalização do setor agrícola, o governo brasileiro deu continuidade às práticas de contenciosos comerciais como forma de questionar o protecionismo agrícola dos EUA e da União Europeia. Nesse sentido, se destacam os conhecidos "Contencioso do Algodão"[61], contra a prática de subsídios às exportações dos EUA, e o "Contencioso do Açúcar"[62], contra a União Europeia.

As divergências na Reunião de Cancún e a atuação protagonista do G20 resultaram em um processo de mudança no âmbito da OMC no sentido de que os países desenvolvidos reconheceram a necessidade de rever suas demandas à luz do protagonismo dos países em de-

---

[61] Para maiores detalhes sobre o contencioso, ver: LIMA, T. O contencioso do algodão: cenários para mudança na política de subsídios dos EUA. Revista Brasileira de Política Internacional, v. 49, p. 139-158, 2006.

[62] Para maiores detalhes sobre o contencioso, ver: OLIVEIRA, M. F. O contencioso Brasil x União Europeia do açúcar na OMC. Brazilian Journal of International Relations, v. 8, n. 3, p. 669-687, 2019.

senvolvimento. Diante disso, foi lançado o chamado "Pacote de Julho de 2004" que buscou, por meio de uma redução dos temas da agenda de negociações, superar as divergências e concluir as negociações até 2005, data prevista para finalização da Rodada Doha. Apesar disso, a Reunião Ministerial de 2005, realizada em Hong Kong, terminou com um documento genérico que, na prática, estendeu o prazo de conclusão das negociações.

A partir de então, o grupo formado por EUA, União Europeia, Brasil e Índia buscou, por meio de reuniões paralelas, a construção de um acordo que fosse capaz de superar os impasses na agenda agrícola. A última delas, realizada em 2007, na cidade de Potsdam, terminou sem consenso. A partir de então, as negociações da Rodada Doha foram atravessadas pela crise financeira de 2007-2008, cujos impactos econômicos mais imediatos, concentrados nos EUA e nos países da União Europeia, reduziram quaisquer possibilidades de superação dos impasses na OMC.

Nota-se, portanto, que as negociações da Rodada Doha foram marcadas por impasses e dificuldade de construção de consensos, resultados da mudança na distribuição de poder e, sobretudo, da ampliação da capacidade de negociação dos países em desenvolvimento. Nesse sentido, é preciso destacar como o Brasil foi capaz de se colocar, ao lado da Índia, como liderança dos países em desenvolvimento e principal interlocutor com os países desenvolvidos, sobretudo nas negociações da agenda agrícola.

4. O BRASIL FRENTE À CRISE DO REGIME MULTILATERAL DE COMÉRCIO

Durante os governos de Dilma Rousseff (2011-2016) e de Michel Temer (2016-2018), a política externa brasileira foi amplamente impactada pela crise econômica de 2007-2008 e pelas dificuldades de construção de consensos no âmbito das negociações da Rodada Doha da OMC, que resultaram em transformações muito significativas no Regime Multilateral de Comércio e, particularmente, na perda do protagonismo que o governo brasileiro havia tido até então.

Capítulo 8: Política externa, multilateralismo e a Organização Mundial de Comércio (OMC)

De um lado, a crise econômica levou a um fortalecimento do G7[63] como espaço de negociação sobre o futuro da economia internacional, com consequente redução dos espaços de atuação do G20 e dos países em desenvolvimento, à exceção da China. De outro, dados os impasses nas negociações da OMC, nota-se a proliferação de acordos preferenciais de comércio bilaterais e inter-regionais, tais como o Acordo Transpacífico (TTP) e a Parceria Econômica Regional Abrangente (RCEP), que esvaziaram a OMC enquanto espaço de negociação comercial.

Carvalho (2018) mostra como, diferentemente dos acordos preferenciais de comércio negociados ao longo das décadas de 1980 e 1990, cujos conteúdos e objetivos eram convergentes com o GATT e com a OMC, as negociações bilaterais e inter-regionais a partir de 2010 se colocaram como alternativas mais rápidas e menos burocráticas que a OMC. Nesse sentido, nota-se o estabelecimento de negociações vinculadas tanto aos temas de impasse na OMC, chamados *OMC-plus*, quanto às novas temáticas do comércio internacional que nem mesmo haviam sido incluídas nas negociações multilaterais, chamadas *OMC-extra*, como política de competitividade, proteção de dados, regras ambientais, direitos do consumidor, lavagem de dinheiro, dentre outros.

Diante dessa conjuntura, como mostram Saraiva (2014) e Ricupero (2017), a política externa brasileira do governo Rousseff assumiu uma postura reativa e tímida, que deu continuidade à estratégia de defesa do multilateralismo e da OMC, e insistiu nas negociações no âmbito da OMC, mesmo em um contexto de esvaziamento da organização. A eleição do diplomata brasileiro Roberto Azevêdo para Diretor Geral da OMC, em 2013, cuja campanha esteve baseada no relançamento e conclusão das negociações da Rodada Doha, é simbólica dessa orientação. Contudo, já em 2015, na Conferência de Nairóbi, restou clara a inexistência de estímulos para que a negociação da Rodada Doha continuasse e, na prática, as negociações foram abandonadas.

---

[63] O Grupo dos Sete (G7) é o grupo de economias industrializadas formado por Alemanha, Canadá, Estados Unidos da América, França, Itália Japão e Reino Unido.

Com a destituição do governo Rousseff e início do governo Temer, em 2016, a nomeação de José Serra para o Ministério das Relações Exteriores representou uma mudança substancial na forma com que a política externa brasileira entendia o papel da OMC na estratégia comercial brasileira. O ministro entendia que a continuidade da aposta brasileira no multilateralismo e na OMC, em um contexto de transformações das negociações comerciais internacionais, havia isolado o Brasil, em referência à não-participação do país nas negociações bilaterais e dos mega acordos inter-regionais.

Nesse sentido, como mostra Burian (2016) e Mariano (2018), prevaleceu o diagnóstico de que era preciso que o governo brasileiro se aproximasse dos países desenvolvidos, via ingresso na Organização para a Cooperação e Desenvolvimento (OCDE) e adesão às agendas *OMC-plus* e *OMC-extra* nas negociações de acordos bilaterais e inter-regionais.

Contudo, já em 2017, com início do governo de Donald Trump nos EUA, as negociações dos acordos que envolviam o país foram paralisadas pelo ímpeto neomercantilista do governo norte-americano, materializado na denúncia dos Acordos da Parceria Transpacífica (TTP) e no início da chamada "Guerra Comercial" com a China (Mendonça *et al.*, 2019). A partir de então, a política externa brasileira, já sob comando do Ministro Aloysio Nunes Ferreira, adotou a estratégia de utilizar o Mercosul como trampolim para negociação de acordos extrarregionais, retomando as negociações do acordo de livre comércio com a União Europeia e com diversos outros parceiros, sobretudo na Ásia, bem como aproximando o bloco da Aliança do Pacífico.

Nota-se, dessa forma, que o governo Temer representou uma inflexão na atuação brasileira frente à OMC. De um lado, porque a política externa brasileira passou a priorizar as negociações que aconteciam externamente à organização, corroborando com o esvaziamento do seu papel de foro negociador e rompendo com a estratégia de utilizar as estruturas institucionais multilaterais como recurso de poder de negociação. De outro, porque ao apontar para a possibilidade de adesão às agendas *OMC-plus* e *OMC-extra*, o governo brasileiro abandonava o protagonismo e a liderança até então exercida na defesa da agenda dos países em desenvolvimento.

Capítulo 8: Política externa, multilateralismo e a Organização Mundial de Comércio (OMC)

Com o início do governo Bolsonaro (2019-2022), a atuação brasileira nas negociações comerciais assumiu uma postura contraditória, reativa e pouco expressiva. De um lado, porque o cenário de "Guerra Comercial" estabelecido entre os governos de EUA e China agravaram o esvaziamento e o enfraquecimento da OMC, reduzindo ainda mais os espaços de atuação para os países em desenvolvimento. De outro, porque a política externa brasileira e, sobretudo, a agenda comercial, viveu sob tensão e intensa disputa entre a "ala ideológica" e a "ala pragmática" que compunham o governo.

Segundo Saraiva e Silva (2019), a "ala ideológica" entendia que a política externa e os interesses comerciais brasileiros deveriam estar submetidos e alinhados com as diretrizes da política externa dos EUA sob o governo de Donald Trump. Já a "ala pragmática", vinculada, sobretudo aos interesses do setor do agronegócio, defendia uma postura de abertura comercial e fortalecimento das parcerias com a União Europeia e China, importantes destinos das exportações brasileiras.

No tocante à atuação brasileira na OMC, houve convergência com as diretrizes do governo Trump ao adotar postura de denúncia do multilateralismo e da OMC, entendidos como ameaça aos interesses nacionais brasileiros. Ao mesmo tempo, o governo brasileiro adotou uma postura incoerente e confusa com os principais parceiros comerciais do Brasil: com a China, o alinhamento à agenda de Donald Trump materializou-se em tensionamentos que, embora tenham resultado em baixo impacto comercial, estremeceu as relações políticas e inviabilizou qualquer articulação e aprofundamento comercial entre os países; com os países europeus, apesar da conclusão das negociações do tratado de livre comércio entre o Mercosul e a União Europeia, a destruição das políticas públicas de proteção ambiental e as tensões com o governo francês, somados ao crescente protecionismo no bloco europeu, resultaram em dificuldades na conclusão do texto e ratificação do acordo, que ainda não entrou em vigência.

De toda forma, o fato é que o agravamento da Guerra Comercial e a normalização do protecionismo comercial, escancarado nos disputas por suprimentos médicos e farmacêuticos no contexto da pandemia de COVID-19, tem resultado no questionamento do multilateralismo comercial e agravado as tendências de esvaziamento da OMC, dada a proliferação de acordos preferenciais de comércio negociados externamente à OMC, e de regionalização do comércio internacional.

Para o Brasil, tais transformações no regime de comércio internacional impõe profundos desafios para a inserção internacional do Brasil. Dentre elas, destaca-se a necessidade de repensar o papel da OMC na estratégia comercial brasileira, uma vez que, embora tenha sido uma instituição central na abertura comercial e na atuação protagonista do Brasil, passa por uma crise de esvaziamento político e de enfraquecimento do seu papel como organização gestora do comércio internacional.

Ademais, a agenda das negociações comerciais contemporâneas caracteriza-se pela inserção de temáticas vinculadas às políticas de compras governamentais, proteção ambiental, igualdade de gênero, imigração, lavagem de dinheiro, combate à corrupção, e outros temas não-tarifários que compõem a agenda *OMC-extra*. Nesse sentido, é preciso que o Brasil enfrente tais temas de forma a não se isolar nas negociações comerciais, mas, ao mesmo tempo, garantir que os acordos internacionais não inviabilizem e/ou reduzam a capacidade de implementação de políticas de desenvolvimento industrial e tecnológico do país.

5. CONSIDERAÇÕES FINAIS

Neste capítulo, destacamos a importância do multilateralismo comercial na estratégia de inserção internacional do Brasil a partir de 1985, com a superação da postura protecionista e de oposição aos regimes internacionais da ditadura militar brasileira. Nesse sentido, demonstramos como prevaleceu o entendimento de que o multilateralismo operava como elemento de redução dos impactos da assimetria de poder nas negociações comerciais internacionais e garantia ao Brasil melhores condições de barganha.

Em seguida, foi apresentado o processo de abertura comercial e de adesão do Brasil aos princípios, normas e regras do GATT. Argumentamos que as pressões externas, sobretudo os contenciosos movidos pelo governo dos EUA, somados às fragilidades da economia domés-

Capítulo 8: **Política externa, multilateralismo e a Organização Mundial de Comércio (OMC)**

tica brasileira foram elementos cruciais para a mudança no posicionamento do Brasil com relação ao GATT.

Explicamos como, a partir do entendimento de que a abertura comercial dos países em desenvolvimento deveria estar atrelada a contrapartidas dos países desenvolvidos, o Brasil assumiu o protagonismo nas negociações agrícolas da Rodada Doha da OMC, com ênfase na liderança brasileira no G20 e, na prática, de contenciosos como estratégia de enfrentamento das políticas de subsídios e de pressões pela abertura dos mercados agrícolas dos países desenvolvidos.

Por fim, foi apresentado o processo de mudança gradativa da estratégia da política externa brasileira que, diante da conjuntura de esvaziamento e crise da OMC e de recrudescimento do protecionismo comercial, teve seus espaços de atuação reduzidos no ambiente multilateral e buscou, de maneira tímida, sua inserção nas negociações comerciais paralelas à OMC, com destaque para as negociações bilaterais e inter-regionais a partir do Mercosul.

6. ESTUDO DIRIGIDO

Questão 1: Discuta a importância do multilateralismo comercial para a política externa brasileira.

Questão 2: Qual o papel dos contenciosos comerciais e das pressões externas para o processo de abertura comercial e de adesão às normas, princípios e regras do GATT pelo Brasil? Por que o Brasil foi tão sensível a essas pressões?

Questão 3: Discuta como as ideias de Brasil como *Global Trader* e *Global Player* se materializaram em diferentes comportamentos do Brasil frente às negociações comerciais internacionais.

Questão 4: Qual a importância do G20, em termos de agenda e estratégias de negociação, para a atuação do governo brasileiro no âmbito da Rodada Doha da OMC?

Questão 5: Considerando o processo de esvaziamento da OMC e as tendências de regionalização do comércio internacional e de proliferação de acordos preferenciais de comércio, discuta quais as possibilidades e desafios para a inserção internacional do Brasil na economia global contemporânea.

7. REFERÊNCIAS BIBLIOGRÁFICAS

ABREU, M.; WERNECK, R. Estabilização, abertura e privatização, 1990-1994. In: ABREU, M. (org.). A ordem do progresso: dois séculos de política econômica no Brasil. Rio de Janeiro: Elsevier, 2014.

AMORIM, C. Breves narrativas diplomáticas. São Paulo: Benvirá, 2013.

BURIAN, C. L. El pragmatismo como ideología: José Serra y la política exterior brasileña. Observatorio de Política Exterior Uruguaya, v. 8, p. 5-13, 2016.

CANANI, N. Política externa no Governo Itamar Franco (1992-1994): continuidade e renovação de paradigma nos anos 90. Porto Alegre: Editora da UFGRS, 2004.

CARDOSO, F. H. Política Externa em tempos de mudança: a gestão do Ministro Fernando Henrique Cardoso no Itamaraty. Brasília: FUNAG, 1994.

CARVALHO, P. N. Da institucionalização aos impasses da OMC e a proliferação de acordos preferenciais de comércio no início do século XXI. Brazilian Journal of International Relations, v. 7, n. 2, p. 300-333, 2018.

FERREIRA, G. Neoliberalismo, Política Externa e a construção do Mercosul. Revista de Iniciação Científica da FFC, v. 15, n. 2, p. 15-22, 2015.

HIRST, M.; PINHEIRO, L. A política externa do Brasil em dois tempos. Revista brasileira de política internacional, v. 38, n. 1, p. 5-23, 1995.

LIMA, M. R. S. Aspiração internacional e política externa. Revista Brasileira de Comércio Exterior, v. 82, p. 4-19, 2005.

MARIANO, M. P. O Brasil de Temer: incertezas domésticas e política externa. In: REVELEZ, L. LUZURIAGA, W. (Eds.). Anuário Política Internacional & Política Exterior 2017-2018. Ediciones Cruz del Sur, 2018.

MARIANO, M. P; RAMANZINI JÚNIOR, H.; ALMEIDA, R. O Brasil entre os contenciosos e coalizões agrícolas no sistema GATT/OMC. Monções: Revista de Relações Internacionais da UFGD, v. 4, n. 7, p. 27-43, 2015.

MENDONÇA, F. et al. "AMERICA FIRST BUT NOT ALONE": uma (nem tão) nova política comercial dos Estados Unidos com Donald Trump. Revista Tempo Do Mundo, v. 5, n. 1, p. 107-141, 2019.

NARLIKAR, A. The World Trade Organization: a very short introduction. Oxford University Press, 2005.

OCAMPO, J. BÉRTOLA, L. O desenvolvimento econômico da América Latina desde a Independência. Rio de Janeiro: Elsevier, 2015.

OLIVEIRA, I. T. M. A ordem econômico-comercial internacional: uma análise da evolução do sistema multilateral de comércio e da participação da diplomacia econômica brasileira no cenário mundial. Contexto Internacional, v. 29, p. 217-272, 2007.

OMC. International trade statistics 2005. Genebra, 2005. Disponível em: https://www.wto.org/english/res_e/statis_e/its2005_e/its2005_e.pdf. Acesso em: 03 Dez. 2022.

RAMANZINI JÚNIOR, H.; LIMA, T. Diplomacia Comercial Agrícola: as posições do Brasil na Rodada Doha da OMC. In: AYERBE, L. F.; BOJIKIAN, N. (org.). Negociações Econômicas Internacionais: abordagens, atores e perspectivas desde o Brasil. São Paulo: Editora Unesp, 2011.

RICUPERO, R. A diplomacia na construção do Brasil: 1750-2016. Rio de Janeiro: Versal Editores, 2017.

SARAIVA, M. G. Balanço da política externa de Dilma Rousseff: perspectivas futuras. Relações Internacionais, v. 44, n. 1, p. 25-35, 2014.

SARAIVA, M. G.; SILVA, A. V. C. Ideologia e pragmatismo na política externa de Jair Bolsonaro. Relações Internacionais, n. 64, p. 117-137, 2019.

SEIXAS CORREA, F. A Política Externa de José Sarney. In: ALBUQUERQUE, J. A. G. Crescimento, Modernização e Política Externa. Coleção Sessenta anos de Política Externa Brasileira – v. 1. São Paulo: Cultura/USP, 1996.

VELASCO E CRUZ, S. C. Estados e mercados: os Estados Unidos e o sistema multilateral de comércio. São Paulo: Editora UNESP, 2017.

VIGEVANI, T.; CEPALUNI, G. A política externa brasileira. A busca da autonomia, de Sarney a Lula. São Paulo: Editora UNESP, 2016.

VIGEVANI, T.; MARIANO, M. P. Alca: o gigante e os anões. Senac, 2017.

VIGEVANI, T.; MENDONÇA, F.; LIMA, T. Poder e comércio: A política comercial dos Estados Unidos. São Paulo: Editora UNESP, 2018.

8. RECURSOS AUDIOVISUAIS

A Batalha de Seattle. Gênero: Drama/Ação. Ano: 2007. Direção: Stuart Townsend. Sinopse: Em 1999, integrantes da Organização Mundial do Comércio chegam a Seattle para negociações. Preocupados com a globalização, ativistas se preparam para protestos pacíficos, mas um pequeno grupo de manifestantes desordeiros provoca caos.

Casa das Garças. Episódio: Como integrar o Brasil ao mundo. Gênero: *Podcast*. Ano: 2021. Sinopse: O IEPE/Casa das Garças recebe a economista e diretora do Centro de Estudos de Integração e Desenvolvimento (CINDES), Sandra Rios. Ex-chefe da área internacional da Confederação Nacional da Indústria (1994-2003), Sandra examina a política comercial brasileira desde os anos 1980, as iniciativas de abertura comercial do governo Collor, os desafios do Mercosul, a participação do Brasil nas cadeias globais de valor, a persistência das políticas de proteção e a agenda para a maior inserção do Brasil na economia internacional. Comenta ainda a institucionalidade do processo de formulação de políticas de comércio exterior e a economia política da proteção.

Women Inside Trade – WITcast. Episódio 2: O Futuro da OMC. Gênero: *Podcast.* Ano: 2020. Sinopse: Neste episódio, a professora Vera Thorstensen e o advogado Pablo Bentes falam sobre o futuro da Organização Mundial do Comércio – OMC, os resultados alcançados pela organização nas últimas décadas e os desafios para o futuro.

CAPÍTULO 9: O BRASIL E A POLÍTICA EXTERNA PARA MEIO AMBIENTE

TATIANA DE SOUZA LEITE GARCIA[64] E BIANCA DE OLIVEIRA JESUS[65]

1. INTRODUÇÃO

O Brasil é um ator importante para a dinâmica e efetividade da governança ambiental regional e global devido seus fatores naturais,

---

[64] Doutora em Ciências pelo Programa de Pós-Graduação em Geografia Humana da Universidade de São Paulo, mestra em Geografia e Gestão do Território pela Universidade Federal de Uberlândia, especialista em Ecoturismo pela Universidade Federal de Lavras, Graduada em Relações Internacionais e Geografia. Pesquisadora associada do Laboratório de Geografia Política da USP. Trabalhou nos setores público e privado em funções ligadas a relações institucionais e responsabilidade social e ambiental. No setor acadêmico desde o ano de 2006 como professora em diversos cursos de graduação e pós-graduação, atuou como coordenadora do bacharelado em Relações Internacionais e Comércio Exterior (2009-2014) e supervisora de núcleos de pesquisa e extensão. Pesquisa a partir de abordagens das Relações Internacionais e da Geografia Política/Geopolítica a respeito de temas socioambientais, sustentabilidade, governança, integração regional, transportes, turismo e projeção internacional do Brasil. Atualmente trabalha como consultora para o Instituto Interamericano de Cooperação para a Agricultura e professora da graduação em Relações Internacionais da Universidade Anhembi Morumbi e Universidade São Judas Tadeu.

[65] Mestra em Integração da América Latina pela Universidade de São Paulo (Prolam/USP) e bacharela em Relações Internacionais pela Universidade Anhembi Morumbi. Sua pesquisa se concentra em integração econômica na América do Sul, instituições financeiras regionais, infraestrutura de transportes, Mercosul e política externa brasileira. Durante a graduação realizou iniciação científica sobre fronteiras e geopolítica na Bacia do Prata e, posteriormente, desenvolveu pesquisas sobre o Projeto da Hidrovia Paraguai-Paraná. Também ao longo da graduação recebeu prêmios de desempenho acadêmico. Atuou como estagiária e assistente de professores no Programa de Aperfeiçoamento de Ensino da Universidade de São Paulo e no Programa Acessa Escola da Secretaria da Educação do Estado de São Paulo. Atualmente, é assistente da Escola de Relações Internacionais da Fundação Getúlio Vargas (FGV).

Capítulo 9: O Brasil e a política externa para meio ambiente

populacionais e produtivo-econômicos. No que tange o fator natural, seu território tem dimensão continental e totaliza cerca de 8,5 milhões de km², com mais de 23 mil km de fronteiras (terrestres e marítimas), que o classifica como o 5º maior país do mundo em extensão territorial, e na América do Sul está em 1º lugar, por deter cerca de 47% da porção centro-oriental deste subcontinente.

Devido a localização do Brasil e sua grande extensão longitudinal e latitudinal, associada com as condições geomorfológicas, heterogeneidade de climas, disponibilidade hidrológica e diversidade de biomas e ecossistemas terrestres e aquáticos, o país está no topo da lista dos 18 países mais megabiodiversos do mundo, por abrigar cerca de 15% a 20% da diversidade biológica global, com mais de 120 mil espécies de invertebrados, cerca de 9 mil vertebrados e mais de 4 mil espécies de plantas (UNEP, 2019). Além dessas quantidades citadas, estima-se que milhares de outras espécies ainda não foram identificadas, sem contar aquelas que já foram extintas. Nesse sentido, o Brasil tem grande responsabilidade e enorme potencial para promover o desenvolvimento sustentável, por meio da integração entre conservação ambiental, crescimento econômico e inclusão social, a partir dos preceitos da bioética, bioeconomia e justiça ambiental.

No território brasileiro existem doze grandes bacias hidrográficas, sendo que algumas são transfronteiriças, a destacar a Bacia Amazônica, considerada a maior do mundo; e importantes aquíferos, como o Guarani e Alter do Chão, também considerados entre os maiores do mundo. Graças à grande disponibilidade de águas superficiais e subterrâneas no território brasileiro, pode-se considerá-lo uma potência hidrológica, pois a água é um recurso estratégico para regulação de climas e vidas nos ecossistemas terrestres e aquáticos e, sobretudo, pelas diversas aplicações às necessidades humanas, como abastecimento doméstico e urbano, produção de hidroeletricidade, processos produtivos agrícolas e industriais, navegação, práticas de lazer, dentre outros (Garcia, 2019).

O país está entre os líderes na produção mundial de alimentos, graças às condições climáticas e hidrológicas supracitadas, associadas com solos agricultáveis, disponibilidade de mão de obra, expansão da fronteira agrícola, capital financeiro, aumento da infraestrutura de logística e transportes e as revoluções científicas-tecnológicas implementadas no campo (aplicação de inovações tecnológicas como melhoramentos genéticos, fertilizantes, defensivos agrícolas, vacinas e mecanização da produção, sejam essas importadas ou nacionais, desenvolvidas por universidades, centros de pesquisa, agências governamentais e instituições privadas), que possibilitaram ampliar exponencialmente a produtividade da agropecuária brasileira, bem como os itens da pauta de exportação e os volumes comercializados. Na atualidade, a pauta de produtos exportados pelo Brasil é constituída prioritariamente por produtos básicos, responsáveis por 49,73% das exportações, como matérias-primas e commodities agrícolas e minerais.

O contingente populacional e a base econômica do Brasil também são aspectos que precisam ser observados, pois tocam diretamente na disponibilidade e utilização de recursos naturais e, consequentemente, provocam impactos negativos, como desmatamentos e poluições. De acordo com o Censo Demográfico de 2022, a população brasileira está com mais de 207 milhões de habitantes (IBGE, 2022).

Outro aspecto que pode ser destacado é a matriz energética brasileira, considerada entre as mais limpas e de menor impacto socioambiental do mundo, quando comparada com as matrizes energéticas de países do mesmo porte populacional e econômico ou em relação às grandes potências industriais. O país tem excelentes condições para tornar-se referência mundial entre aqueles que conseguiram fazer a transição dos combustíveis fósseis para as energias de baixo impacto ambiental e social, notadamente com o emprego de tecnologias destinadas à geração de energia fotovoltaica, eólica e de aproveitamento de biomassa. Entretanto, para o país assumir a liderança de energia de baixo impacto, são necessárias políticas de incentivo, investimentos em infraestrutura, medidas regulatórias e educativas, estabelecimento de indicadores e prazos e parcerias com os setores científicos e privados (Garcia, 2019).

A interdependência entre água, alimentos e energia, e suas respectivas disponibilidades no planeta diante da pressão provocada pelo aumento por suas demandas, pode desencadear diversas interações, a ponto de torná-los escassos e/ou impactar diretamente nas atividades produtivas, nos modos de vida e no equilíbrio dos biomas. Essa possível conjuntura decorre da tendência de crescimento da população mundial, do aumento da expectativa de vida, do incremento de itens de consumo seguindo o padrão das sociedades capitalistas avançadas, a velocidade das inovações e da obsolescência tecnológica programada, condições que podem afetar diretamente a capacidade de resiliência da Terra, bem como aprofundar a competição e as desigualdades entre os grupos sociais e países.

O Brasil já tem sentido os impactos do *nexus* água-alimento-energia. O aumento da pressão por um desses recursos afeta o outro, causando efeitos negativos em cadeia. O desmatamento e as mudanças climáticas estão afetando os regimes de chuvas e a intensificação dos fenômenos atmosféricos que, consequentemente, modificam os volumes das águas superficiais e subterrâneas que abastecem as cidades, as produções agrícolas, a geração de energia hidrelétrica e o transporte fluvial. O desmatamento e o uso intensivo da terra interferem na diversidade biológica e nos serviços ecossistêmicos. O agravamento das secas e empobrecimento dos solos levam a indisponibilidade e encarecimento de alimentos e intensificação dos fluxos migratórios internos e de refugiados ambientais. Esses são alguns cenários/interações baseadas em pesquisas científicas que apontam os possíveis impactos na economia brasileira, dado que parte significativa de seu PIB e das exportações dependem da água, do solo, da produção de alimentos e de energia (Mercure *et al.*, 2019).

Os Estados que reconhecem a importância vital desses recursos (água, alimento e energia) passam a defendê-los a partir de dois prismas, os quais são justificados pelos interesses nacionais. O prisma da soberania e a autonomia da sociedade em utilizar os recursos naturais disponíveis em seu território, conforme suas necessidades, em condições de equalizar os custos associados às pressões dos atores externos que rivalizam por sua obtenção. Esse prisma costuma ser empregado pelos movimentos de resistência e pelos países menos desenvolvidos quando estão em negociações bilaterais ou em arenas multilaterais. E o prisma da segurança, ao considerar a multidimensionalidade de atores envolvidos e interconexões que afetam a segurança nacional, podendo levar a securitização desses assuntos e até a militarização em defesa do recurso em questão. Historicamente, o governo brasileiro costuma empregar ambos os prismas (segurança ou soberania) em suas diretrizes de política externa e discursos oficiais para tratar das questões ambientais, a depender do recurso natural em discussão, da linha política-ideológica do governo central de cada época, e dos atores que estão participando da negociação (Garcia, 2019).

Diante dos apontamentos apresentados, pode-se afirmar que o Brasil possui papel relevante e estratégico na governança ambiental regional e global. Todavia, para assumir a liderança ambiental, os governos central e subnacionais, juntamente com os atores não estatais legitimamente interessados nessas tratativas, precisam assumir suas respectivas responsabilidades e estarem comprometidos com políticas e práticas destinadas ao desenvolvimento social, crescimento econômico e conservação/preservação ambiental, ancoradas nas dimensões da sustentabilidade, que atualmente são compreendidas na Agenda 2030 e os 17 Objetivos do Desenvolvimento Sustentável, acordados no âmbito da Organização das Nações Unidas em 2015.

2. O BRASIL E SUAS POLÍTICAS DOMÉSTICA E EXTERNA PARA MEIO AMBIENTE

A política externa pode ser considerada uma política pública. No entanto, para alguns é uma política de Estado, e para outros é uma política de governo, quando conduzida de acordo com os interesses do grupo político que está em exercício. Nesse sentido, Milani (2015) explica que a política externa é a variável independente que explicaria por excelência os posicionamentos do Estado no plano internacional, mas não se pode negligenciar sua condição de variável dependente dos processos domésticos relativos à internacionalização da economia e da política, e pela própria construção democrática das políticas públicas.

Com base na teoria de "jogos de dois níveis", Putnam (2010) descreve o vínculo entre as dimensões doméstica e internacional e seus reflexos nas políticas interna e externa dos países. No nível doméstico, grupos dos mais variados, para atender seus interesses, pressionam o governo a adotar políticas que os beneficiem. Por outro lado, no nível internacional, os governos procuram maximizar os resultados das tratativas externas e vinculá-las com suas capacidades de atenderem suas demandas domésticas.

A política externa brasileira esteve durante muito tempo em insulamento, porque sua formulação ficava restrita aos diplomatas do Itamaraty. Entretanto, Milani (2015) afirma que graças à democratização das relações Estado-sociedade a partir da Constituição Federal de 1988, a internacionalização da política e de temas em múltiplos níveis, e as crescentes interdependências econômicas entre o global e o local, tornaram-se variáveis decisivas nesse processo contrário ao insulamento, que ele chama de "continentalização" da Política Externa Brasileira (PEB), em referência à grande extensão territorial do país. Nessa conjuntura de regime democrático e busca por maior inserção internacional do país, Milani reforça que:

> A metáfora da continentalização implica maior abrangência temática da PEB, participação ampliada e institucionalizada dos agentes (governamentais e não governamentais) e, portanto, processo decisório mais aberto ao diálogo com o Parlamento, à coordenação com os demais ministérios e a consultas com agências federais, entidades subnacionais, setor produtivo, organizações da sociedade civil, movimentos sociais e comunidade científica. (Milani, 2015, p. 56)

Inclusive, a PEB passou a tratar, cada vez mais, de temas transnacionais considerados de baixa política, como meio ambiente, redução da pobreza e direitos humanos. Para todos os formuladores de política externa são exigidos conhecimentos mais amplos e sistêmicos, a fim de compreender a complexidade técnica e científica dessas questões e para dialogarem com diversos *stakeholders*, como representantes da sociedade civil organizada, setores privados-produtivos e acadêmicos especializados (Milani, 2015).

No que se refere às políticas públicas do Brasil destinadas a temas ambientais, pode se inferir que existe dissonância espaço-temporal entre aquelas que são direcionadas para o âmbito nacional, germinadas desde os tempos do Brasil colônia; enquanto a política externa brasileira ambiental é iniciada apenas a partir dos anos de 1970, para responder às pressões advindas do cenário internacional, conforme será apresentado a seguir.

As legislações, políticas públicas e instituições nacionais dedicadas a temas ambientais no Brasil teve seu processo embrionário compreendido entre os séculos XVII e XIX. A maioria dos decretos desta época objetivava racionalizar a exploração e o controle de recursos naturais que tinham finalidade econômica. Concomitantemente, medidas conservacionistas foram implementadas, como a criação do Jardim Botânico no Rio de Janeiro, em 1808, considerada a primeira unidade de conservação destinada à preservação de espécies e estímulo a estudos científicos. Na primeira fase da República, gradativamente, questões relacionadas à terra, florestas e minas foram tratadas em dispositivos legais. Mas somente após a Constituição de 1934 que foram criados os Códigos de Águas, Florestas, Pesca, Caça e Minas, e os primeiros Parques Nacionais (Itatiaia, Iguaçu e Serra dos Órgãos). Alguns desses assuntos foram aprimorados nos anos de 1960, com a criação de novos mecanismos que estavam destinados a harmonizar a exploração econômica com o uso social e ambiental, como o Estatuto da Terra (Lei 4.504/1964), o Novo Código Florestal (Lei 4.771/1965) e Instituto Brasileiro de Desenvolvimento Florestal – IBDF (1967).

Durante o Regime Militar no Brasil, a política econômica desenvolvimentista baseava-se no forte incentivo à industrialização, investimentos em infraestrutura, crescimento econômico, geração de empregos, integração nacional e social. O objetivo central era elevar o país entre aqueles classificados como industrializados, desenvolvidos e de Primeiro Mundo. Para atender ao objetivo desenvolvimentista, Programas e Planos Nacionais foram criados pelo governo militar, a saber: o Programa de Ação Econômica do Governo (PAEG), durante a gestão do presidente Castelo Branco (1964-1967), o Programa de Metas e Bases para Ação do Governo (1970) e o I Plano Nacional de Desenvolvimento, na gestão de Emílio Garrastazu Médici (1969-1974), e o II Plano Nacional de Desenvolvimento (1974-1979).

O I Plano Nacional de Desenvolvimento (I PND) foi instituído pela Lei 5.727/1971 e dentre os empreendimentos decorrentes de sua implementação pode-se citar as construções da ponte Rio-Niterói, a rodovia Transamazônica, a usina de Itaipu, as usinas nucleares de

Angra, a Zona Franca de Manaus. Entretanto, a facilitação para a aquisição e ocupação de grandes áreas de terras gerou elevados índices de desmatamento e degradação ambiental, principalmente nas regiões Amazônica e Centro Oeste, com a expansão das fronteiras agrícolas através das monoculturas da soja e cana e pecuária extensiva.

No cenário internacional, os países estavam enfrentando a crise do petróleo e o aumento da sensibilização sobre os impactos humanos sobre o meio ambiente, e os Estados passaram a admitir a urgência em levar adiante uma agenda de medidas de proteção ambiental. Tal agenda começou a ser delineada a partir das importantes Conferências internacionais que se sucederam durante este período, e tem ganhado cada vez mais enfoque no campo das Relações Internacionais e em estudos de Análise de Política Externa (APE). Isso porque as decisões e comportamentos tomados em âmbito doméstico refletem no posicionamento dos Estados e suas relações com os demais atores do sistema internacional.

A Conferência das Nações Unidas sobre o Meio Ambiente Humano realizada em Estocolmo, na Suécia, em 1972, se apresenta como o grande marco da inserção do tema ambiental na agenda de política internacional, pois foi a primeira vez que os Estados, industrializados e emergentes, se reuniram para discutir sobre meio ambiente e desenvolvimento econômico. Embora seja considerada um marco nas tratativas das questões ambientais em nível internacional, a Conferência foi realizada em um contexto marcado pela existência de regimes totalitários e disputas político-ideológicas e econômicas entre os países, o que freava medidas concretas de proteção ambiental global, pois tais medidas eram vistas como entraves ao crescimento do PIB de muitos países (Jesus, 2022).

Nesse período, os países considerados emergentes foram associados à má utilização de seus recursos naturais e a não priorização das questões ambientais em nome do desenvolvimento a todo custo. O Brasil era um deles e, inclusive, liderou esse grupo de países na defesa de seus interesses, passando a ser rotulado como o grande "vilão ambiental", o que impactou negativamente sua política externa (Guimarães, 1991; Coelho; Santos, 2015; Garcia, 2019) e a forma como era visto pela comunidade internacional.

De acordo com Guimarães (1991, p. 148), três pontos definem a posição do Brasil na Conferência de Estocolmo: o desenvolvimento econômico não poderia ser sacrificado em nome de um meio ambiente mais limpo; países desenvolvidos deveriam ser responsáveis por reverter a degradação ambiental, visto que eram os que mais poluíam e poderiam empreender esforços na "limpeza" (*clean-up efforts*) do meio ambiente; e a soberania nacional não deveria se render aos interesses ambientais mal definidos.

O Brasil e os demais países em desenvolvimento eram a favor da defesa da soberania na utilização e regulação dos recursos naturais presentes em seu território, enquanto os países desenvolvidos defendiam que o crescimento demográfico e econômico era a principal causa da crise ambiental (Barros-Platiau, 2006). Fato é que havia uma forte oposição entre países do norte e países do sul global sobre as reais causas da degradação do meio ambiente e suas possíveis reparações por meio da atuação dos Estados.

Até esse momento, a Amazônia havia ficado em segundo plano na política externa brasileira, o que não significava que a região era ignorada e várias ações internas eram tomadas para viabilizar os interesses nacionais e do governo em exercício, que tinham preocupações com a integridade territorial, a soberania no uso dos recursos existentes neste bioma e fazer um contraponto à influência da Argentina na América do Sul (Bezerra, 2013). Entre 1974 e 1979, a Amazônia recebeu atenção na política externa brasileira durante as negociações e assinatura do Tratado de Cooperação da Amazônia (TCA), que tinha como objetivo promover o desenvolvimento harmônico dos territórios e povos da Amazônia sul-americana.

Anos se passaram para que o Brasil conseguisse se desfazer de sua imagem de "vilão ambiental" que prezava pelo desenvolvimento econômico a todo custo, até que, a partir da década de 1990, o país passou a adotar uma postura mais comprometida em relação às questões ambientais nas arenas multilaterais. O governo brasileiro, visando reverter essa imagem e conquistar nova inserção no cenário internacional, propõe sediar a Conferência das Nações Unidas sobre o Meio Ambiente e Desenvolvimento (CNUMAD), concomitante com a mudança no discurso de sua política externa, que passou a pro-

Capítulo 9: O Brasil e a política externa para meio ambiente

por o diálogo e a cooperação para compatibilizar as diferentes visões dos atores nas negociações ambientais. Este foi o caminho encontrado pelo Brasil para assumir a liderança na nova conjuntura, considerando as seguintes motivações:

> [...] ao atuar como sede da negociação, o Brasil esperava capacitar-se também como articulador, negociador e ator internacional habilitado para organizar eventos complexos, além de tornar-se um mediador universalmente aceito em questões internacionais polêmicas e naquelas em que o país tivesse interesses declarados. Em segundo lugar, começavam a surgir para o Brasil oportunidade para sediar futuros encontros de igual importância, e ocasiões para o estabelecimento de centros de pesquisa e parcerias. Em terceiro, com relação à opinião pública, tratava-se de evento de grande magnitude que poderia trazer o reconhecimento, para o Brasil, dos avanços conseguidos na proteção do meio ambiente e da dissolução das concepções errôneas sobre o país, além da obtenção de prestígio no caso de êxito da conferência. Finalmente, e não menos importante, seria oportunidade singular para reformular a equação da conservação ambiental com as variáveis de crescimento, do diálogo e da cooperação. À época, já estava em discussão o controverso "dever de ingerência" da comunidade internacional diante da eventualidade de crimes ambientais, que muito assustava os países em desenvolvimento (Duarte, 2003, p. 39).

A Conferência das Nações Unidas sobre o Meio Ambiente e Desenvolvimento ocorreu no Rio de Janeiro em 1992, também conhecida como Rio-92, é resultado das recomendações apontadas pela Comissão Brundtland em seu relatório "Nosso Futuro Comum" (traduzido para o português), publicado em 1987, que abordava as ideias de desenvolvimento sustentável e a importância dos Estados se comprometerem a atender as necessidades básicas e promoção do bem-estar das gerações presentes e futuras.

Participaram desta conferência 172 delegações governamentais e 108 Chefes de Estado ou de Governo. O resultado da conferência expressos em documentos foram: Declaração do Rio sobre Meio Ambiente e Desenvolvimento; Agenda 21; Convenção sobre Diversidade Biológica; Convenção Quadro sobre Mudanças Climáticas; Declaração sobre o uso de Florestas; Carta da Terra. Além desses, também estabeleceram as bases para futuras negociações da Convenção para o Combate da Desertificação e dos Efeitos da Seca, concluída em 1994. Paralelamente acontecia o "Fórum Global" com a presença de mais de 10 mil pessoas de setores empresariais, meios de comunicação, comunidade científica, sociedade civil organizada, povos tradicionais e público em geral (Garcia, 2019).

Se antes o Brasil se posicionava como um dos líderes dos países que enxergavam as questões ambientais como entraves para o crescimento econômico, a partir da Rio-92, o país passa a se projetar de maneira ativa como um dos líderes das discussões ambientais. Os cenários internacional e doméstico nesse período influenciaram fortemente na mudança de posição do país em relação às tratativas ambientais. O final do século XX é marcado pelo fim da Guerra Fria e da ordem bipolar, o que resultou na descentralização do sistema internacional e propiciou a criação de arranjos e regimes de governança para lidar com os principais desafios enfrentados pelos países. Já no âmbito doméstico, o Brasil presenciava o fim do regime militar e a redemocratização, o que refletiu na ação da diplomacia brasileira em demonstrar ao mundo sua preocupação em relação às tratativas ambientais, bem como aprofundar a cooperação internacional sobre o tema, visto que o país se tornara o principal alvo de críticas sobre a temática. Foram criadas várias estruturas institucionais e legislações para lidar com as questões ambientais e na política externa passou-se a empregar o princípio das "responsabilidades comuns, porém diferenciadas".

Barros-Platiau (2006) entende que essa postura do Brasil é a maior ruptura em sua agenda ambiental, sinalizada pela mudança na condução de sua diplomacia. Ao ser o maior detentor de riquezas biológicas do Planeta e, ao mesmo tempo, um dos maiores alvos de críticas voltadas à conservação do meio ambiente, o governo central precisou realizar uma mudança em sua estrutura interna voltada para o tema, como uma resposta às pressões internacionais.

Na visão de Lessa (2001), essa mudança na postura do Brasil pode ser entendida como uma representação da necessidade do país em melhor se adaptar aos constrangimentos internacionais advindos do pro-

Capítulo 9: O Brasil e a política externa para meio ambiente

cesso de concepção de uma nova ordem internacional, em que a proteção do meio ambiente passaria a ser algo cada vez mais enfatizado.

Importante destacar que é a partir da Rio-92 que o Brasil inicia uma governança participativa e passa, gradativamente, a contar com a participação de atores privados e da sociedade civil organizada engajados no uso sustentável e proteção dos recursos naturais (Câmara, 2013). Além disso, importantes acordos foram assinados e que persistem até hoje, como as Convenções do Clima e da Biodiversidade, a Agenda 21, a Declaração para o Meio Ambiente e Desenvolvimento e a Declaração de Princípios para as Florestas (Moura, 2016).

Durante a Rio-92, diante do declínio do paradigma desenvolvimentista que norteou a política externa brasileira desde 1930, presenciou-se a junção da temática ecológica com o desenvolvimento, o que propiciou as discussões sobre "desenvolvimento sustentável", e ajudou a diminuir as ameaças internacionais em relação à Amazônia (Bezerra, 2013). Isso porque até a década de 1990, a ideia de que a Amazônia era o pulmão do mundo e patrimônio da humanidade era vista pela diplomacia brasileira como uma ameaça. A visão da comunidade internacional era de que o Brasil não era capaz de proteger a floresta por si só, sobretudo quando as queimadas eram cada vez mais recorrentes naquele período.

No entendimento do governo brasileiro, a questão ambiental era utilizada como abertura para novas formas de intervenção, e a autodeterminação do país estava sempre presente nos discursos sobre a Amazônia. Nesse sentido, a afirmação do conceito de soberania foi reforçada na Conferência Rio-92 e importantes leis foram aprovadas pelo Congresso Brasileiro, bem como novas iniciativas internacionais de cooperação foram surgindo, o que propiciou o afastamento das ameaças envolvendo a Amazônia.

Cervo e Bueno (2012) apontam que a diplomacia brasileira conquistou três êxitos nesse período: 1) A realização da Conferência da ONU no Rio de Janeiro em 1992; 2) A inserção do tema desenvolvimento no debate sobre meio ambiente; 3) A superação da dicotomia norte-sul nos discursos brasileiros no cenário internacional que possibilitou estabelecer o clima para a cooperação.

Em 1998, como sinal de comprometimento dos países amazônicos, foi firmado o Protocolo de Emenda ao Tratado de Cooperação Amazônica para criar a Organização do Tratado Cooperação Amazônica (OTCA), com secretaria permanente e orçamento próprio; e, em 2002, assinado o Acordo de Sede entre o governo do Brasil e a OTCA, que definiu Brasília como cidade-sede desta organização internacional (Garcia, 2019).

No ano de 2002, dez anos depois da Rio-92, ocorreu a Conferência das Nações Unidas sobre Desenvolvimento em Joanesburgo, na África do Sul, também conhecida como Conferência Rio+10, novamente o Brasil apresenta papel ativo e de destaque, ao liderar a América Latina e o Caribe nas negociações que antecederam a Conferência. Em 2001, o governo brasileiro constituiu a Comissão Interministerial para Preparação do Brasil, com o objetivo de estruturar a posição do país na Conferência, além de ter criado o Grupo de Trabalho Rio+10 Brasil para desenvolver um conjunto de atividades preparatórias para o encontro. Por meio desta Comissão, os ministros contaram com diversos atores, como ONGs e demais setores da sociedade civil, na concepção do posicionamento brasileiro.

Um dos objetivos principais da Rio+10 era examinar os acordos e convênios ratificados no encontro de 1992, como a Agenda 21, e abordar certos temas que também se relacionam com o meio ambiente, como erradicação da fome, acesso à saúde, saneamento básico, água potável e educação. De modo geral, pode-se dizer que não houve, de fato, propostas concretas durante a Conferência, sobretudo ao considerarmos o cenário de descrença em organismos internacionais que marcou o começo do século XXI, em virtude dos ataques de 11 de setembro de 2001 nos Estados Unidos (Oliveira; Moreira, 2011).

Assim, a Rio+10 foi modesta, apesar de ter resultado em dois documentos: uma declaração política e um plano de implementação, que serviram para reforçar o compromisso dos países com o desenvolvimento sustentável e estabelecer metas para norteá-los em sua execução, respectivamente. Contudo, não houve uma estipulação de prazos ou uma estrutura que monitorasse ou aplicasse algum tipo de sansão no caso de não cumprimento das metas e dos compromissos assumidos.

Apesar das condições dessa nova ordem internacional, com o passar dos anos, o engajamento do Brasil em conferências e fóruns internacionais se ampliou, e o país passou a ser um dos principais atores a liderar tratativas ambientais, com destaque na Rio+20 (2012) e o Acordo de Paris (2015).

3. POLÍTICA EXTERNA BRASILEIRA E A AGENDA AMBIENTAL DE 2003 A 2023

A política externa brasileira a partir do governo de Luiz Inácio Lula da Silva, de 2003 a 2010, pautou-se na estratégia de aumentar o protagonismo do país em organizações e fóruns internacionais voltados para discutir e propor medidas de conservação ambiental. Tal estratégia ocorreu em um período marcado pelo sistema multipolar nas relações internacionais, sobretudo por meio da união com os demais países do chamado Sul Global, em um eixo horizontal de parcerias, característico deste sistema (Pecequilo, 2009), na tentativa de melhorar a imagem do Brasil. A agenda ambiental durante os primeiros anos do século XXI, tinha como objetivo reforçar os avanços obtidos nas Conferências Rio-92 e Rio+10.

De acordo com Cervo e Bueno (2012), a política externa brasileira nesse contexto foi marcada pelo pragmatismo como instrumento para garantir a defesa de seus interesses nacionais. O ex-ministro das Relações Exteriores Celso Amorim defendia a tese de que a política externa brasileira deveria ser ativa e altiva, e o Brasil não deveria temer ao adotar um posicionamento mais autônomo nas relações internacionais. Por isso, o país deveria tomar suas próprias decisões, resistindo ao que não fosse de seu interesse e apresentar agenda própria.

Ao longo do governo Lula da Silva, ocorreram três encontros internacionais relevantes que trataram de mudanças climáticas: as Conferências das Nações Unidas sobre Mudanças Climáticas (COP), realizada em Bali (Índia) em 2007, em Copenhague (Dinamarca) em 2009, e seu discurso como presidente na 64ª Assembleia Geral das Nações Unidas, também neste mesmo ano. Nestas Conferências, Lula da Silva fez menção aos impactos dos gases de efeito estufa e que os países industrializados historicamente contribuíram para o seu aumento, enfatizando a importância de buscar meios para a diminuição de suas emissões, com uso de tecnologias limpas e financiamentos internacionais. Já na Assembleia Geral da ONU, o presidente enfatizou a importância de todos os países estarem comprometidos com a problemática do aquecimento global, bem como os esforços do Brasil em termos de política doméstica na tentativa de reverter seus efeitos causadores (Branco; Soprijo; Azzi, 2021). Apesar de o Brasil não concordar com a imposição de metas para a redução das emissões de gases de efeito estufa na COP de 2009, concordou em diminuí-las, fato que foi considerado como uma postura pluralista nas relações internacionais (Viola, 2009). De acordo com Nascimento (2020), a orientação da política externa, desde a Rio-92, manteve-se baseada no princípio das responsabilidades comuns, mas diferenciadas, com a distinção de que no governo Lula da Silva acreditava ser politicamente vantajoso ao Brasil se posicionar em relação ao combate às mudanças climáticas.

Durante seu governo, Lula da Silva teve que lidar com os desafios e as demandas domésticas que partiam de diversos setores da sociedade, dentre eles, empresariados, ONGs e movimentos sociais, vários deles conhecidos por terem dado apoio à sua candidatura. Em muitos casos, houve divergências no que tange à flexibilização de barreiras e licenciamentos para promover o desenvolvimento de regiões, como Norte e Nordeste do Brasil. Nesse caso e em todos os governos anteriores e posteriores, é factível perceber, não somente em relação ao meio ambiente, mas em diversos outros temas, a intrínseca e complexa relação para acomodação dos interesses que advêm dos múltiplos atores das arenas doméstica e internacional.

Apesar dos embates internos, Lula da Silva buscou aumentar o protagonismo do Brasil na agenda ambiental global, orientando-o a partir da estratégia de erradicação da pobreza com a promoção do desenvolvimento econômico e social, para melhorar a posição do país na ordem internacional. Com relação à Amazônia, já em seu segundo governo, predominou o debate sobre soberania, desmatamento e as discussões sobre redução de emissões por degradação e desmatamento (conhecido como REDD – Redução de Emissões provenientes de Desmatamento e Degradação Ambiental). Isso ocorreu após a publicação do relatório do Painel Intergovernamental sobre Mudanças Climáticas (IPCC) de 2007 (Bezerra, 2013), conhecido por ser uma organização científico-política criada em 1988, no âmbito da ONU, para divulgar estudos e dados sobre mudanças climáticas.

A partir do governo de Dilma Rousseff (2011-2016) dois eventos se destacam no período de sua gestão: a Rio+20, realizada em 2012, e a 21ª Conferência das Partes (COP 21), em 2015, que resultou na assinatura do Acordo de Paris. Na Rio+20, o objetivo dos países fundamentou-se na renovação do compromisso político com o desenvolvimento sustentável, a partir das avaliações referentes ao progresso e hiatos ainda presentes nas cúpulas que lidavam com a temática ambiental, bem como a discussão de novos temas (UNCSD, 2012), com foco na busca de soluções que viabilizasse em escala global a economia de baixo carbono e a erradicação da pobreza.

O Brasil participou de forma ativa na preparação da Rio+20 ao lado do Grupo dos 77 e China (G-77), uma coalizão dos países em desenvolvimento para promover o diálogo e definir propostas a serem apresentadas na Conferência. A ascensão dos BRICS (Brasil, Rússia, Índia, China e África do Sul), bem como a crise econômica enfrentada pelos EUA e Europa, possibilitou o protagonismo brasileiro no cenário internacional e nos debates envolvendo a temática ambiental, sobretudo ao atuar por meio de arranjos multilaterais, como o Mercosul e o G-77. O texto final proposto pelo Brasil foi considerado apropriado pelos integrantes do Grupo, e a imagem do Brasil como um país que buscava ser a ponte entre o mundo desenvolvido e em desenvolvimento foi fortalecida (Lago, 2013).

A Conferência das Nações Unidas sobre Desenvolvimento Sustentável, conhecida como Rio+20, ocorreu de 13 a 22 de junho de 2012, no Rio de Janeiro, no Brasil. Nos primeiros dias do evento, entre 13 e 15 de junho, aconteceu a III Reunião do Comitê Preparatório, no qual se reuniram representantes dos governos para negociações dos documentos que seriam adotados ao final da Conferência. Nos dias 16 e 19 de junho foram programados os debates com sociedade civil para discutir os temas prioritários da agenda internacional para o desenvolvimento sustentável, e recebeu o nome de "Diálogos para o Desenvolvimento Sustentável". Concomitantemente, o Brasil realizou consultas públicas que influenciaram na construção final do documento "O Futuro que Queremos". E por fim, nos dias 20 a 22 de junho, aconteceram as reuniões de Alto Nível, com a presença de 193 representantes de Estados-membros na ONU (Garcia; Zacareli, 2021).

A Rio+20 foi bem-sucedida ao reforçar a importância do multilateralismo no enfrentamento de crises ambientais e a promoção do desenvolvimento sustentável (Lago, 2013). No entendimento do governo brasileiro, eram necessários novos padrões para a relação entre países desenvolvidos e em desenvolvimento, com vistas a aumentar a possibilidade de trabalharem em parcerias, sem que precisassem renunciar seus direitos soberanos. Para isso, seria importante buscar elementos que unissem os países e produzirem consenso sobre a temática ambiental, sobretudo no que tange a inovação tecnológica para a sustentabilidade (Brasil, 2011).

Entretanto, existem críticas relacionadas aos resultados obtidos a partir da Rio+20 e de seu documento final denominado "O Futuro que Queremos". Apesar de se tratar de um documento ambicioso, os críticos apontam que pouco avançou em relação à economia verde, indicando apenas um conjunto de objetivos a serem seguidos, além da falta de prazos e metas, e os avanços limitados com relação aos recursos financeiros para o desenvolvimento sustentável. Por outro lado, na visão de Lago (2013), o enfoque inovador do documento no que tange a transportes, cidades sustentáveis e energia muito provavelmente incitará novos processos no futuro. Após uma década, essas questões estão se tornando realidade em cidades do Brasil e do mundo.

O Brasil reiterou a importância da facilitação para acesso a tecnologias e financiamento com vistas a assegurar qualidade ambiental, segurança alimentar, saneamento básico e pesquisas na área de desenvolvimento sustentável, além de propor a criação dos "Objetivos do Desenvolvimento Sustentável" (Brasil, 2011). Com a realização da Rio+20, o Brasil fortaleceu sua imagem como um país que deseja ser a ponte entre o mundo em desenvolvimento e o mundo desenvolvido, procurando reafirmar suas credenciais de líder equilibrado e mediador para o fortalecimento do multilateralismo (Lago, 2013).

No ano de 2015 ocorreu a Conferência do Clima de Paris, oficialmente denominada como COP 21 (Conferência das Partes), que apontou a urgência de esforços para reverter os efeitos das mudanças climáticas. A Conferência, que acontece anualmente desde 1995, tem como objetivo as negociações de metas de redução de emissão de gases causadores do efeito estufa e, por meio do Acordo de Paris, países do mundo todo apresentaram planos para reduzirem suas emissões, a partir de sua Contribuição Nacionalmente Determinada[66] (NDC, acrônimo em inglês) (Brasil, 2017).

A NDC do Brasil estabelecia a redução das emissões de gases de efeito estufa em 37% abaixo dos níveis de 2005, para ser alcançado em 2025; e o avanço para reduzir as emissões de gases de efeito estufa em 43% abaixo dos níveis de 2005, em 2030. Para que isso ocorra, o Brasil deve fazer uma série medidas, a citar a ampliação de energias renováveis (eólica, solar e biomassa) na composição de sua matriz energética em 45% até 2030, bem como restaurar 12 milhões de hectares de florestas, dentre outras (Garcia, 2019). De modo geral, o Brasil adotou metas ambiciosas e ratificou o Acordo de Paris após exercer um papel construtivo nesta Conferência. Além disso, manteve seu perfil diplomático e enfatizou a importância do multilateralismo na resolução de problemas ambientais globais e seu comprometimento com o G-77 e China.

Após o *impeachment* de Dilma Roussef, o Brasil enfrentava uma crise econômica e institucional, e Michel Temer, vice-presidente, assumiu a condução do país (2016-2018). O cenário internacional foi marcado por mudanças políticas, com ênfase para a candidatura de Donald Trump nos EUA e o enfraquecimento de arranjos de integração regional na Europa (*Brexit)*. Em virtude do cenário que o Brasil estava enfrentando, bem como do curto mandato de seu governo, Temer teve que enfrentar os desafios políticos e econômicos domésticos, que por sua vez, limitou sua capacidade de fazer diplomacia (Stuenkel, 2017). Por outro lado, é importante frisar que a política externa de Temer buscou se dissociar das diretrizes dos governos anteriores,

---

[66] Planos de ação climática submetidos por cada país antes da realização da COP 21.

marcada por preferências ideológicas, e empreendeu esforços para fortalecer o comércio exterior e atrair investimentos.

Com relação à agenda ambiental em sua política externa, pouco se pode mencionar sobre a atuação de Temer, a não ser a acusação por parte de ambientalistas de que em seu governo ocorreram retrocessos em políticas ambientais. Dentre elas, a queda na distribuição de multas pelo Instituto Brasileiro do Meio Ambiente e dos Recursos Naturais Renováveis (IBAMA) e o Instituto Chico Mendes de Conservação Ambiental (ICMBio) (Peduzzi, 2017), e o corte de gastos para proteção ambiental. Além disso, Temer desistiu de sediar a 25ª Conferência das Nações Unidas sobre Mudanças Climáticas (COP 25), que ocorreria em 2019, influenciado por Jair Bolsonaro, recém-eleito como presidente que assumiria o governo em sequência, com a justificativa de restrições orçamentárias e da própria transição presidencial (DW, 2018).

Em contrapartida, outras importantes medidas foram tomadas, como a ampliação de unidades de conservação, como a Estação Ecológica do Taim, no Rio Grande do Sul, e a transformação do Arquipélago dos Alcatrazes em Refúgio de Vida Silvestre (Instituto Oceanográfico/USP, 2019). Com isso, no governo Temer colocou-se fim a disputa de mais de 30 anos entre a Marinha, órgãos de meio ambiente do Brasil e ambientalista. Além disso, Temer assinou um decreto que transformava partes dos arquipélagos de São Pedro e São Paulo, no estado de Pernambuco, e de Trindade e Martim Vaz, no estado de Espírito Santo, nos dois maiores conjuntos de unidades de conservação marinha do Brasil; com isso, a porção de águas marinhas protegidas no Brasil passou de 1,5% a 25% (Fellet, 2018). E em 2018, o Brasil sediou pela primeira vez a Comissão Baleeira Internacional (CBI), uma organização internacional criada em 1946 voltada para a conservação de baleias e outros mamíferos marinhos, e que proíbe a caça comercial desses animais em todo mundo (WWF, 2018).

Durante a presidência de Jair Bolsonaro (2019-2022), a política externa brasileira passou a se basear não mais pelo multilateralismo e houve diminuição de esforços em pautas de interesse global, como a agenda ambiental. Em seu governo, priorizaram-se reformas domésticas e a abertura econômica do país, e a partir de 2020, enfrentar questões relacionadas à saúde pública decorrente da pandemia de COVID-19 e a retração da atividade econômico-produtiva no Brasil e no mundo todo.

No início do governo Bolsonaro, seu Ministro das Relações Exteriores, Ernesto Araújo defendeu em seus discursos os interesses de grupos produtivos que sustentam a economia brasileira, como o agronegócio, e enfatizava que a proteção ambiental seria orientada pela lógica da gestão soberana de nossos recursos naturais, sobretudo com relação à Amazônia, alegadamente uma região de cobiça internacional (Brasil, 2021).

Concomitantemente, o Ministro de Meio Ambiente desta época, orquestrou o desmobilização das fiscalizações ambientais, não permitiu a aplicação ou abonou multas por crimes ambientais, tentou flexibilizar legislações ambientais, desligou vários funcionários de carreira de órgãos ambientais e contratou novos técnicos com alinhamento ideológico, inclusive nomeando militares e policiais para cargos de chefia no Instituto Brasileiro do Meio Ambiente e dos Recursos Renováveis (IBAMA) e no Instituto Chico Mendes de Conservação e Biodiversidade (ICMBio), sem formação ou experiência na área ambiental. Além disso, extinguiu a Secretaria de Mudanças Climáticas e Florestas (posteriormente renomeada como Secretaria de Clima e Relações Internacionais em agosto de 2020), transferiu a Agência Nacional de Águas (ANA), a Fundação Nacional do Índio (FUNAI) e o Serviço Florestal Brasileiro (SFB) para outros ministérios. Ele propôs instrumentos normativos para regularizar terras públicas, por exemplo, as reservas indígenas invadidas por grileiros para produção agrícola, pecuária extensiva e garimpo ilegal (Garcia, 2019). Como medida de reverter a imagem do governo diante do desmonte da estrutura de licenciamento, monitoramento e fiscalização ambiental, pressão de ambientalistas, pesquisadores, mídia, cidadãos e gestores públicos no Brasil e no mundo, foram estabelecidas parcerias público-privadas para gestão de Unidades de Conservação na Amazônia e firmado o Acordo de Cooperação Técnica com o Ministério da Justiça e Segurança Pública (MJSP) para atuação da Força Nacional região/bioma (Brasil, 2022).

Durante o governo de Jair Bolsonaro foram tomadas medidas que ameaçaram as políticas ambientais e as instituições fundamentais para a proteção do meio ambiente, como a extinção de instâncias de governança, como a Comissão Nacional para os Objetivos do Desenvolvimento Sustentável e a paralisação dos financiamentos dos projetos do Fundo Amazônia. A Amazônia e o Pantanal sofreram com incêndios florestais de grande intensidade e frequência desde 2019; ao passo que diferentes nações indígenas denunciaram ameaças oriundas de grupos envolvidos com os grandes produtores agropecuários e mineradores. Desde então, o Brasil perdeu o protagonismo ambiental nas relações internacionais por, novamente, posicionar-se de forma enfática na defesa da soberania nacional sobre os seus recursos naturais, em detrimento ao multilateralismo, que era um dos princípios sustentadores da política externa brasileira, inclusive para a agenda ambiental global (Garcia; Zacareli, 2021).

Apesar de criticar abertamente a ONU e a atuação de algumas ONGs, bem como ter desistido de sediar a 25ª Conferência do Clima em 2019, no governo Bolsonaro, o Brasil assumiu um novo compromisso na COP-26, realizada em Glasgow, na Escócia, de reduzir 50% das emissões de gases de efeito estufa até 2030, semelhante ao compromisso assumido em 2015. Deste modo, o país chegou ao fim da Conferência com o mesmo nível de ambição que havia se comprometido no Acordo de Paris seis anos atrás, o que ainda seria insuficiente para alcançar o objetivo de manter a temperatura da Terra em até 1,5°C.

Em 2021, com novos ministros de meio ambiente e relações exteriores, o Brasil buscou reestabelecer seu protagonismo ambiental na COP-26, e atuou intensamente nas negociações que resultaram na aprovação da proposta de criação do mercado global de crédito de carbono – reforçando a importância de regulamentar o artigo 6º do Acordo de Paris. O país intenciona tornar-se grande exportador desse tipo de crédito, mas precisará dedicar-se verdadeiramente a conservação de florestas nativas, ao combate ao desmatamento e às queimadas, ao incremento de fontes de energia eólica e solar em sua matriz energética, investir em infraestrutura urbana e logística de baixa emissão de poluentes e consumo energético, dentre outras frentes imprescindíveis para alcançar as metas estabelecidas na Contribuição Nacionalmente Determinada (NDC)[67] e restabelecer sua credibilidade ambiental.

Na primeira semana da COP-26, o governo brasileiro assumiu dois compromissos importantes: Declaração dos Líderes de Glasgow sobre Florestas e Uso da Terra e o Compromisso Global de Metano. O primeiro compromisso tem como objetivo acabar com o desmatamento até 2030. Apesar de não mencionar a diferenciação entre desmatamento legal e ilegal, e os representantes brasileiros na Conferência enfatizaram o compromisso em limitar o desmatamento ilegal, que responde por 99% da prática de desmatamento no país. O segundo compromisso, por sua vez, visa diminuir as emissões de gás metano até 2030, que é considerado o mais danoso à atmosfera que o CO2, e as emissões do Brasil são mais de 75% provenientes da atividade agropecuária (Genin; Frasson, 2021).

As contradições da postura do Brasil em relação às políticas domésticas e externas ambientais não é incomum em nossa história, com momentos de avanços e retrocessos[68]. Em 2003, sob o governo de Luiz Inácio Lula da Silva, o Brasil foi criticado por legalizar a plantação e a comercialização de produtos geneticamente modificados. Em seu segundo governo, Lula foi alvo de ativistas que apontavam a falta de uma estratégia clara para a agenda de mudanças climáticas. No governo Dilma Rousseff houve duras críticas pelo apoio às construções das usinas de Tapajós e Belo Monte, e por não ter vetado mudanças no Código Florestal. No curto governo de Temer, a pressão ocorreu a partir de certos segmentos da sociedade e de lideranças internacionais, por causa da influência da bancada ruralista no Congresso, em assuntos circunscritos na relação terra, natureza, direitos humanos e impactos ambientais (Greenpeace Brasil, 2020).

---

[67] A NDC brasileira está disponível em: https://www4.unfccc.int/sites/NDCStaging/Pages/Party.aspx?party=BRA

[68] Para conhecer a evolução de alguns regimes ambientais específicos e o processo de internalização de acordos internacionais negociados e ratificados pelo Brasil, indicamos o livro: DULEBA, W.; BARBOSA, R. A. (orgs.) Diplomacia ambiental. São Paulo: Blucher, 2022.

No terceiro mandato do presidente Luiz Inácio Lula da Silva, iniciado em janeiro de 2023, alguns desafios deverão ser enfrentados no que tange temas ambientais e política externa, com destaque para:

1. A ressignificação da imagem do Brasil no mundo, que voltou a ser julgado como vilão ambiental e, para isso, o governo precisará reafirmar os compromissos assumidos sobre os acordos ambientais internacionais já assinados e ratificados. Enquanto isso, no âmbito doméstico, o governo federal e suas instituições de suporte técnico e policial, precisarão agir com efetividade para repreender, controlar e diminuir as ações ilícitas que impactam os biomas brasileiros, como queimadas, desmatamento, garimpo e biopirataria, inclusive em terras indígenas.

2. O Acordo Mercosul-União Europeia concluído em 2020, porém ainda não foi ratificado pelos congressos europeus com a justificativa frente às declarações e ações feitas pelo Brasil de negligenciamento às questões ambientais. Muitos políticos e grupos de interesse da União Europeia utilizam da política ambiental como um pré-requisito ou barreira para as políticas comerciais. Este Acordo dispõe do capítulo sobre Comércio e Desenvolvimento Sustentável; e ao reconhecer que o Brasil é o principal *player* do bloco devido seus fatores ambientais, populacionais, produtivos e econômicos mencionados no início desse texto, o descumprimento de normas ambientais internacionais poderá acarretar boicotes e restrições a importação de produtos brasileiros; apesar de parte da agropecuária brasileira, notadamente a exportadora, ter sua produtividade atrelada a inovações tecnológicas e padrões internacionais de sustentabilidade.

3. A reativação do Fundo Amazônia e restabelecimento dos comitês orientador e técnico, para dar destino aos financiamentos internacionais não reembolsáveis, para projetos de operações de comando e controle da região, atendimento aos indígenas e estudos de ordenamento territorial. O Fundo Amazônia[69] foi

---

[69] Informações oficiais sobre o Fundo Amazônia ficam disponíveis em: <https://www.fundoamazonia.gov.br/pt/fundo-amazonia/governanca/>. Acesso em: 10 fev. 2023.

Capítulo 9: O Brasil e a política externa para meio ambiente

criado em 2009, é gerido pelo Banco Nacional de Desenvolvimento Econômico e Social (BNDES), que também é responsável pela captação de recursos, os quais são condicionados pela comprovação da redução da emissão de gases de efeito estufa decorrentes do desmatamento e queimadas na Amazônia. Os doadores do Fundo Amazônia são Noruega, Alemanha e Petrobrás, que já contribuirão com mais de R$3,4 bilhões.

4. CONSIDERAÇÕES FINAIS

Conforme apresentado neste capítulo do nosso estudo sobre política externa, o Brasil tem buscado a liderança nas negociações internacionais para temas ambientais, ora apresentando os argumentos soberanistas, ora com os princípios baseados no multilateralismo, na cooperação internacional e no desenvolvimento sustentável. Tais posicionamentos refletem a complexidade das relações de poder que são influenciados por variáveis domésticas, regionais e internacionais. Reitera-se que os princípios, conceitos, interesses e atores-chaves são influenciados pelas conjunturas, e esses influenciam nos processos de tomada de decisão, tanto na escala nacional como na internacional.

A condução da política externa brasileira em relação às questões ambientais sofreu mudanças significativas ao longo das últimas décadas. O fim dos governos militares marcou o fim da autonomia pelo distanciamento caracterizada pelo afastamento das grandes contendas internacionais, e a partir da década de 1990, assumiu caráter mais ativo através da autonomia pela participação. O Brasil tem se posicionado como protagonista nas negociações da agenda ambiental global, ao mesmo tempo em que reafirma a importância de se manterem os compromissos assumidos nas diversas Conferências ambientais, também defende o respeito à soberania e os direitos de acesso aos recursos naturais para o desenvolvimento humano, crescimento econômico e o resguardo à condição de vida daqueles que vivem nas áreas naturais.

Ao reconhecer os potenciais ambientais do Brasil por dispor de importantes biomas, bacias hidrográficas e aquíferos, solos agricultáveis e jazidas minerais necessários à sua população e às demandas advindas de outros países, os quais também são necessários para o equilíbrio da Terra e das gerações humanas presentes e futuras, amplia-se o nível de responsabilidade do país, na formulação e implementação de suas políticas públicas nacionais e externas, as quais devem estar verdadeiramente embasadas em estratégias de sustentabilidade, pelo fato de reverberarem na construção e efetividade da governança ambiental global.

5. ESTUDO DIRIGIDO

Questão 1: Correlacione os fatores que influenciam para que o Brasil seja considerado um importante ator nas negociações relacionadas a temas ambientais em instâncias regionais e multilaterais.

Questão 2: Descreva o cenário doméstico vivido pelo Brasil a partir da década de 1970 e a forma como se posicionou na Conferência de Estocolmo (1972).

Questão 3: Quando o Brasil passa a ser um ator ativo nas discussões sobre proteção ambiental nas arenas multilaterais?

Questão 4: Quais são as variáveis (nacionais e internacionais) que influenciam na política externa brasileira ambiental?

Questão 5: Disserte sobre os desafios que o Brasil encontrará nos próximos anos para ser um líder regional e internacional a respeito de questões ambientais globais.

6. REFERÊNCIAS BIBLIOGRÁFICAS

BARROS-PLATIAU, A. F. A Política Externa Ambiental: do desenvolvimentismo ao desenvolvimento sustentável. In: ALTEMANI, H.; LESSA, A. C. *Relações Internacionais do Brasil*: temas e agendas. São Paulo: Saraiva, 2006, p. 251-281.

BRASIL. Comissão Nacional para a Conferência das Nações Unidas sobre Desenvolvimento Sustentável. *Documento de Contribuição Brasileira à Rio*

+*20*. Brasília, 2011. Disponível em: <http://www.rio20.gov.br/documentos/contribuicao-brasileira-a-conferencia-rio-20/at_download/contribuicao-brasileira-a-conferencia-rio-20.pdf.>. Acesso em: 7 abr. 2023.

BRASIL. *Decreto nº 9.073, de 5 de junho de 2017*. Disponível em: < https://www.planalto.gov.br/ccivil_03/_ato2015-2018/2017/decreto/d9073.htm>. Acesso em 8 abr. 2023.

BRASIL. *Presidente da República apresenta medidas ambientais do Governo Federal*. 2022. Disponível em: <https://www.gov.br/mma/pt-br/noticias/presidente-da-republica-apresenta-medidas-ambientais-do-governo-federal#:~:text=Prote%C3%A7%C3%A3o%20ambiental,-No%20documento%2C%20o&text=Esse%20plano%20conta%20com%20cinco,por%20servi%C3%A7os%20ambientais%3B%20e%20bioeconomia.>. Acesso em: 10 abr. 2023.

CÂMARA, J. B. D. Governança ambiental no Brasil: ecos do passado. *Revista de Sociologia e Política*, 21 (46), 2013.

CERVO, A. L.; BUENO, C. *História da política exterior do Brasil*. 4 ed. Brasília: Editora da Universidade de Brasília, 2012.

DEUTSCHE WELLE – DW. *Após desistência do Brasil, Chile vai sediar COP-25*. 2018. Disponível em: < https://www.dw.com/pt-br/ap%C3%B3s-desist%C3%AAncia-do-brasil-chile-vai-sediar-cop-25/a-46752231>. Acesso em: 09 abr. 2023.

DUARTE, L. C. B. *Política externa e meio ambiente*. Rio de Janeiro: Jorge Zahar, 2003.

FELLET, J. Decreto de Temer cria duas maiores reservas marinhas do Brasil. *BBC*. 2018. Disponível em: < https://www.bbc.com/portuguese/geral-42831105>. Acesso em: 09 abr. 2023.

GARCIA, T. de S. L. *Desafios da Integração Sul-Americana*: as políticas de Meio Ambiente e Transportes no Mercosul (2009-2019). 2019. Tese (Doutorado em Geografia Humana) – Faculdade de Filosofia, Letras e Ciências Humanas, Universidade de São Paulo, São Paulo, 2019.

GARCIA, T. de S. L.; ZACARELI, M. A. Meio Ambiente e Relações Internacionais. In: GALLO, R. (org.). *Relações Internacionais*: Temas Contemporâneos. Boa Vista: Editora IOLE, 2021, p. 167-223.

GENIN, C.; FRASSON, C. M. R. *O saldo da COP26: o que a Conferência do Clima significou para o Brasil e o mundo.* 2021. Disponível em: <https://www.wribrasil.org.br/noticias/o-saldo-da-cop26-o-que-conferencia-do-clima-significou-para-o-brasil-e-o-mundo>. Acesso em: 10 abr. 2023.

GREENPEACE BRASIL. "Bolsonaro, Temer, Dilma, Lula... não importa. Presidente tem que proteger o meio ambiente". *Greenpeace Brasil.* [01/10/2020]. Disponível em: <https://www.greenpeace.org/brasil/blog/presidente-tem-que-proteger-o-meio-ambiente/>. Acesso em 17/12/2020.

GUIMARÃES, R. P. *The Ecopolitics of Development in the Third Word.* Lynne Rienner Publishers, 1991.

INSTITUTO BRASILEIRO DE GEOGRAFIA E ESTATÍSTICA (IBGE). *Prévia do Censo IBGE 2022.* Disponível em: <https://ftp.ibge.gov.br/Censos/Censo_Demografico_2022/Previa_da_Populacao/POP2022_Brasil_e_UFs.pdf>. Acesso em: 02 mar. 2023.

INSTITUTO OCEANOGRÁFICO/USP. *Arquipélago dos Alcatrazes guarda muitas descobertas para a ciência,* 2019. Disponível em: < https://www.io.usp.br/index.php/noticias/1193-arquipelago-dos-alcatrazes-guarda-muitas-descobertas-para-a-ciencia.html>. Acesso em: 9 abr. 2023.

JESUS, B. de. *Integração da infraestrutura de transportes na América do Sul*: a atuação e os desafios da IIRSA/COSIPLAN nos Eixos de influência do MERCOSUL. 2022. Dissertação (Mestrado em Integração da América Latina) – Integração da América Latina, Universidade de São Paulo, São Paulo, 2022.

LAGO, A. C. do. *Conferências do Desenvolvimento Sustentável.* Brasília: Instituto Rio Branco/Fundação Alexandre de Gusmão, 2013.

LESSA, A. C. *O Pretérito Mais que Perfeito*: a evolução da ordem e da inserção internacional do Brasil (1945-2000). Brasília: Mimeo, 2001.

MERCURE, J. F. et al. System complexity and policy integration challenges: The Brazilian Energy-Water-Food Nexus. *Renewable and Sustainable Energy Reviews*, v. 105, p. 230-243, 2019.

MILANI, C. R. S. *Política Externa é Política Pública?* Insight Inteligência (Rio de Janeiro), v. XVIII, p. 57-75, 2015.

MOURA, A. M. M. de. *Trajetória da política ambiental federal no Brasil.* Repositório do Conhecimento do IPEA, 2016.

OLIVEIRA, N. C.; MOREIRA, P. G. O Brasil e as três conferências das Nações Unidas sobre o meio ambiente. *História e Economia*, v. 9, n. 2, p. 99-116, 2011.

PEDUZZI, P. No Dia Mundial do Meio Ambiente, Temer amplia e cria unidades de conservação. *Agência Brasil.* 2018. Disponível em: < https://agenciabrasil.ebc.com.br/politica/noticia/2017-06/no-dia-mundial-do-meio-ambiente-temer-amplia-e-cria-unidades-de-conservacao>. Acesso em 09 abr. 2023.

STUENKEL, O. Resgatar o papel externo do Brasil. *El País*, 2017. Disponível em: <https://brasil.elpais.com/brasil/2017/12/12/opinion/1513100046_043537.html>. Acesso em: 09 abr. 2023.

UNITED NATIONS CONFERENCE ON SUSTAINABLE DEVELOPMENT (UNCSD). *Sobre a Rio+20.* Disponível em: <http://www.rio20.gov.br/sobre_a_rio_mais_20.html>. Acesso em: 06 abr. 2023.

UNITED NATIONS ENVIRONMENT PROGRAME (UNEP). *Brasil Megadiverso*: dando um impulse online para a biodiversidade. Publicado em 28 fev. 2019. Disponível em: https://www.unep.org/pt-br/noticias-e-reportagens/story/brasil-megadiverso-dando-um-impulso-online-para-biodiversidade. Acesso em: 01 abr. 2023.

VIOLA, E. Impasses e Perspectivas da Negociação Climática Global e Mudanças na Posição Brasileira. *Revista Breves Cindes*, 2009. p. 1-24.

WORLDWIDE FUND FOR NATURE – WWF. *Brasil recebe pela primeira vez Comissão Baleeira Internacional (CBI).* 2018. Disponível em: < https://www.wwf.org.br/?67323/Brasil-recebe-pela-primeira-vez-Comissao-Baleeira-Internacional-CBI>. Acesso em: 09 abr. 2023.

7. RECURSOS AUDIOVISUAIS

A Lei da Água. Gênero: Documentário. Ano: 2015. Direção: André D'Elia. Sinopse: Este documentário revela a importância das florestas para a conservação dos recursos hídricos no Brasil e o impacto do novo Código Florestal, aprovado pelo Congresso em 2012. Agricultores, ambientalistas, cientistas e ruralistas apresentam técnicas sustentáveis e revelam informações de casos no qual a degradação ambiental impede a continuidade de qualquer tipo de cultivo e a criação de animais. Disponível em: <https://www.youtube.com/watch?v=-jgq_SXU1qzc>

Home – Nosso Planeta, Nossa Casa. Gênero: Documentário. Ano: 2009. Direção: Yann Arthus-Bertrand. Sinopse: Este documentário é resultado de filmagens feitas inteiramente do ponto de vista de cima pelo consagrado fotógrafo Yann Arthus-Bertrand, e visa sensibilizar, educar e conscientizar as plateias de todo o mundo sobre a fragilidade da Terra, ao demonstrar que tudo que é vivo e belo sobre nosso planeta está interligado, porém encontra-se em situação de fragilidade diante da alta exploração da biodiversidade, globalização da agricultura, o crescimento populacional e da pobreza. Disponível em: https://www.youtube.com/watch?v=oU0qlQ5a8YA

CAPÍTULO 10: **POLÍTICA EXTERNA BRASILEIRA E QUESTÕES ENERGÉTICAS**

RODRIGO PEDROSA LYRA[70]

1. INTRODUÇÃO

Os recursos energéticos fósseis, como o petróleo, o carvão e o gás natural, têm desempenhado um papel fundamental no desenvolvimento humano, desde a Revolução Industrial no século XVIII. Antes da era dos recursos energéticos fósseis, a humanidade dependia de fontes de energia mais limitadas, como a lenha e o carvão vegetal, para fornecer calor e luz. Essas fontes eram mais difíceis de obter e eram menos eficientes, o que limitava a produtividade humana e dificultava o desenvolvimento econômico. Com a descoberta e o desenvolvimento dos recursos energéticos fósseis, as possibilidades de exploração e desenvolvimento econômico se ampliaram enormemente. Isso levou a um aumento na produção industrial, na urbanização e no crescimento populacional em todo o mundo, e também de conflitos geopolíticos (Yergin, 2011).

Os combustíveis fósseis foram responsáveis por transformar a economia global, aumentar a produtividade e melhorar a qualidade de vida das pessoas em todo o mundo. Contudo, foram também responsáveis por conflitos, guerras e pela deterioração de recursos ambientais. Na literatura de Relações Internacionais, o tema de energia vem sendo analisado sob diferentes perspectivas. Em comum, tem-se a percepção de que "energia é poder" (Hage, 2020: 13).

---

[70] Doutor em Relações Internacionais pela Universidade de São Paulo (USP), e pelo King's College London.

Nesse sentido, o surgimento da Organização dos Países Exportadores de Petróleo (OPEP), em 1960, e sua consolidação como importante ator internacional foi um dos acontecimentos mais importantes nas relações internacionais durante a Guerra Fria (Jabber, 1978). Além disso, a formação da OPEP ocorreu em um momento de transição no sistema internacional, em um cenário político marcado pela bipolaridade, pela descolonização e pelo consequente nascimento de vários estados independentes, que, em geral, integraram o então chamado "Terceiro Mundo" (Usman, 2017). Durante o século XX e ainda nos dias de hoje, deter recursos energéticos é um ativo de poder no sistema internacional e impacta a forma como a política externa de um país atua.

A relação entre política externa e segurança energética, por exemplo, tem sido cada vez mais evidente no século XX e XXI, com a crescente dependência dos países em relação aos recursos energéticos para o desenvolvimento econômico e a segurança nacional. A disponibilidade de energia é um fator crucial para o poder e a influência dos países no cenário internacional. A posse e controle de recursos energéticos pode determinar a capacidade de um país de alcançar seus objetivos estratégicos. Por exemplo, a segurança energética é uma das principais preocupações da política externa europeia. A Europa é grande importadora de gás natural, e a interrupção do fornecimento de energia pode ter consequências graves para a economia e a segurança do continente. Nos últimos anos, vários casos demonstraram a importância da segurança energética para a política internacional.

A guerra da Ucrânia demonstra, uma vez mais, a relação entre política externa e segurança energética. Desde a anexação da Crimeia pela Rússia em 2014, as relações entre a União Europeia (UE) e a Rússia têm sido tensas. A Ucrânia é um país chave no fornecimento de gás natural para a Europa, uma vez que é um importante trânsito para o gás russo que abastece o continente. Em 2009, a Rússia interrompeu o fornecimento de gás natural para a Europa através da Ucrânia, causando uma crise energética na Europa. Desde então, a UE tem buscado diversificar suas fontes de energia e reduzir sua dependência do gás russo. Além disso, a UE tem trabalhado com a Ucrânia para modernizar sua infraestrutura de gás natural e melhorar a segurança energética na região.

Nos últimos anos, tem havido um crescente investimento e aumento da participação de fontes de energia renovável na matriz energética dos países. Nesse sentido, a Europa tem investido em fontes de energia renovável, como a energia eólica e solar, para reduzir sua dependência de combustíveis fósseis. A UE estabeleceu metas ambiciosas para reduzir as emissões de gases de efeito estufa e aumentar a participação de fontes renováveis na matriz energética. No entanto, a transição para fontes renováveis apresenta seus próprios desafios de segurança energética. A produção de equipamentos de energia renovável, como painéis solares e turbinas eólicas, depende de metais raros que são controlados por um pequeno número de países, o que pode levar a problemas de segurança no suprimento e de conflitos por recursos.

No caso do Brasil, a descoberta das reservas de petróleo na camada pré-sal tem mudado significativamente a relação entre política externa e segurança energética. O Brasil se tornou um dos maiores produtores de petróleo do mundo, e a exploração dessas reservas tem se tornado uma prioridade estratégica para o país, mas também um grande desafio. Neste capítulo, iniciaremos abordando aspectos geopolíticos dos combustíveis fósseis, com destaque para o petróleo, o gás natural e o etanol. Analisaremos a relação entre política externa e empresas de petróleo. Na segunda parte do capítulo, focaremos no caso brasileiro, analisando o papel dessas energias fósseis para a política externa brasileira e como a Petrobras atua nesse processo. Vamos finalizar com comentários acerca do novo cenário de transição energética e seus potenciais impactos na política externa brasileira.

2. A GEOPOLÍTICA DAS ENERGIAS FÓSSEIS

2.1. O PETRÓLEO E A POLÍTICA EXTERNA BRASILEIRA

O petróleo é uma *commodity* de extrema importância para a economia global, e isso é particularmente verdadeiro para países em desenvolvimento como o Brasil. Durante o governo Lula, o petróleo desempenhou um papel fundamental nas relações diplomáticas do Brasil com outros países, especialmente com as nações produtoras de petróleo do Oriente Médio e do continente africano, como a Nigéria (Coutinho; Steffens; Vieira, 2014; Lyra, 2017). O governo Lula assumiu o poder em 2003 em um contexto internacional marcado pela Guerra do Iraque e pela instabilidade política no Oriente Médio, que resultou em uma crise energética global e em uma escalada nos preços do petróleo. O Brasil, como um grande produtor e exportador de *commodities*, incluindo petróleo, foi diretamente afetado por essa situação, tanto em termos econômicos quanto geopolíticos.

Para o governo Lula, o petróleo era uma ferramenta importante para promover o desenvolvimento econômico do país e aumentar a sua influência internacional. Durante o seu mandato, o Brasil se tornou um importante produtor de petróleo, com grandes reservas descobertas na camada do pré-sal, que representa uma das maiores descobertas de petróleo do mundo nas últimas décadas. Isso tornou o petróleo uma prioridade estratégica para o governo Lula, que buscou expandir as parcerias com outros países produtores de petróleo, ao mesmo tempo em que fortaleceu a capacidade da Petrobras, a empresa estatal de petróleo do Brasil, para desenvolver e explorar as reservas do pré-sal (Cunha, 2010; Magalhães Neiva Santos, 2009; Ribeiro, 2011).

2.2. O GÁS NATURAL E A POLÍTICA EXTERNA BRASILEIRA

O gás natural tem se tornado um recurso cada vez mais importante na política energética global, e o Brasil tem se destacado como um dos principais produtores e exportadores de gás natural da América Latina. Durante o século XXI, a política externa brasileira tem buscado aproveitar o potencial do gás natural para promover seus interesses geopolíticos em nível internacional e regional. O Brasil é um dos maiores produtores de gás natural da América Latina, com reservas significativas em áreas como o pré-sal e o campo de Lula. Essas reservas têm sido um importante fator na geopolítica do gás natural na região, e o governo brasileiro tem procurado usar sua posição como produtor para promover seus interesses em nível internacional (Pamplona, 2004; Pautasso, 2018; Schüffner, 2006).

Uma das estratégias da política externa brasileira tem sido a busca de parcerias com outros países produtores de gás natural. A Bolívia é um dos principais fornecedores de gás natural para o Brasil, e as duas nações têm mantido uma relação estratégica na área energética. Foi também com a Bolívia o maior conflito diplomático dos últimos anos, envolvendo a nacionalização de ativos da Petrobras em 2006, pelo governo de Evo Morales (Fuser, 2011; Pautasso, 2018).

2.3. O ETANOL E A POLÍTICA EXTERNA BRASILEIRA

O etanol tem se tornado um recurso cada vez mais importante na política energética global, e o Brasil tem se destacado como um dos principais produtores e exportadores de etanol da América Latina. Durante o século XXI, a política externa brasileira tem buscado aproveitar o potencial do etanol para promover seus interesses geopolíticos em nível internacional. Na literatura de Relações Internacionais, criou-se o termo de "diplomacia do etanol", para se referir, especialmente, a busca por ampliar o mercado internacional e regional para o etanol brasileiro. Essa busca de oportunidades e de promoção comercial foi realizada principalmente pelo Ministério de Relações Exteriores (MRE) em países como Argentina, Chile e Paraguai (Johnson, 2010; Machado, 2014; Tasca, 2018).

O Brasil, por ser um dos maiores produtores de etanol do mundo, com um setor produtivo altamente competitivo e avançado, possui vantagens comparativas do país na produção de etanol, incluindo o clima favorável para o cultivo de cana-de-açúcar e a tecnologia de produção eficiente. Por isso, uma das estratégias da política externa brasileira tem sido a busca por parcerias com outros países produtores de etanol. Isso foi particularmente verdade durante os primeiros mandatos do governo Lula, quando o MRE buscou ampliar a parceria com os Estados Unidos na área de biocombustíveis, promovendo a criação de um mercado global para o etanol e a harmonização das políticas regulatórias sobre o tema (Machado, 2014).

O etanol também é um produto estratégico para o Brasil, do ponto de vista da integração energética regional. Nesse sentido, o Mercado Comum do Sul (Mercosul) tem sido um importante fórum para a cooperação energética na região. O Brasil tem proposto iniciativas para a criação de um mercado de etanol regional, com o objetivo de aumentar a segurança energética e promover o desenvolvimento econômico na região. No entanto, o país enfrenta desafios na área de etanol. Um dos principais desafios é a competitividade do setor produtivo brasileiro de etanol em relação a outros produtores globais, como os Estados Unidos e a Índia. Esses países têm políticas de subsídios e tarifas que beneficiam seus produtores de etanol, o que distorce o mercado internacional desse produto e prejudica as exportações brasileiras (Johnson, 2010).

3. POLÍTICA EXTERNA E EMPRESAS DE PETRÓLEO

Independentemente do tipo de energia fóssil analisada, a relação entre política externa e empresas de petróleo é uma das mais complexas e controversas na geopolítica global. Desde o início da era do petróleo, as empresas de petróleo se tornaram uma das mais importantes indústrias do mundo e seus interesses se entrelaçam com os interesses nacionais dos países produtores e consumidores. O petróleo é um recurso estratégico que tem sido usado como arma política pelos países produtores para alcançar seus objetivos estratégicos e econômicos. As empresas de petróleo são atores-chave neste processo, pois são responsáveis pela exploração, produção e comercialização de petróleo e gás natural (Jaffe; Soligo, 2007).

Um exemplo histórico do uso da política externa pelas empresas de petróleo foi o papel desempenhado pelas empresas britânicas e americanas no Oriente Médio durante o século XX. Durante a Guerra Fria, muitos dos conflitos políticos ocorriam através da competição comercial, fosse entre as superpotências, entre países ocidentais e orientais ou entre países industrializados e do Terceiro Mundo (Chitadze, 2012; Sampson, 1991). A descoberta de grandes reservas de petróleo na região mudou o equilíbrio de poder global e levou as empresas ocidentais a se envolverem diretamente na política interna dos países produtores. As empresas de petróleo americanas e britânicas, como a Standard Oil e a British Petroleum (BP), estabeleceram rela-

Capítulo 10: **Política externa brasileira e questões energéticas**

ções próximas com líderes políticos no Oriente Médio e participaram diretamente das decisões políticas desses países.

Até a criação da OPEP, as chamadas "Sete Irmãs" dominavam o mercado internacional de petróleo, agiam de forma análoga a um cartel (Sampson, 1991) e exerciam controle sobre os produtores de petróleo do Terceiro Mundo (B., 1990; Chitadze, 2012; Usman, 2017). Nos últimos anos, o papel das empresas de petróleo na política externa global tem sido menos direto, mas ainda é significativo. Um exemplo recente disso foi a decisão do governo dos Estados Unidos de impor sanções econômicas contra a Venezuela em 2019. As sanções foram destinadas a pressionar o governo do presidente Nicolás Maduro e incluíram a proibição de empresas americanas de fazer negócios com a estatal petrolífera venezuelana PDVSA. A medida teve um impacto significativo na economia da Venezuela, que depende fortemente das exportações de petróleo, e ajudou a enfraquecer o governo de Maduro.

Outro exemplo é o papel da Rússia no mercado global de petróleo e gás natural. A Rússia é um dos maiores produtores de petróleo e gás do mundo e tem usado suas empresas de petróleo, como a Gazprom e a Rosneft, como instrumentos para promover seus interesses geopolíticos. A Rússia tem usado sua posição dominante no mercado de gás natural da Europa para influenciar a política externa dos países europeus, como forma de ganhar influência política e econômica. Por exemplo, a Rosneft estabeleceu uma parceria com a Venezuela em 2014, investindo bilhões de dólares em projetos de petróleo e gás natural no país. A parceria ajudou a Venezuela a enfrentar as sanções impostas pelos Estados Unidos e fortaleceu a posição da Rússia na região (Locatelli, 2006). Na próxima seção, analisaremos o papel da Petrobras para a política externa brasileira.

3.1. A PETROBRAS E A POLÍTICA EXTERNA BRASILEIRA

A criação da Petrobrás em 1953 se deu em um contexto político e econômico bastante peculiar na história do Brasil. O país passava por uma fase de grandes transformações, marcada pela industrialização, urbanização e intensificação do processo de modernização. Nesse período, o Brasil ainda dependia bastante das importações de petróleo, o que representava um grande desafio para a economia e a segurança nacional. A criação da Petrobras foi uma iniciativa do governo do presidente Getúlio Vargas, que na época buscava fortalecer o Estado e garantir sua autonomia em relação aos interesses estrangeiros (Felipe, 2010).

O governo Vargas viu na criação da Petrobras uma forma de combater essa dependência e garantir a soberania nacional no setor de petróleo. A criação da Petrobras foi vista como uma afirmação do Brasil como nação, capaz de controlar os seus próprios recursos naturais e de promover o desenvolvimento em benefício do seu povo. No entanto, a criação da Petrobras também foi alvo de críticas por parte dos setores mais conservadores da sociedade, que viam na empresa uma ameaça aos interesses estrangeiros e à livre iniciativa. O debate em torno da criação da Petrobras foi intenso, e o governo precisou enfrentar uma forte oposição para levar adiante o projeto (Felipe, 2010; Ribeiro, 2011).

Em relação aos trabalhos existentes especificamente sobre o processo decisório da política externa energética do Brasil, há duas correntes predominantes. A primeira defende que a atuação da política externa brasileira e a da Petrobras caminham lado a lado, sendo que o processo decisório é liderado pelo Poder Executivo, que utiliza a Petrobras como instrumento geopolítico do país (Felipe, 2010; Fuser, 2007; Nogueira, 2007; Ribeiro, 2011; Segabinazzi, 2007). Felipe (2010) defende que a autonomia relativa da empresa apresenta limites claros quando há um objetivo maior delineado pelo Governo Federal e que isso seria o custo empresarial de sua face estatal (Felipe, 2010: 151). O autor utiliza como evidência empírica países em que a Petrobras atua sem grandes resultados econômicos, o que só poderia ser explicado devido à obediência estatal.

A segunda corrente de pensamento, de caráter revisionista, indica que há profundas divergências de atuação entre o Governo Federal, de maneira geral, e a Petrobras, no que se refere à sua atuação no exterior (Carra, 2014; Lyra, 2017) e que, em determinados casos, como na Nigéria, a empresa atuou com autonomia decisória, tornando o Itamaraty coadjuvante. Não resta claro, contudo, se isso ocorre devido, de fato, à autonomia decisória da Petrobras ou por ordem do próprio Governo Federal, porém em órgão outro que não o Itamaraty.

Para parte da literatura, a internacionalização da Petrobras foi utilizada, principalmente a partir dos anos de 1990, no Cone Sul, por diferentes governos brasileiros, como instrumento da política externa brasileira, o que fez com que a empresa obedecesse aos interesses estratégicos do Itamaraty. Nesse sentido, levando-se em consideração que o governo brasileiro ainda é o acionista majoritário da Petrobras, portanto com alto poder decisório, a empresa teria promovido diretamente a política energética concebida pelo Itamaraty para o Cone Sul, através de suas operações internacionais (Ribeiro, 2011).

É possível inferir essa hipótese a partir de pronunciamentos e entrevistas concedidas pelo então chanceler Celso Amorim, em que ele defende que uma política industrial comum poderia pôr fim às insatisfações de Uruguai e Paraguai dentro do bloco e evitar que o primeiro firmasse acordos bilaterais com os Estados Unidos. Essa é a visão, por exemplo, de Felipe (2010), que, em estudo sobre mudanças institucionais e estratégias empresariais, afirma que a Petrobras atuaria como representante das intenções do Governo e que teria promovido "o alargamento do espaço e a reafirmação geopolítica brasileira", tanto através da atuação externa da empresa quanto pelo alcance da autossuficiência petrolífera do Brasil (Felipe, 2010). Ainda segundo o autor, a Petrobras foi e tem sido um elemento decisivo para a reafirmação brasileira na América do Sul, no sentido de alargamento do capitalismo brasileiro, principalmente no setor de petróleo e gás natural. Nesse sentido, durante o governo Lula a empresa teria adotado um perfil mais político em suas decisões, o que a obrigou a fazer investimentos nem sempre vantajosos para a empresa, mas importantes do ponto de vista de política externa.

A Petrobras desempenhou um papel fundamental na política externa dos dois primeiros mandatos do governo Lula. Em 2006, Chávez, Kirchner e Lula se reuniram em Brasília para acertar a construção do Grande Gasoduto do Sul (GGS), com participantes de suas companhias petrolíferas, sendo as mais destacadas a Petrobras e a PDVSA. Nessa reunião, Ildo Sauer destacou que o GGS não foi um projeto de nenhuma dessas petroleiras. Em vez disso, foi um projeto dos governos do Brasil e da Venezuela. Após o encontro, Chávez fez um pronunciamento logo após a Reunião Trilateral realizada no dia anterior entre Argentina, Brasil e Venezuela, abordando a importância do GGS para a integração regional. No entanto, na época, diplomatas brasileiros denunciaram ao ministro das Relações Exteriores, Celso Amorim, o tom excessivamente otimista das declarações de Chávez, já que outras fontes citadas pela imprensa local teriam destacado o caráter embrionário do projeto do gasoduto. Ao mesmo tempo, Chávez considerou que o GGS aumentaria sua influência política na região, o que poderia substituir a influência americana pela venezuelana. Foi uma resposta aos acordos bilaterais que a Colômbia e o Peru assinaram com os EUA no mesmo período (Carra, 2014).

Após uma reunião com os engenheiros da Petrobras, o embaixador brasileiro relatou ao ministro das Relações Exteriores do Brasil que o projeto GGS realmente apresentava alguns problemas. Primeiro, naquela época o GNL (gás natural liquefeito) era adquirido por mercados como o norte-americano e o mexicano a um preço de aproximadamente 12 dólares o MMBTU, gerando ganhos muito superiores aos indicados para o abastecimento pelo gasoduto sul-americano (1,1 dólar por MMBTU). Segundo o embaixador, tal distorção pode representar, a longo prazo, problemas para a manutenção e sucesso do projeto. Em segundo lugar, um projeto de tão grande escala e tempo de execução implicaria questões de risco que poderiam dificultar a obtenção de financiamento ou torná-lo ainda mais caro. Apesar de tudo isso, o Ministro das Relações Exteriores do Brasil, Celso Amorim, fez um discurso otimista argumentando que o GGS era um dos projetos mais significativos da América do Sul, pois impulsionaria a integração e o desenvolvimento regional (Carra, 2014).

Segundo Felipe (2010), a Petrobras seria elemento-chave para a integração energética sul-americana. Além disso, se, no início, a autossuficiência de petróleo era vista como necessária por questões puramente econômicas de Balanço de Pagamentos e diminuição da dependência energética, atualmente o sentido principal seria muito mais um "elemento geopolítico", em que o Brasil se colocaria como liderança na região, a partir de seu controle sobre o tema energia de maneira geral (Felipe, 2010). Esses projetos foram vistos como uma forma de fortalecer as relações entre o Brasil e seus vizinhos, especialmente a Venezuela, que era um dos principais aliados do governo Lula na região. No entanto, a parceria com a Venezuela acabou se tornando polêmica, já que o país passou por uma grave crise política e econômica após a morte do presidente Hugo Chávez, em 2013.

4. DESAFIOS GEOPOLÍTICOS DA TRANSIÇÃO ENERGÉTICA PARA O BRASIL

O Brasil é um país que tem um importante papel a desempenhar na transição energética para uma matriz de baixo carbono no século XXI. O país possui uma matriz energética diversificada, com uma grande parcela de sua eletricidade gerada a partir de fontes renováveis, como hidrelétricas e biomassa. No entanto, ainda há muito a ser feito para reduzir as emissões de gases de efeito estufa e tornar a matriz energética do país mais sustentável e eficiente.

Um dos principais desafios geopolíticos do Brasil na transição energética é a redução da dependência dos combustíveis fósseis, principalmente o petróleo. O país é um importante produtor e exportador de petróleo e gás natural, o que representa uma grande parcela de sua economia e receita de exportação. No entanto, a transição para uma matriz de baixo carbono pode reduzir a demanda por esses recursos e impactar negativamente a economia do país. Nesse sentido, é crucial que a Petrobrás aumente o investimento em fontes renováveis de energia, prática já adotada pela maioria das grandes empresas de petróleo do mundo, que nos últimos anos se denominam "empresas de energia". Nesse sentido, o governo brasileiro e a Petrobras devem aproveitar os recursos do pré-sal para reinvesti-los em fontes renováveis, preparando o país para o novo cenário energético global (Hage, 2020).

Além disso, o Brasil precisa enfrentar desafios internos para a transição energética. A infraestrutura energética do país é, em grande parte, obsoleta e precisa de modernização e atualização. Além disso, a falta de políticas públicas claras e eficazes para a transição energética pode atrasar o processo e prejudicar a competitividade do país. Para enfrentar esses desafios, o Brasil precisa adotar uma abordagem colaborativa e multilateral na transição energética. Isso inclui a cooperação com outros países da região e do mundo, a promoção de investimentos em tecnologias de energia renovável e eficiência energética e a adoção de políticas públicas claras e eficazes.

5. CONSIDERAÇÕES FINAIS

Enquanto o século XX foi marcado pelo avanço dos combustíveis fósseis e do poder dos produtores de petróleo no cenário internacional, o século XXI será marcado pela transição energética para uma matriz de baixo carbono, em que as nações do mundo buscam reduzir suas emissões de gases do efeito estufa e diminuir a dependência dos combustíveis fósseis. A redução da dependência de combustíveis fósseis pode alterar a demanda e os preços desses recursos no mercado global, afetando as relações comerciais entre os países produtores e consumidores. Para enfrentar esse desafio, o Brasil precisa investir em tecnologias de energia renovável e em fontes alternativas de combustíveis. A produção de biocombustíveis, como o etanol e o biodiesel, pode desempenhar um papel importante na redução da dependência do petróleo e na diversificação da matriz energética do país. Nesse sentido, a Petrobras continua tendo um papel fundamental para o Brasil. Além disso, o país pode investir em fontes de energia renovável, como a energia solar e eólica, para complementar a produção de eletricidade a partir de fontes hidrelétricas.

Essa transição representa um grande desafio geopolítico para muitos países como o Brasil, que precisam equilibrar a necessidade de reduzir as emissões de gases de efeito estufa com a manutenção de sua competitividade econômica. Nesse sentido, o estudo da energia no campo de estudos de Relações Internacionais tende a se reforçar nos próximos anos. Analisar como a política externa brasileira se comporta e agirá a respeito dessa nova dinâmica deve ser tema de cada vez mais trabalhos. Este capítulo pretendeu introduzir o tema a alunos e pesquisadores, apresentando e mesclando referências clássicas e contemporâneas dessa área.

6. ESTUDO DIRIGIDO

Questão 1: Qual a relação entre política externa e empresas de petróleo? Compare a atual internacional da Petrobras com a atuação internacional da empresa venezuelana PDVSA na América do Sul. Elabore um texto dissertativo identificando as semelhanças e diferenças de atuação das empresas e o envolvimento dos governos.

Questão 2: Neste capítulo, citamos diversos casos em que as empresas de petróleo foram usadas como instrumentos geopolíticos, em especial durante conflitos do século XX. Escolha um desses casos e elabore um texto dissertativo analisando (a) os interesses de política externa envolvidos no conflito; (b) os interesses das empresas de petróleo; e (c) avalie os resultados do conflito.

Questão 3: No texto, foram abordados três principais modais de energia fóssil: o petróleo, o gás natural e o etanol. Elabore um cartaz/ pôster em que você destaque os pontos positivos e negativos de cada modal energético e as possíveis oportunidades e desafios geopolíticos para o Brasil nos próximos anos.

Questão 4: Em 2006, houve importante conflito diplomático envolvendo os governos brasileiro e boliviano e a Petrobras. Elabore um texto dissertativo descrevendo o conflito e analisando quem saiu vitorioso desse embate: a Petrobras, o governo boliviano ou o governo brasileiro?

Questão 5: O mundo vive um contexto de transição energética. Elabore um texto argumentativo em que você analise como o Brasil pode aproveitar recursos do pré-sal para reinvesti-los em energias renováveis.

7. REFERÊNCIAS BIBLIOGRÁFICAS

B., C. OPEC Thirty Years On. *Economic and Political Weekly*, v. 25, n. 45, p. 2.476-2.477, 1990.

CARRA, M. *A Petrobras e a integração da América do Sul: as divergências com o governo brasileiro (1995-2010).* Porto Alegre: Universidade Federal do Rio Grande do Sul (UFRGS), 2014.

CHITADZE, N. The Role of the OPEC in the International Energy Market | Journal of Social Sciences. *Journal of Social Sciences*, v. 1, n. 1, p. 5-12, 2012.

COUTINHO, I. C.; STEFFENS, I. DA S.; VIEIRA, T. C. M. A ATUAÇÃO DA PETROBRAS NA ÁFRICA DURANTE O GOVERNO LULA. *Revista Perspectiva: reflexões sobre a temática internacional*, v. 7, n. 13, 2014.

CUNHA, C. N. da. A Petrobras e a Políticia Externa Brasileira no Setor Energético. *Revista Intellector – CENEGRI*, v. 6, n. 12, p. 01-18, 2010.

FELIPE, E. S. *Mudanças Institucionais e Estratégias Empresariais: A Trajetória e o Crescimento da Petrobras a partir da sua atuação no novo ambiente competitivo (1997-2010).* Rio de Janeiro: Federal University of Rio de Janeiro (UFRJ), 2010.

FUSER, I. *A Petrobras na América do Sul: Internacionalização e Conflito.* Em: XXVI CONGRESO DE LA ASOCIACIÓN LATINOAMERICANA DE SOCIOLOGÍA. ASOCIACIÓN LATINOAMERICANA DE SOCIOLOGÍA. Guadalajara: 2007.

FUSER, I. *Conflitos e contratos: a Petrobras, o nacionalismo boliviano e a interdependência do gás natural (2002-2010).* Tese. [s.l.] Universidade de São Paulo, 20 set. 2011.

HAGE, J. A. A. *Política Energética no Brasil: sua participação no desenvolvimento econômico e no relacionamento internacional.* 1. ed. [s.l.] Appris, 2020.

JABBER, P. Conflict and Cooperation in OPEC: Prospects for the Next Decade. *International Organization*, v. 32, n. 2, p. 377-399, 1978.

JAFFE, A. M.; SOLIGO, R. The International Oil Companies. *JAPAN PETROLEUM ENERGY CENTER AND THE JAMES A. BAKER III INSTITUTE FOR PUBLIC POLICY*, p. 48, nov. 2007.

JOHNSON, É. C. *O etanol como alternativa energética e sua consolidação na política externa brasileira no governo Lula.* Trabalho de conclusão de curso. Brasília: Universidade de Brasília, Instituto de Relações Internacionais, 2010.

LOCATELLI, C. The Russian oil industry between public and private governance: obstacles to international oil companies' investment strategies. *Energy Policy*, v. 34, n. 9, p. 1.075-1.085, 1 jun. 2006.

LYRA, R. P. O IMPACTO DA ATUAÇÃO INTERNACIONAL DA PETROBRÁS NAS RELAÇÕES BRASIL-NIGÉRIA (1995-2010). *Revista de Estudos Internacionais*, v. 9, n. 1, p. 3-25-25, 13 jun. 2017.

MACHADO, D. V. *A política externa do etanol: estratégias do estado logístico para inserção internacional dos biocombustíveis brasileiros.* Tese. Brasília: Universidade de Brasília, Instituto de Relações Internacionais, 2014.

MAGALHÃES NEIVA SANTOS, R. *Petrobras en la política exterior del gobierno de Lula: una mirada desde la Economía Política Internacional.* Dissertação. Buenos Aires: Universidad de San Andrés. Departamento de Ciencias Sociales, 2009.

NOGUEIRA, D. de A. M. *Diplomacia do gás: A Petrobrás na política externa de Cardoso para a integração energética com a Bolívia (1995-2002).* Dissertação. Rio de Janeiro: Pontifícia Universidade Católica do Rio de Janeiro (PUC-Rio), 2007.

PAMPLONA, N. Rede de Gasodutos de 9 mil km vai cruzar o País. *O Estado de São Paulo*, 6 jul. 2004.

PAUTASSO, A. *Bolivia, Brasil y Venezuela: relaciones comerciales y de inversión en el sector gasífero y petrolero (2006-2010).* Bachelor Thesis. [s.l.] Facultad de Ciencia Política y Relaciones Internacionales, 30 maio 2018.

RIBEIRO, F. C. F. *A Atuação Internacional Da Petrobras: Trajetória Inicial e Consolidação Estratégica no Cone Sul.* III Encontro de Estudos em Estratégia. Anais. São Paulo: maio 2011. Disponível em: <http://www.anpad.org.br/admin/pdf/3ES752.pdf>

SAMPSON, A. *The Seven Sisters: The Great Oil Companies and The World They Shaped.* New York: Bantam, 1991.

SCHÜFFNER, C. Governo acelera estudo sobre gasoduto. *Valor Econômico*, 13 fev. 2006.

SEGABINAZZI, A. *A atuação da Petrobrás no mercado de gás natural da Argentina e da Bolívia e possíveis convergências com a política externa brasileira.* Dissertação. Porto Alegre: Universidade Federal do Rio Grande do Sul. Instituto de Filosofia e Ciências Humanas. Programa de Pós-Graduação em Relações Internacionais., 2007.

TASCA, T. G. *Os limites no desenvolvimento do etanol no Brasil (2003 – 2016): a complexa interação de variáveis domésticas e internacionais.* Dissertação. Brasília: Universidade de Brasília, Instituto de Relações Internacionais, 2018.

USMAN, A. K. International Oil and Gas Organizations. Em: *Nigerian Oil and Gas Industry Laws.* Policies and Institutions. [s.l.] Malthouse Press, 2017. p. 59-71.

YERGIN, D. *The Prize: The Epic Quest for Oil, Money & Power.* New York: Free Press, 2011.

8. RECURSOS AUDIOVISUAIS

O Mecanismo. Gênero: Drama. Ano: 2018. Direção: José Padilha. Sinopse: Série de ficção dramática inspirada em uma investigação de corrupção entre a Petrobras e construtoras privadas e estatais do Brasil.

Sangue Negro. Gênero: Drama. Ano: 2007. Direção: Paul Thomas Anderson. Sinopse: Série de ficção dramática inspirada no romance "Oil!", de Upton Sinclair, retrata os conflitos envolvendo a descoberta de petróleo na virada dos séculos XIX e XX.

Syriana – A Indústria do Petróleo. Drama. Ano: 2005. Direção: Stephan Gaghan. Sinopse: Série de ficção dramática que aborda a influência global da indústria do petróleo.

CAPÍTULO 11: **COOPERAÇÃO INTERNACIONAL EM SEGURANÇA E DEFESA**

NAIANE INEZ COSSUL[71]

1. INTRODUÇÃO

O Brasil tradicionalmente possui laços de cooperação com diversos países do sistema internacional, tanto do sul quanto do norte global, possibilitando a troca de conhecimento em várias áreas, inclusive em aspectos relacionados à segurança e à defesa. Todavia, estas áreas, em específico, são consideradas sensíveis, pois possuem elementos estratégicos atrelados à soberania nacional. Rezende (2014) explica que, por ser mais difícil de ser atingida do que outras formas de cooperação, uma vez que lida diretamente com o poder real dos Estados, a cooperação em defesa pode, também, servir como um elemento desencadeador de outras formas de cooperação.

Deste modo, a coordenação da política externa com a política de defesa é essencial para a garantia do interesse nacional e para que a cooperação nesta área ocorra. Nesse sentido, o Livro Branco de Defe-

---

[71] Doutora em Estudos Estratégicos Internacionais pela Universidade Federal do Rio Grande do Sul (PPGEEI/UFRGS). Mestre e Bacharel em Relações Internacionais pela Universidade Federal de Santa Catarina (UFSC). Professora do Curso de Graduação em Relações Internacionais do Centro Universitário Ritter dos Reis (UniRitter). Coordenadora do Laboratório de Estudos de Defesa e Segurança (LEDS) e do Núcleo de Apoio e Assessoria a Refugiados e Imigrantes (NAARI) da UniRitter. Vice-Presidente e Pesquisadora Associada do Instituto Sul-Americano de Política e Estratégia (ISAPE).

sa Nacional (Brasil, 2020a, p. 27), enfatiza que "a política externa brasileira considera o diálogo e a cooperação internacionais instrumentos essenciais para a superação de obstáculos e para a aproximação e o fortalecimento da confiança entre os Estados" de modo que "[...] pela cooperação, o Brasil fortalecerá, assim, a estreita vinculação entre sua política de defesa e sua política externa" (Brasil, 2020a, p. 40).

Ao analisar a cooperação internacional brasileira nesta área percebe-se uma gama de ações que envolvem desde o intercâmbio de militares das Forças Armadas, à transferência de tecnologia, às operações conjuntas em áreas de fronteiras, à doação de equipamentos militares, à participação em operações de paz e até o assessoramento técnico para a estruturação de Forças no continente africano. Portanto, a cooperação internacional em segurança e defesa pode ser entendida como as atividades estratégicas ou operacionais mantidas pelos países visando o estreitamento dos laços de amizade, da confiança mútua e ao desenvolvimento de um ambiente de diálogo político.

Os conceitos de cooperação em segurança e cooperação em defesa são discutidos por uma série de autores. Muthanna (2006) expõe que cooperação em segurança é um termo mais geral, indo desde relações bi a multilaterais e envolvendo tanto civis quanto militares, e envolve cooperação político-militar, o que inclui atuações multilaterais como as operações de paz da Organização das Nações Unidas (ONU), enquanto a cooperação em defesa inclui os ministérios de defesa, agências associadas e as Forças Armadas de diferentes Estados, incluindo, mais especificamente, a questão da cooperação militar.

Na mesma direção, Machado (2016, p. 84) entende que "a cooperação em defesa consiste na coordenação e no ajuste recíproco das políticas de dois ou mais Estados com relação à ameaça, ao uso e ao controle da força nas relações interestatais". Este entendimento é compartilhado por Teixeira (2019), que utiliza o termo cooperação em defesa para atividades no nível político, que podem compreender meios militares, industriais, tecnológicos e diplomáticos. De todo modo, a cooperação em segurança e em defesa se materializa em exercícios combinados, desenvolvimento de equipamentos de defesa, auxílios técnicos, intercâmbios militares e outras formas de cooperação.

Capítulo II: Cooperação internacional em segurança e defesa

Nos últimos anos, o Brasil tem buscado novos parceiros estratégicos para a consecução de seus objetivos na área da defesa, além de intensificar o diálogo com seus vizinhos do entorno estratégico. Assim, o país procurou construir parcerias que atendessem às suas necessidades internas, tendo a cooperação no segmento de defesa um papel crucial nesse caminho, servindo para a construção, em âmbito regional, de uma esfera de confiança entre os países e um caminho facilitador para o controle de crises regionais, e, no que tange ao restante do cenário internacional, dinamizar as relações de poder em que o país busque garantir de forma mais efetiva seus interesses no sistema internacional.

Portanto, neste capítulo vamos analisar a cooperação internacional brasileira em segurança e defesa nas últimas duas décadas, elucidando os conceitos de segurança, defesa e entorno estratégico. Serão apresentados casos que exemplificam a cooperação nesta área, em especial a ajuda brasileira para a estruturação da Marinha da Namíbia, a transferência tecnológica da França para o Brasil para a construção dos submarinos de propulsão nuclear e a cooperação fronteiriça sul-americana para o combate ao crime organizado. Os casos citados visam demonstrar que a cooperação em segurança e defesa é um espaço amplo de atuação, configurando-se como uma via de mão dupla: o Brasil transferindo conhecimentos para os países do entorno estratégico ao mesmo tempo que recebe conhecimento dos países detentores de maiores capacidades tecnológicas. Em ambas as vias, busca-se o estreitamento de relações e o aumento da capacidade de defesa.

O capítulo busca, desta forma, contribuir para o entendimento de que os acordos de cooperação firmados nas áreas de segurança e defesa possibilitam, dentre outras vantagens: a incorporação de tecnologias que o país ainda não domina; o estabelecimento de parcerias para a produção de equipamentos militares; a cooperação técnica e o intercâmbio de experiências e a consolidação da confiança mútua, particularmente com os vizinhos sul-americanos e africanos, atrelado, portanto, aos objetivos de política externa brasileira.

2. EXPLORANDO OS CONCEITOS DE SEGURANÇA, DEFESA E ENTORNO ESTRATÉGICO

Tradicionalmente, o termo segurança tem sido empregado como um estado ou sensação de ausência de ameaças que poderiam colocar em risco os interesses vitais. Defesa, sob tal perspectiva, refere-se ao conjunto de ações que garantirá aquela segurança. Ou seja, a segurança de um país corresponde à ausência de ameaças e a defesa é o conjunto de esforços adotados para neutralizar as ameaças (Saint-Pierre, 2008). Ainda, segurança é definida em relação às vulnerabilidades internas e externas. É uma condição. Defesa é o aparato, são as estratégias militares – mecanismos pelos quais os Estados enfrentam as ameaças.

Todavia, como explica Medeiros Filho (2010), o cenário resultante do final da Guerra Fria colocou em xeque o modelo analítico tradicional baseado na ideia de segurança-sensação e defesa-ação. Em um contexto marcado pela indefinição e transnacionalização das ameaças, e pela dificuldade em se separar questões internas de externas, percebe-se, atualmente, "uma tendência ao uso funcional dos termos defesa e segurança: a separação entre ameaças de caráter militar (questões de defesa) e de caráter policial (questões de segurança)". Essas definições apresentam algumas limitações, segundo os autores: "A linha que separa questões de segurança "interna" e "externa" torna-se cada vez mais imprecisa, e a distinção entre missões de caráter policial (combate ao crime) e militar (condução da guerra) torna-se cada vez mais complicada" (Marques; Medeiros Filho, 2014, p. 45).

Além disso, passou-se a considerar uma ampliação do conceito de segurança que incluísse, além dos aspectos militares-estratégicos, questões econômicas, sociais e ambientais. A emergência de elementos não-tradicionais como fontes de ameaças à segurança internacional, como terrorismo, pirataria, crime organizado transnacional, ciberataques, pandemias, dentre outros, ampliou o debate e passou a considerar novos atores e incluir outros instrumentos que não somente a força para eliminar as inseguranças.

A defesa, portanto, passa a ter um caráter estritamente instrumental em relação à segurança. Envolve a aplicação de diversas modalidades do uso da força ou ações dissuasórias para fazer frente às ameaças ou agressões que visem alterar a permanência ou conservação de um ordenamento (país, instituição ou *status quo*), a partir da atuação direta das Forças Armadas e da atuação integrada com outros aparelhos organizativos do Estado (Gonzales, 2015). Contudo, nesse contexto de ameaças difusas, também se torna difusa a concepção de defesa e passa-se a discutir o papel das Forças Armadas no cenário contemporâneo, uma vez que se questiona "do que tenho que me defender?", diante de uma distinção pouco nítida entre a origem das ameaças e agressões (exterior, interior). É baseado, portanto, nessas percepções que cada país adota a sua concepção de segurança e formula a sua política de defesa, sendo, portanto, um processo dinâmico baseado em sucessivas atualizações das configurações internacionais e domésticas de poder.

Assim, segundo a Política Nacional de Defesa do Brasil, conceitua-se:

> Defesa Nacional, como o conjunto de atitudes, medidas e ações do Estado, com ênfase na expressão militar, para a defesa do Território Nacional, da soberania e dos interesses nacionais contra ameaças preponderantemente externas, potenciais ou manifestas.
>
> [...]
>
> Segurança Nacional, como a condição que permite a preservação da soberania e da integridade territorial, a realização dos interesses nacionais, a despeito de pressões e ameaças de qualquer natureza, e a garantia aos cidadãos do exercício dos direitos e deveres constitucionais. (Brasil, 2020b, p. 11)

Portanto, "a Defesa Nacional é essencial para a consecução do desejado grau de segurança do Brasil" (Brasil, 2020b, p. 32). É nesse contexto de mudanças, descrito aqui de forma breve, que o Brasil começa a discutir uma política de defesa, a qual prevê, também, a cooperação internacional nesta área. Segundo o artigo 21 da Constituição Federal (1988), compete ao Estado brasileiro assegurar a defesa nacional. A construção e a sustentação dos meios pelos quais se cumpre tal atribuição é o que se entende por uma política de defesa, por isso a Política de Defesa Nacional, a Estratégia de Defesa Nacional e o Livro Branco de Defesa Nacional são as diretrizes, os documentos balizadores e parte do que se entende como Política de Defesa brasileira.

A análise dos norteadores estratégicos da defesa indica princípios tradicionalmente alinhados com a política externa brasileira como a solução pacífica das controvérsias, o diálogo e a promoção da paz, a cooperação e o multilateralismo, bem como a integração regional e a participação em processos decisórios internacionais. Outro elemento essencial refere-se à dissuasão, ou seja, a capacidade de inibir possíveis agressões ao território, desencorajando eventuais ataques à soberania brasileira e aos interesses nacionais, com base na disponibilidade e prontidão de meios militares adequados, como também da capacitação de pessoal.

Para a consecução destes princípios elencados, torna-se necessária a cooperação internacional, especialmente no que se refere ao relacionamento com os países detentores de maiores capacidades tecnológicas, justamente para construir relações que aumentem a capacidade de defesa e, portanto, capacidade dissuasória, bem como com países vizinhos, visando uma integração regional com diálogo para evitar possíveis tensões entre os Estados da região e com países com laços históricos e afinidades culturais com o Brasil, como a Comunidade dos Países de Língua Portuguesa (CPLP), além de nações banhadas pelo Atlântico Sul.

É nesse sentido que os documentos de defesa também delineiam o conceito de entorno estratégico brasileiro, constituído pela América do Sul, Atlântico Sul, costa ocidental da África e Antártica como área de interesse prioritário. No que se refere às ameaças do entorno, a região sul-americana possui uma quantidade vasta de riquezas naturais, como as localizadas na região amazônica, cujas potencialidades para exploração econômica e localização estratégica compartilhada por nove países garantem à região uma importância considerável no espaço sul-americano. Ainda, destaca-se a relevância das reservas petrolíferas e gasíferas em outras áreas da América do Sul. Deve-se atentar não só ao fato de a Venezuela ser um dos principais países produtores de petróleo e gás no mundo, mas também às descobertas de petróleo na camada Pré-sal nas águas jurisdicionais brasileiras.

Capítulo 11: **Cooperação internacional em segurança e defesa**

Tendo em vista que há uma crescente escassez mundial de recursos energéticos derivados de hidrocarbonetos, esse panorama regional implica em maior visibilidade mundial e em possíveis desafios para a manutenção da soberania sobre recursos estratégicos. Klare (2008) assinala que países que são muito dependentes de tais insumos para o desenvolvimento de suas economias iniciam uma corrida competitiva por eles, buscando acesso e controle de novas reservas. Nesse âmbito, a Guerra das Malvinas (1982) pode ser destacada como um caso emblemático de conflito interestatal relacionado a recursos energéticos, considerando que, além de ter sido uma guerra pelo controle da Zona Econômica Exclusiva (ZEE) no Atlântico Sul, envolveu uma potência extrarregional, a Inglaterra.

Nesse caso, a reação da Inglaterra na disputa pelo arquipélago das Malvinas demonstrou que as possessões coloniais que o país ainda detém no Atlântico Sul têm uma importância estratégica, não só por eventuais recursos petrolíferos e pesqueiros, mas também por sua localização, ao passo que tais possessões podem servir de base de apoio logístico em tempos de guerra.

Nesse sentido, a presença e o posicionamento estratégico de potências extrarregionais no Atlântico Sul podem configurar-se como um fator de tensão na região sul-americana. Os Estados Unidos, por exemplo, têm ampliado também sua presença na América do Sul. Em 2008 foi reativada a IV Frota, responsável por controlar a área sul-atlântica. Ademais, os EUA possuem bases militares em diversos países da América do Sul. A França também está presente no território sul-americano a partir de seu departamento ultramarino, a Guiana Francesa, que comporta a base naval ultramarina francesa, além de centros espaciais e bases aéreas. Merece atenção por ser um território de um país europeu na América do Sul próximo à Amazônia que pode ser usufruído pela França principalmente diante de conflitos ou da necessidade de acessar recursos estratégicos para os seus interesses vitais ou de seus aliados da Organização do Tratado do Atlântico Norte (OTAN). Em uma situação dessas, a Guiana Francesa assegura uma posição estratégica para a França na região ao garantir a capacidade de fechar a foz da Bacia Amazônica controlada pelo Brasil, de se projetar para a Amazônia e de limitar a passagem entre o Atlântico Norte e o Atlântico Sul, projetando-se também para o Pré-sal (Padula *et al.*, 2013).

A importância das reservas petrolíferas sul-americanas tem ampliado igualmente o interesse de potências asiáticas na região. Diante dessas possíveis ameaças no espaço da América do Sul, é crescente a necessidade do subcontinente de se fortalecer de forma integrada para responder a esses desafios, e uma das formas é via cooperação internacional em segurança e defesa, como destaca Amorim:

> A cooperação em defesa no entorno estratégico é crucial para o Brasil. A cooperação é, nesse âmbito, a melhor dissuasão. Investir nessa cooperação não é um ato de generosidade. É a maneira mais eficaz (e, provavelmente, a menos onerosa) de proteger nossos interesses e a nossa integridade. (2016, p. 312)

Amorim, no trecho acima, enfatiza que a cooperação é uma estratégia de dissuasão e, portanto, deve ser priorizada pelo Brasil. E, seguindo essa prerrogativa, é válido mencionar o Conselho de Defesa Sul-Americano (CDS), atrelado à extinta UNASUL (União de Nações Sul-Americanas). O CDS, criado em 2008, objetivava a cooperação em matéria de defesa entre todos os países da América do Sul, como um canal de diálogo regional em situações de crise político-militar e um instrumento permanente de fomento de confiança, capaz de contribuir para o fortalecimento da capacidade dissuasória regional e a consolidação de uma identidade sul-americana de defesa (Abdul-Hak, 2013).

Por outro lado, tem-se a Agência Brasileira de Cooperação (ABC) do Ministério das Relações Exteriores (MRE), criada em 1987. Com o objetivo de formalizar e aperfeiçoar a parceria entre a ABC e o Ministério da Defesa (MD), foi celebrado o Acordo de Cooperação Técnica na Área da Defesa em 2010. O instrumento permitiu expandir a atuação do Ministério da Defesa e aprimorar a capacidade de coordenação da ABC, no que tange à análise, aprovação e execução de iniciativas na área da defesa (Brasil, 2022a).

Como explica a ABC,

Ao longo dos anos, o Brasil, que antes se limitava a receber assistência técnica de países desenvolvidos e organismos internacionais, passou a prestar cooperação ao exterior. Para a execução de suas ações, a ABC conta com cerca de 120 parceiros nacionais, públicos e privados; alianças estratégicas com países desenvolvidos (Alemanha, Canadá, Espanha, Estados Unidos, França, Itália, Japão, Países Baixos, Portugal, Reino Unido, Suíça, entre outros); além de parcerias com 45 organismos internacionais, bloco regionais e extrarregionais, e mais de cem países em desenvolvimento com os quais o Brasil mantenha Acordo Básico de Cooperação Técnica (Brasil, 2022a).

O trecho acima demonstra a ideia já apresentada de que a cooperação internacional é uma via de mão dupla, em que o Brasil recebe assistência técnica de países desenvolvidos e presta cooperação ao exterior. Os exemplos analisados na próxima seção também trazem este entendimento, já que destacam a cooperação técnica do Brasil com a Namíbia, do Brasil com a França e do Brasil com os países fronteiriços sul-americanos.

3. A COOPERAÇÃO INTERNACIONAL EM SEGURANÇA E DEFESA DE FORMA PRÁTICA: CASOS PARA A ANÁLISE

Nesta seção, parte-se para a análise de três casos práticos relacionados à cooperação internacional na área de segurança e defesa brasileira a fim de exemplificar a dinâmica da cooperação e evidenciar a proximidade entre política externa e defesa.

3.1 A COOPERAÇÃO PARA A ESTRUTURAÇÃO DA MARINHA DA NAMÍBIA

O continente africano passou a receber atenção da política externa brasileira, com mais ênfase, no início dos anos 2000, em decorrência das diretrizes da política externa ativa e altiva implementada pelo então presidente Lula e o ministro das Relações Exteriores, Celso Amorim, bem como das dinâmicas da cooperação sul-sul amplamente defendidas por estes. Do mesmo modo, os documentos de defesa brasileira também referenciam a África como espaço estratégico.

"Dos países da costa atlântica africana, a Namíbia se firmou como a maior receptora da cooperação brasileira no campo da segurança e defesa" (Aguilar, 2013, p. 59) com sucessivos acordos que se iniciaram em 1994, poucos anos após a independência do país em 1990. Os primeiros acordos de cooperação técnica militar tinham o objetivo de criar e fortalecer a Ala Naval do Ministério da Defesa da Namíbia, com a oferta de vagas para a formação de oficiais e praças nas escolas navais brasileiras, além da condução de estágio para 145 marinheiros namibianos no Grupamento de Patrulha Naval do Sudeste, no Rio de Janeiro (Aguilar, 2013).

Aguilar (2013) ainda explica que posteriormente, em 2001 e em 2006, foram firmados novos Acordos de Cooperação Naval, com elementos do Acordo anterior e ainda a assistência para a organização do Serviço de Patrulha Marítima, o fornecimento de embarcações, a assistência para o planejamento e o desenvolvimento da infraestrutura apropriada à atracação e ao suporte logístico para embarcações e o estabelecimento da Missão Naval Brasileira na Namíbia. A partir de 2006, a cooperação Brasil-Namíbia passou a contar com o Grupo de Apoio Técnico e com o envio de militares brasileiros para a Base Naval de *Walvis Bay*, com o objetivo de prover assistência para a criação do Batalhão de Infantaria de Fuzileiros Navais, ainda com a formatura da primeira turma de Soldados Fuzileiros Navais da Namíbia formados pela Marinha do Brasil (Aguilar, 2013).

Um dado interessante trazido por Teixeira *et al.* (2020) é que, entre 2001 e 2011, 1.179 militares da Marinha namibiana (90% do efetivo total) foram formados em escolas brasileiras. No âmbito do Exército brasileiro, foi estabelecida, em 2014, uma missão de cooperação com o envio de instrutores e passou a receber alunos namibianos em suas escolas, particularmente na Academia Militar das Agulhas Negras (AMAN) e na Escola de Aperfeiçoamento de Oficiais. Ainda, segundo os autores, junto ao *Namibian Army*, o Exército Brasileiro mantém um assessor de ensino e treinamento e um instrutor no Curso Internacional de Língua Portuguesa, conduzido na *Military School*, cuja principal finalidade é preparar os militares namibianos que frequentarão cursos nas escolas militares brasileiras.

Assim, os autores reforçam que após décadas de intercâmbios entre Brasil e Namíbia, grande parte dos elementos em posição de decisão na Marinha da Namíbia passaram por escolas de formação, especialização ou aperfeiçoamento brasileiras. Do mesmo modo, "trata-se da cooperação mais intensa e mais longeva executada na área de Defesa pelo Brasil, em continente africano" (Teixeira *et al.*, 2021, p. 90). Além disso, há o constante apoio técnico da Marinha brasileira, como, por exemplo, no delineamento da Plataforma Continental da Namíbia, para que possa reivindicar junto à ONU direitos de soberania em relação à exportação e ao aproveitamento dos recursos naturais além do limite das 200 milhas náuticas da Zona Econômica Exclusiva (ZEE), de acordo com a Convenção das Nações Unidas sobre o Direito do Mar (CNUDM) (Brasil, 2001).

Este caso de cooperação com um país integrante do entorno estratégico brasileiro elucida as ações conjuntas da política externa com a política de defesa acarretando ganhos importantes, como a confiança e a cooperação entre os dois lados do Atlântico Sul, reforçando e consolidando a paz e a cooperação na região, além de uma maior inserção do Brasil na África ocidental, enquanto a Namíbia teve a estruturação de sua força naval e de fuzileiros, como também, o levantamento de sua plataforma continental para o pleito de expansão das águas jurisdicionais.

3.2. A COOPERAÇÃO PARA A TRANSFERÊNCIA TECNOLÓGICA DA FRANÇA PARA O BRASIL NA CONSTRUÇÃO DE SUBMARINOS

O segundo caso a ser discutido diz respeito ao Brasil enquanto receptor da cooperação internacional. Vale destacar que a tecnologia se caracteriza como um fator estratégico para o país e para a segurança do seu entorno imediato. Parte-se da ideia de que há restrições para a aquisição de armamentos no cenário internacional, e, portanto, o desenvolvimento de tecnologias em âmbito nacional com processos de transferência e aperfeiçoamento de capacidades é ponto elementar para a soberania tecnológica e para o incremento de tecnologias sensíveis, como é o caso dos produtos de defesa. Por isso, é tão interessante que o Brasil tenha acordos de defesa que prevejam transferência de tecnologia.

A construção do reator para o submarino brasileiro de propulsão nuclear é parte do Programa Nuclear da Marinha e dos esforços desde 1970, todavia era necessário apoio político e provisão de recursos. Assim, depois de um período de negociação, o acordo tecnológico com a França foi assinado em 2009, entre os Presidentes Lula e Sarkozy, e contempla a transferência de tecnologia sensível para a construção de quatro submarinos convencionais da classe Scórpene e a construção do casco do submarino de propulsão nuclear e seus dispositivos sensoriais a serem fabricados no Brasil (Corrêa, 2010), além da construção, na Baía de Sepetiba, litoral do Rio de Janeiro, de uma nova base para a força de submarinos e de um estaleiro a ser operado no Brasil pelo setor privado francês e devolvido ao país em vinte anos (Martins Filho, 2011), bem como treinamento para engenheiros e técnicos brasileiros.

Vale destacar ainda que a realização da montagem dos cascos em território brasileiro permitirá que o país adquira o conhecimento e possa utilizá-lo futuramente. Esse fato diminui a dependência externa, o cerceamento tecnológico e a utilização de tecnologias sensíveis, pois não depende de compras e serviços de manutenção externos para a proteção de sua soberania – em acordos que não preveem a transferência de tecnologia, o país fica dependente do fornecedor externo (Corrêa, 2010). "O PROSUB (Programa de Desenvolvimento de Submarinos) garante a transferência de tecnologia e a nacionalização de processos produtivos e coincide com a essência da nossa Estratégia Nacional de Defesa" (Brasil, 2013).

O papel do submarino de propulsão nuclear na estratégia de dissuasão brasileira, no âmbito da modernização de equipamentos da defesa naval brasileira, é evidente para a defesa do Pré-sal, já que essa região coincide com as instalações navais e portuárias e com uma grande concentração populacional e econômica. O submarino de propulsão nuclear garante mobilidade, defesa avançada da fronteira marítima e negação do uso do mar, impedindo que forças hostis acessem as águas jurisdicionais e, consequentemente, o território brasileiro. Operam em águas profundas e atendem ao emprego estratégico e tático em movimento (alcance em vastas áreas geográficas). Devido a essas características são dificilmente detectados pelas forças inimigas,

Capítulo II: Cooperação internacional em segurança e defesa

por radares e satélites e podem causar danos ao rival antes que ele se aproxime da costa, podendo ainda contribuir para a coleta de informação e o reconhecimento de outros navios.

Agrega-se a isso o fato de que algumas plataformas brasileiras estão a cerca de 300 km da costa, distância considerada longa, e que exige meios adequados para a projeção de força brasileira nas linhas vitais de comunicação marítima do Atlântico Sul, elevando o poder de dissuasão brasileiro. Do mesmo modo, permite um salto tecnológico, além do fortalecimento da indústria nacional e melhoria da qualificação técnica da mão de obra, para que o país adquira uma capacidade endógena para desenvolver projetos e construir submarinos no futuro, de forma autóctone.

Ou seja, neste caso, alinha-se a necessidade de aumentar as capacidades dissuasórias brasileiras no Atlântico Sul com a cooperação internacional em segurança e defesa, por meio do acordo assinado com a França e da transferência de tecnologia francesa para o Brasil, em andamento.

3.3. A COOPERAÇÃO FRONTEIRIÇA SUL-AMERICANA PARA O COMBATE AO CRIME ORGANIZADO

Além das ameaças clássicas à defesa brasileira já mencionadas, o cenário pós-Guerra Fria também evidencia as chamadas novas ameaças, ou seja, novos problemas e atores, além dos tradicionais, que passaram a fazer parte da percepção de ameaça. Esses problemas e atores já existiam em sua grande maioria mesmo no período da bipolaridade, contudo, não faziam parte da agenda de segurança, que estava centrada no conflito Leste-Oeste, com o campo militar e o Estado como atores e objetos centrais no estudo tradicional de segurança (Pagliari, 2009). Assim, são ameaças que necessitam de uma atuação inteligente do Estado, exigindo esforços conjuntos e respostas diversificadas já que não se restringem às fronteiras internas. O crime organizado transnacional elenca o rol de ameaças transfronteiriças do Brasil e que exigem uma resposta combinada.

Diante disso, um exemplo interessante de atuação para coibição dos ilícitos é o "Plano Estratégico de Fronteiras e o Programa de Proteção Integrada de Fronteiras, cujos principais objetivos são a neutralização do crime organizado, a redução dos índices de criminalidade, a cooperação com os países fronteiriços e o apoio à população na faixa de fronteira" (Brasil, 2020a, p. 107). O elemento que mais interessa à análise deste capítulo é a cooperação com os países fronteiriços prevista no Plano e no Programa.

Essas ações também estão amparadas nas chamadas Operações Interagência. O termo interagências surge da parceria e união de esforços de órgãos governamentais e não governamentais estruturados para alcançar objetivos políticos e estratégicos de interesse nacional, harmonizando culturas e esforços diversos, em resposta a problemas complexos, adotando ações coerentes e consistentes (Brasil, 2012). A orientação de esforços para alcançar objetivos convergentes faz parte do entendimento de que a defesa nacional não é responsabilidade exclusiva das Forças Armadas (alia outras estruturas de poder do Estado e da sociedade), e de que as novas ameaças requerem tratamentos outros além do tradicional uso militar adotado às ameaças tradicionais.

As Operações Ágata, que são parte do Plano supracitado, iniciaram em 2001 e já tiveram como palco diversos trechos, como a fronteira Brasil-Colômbia, Brasil-Paraguai-Argentina-Uruguai, Brasil-Peru-Bolívia-Paraguai, Brasil-Guiana-Suriname-Guiana Francesa, Brasil-Argentina-Uruguai-Paraguai, Brasil-Bolívia-Peru entre outros espaços fronteiriços. Em todas as edições, há troca de informações com os países vizinhos. Na edição de 2022, por exemplo, autoridades estrangeiras do Paraguai atuaram de forma coordenada com o Brasil no combate a crimes transfronteiriços. Assim, a presença do país vizinho fortalece os laços de cooperação entre os países e ações paralelas em ambas as fronteiras (Brasil, 2022b).

Tanto as Operações Ágata, quanto os exercícios combinados/conjuntos gerais que ocorrem entre os países fronteiriços, como, por exemplo, o BOLBRA (Bolívia-Brasil), com foco nos procedimentos para combater o tráfego de aeronaves supostamente envolvidas em atividades ilícitas, são importantes para a coibição dos ilícitos, mas, especialmente, para a relação entre os vizinhos sul-americanos. Salienta-se que além do exercício em si, as operações combinadas são ferramentas necessárias para passar da lógica de confrontação para a lógica

Capítulo II: **Cooperação internacional em segurança e defesa**

de cooperação (Donadio; Tibiletti, 1996) através do aprofundamento de mecanismos de confiança mútua entre os dois países. Essa mobilização de instrumentos de defesa que ocorre nos exercícios, além de estreitar o relacionamento entre os países, permite o treinamento das Forças para situações cooperativas e, eventualmente, agressivas.

Por fim, cabe mencionar que com a ênfase na cooperação Sul-Sul durante o governo Lula, as diretrizes da política externa brasileira se combinaram com a defesa, e refletiram uma maior cooperação com o Sul, especialmente com países que possuem menores capacidades militares do que o Brasil, na África e América do Sul e Central. Assim, além dos casos elucidados acima, é possível citar outros exemplos de cooperação em segurança e defesa como o projeto de desenvolvimento do míssil de curto alcance A-Darter, com a África do Sul; o projeto de desenvolvimento da aeronave cargueira multimissão KC-390, que inclui Argentina, Portugal e República Tcheca; a Missão Técnica Aeronáutica Brasileira, na Bolívia e Paraguai (que completou 40 anos em 2022); a missão de cooperação do Exército Brasileiro no Paraguai, entre outros exemplos que incluem ainda diversos cursos de capacitação e treinamento com o intuito de transmitir a militares estrangeiros conhecimentos específicos da experiência militar brasileira, via ABC, oferecidos pelas Forças Armadas brasileiras aos países vizinhos.

Destaca-se, ainda, a doação feita pelo Exército Brasileiro, em dezembro de 2022, de 21 veículos blindados para as Forças Armadas do Uruguai. Dos 21 veículos, 10 são do modelo M-108, utilizados em combate, sendo que eles já haviam sido doados pelos Estados Unidos ao Brasil em 1972. Os outros 11 são blindados de transporte pessoal do modelo Urutu (G1, 2022), fabricado pelo Brasil. Em entrevista ao G1 (2022), o Comandante Militar do Sul, general Fernando Santana Soares afirma que "É a amizade e a certeza de que, se nós tivermos no futuro um problema conjunto, vamos trabalhar ombro a ombro para resolver". Em 2018, o Exército já havia doado 25 blindados aos uruguaios. Os veículos de combate serão destinados ao interior do país, enquanto os de transporte ficarão em áreas de fronteira e, assim, também contribuirão na defesa fronteiriça de ambos os países.

4. A IMPORTÂNCIA DA COOPERAÇÃO EM SEGURANÇA E DEFESA

Esta seção, por fim, visa sintetizar a importância da cooperação em segurança e defesa e do alinhamento dessas ações com a política externa brasileira. A cooperação internacional é um "importante instrumento de desenvolvimento para o Brasil, auxiliando o país a promover mudanças estruturais nos campos social e econômico brasileiro" (Brasil, 2022a) e, especificamente, em segurança e defesa as vantagens são ainda mais estratégicas.

Entretanto, especialmente nos casos de cooperação para transferência de tecnologia ou compartilhamento de informações, vale destacar que o acordo assinado deve ser bem-negociado e atender ao interesse nacional. Se não houver garantia de transferência financeira e/ou tecnológica, o Brasil pode acabar assinando acordos que prevejam benefícios claros apenas para o outro país. Não cabe analisar o caso neste capítulo, mas a projeção de poder dos Estados Unidos em relação ao Centro de Lançamentos de Alcântara, no Maranhão, no Acordo de Salvaguardas Tecnológicas (AST), em 2019, suscitou discussões em relação às formas que a soberania brasileira poderia ser afetada.

As discussões pontuaram as áreas restritas e controladas exclusivamente pelos Estados Unidos dentro do Centro, bem como ao possível uso militar da base e ao indicativo de que o Brasil não firmasse acordos futuros no que tange ao lançamento de foguetes em Alcântara com países que não façam parte do Regime de Controle de Tecnologia de Mísseis, limitando um leque de possíveis parcerias, inclusive com a China (Brasil, 2019). Nesse sentido, percebe-se a projeção de poder dos Estados Unidos em Alcântara, buscando vantagens no acesso ao espaço sideral, em detrimento do desenvolvimento autônomo do Programa Espacial Brasileiro.

Por fim, o Quadro 1 sintetiza a importância da cooperação em segurança e defesa para diversos setores do Brasil, destacando a Base Industrial de Defesa (BID) como ferramenta importante para a cooperação atrelada ao desenvolvimento de autonomia em tecnologias estratégicas para o país que possam se expandir (*spill over*) para toda a sociedade. Ainda, a possibilidade de tecnologias de uso dual, que sirvam tanto para fins civis, quanto militares. Denomina-se Base Industrial de Defesa,

> o conjunto das empresas estatais ou privadas que participam de uma ou mais etapas de pesquisa, desenvolvimento, produção, distribuição e manutenção de produtos estratégicos de defesa – bens e serviços que, por suas peculiaridades, possam contribuir para a consecução de objetivos relacionados à segurança ou à defesa do país (Brasil, 2020c).

Ou seja, os setores impactados pela cooperação em segurança e defesa podem ser sintetizados como o político, econômico, social, tecnológico, institucional e estratégico, conforme quadro abaixo.

Quadro 1: Importância da cooperação em segurança e defesa para o Brasil

Setores	Ganhos
Político	Aumento do prestígio internacional; Aumento do peso político internacional do país em negociações multilaterais; Ganho de confiança mútua;
Econômico	Incentivos à Base Industrial de Defesa (BID); Parcerias internacionais para a exportação de produtos de defesa; Oportunidades de exportação de outros bens e serviços brasileiros;
Social	Possibilidade de geração de renda e empregos devido aos incentivos à BID; Possibilidade de ampliação das ajudas humanitárias;
Tecnológico	Transferência de tecnologia e aumento do *know how* brasileiro; *Spill over* tecnológico e uso dual;
Institucional	Capacitação de pessoal e aumento da interoperabilidade entre as Forças;
Estratégico	Aumento da capacidade de dissuasão; Possibilidade de defesa conjunta em casos de agressão;

Fonte: Elaborado pela autora, 2023

O capítulo tem demonstrado a importância da cooperação em segurança e defesa para o Brasil, todavia, a recessão econômica e a falta de estabilidade dos investimentos em defesa por parte do poder executivo são importantes impeditivos à consolidação do projeto de forças delineado pelos documentos brasileiros, especialmente na Estratégia Nacional de Defesa. Do mesmo modo, as nuances na condução da política externa brasileira nos últimos governos também deixaram de refletir elementos da cooperação sul-sul e do entorno estratégico, ao passo que com a paralisação da UNASUL e do CDS careceu de uma discussão sobre segurança e defesa regional, bem como de um mecanismo de diálogo para dirimir crises e conflitos.

5. CONSIDERAÇÕES FINAIS

Neste capítulo, analisou-se a cooperação internacional brasileira em segurança e defesa, elucidando os conceitos de segurança, defesa e entorno estratégico. Apresentou casos que exemplificam a cooperação nesta área, em especial o apoio técnico da Marinha brasileira para a Namíbia, a transferência tecnológica da França para o Brasil e a cooperação fronteiriça sul-americana. Deste modo, chegou-se ao entendimento de que os acordos de cooperação firmados nas áreas de segurança e defesa possibilitam vantagens para os setores político, econômico, social, tecnológico, institucional e estratégico, incorporando tecnologias que o país ainda não domina; promovendo a cooperação técnica e o intercâmbio de experiências e a consolidação da confiança mútua.

Diante da multiplicidade de ameaças tradicionais e de novas ameaças, a cooperação em segurança e defesa se torna uma estratégia interessante, especialmente quando visa a transferência de tecnologia e o fortalecimento da Base Industrial de Defesa. Todavia, o Brasil entende a importância que a cooperação técnica internacional representa para o desenvolvimento nacional e passa a prestar cooperação ao exterior por meio do compartilhamento das suas experiências e boas práticas, denotando que a cooperação em segurança e defesa é uma via de mão dupla na atuação externa do país.

6. ESTUDO DIRIGIDO

Questão 1: Explique os conceitos de segurança internacional e de defesa nacional, problematizando as abordagens tradicionais e as ampliações dos conceitos no Pós-Guerra Fria.

Questão 2: Discuta os documentos norteadores e as características da Política de Defesa brasileira.

Questão 3: Discorra sobre a relação entre a Política Externa e a Política de Defesa do Brasil.

Questão 4: Elenque as vantagens da cooperação internacional em segurança e defesa e também os limitadores desta ação.

Questão 5: Explique por que a cooperação internacional em segurança é defesa é uma via de mão dupla: o Brasil transferindo conhecimentos para os países do entorno estratégico ao mesmo tempo que recebe conhecimento dos países detentores de maiores capacidades tecnológicas e como isso impacta no interesse nacional.

7. REFERÊNCIAS BIBLIOGRÁFICAS

ABDUL-HAK, A. P. N. T. O Conselho de Defesa Sul-Americano (CDS): objetivos e interesses do Brasil. FUNAG – Fundação Alexandre de Gusmão, 2013.

AGUILAR, S. L. C. Atlântico Sul: as relações do Brasil com os países africanos no campo da Segurança e Defesa. Austral: Revista Brasileira de Estratégia e Relações Internacionais, v. 2, n. 4, p. 49-71, jul./dez. 2013.

AMORIM, C. A grande estratégia do Brasil: discursos, artigos e entrevistas da gestão no Ministério da Defesa (2011-2014). Brasília: FUNAG; [São Paulo]: Unesp, 2016.

BRASIL, 2022a. Agência Brasileira de Cooperação – ABC. Introdução. Disponível em: <http://www.abc.gov.br/sobreabc/introducao> Acesso em: 12 dez 2022.

BRASIL, 2022b. Forças Armadas iniciam ações da Operação Ágata na fronteira oeste do país. Disponível em: <https://www.gov.br/pt-br/noticias/justica-e-seguranca/2022/07/forcas-armadas-iniciam-acoes-da-operacao-agata-na-fronteira-oeste-do-pais#:~:text=Criada%20em%202011%2C%20a%20Opera%C3%A7%C3%A3o,%C3%A0%20popula%C3%A7%C3%A3o%20atendimento%20m%C3%A9dico%2Dodontol%C3%B3gico> Acesso em: 07 jan 2023.

BRASIL, 2020a. Livro Branco de Defesa Nacional. Disponível em: <https://www.gov.br/defesa/pt-br/assuntos/copy_of_estado-e-defesa/livro_branco_congresso_nacional.pdf> Acesso em: 05 jan 2023.

BRASIL, 2020b. Política e Estratégia Nacional de Defesa. Disponível em: <https://www.gov.br/defesa/pt-br/assuntos/copy_of_estado-e-defesa/pnd_end_congresso_.pdf>. Acesso em: 05 jan 2023.

BRASIL, 2020c. Base Industrial de Defesa (BID). Disponível em: <https://www.gov.br/defesa/pt-br/assuntos/industria-de-defesa/base-industrial-de-defesa> Acesso em: 12 jan 2023.

BRASIL, 2019. Agência Espacial Brasileira. Conhecendo o Acordo de Salvaguardas Tecnológicas. Disponível em: <https://www.gov.br/aeb/pt-br/centrais-de-conteudo/publicacoes/acordo-de-salvaguardas-tecnologicas/ast.pdf> Acesso em: 10 nov 2022.

BRASIL, 2012. Ministério da Defesa. Operações Interagências, MD33-M-12, 1ª ed., 2012.

BRASIL, 2011. Decreto nº 7.496, de 8 de junho de 2011. Plano Estratégico de Fronteiras. Disponível em: <http://www.planalto.gov.br/ccivil_03/_Ato2011-2014/2011/Decreto/D7496.htm> Acesso em: 19 dez 2022.

BRASIL, 2013. Presidência da República. Declaração à imprensa da Presidenta da República, Dilma Rousseff, após encontro bilateral com o Presidente da República francesa, François Hollande. Brasília, DF, 2013. Disponível em: <http://www2.planalto.gov.br/acompanhe-o-planalto/discursos/discursos-da-presidenta/declaracao-a-imprensa-da-presidenta-da-republica-dilma-rousseff-apos-encontro-bilateral-com-o-presidente-da-republica-francesa-francois-hollande>. Acesso em: 01 nov 2022.

BRASIL, 2001. Levantamento da Plataforma Continental da Namíbia. Disponível em: <https://www.marinha.mil.br/emgepron/pt-br/levantamento-da-plataforma-continental-leplac> Acesso em: 03 jan 2023.

CORRÊA, F. G. O projeto do submarino nuclear brasileiro: uma história de ciência, tecnologia e soberania. Rio de Janeiro: Capax Dei, 2010.

DONADIO, M.; TIBILETTI, L. El concepto de balance estratégico y la seguridad regional en el cono sur. In: ARAVENA, F. (Ed.) Balance Estratégico y Medidas de Confianza Mutua: FLACSO-Chile, 217-250, 1996.

G1, 2022. Exército Brasileiro doa 21 blindados fora de uso para Uruguai. Disponível em: < https://g1.globo.com/rs/rio-grande-do-sul/noticia/2022/12/07/exercito-brasileiro-doa-21-blindados-fora-de-uso-para-uruguai-veja-fotos.ghtml> Acesso em: 10 jan 2023.

GONZALES, S. L. M. Segurança e defesa: uma moldura teórico-conceitual. XIII Curso de Extensão em Defesa Nacional. Fortaleza, 2015.

KLARE, M. T. The New Geopolitics of Energy. New York: The Nation, 01. May. 2008.

MACHADO, M. C. J. Ensino de Espanhol e suas Implicações para a Integração e a Cooperação Militar na América do Sul: Percepções, Cultura e Identidade. 2016. Dissertação (Mestrado em Ciências Aeroespaciais) – Universidade da Força Aérea, Rio de Janeiro, 2016.

MARTINS FILHO, J. R. O projeto do submarino nuclear brasileiro. Contexto Internacional, Rio de Janeiro, v. 33, n. 2, p. 277-314, dec. 2011.

MARQUES, A.A; MEDEIROS FILHO, O. Bases de um dilema: as percepções militares brasileiras sobre o acordo militar Colômbia-Estados Unidos e suas interconexões com as guerras de quarta geração. Anais do Encontro Nacional da ABED, 4., Brasília, 2010.

MEDEIROS FILHO, O. Entre a cooperação e a dissuasão: políticas de defesa e percepções militares na América do Sul. Tese (Doutorado em Ciência Política) – Faculdade de Filosofia, Letras e Ciências Humanas, Universidade de São Paulo, São Paulo, 2010.

MUTHANNA, Colonel Ka. Enabling Military-to-Military Cooperation as a Foreign Policy Tool: Options for India. Nova Délhi: Knowledge World & United Service Institution of India Centre for Research, 2006.

PADULA, R; FIORI, J. L.; VATER, M. C. Dimensões estratégicas do desenvolvimento brasileiro: Brasil, América Latina e África: convergências geopolíticas e estratégias de integração. Brasília: Centro de Gestão e Estudos Estratégicos, 2013.

PAGLIARI, G. C. Segurança regional e política externa brasileira: as relações entre Brasil e América do Sul, 1990-2006. Tese (Doutorado em Relações Internacionais), Programa de Pós-Graduação em Relações Internacionais, Universidade de Brasília, 2009.

REZENDE, L. P. Teoria Realista Ofensiva de Cooperação em Defesa na Unipolaridade. Contexto Internacional. Rio de Janeiro, vol. 36, n. 2, julho/dezembro 2014, p. 519-548. Disponível em: <https://www.scielo.br/j/cint/a/KqQ9qPTDM4tJ7QXxzcB5SdH/?format=pdf&lang=pt> Acesso em: 10 dez 2022.

SAINT-PIERRE, H. Defensa y Seguridad. In: DONADIO, M. Atlas comparativo de defesa na América Latina 2008. Buenos Aires: Ser en el 2000, 2008.

TEIXEIRA, V. M. Geopolítica das Organizações de Cooperação em Defesa: limites e possibilidades na América do Sul. 2019. Tese (Doutorado em Geografia) – Instituto de Geociências da Universidade Estadual de Campinas, Campinas, 2019.

TEIXEIRA, L. H. V.; CORADINI, L. F.; COSTA, R. A.; PEREIRA, A. D. A cooperação técnica militar Brasil-Namíbia e a projeção da Base Industrial de Defesa brasileira. Revista da Escola Superior de Guerra, v. 36, n. 76, p. 79-104 jan./abr. 2021.

8. RECURSOS AUDIOVISUAIS

Política externa de defesa do Brasil. YouTube, 2021. Sinopse: A Fundação Alexandre de Gusmão (FUNAG) promoveu a conferência do Diretor do Departamento de Defesa do Itamaraty, Ministro Marcelo Câmara, sobre o tema "Política externa de defesa do Brasil", no dia 23 março de 2021. A palestra integra a programação do ciclo de conferências sobre a nova política externa brasileira – uma parceria do Ministério das Relações Exteriores e da FUNAG com a Federação das Indústrias de Minas Gerais (FIEMG). Disponível em: <https://www.youtube.com/watch?v=Djy6Wk0RtY4>.

Podcast Gedes San Tiago Dantas. Sinopse: Diego Lopes comenta os acordos de parceria tecnológica e de cooperação militar entre Brasil e EUA, em 2015. Disponível em: <https://soundcloud.com/gedes-san-tiago-dantas/os-acordos-de-parceria-tecnologica-e-de-cooperacao-militar-entre-brasil-e-eua?utm_source=clipboard&utm_medium=text&utm_campaign=social_sharing>.

CAPÍTULO 12: **POLÍTICA EXTERNA E DIPLOMACIA DO ESPORTE NO SÉCULO XXI: A COPA DO MUNDO DO BRASIL E OS JOGOS OLÍMPICOS DO RIO DE JANEIRO**

VIRGÍLIO FRANCESCHI NETO[72]

1. INTRODUÇÃO

Jogos Olímpicos, Copas do Mundo FIFA, mundiais esportivos de diversas modalidades, torneios continentais, nacionais ou mesmo regionais. Muitas cidades e países querem receber eventos esportivos. Algumas concorrem, poucas podem, outras poucas que podem nem concorrem, muito poucas conseguem.

O Brasil e sua cidade mais internacionalmente conhecida, o Rio de Janeiro, conseguiram. O país recebeu a Copa do Mundo masculina de Futebol em 2014, enquanto a capital fluminense foi a sede dos Jogos Olímpicos de Verão em 2016. São estes os principais eventos esportivos sediados em território brasileiro nos últimos anos, mas é também preciso mencionar os Jogos Mundiais Militares em 2011, os Jogos Pan-Americanos de 2007 (também no Rio de Janeiro) e a Copa das Confederações da FIFA, em 2013.

Por muitas décadas os megaeventos esportivos foram sediados em obediência a um eixo entre América do Norte, Europa e Extremo

---

[72] Bacharel em Relações Internacionais pela PUC-MG. Mestre em Gestão do Esporte pela Faculdade de Motricidade Humana/Universidade de Lisboa. Editor de conteúdo digital do Olympics.com – Olympic Channel – Comitê Olímpico Internacional.

Capítulo 12: **Política externa e diplomacia do esporte no século XXI: a Copa do Mundo do Brasil e os Jogos Olímpicos do Rio de Janeiro**

Oriente. Eventualmente a Austrália era a anfitriã. Raramente eles aconteciam na América do Sul, e muito menos na África.

Grandes torneios do esporte ajudaram a criar no imaginário dos torcedores do mundo todo impressões e atributos sobre países, quer sejam os participantes, quer sejam os organizadores. Podem ser positivos ou negativos e possuem grande impacto na política e economia internacional.

Desde o início do século XXI observa-se uma desobediência ao eixo dos países que sediam os megaeventos esportivos. Leste europeu, Sudeste Asiático, Oriente Médio, América do Sul e África são destinos comuns de diversas grandes competições. As Copas do Mundo de 2010, 2014, 2018 e 2022 são exemplos com África do Sul, Brasil, Rússia e Catar, respectivamente. Etapas da Fórmula 1 foram para o Bahrein, Arábia Saudita, Rússia, Emirados Árabes Unidos e Índia. Planeja-se uma prova para o Vietnã dentro em breve.

No que diz respeito aos Jogos Olímpicos, a russa Sochi recebeu a competição de inverno, em 2014. O Rio, os jogos de Verão de 2016. Dois anos depois, Buenos Aires sediou os da Juventude de 2018.

Receber um megaevento esportivo projeta o país mundialmente sem o uso da força e colabora com a sua imagem percebida perante a opinião pública internacional. O desempenho das suas equipes nacionais também é capaz de causar tal impressão. Uma boa imagem sugere o aumento do interesse turístico e dos produtos originários daquele país.

Neste capítulo, vamos resgatar conceitos, exemplos e analisar o envolvimento da Copa do Mundo FIFA 2014 e dos Jogos Olímpicos Rio 2016 como instrumentos da política externa brasileira.

2. O ENVOLVIMENTO DO ESPORTE COM A POLÍTICA

A política, tanto nos níveis nacional e entre Estados-Nação, é marcada por inúmeras demonstrações de poder. Estas manifestações têm como objetivo principal difundir princípios e ideais de um regime político, fazer valer e mostrar a grandiosidade de um governo, propagar novos valores, demonstrar o quão completa e eficiente é uma ideologia (Galeano, 1995).

O esporte, como não poderia deixar de ser, também é um meio de demonstração e legitimação de poder. É clara a ideia de que esporte e política têm muitas ligações (Galeano, 1995). Desde os tempos em que o esporte começa a atrair a atenção das multidões, o ambiente também se torna palco de diferentes manifestações sociais e, claro, políticas.

Como já é sabido, o esporte é capaz de envolver centenas de milhares de pessoas ao mesmo tempo, sendo, portanto, um instrumento bastante eficiente para comunicar algo. Por isso, ele possui uma vasta dimensão política, que em várias oportunidades chega a depender do esporte e com interferência dos políticos (Galeano, 1995).

3. A GUERRA FRIA PROJETADA NO AMBIENTE ESPORTIVO

Durante os anos da Guerra Fria, o esporte foi palco de enfrentamento entre o mundo "capitalista" e o "socialista". O desempenho dos atletas de cada um desses mundos simbolizava o triunfo ou fracasso de um dos dois sistemas em oposição naquele momento. Com isso, os governos utilizavam os êxitos de seus atletas para auspiciar um sistema e desmerecer o oposto. Nesse cenário, os Jogos Olímpicos, por serem o maior evento esportivo do planeta, foram palco deste enfrentamento por diversas vezes.

Esses dois países, Estados Unidos e União Soviética, despontaram como os vencedores da Segunda Grande Guerra, juntamente com os ingleses. Dois países com regimes políticos e econômicos antagônicos, mas com a pretensão de aumentar a sua esfera de influência em nível global. Com isso, os norte-americanos viam os soviéticos como uma ameaça e vice-versa.

Nesse caminho, os Jogos Olímpicos e seus atletas levavam juntos uma significação que ia muito além da competição esportiva. Estes últimos não eram apenas atletas, mas antes, representantes de um sistema. A rotina de um competidor no mundo socialista era a de um militar, o que o levava, não raramente, à exaustão. Atletas que eram conduzidos para a perfeição, cobrados por dirigentes e treinadores – geralmente extremamente rígidos –, que estavam sob observação

Capítulo 12: Política externa e diplomacia do esporte no século XXI: a Copa do Mundo do Brasil e os Jogos Olímpicos do Rio de Janeiro

de um aparelho estatal obcecado por bons resultados. Do lado capitalista, o Estado e a iniciativa privada bancavam a preparação dos seus representantes. Todo esse empenho teve como fundo a ideia de que o bom resultado nos esportes significava o sucesso desse sistema e, consequentemente, de uma ideologia. O que dizer do jogo final do torneio de basquetebol masculino nos jogos de Munique em 1972? Essa conquista dos soviéticos frente aos norte-americanos não significou apenas a hegemonia mundial nesse esporte – seria um equívoco pensar dessa forma. Era também o êxito simbólico do socialismo (Cardoso, 1996).

A organização dos Jogos também refletiu tal embate entre esses mundos. Em 1980, os soviéticos organizaram as Olimpíadas; quatro anos mais tarde, foi a vez dos norte-americanos. Na Olimpíada de Moscou, os Estados Unidos não compareceram e obtiveram a adesão de vários países de sua esfera de influência; em Los Angeles, a União Soviética e a maioria dos países da sua esfera de influência não compareceram. Os jogos de 1980 foram integralmente financiados pelo aparelho estatal, mostrando o poder e a força governamental. A competição de Los Angeles, pela primeira vez na história, foi completamente realizada através de recursos vindos da iniciativa privada.

4. A IMPORTÂNCIA DO ESPORTE NO SISTEMA DE ESTADOS-NAÇÃO

O reconhecimento por parte do Comitê Olímpico Internacional de algum Comitê Olímpico de um país significa, por consequência, a "aceitação" de um Estado em um sistema internacional. Assim sendo, esse Estado, em nome e em defesa do nacionalismo e da soberania, não economiza esforços para obter os melhores resultados possíveis (Varejão, 2003).

Durante a Guerra Fria a Alemanha estava dividida entre dois Estados, com sistemas diferentes. O desempenho no âmbito esportivo poderia indicar qual desses sistemas seria o mais viável, mais eficaz, qual desses dois sistemas seria melhor. Por meio do esporte, portanto, o mundo seria capaz de compará-los. Inicialmente, as duas Alemanhas competiram sob uma mesma bandeira, mas à medida que o tempo foi passando, os dois lados passaram a competir separadamente. A partir dos Jogos Olímpicos de 1968, na Cidade do México, a Alemanha Federal e a Alemanha Democrática disputaram as provas separadamente. Nas competições que vieram posteriormente – durante a existência desses dois países – a Oriental (de orientação socialista) obteve uma ampla vantagem nos resultados (quadro de medalhas, classificação geral, quebra de recordes). Um êxito da Alemanha Oriental nos esportes significava simbolicamente o triunfo do regime socialista, cujo governo investiu maciçamente na formação de seus atletas, funcionários do Estado.

Para deixar clara a obsessão por bons resultados e provar a eficiência de um regime político, os Jogos Olímpicos de Munique, em 1972 (à época uma cidade alemã-ocidental), os orientais ficaram à frente dos ocidentais no quadro de medalhas. No Campeonato Mundial de Futebol de 1974, também realizado em território alemão-ocidental, os alemães do leste (orientais) venceram os mesmos ocidentais em uma partida que significou para alguns o maior embate simbólico no futebol entre o socialismo e o capitalismo[73].

5. O CASO DA ESPANHA DURANTE O PERÍODO DE FRANCO

O governo do general Franco, na Espanha, procurava eliminar os resquícios de republicanismo e identidade regional, que as torcidas de muitos clubes manifestavam, como o Barcelona. O futebol aguçava o regionalismo: era o madridismo, o "biscaysmo" (País Basco), a causa catalá, ou seja, todos contra os princípios de Franco.

As conquistas do Real Madrid davam um maior significado à capital da Espanha, e, consequentemente, ao governo de Franco. O time madrilenho, com as suas belas exibições pelos gramados de todo o mundo e com seu plantel impecável, foi acumulando adeptos e simpatia de outros povos e nações que antes sentiam repulsa do regime

---

[73] Jogo realizado na cidade de Hamburgo, em 22 de junho de 1974;

Capítulo 12: Política externa e diplomacia do esporte no século XXI: a Copa do Mundo do Brasil e os Jogos Olímpicos do Rio de Janeiro

franquista. O que havia com isso era um isolamento espanhol nas relações internacionais. O processo de ruptura desse isolamento (1953-1959) coincidiu com o sucesso do Real Madrid pelo exterior. Por esse motivo é possível enxergar a utilização do clube Real Madrid e suas conquistas internacionais como uma maneira de inserção da Espanha tanto no nível europeu como mundial. Isso fica claro a partir da declaração de José Solís Ruiz, membro do governo franquista, em uma audiência aos jogadores do Real Madrid:

> Vocês têm feito mais pela Espanha do que muitas embaixadas espalhadas por esses povos de Deus. Gente que nos odiava agora nos compreende graças a vocês, porque foram capazes de romper muitas barreiras... Podem ter certeza que nós, juntamente com nossas mulheres e nossos filhos, seguimos seus triunfos que há muito engrandecem o pavilhão espanhol. (Agostino, 2002: p. 55).

6. A IMPORTÂNCIA DO ESPORTE PARA A IMAGEM DO PAÍS

Imagem é o resultado das crenças e percepções que um indivíduo ou um grupo possui sobre algo (De Toni & Schuler, 2007). A gestão da imagem faz-se importante porque é capaz de influenciar a decisão de compra dos consumidores e esta relação acontece entre destinos turísticos e eventos esportivos (Gibson *et al.*, 2008; Parameswaran & Pisharodi, 1994). Uma imagem positiva é capaz de contribuir para a credibilidade de um produto (Kotler & Keller, 2013).

O esporte possui uma relação em pleno crescimento com a política e o ambiente dos negócios. Hoje é uma indústria que se fortalece cada vez mais (Campestrini, 2016; Pires, 2009; Pedersen, Miloch & Laucella, 2007).

Dentro das Relações Internacionais e da gestão do esporte, o marketing internacional é objeto de estudo sempre recorrente, pois os produtos esportivos permitem ações a fim de encontrarem um público-alvo, além de serem uma forma de comunicação por meio de eventos e experiências (Fullerton & Merz, 2008; Kotler & Keller, 2013).

Ao mesmo tempo, um evento esportivo atrai turistas para determinado destino e colaboram com a imagem do lugar, além de contribuir para a qualidade percebida do país anfitrião e daqueles países cujos atletas ou seleções nacionais participam da competição, de acordo com o resultado (Gripsrud, Nes, & Olsson, 2010; Gibson, Qi, & Zhang, 2008; Kaplanidou, 2007). Desta forma, a decisão de compra dos consumidores e a opinião pública internacional serão influenciadas pela capacidade do plano de comunicação do destino turístico e sua relação com o produto esportivo (Gripsrud *et al.*, 2010).

7. O ESPORTE COMO INSTRUMENTO DE PODER NAS RELAÇÕES INTERNACIONAIS: O PODER BRANDO E A DIPLOMACIA PÚBLICA

A disputa pelo poder é um dos elementos que estabelece as relações entre os Estados-Nação. A fim de terem posições de destaque no sistema internacional, países influenciam as decisões internas e externas de outros, quer sejam oficiais ou da própria sociedade civil. Para isso, fazem uso do poder bruto, ou seja, força militar e econômica, o chamado *hard power*, ou por meio do poder brando (*soft power*).

De acordo com Nye (1990), a cultura é também fonte deste poder brando. Portanto, a música, o cinema, a arte e as manifestações esportivas, além de serem exemplos de diplomacia pública são capazes de promover um país, projetar uma imagem percebida dele, divulgar suas ideias, valores e manter outros em sua esfera de influência, alinhada ou não a uma política oficial de Estado.

8. O ESPORTE COMO DIPLOMACIA PÚBLICA DO BRASIL

O Brasil é bastante reconhecido internacionalmente pelos seus atletas, seleções nacionais e campeonatos locais. O principal escalão do campeonato brasileiro masculino de futebol é um dos mais competitivos torneios de clubes da modalidade.

O país hoje fornece muitos bons atletas que atuam ao redor do mundo. Dezenas de milhares de esportistas brasileiros atuam no ex-

Capítulo 12: Política externa e diplomacia do esporte no século XXI: a Copa do Mundo do Brasil e os Jogos Olímpicos do Rio de Janeiro

terior. De forma intencional ou não, eles criam e divulgam uma imagem do que é o Brasil. Em uma analogia, o esporte está para o Brasil assim como a indústria cinematográfica está para os Estados Unidos – ao menos em se tratando de algumas modalidades.

Lamentando os fracassos de outrora de uma seleção espanhola bem longe dos títulos e tendo como exemplo o caso Brasil, esses são alguns trechos da crônica *La selección de fútbol como superproducto*, que demonstram como tal interpretação não se limita apenas a um ponto de vista interno:

> O Brasil não é uma potência efetiva nisto ou naquilo, mas sendo no futebol, a marca Brasil se multiplica em músicas, questões políticos e nas rodas de conversa. A marca Espanha, pelo contrário, apenas levanta cabeça no exterior. [...] Será necessário explicar às diferentes autoridades espanholas e aos responsáveis pela gestão nacional que a emoção coletiva e o seu bom papel move máquinas, felicidade, adesão, coletividade, solidariedade, ganas de trabalhar, de se divertir, de gastar, de investir e de ser mais? [...] A seleção é um produto de mercado maior, um grande produto. Não estar ao seu alcance e não querê-la, ou não saber fabricá-la questiona a competência profissional e política de qualquer líder." (Verdú, 2006)

9. A POLÍTICA EXTERNA DO BRASIL NO INÍCIO DO SÉCULO XXI E OS MEGAEVENTOS ESPORTIVOS

É inegável que a política externa brasileira a partir de 2003 buscou fortalecer um perfil mais independente, de multilateralismo forte, alianças estratégicas com demais potências médias e emergentes como Índia, China e Rússia. Observou-se uma atuação protagonista do Brasil como líder na América Latina, através de uma diplomacia ativa. Dentro das organizações internacionais e organismos multilaterais, o país buscou um tratamento mais igual dentro desses espaços, a fim de ter uma maior representatividade.

Dentro dessa linha de atuação, envolver um dos elementos que mais promovem o país mundo afora, o esporte, era de fundamental importância. Afinal, era preciso trabalhar a imagem do país a fim não só de atrair investimentos, como também ativo e em posição de destaque no sistema internacional, quer seja através de políticas oficiais e da diplomacia pública.

O último megaevento esportivo que o Brasil havia recebido tinha sido a edição de 1963 dos Jogos Pan-Americanos, em São Paulo. O Rio de Janeiro, em 2007, foi a anfitriã, em espécie de preparatório para futuras candidaturas Olímpicas.

Em outubro de 2007, a Federação Internacional de Futebol (FIFA) elegeu o Brasil como sede do Mundial masculino em 2014. Apesar de haver sido beneficiado pelo rodízio de continentes, era algo cogitado há bastante tempo. O país disputou as candidaturas Olímpicas para sediar os Jogos de Verão de 2000, quando Brasília concorreu. Para 2004, o Rio de Janeiro esteve na disputa, que acabou indo para Atenas. Entrou na corrida para receber a edição de 2012, que acabou sendo realizada em Londres. Finalmente, em 2 de outubro de 2009, a cidade do Rio de Janeiro foi a escolhida pelo Comitê Olímpico Internacional para receber os Jogos de 2016.

Em seu segundo mandato na presidência da República, Lula da Silva disse para o site G1: "Aumentará a autoestima dos brasileiros, consolidará conquistas recentes, estimulará novos avanços". Completou com um discurso que evidencia o papel do Brasil na conjuntura regional: "Essa candidatura não é só nossa. É também de um continente com quase 400 milhões de homens e mulheres e cerca de 180 milhões de jovens. Um continente que nunca sediou os Jogos Olímpicos. Está na hora de corrigir esse desequilíbrio".

"O esporte faz parte também da diplomacia. Um momento especial que o povo brasileiro é pacífico, uma sociedade livre, multirracial e inclusiva. Saberemos valorizar o momento que será de grande exposição do Brasil", declarou Mauro Vieira, Ministro das Relações Exteriores do país em 2015, para o site "Rede do Esporte".

A Copa do Mundo FIFA e os Jogos Olímpicos Rio 2016 deram bastante exposição ao país na mídia internacional. No entanto, não pôde ser organizada e conduzida a prazo a fim de trabalhar o esporte como parte das políticas internacionais feitas pelo Brasil. Feitas de maneira estratégica e organizada, promovem e projetam o país fa-

Capítulo 12: **Política externa e diplomacia do esporte no século XXI: a Copa do Mundo do Brasil e os Jogos Olímpicos do Rio de Janeiro**

zendo com que se cumpram objetivos estabelecidos previamente, de acordo com os interesses nacionais.

A título de exemplo, o Departamento de Estado dos Estados Unidos da América possui um escritório de Diplomacia do Esporte (*Sports Diplomacy*), que faz uso da popularidade das ligas do país, como a do beisebol, para aproximar-se de países politicamente distantes, como Venezuela e Cuba. Em outro caso, utiliza-se do seu prestígio Olímpico na luta greco-romana para restabelecer laços com o Irã.

10. CONSIDERAÇÕES FINAIS

Espera-se deste capítulo que se fomente a importância de discutir não apenas o esporte, mas também outras manifestações que fazem parte das relações internacionais.

Partiu-se de exemplos do envolvimento do esporte com políticas internacionais de Estado, bem como foram colocados conceitos das relações internacionais que ajudam a compreender o envolvimento do esporte no sistema internacional.

A relação da política externa do Brasil com o seu esporte, a partir da projeção que seus atletas e suas seleções nacionais possuem, em um trabalho organizado, regulamentado e estratégico, são sim capazes de servir ao país e garantir os seus interesses em um sistema internacional. Assim como os valores do esporte sugerem a igualdade, a excelência, a tolerância, o jogo limpo, a unidade e a transparência, os valores do Estado-Nação que se promove mundialmente através dele também deve ser.

Com isso o Brasil ganha em coerência, ao promover valores de paz e integração, essenciais para a harmonia nas relações internacionais.

11. ESTUDO DIRIGIDO

Questão 1: Procure na história outros momentos e discursos oficiais de presidentes da República em que o Brasil usou o esporte como política internacional de Estado.

Questão 2: Discorra sobre como o esporte pode contribuir com a política externa do Brasil.

Questão 3: De que maneira o esporte brasileiro, suas seleções nacionais e atletas, colaboraram para a construção da imagem do país?

Questão 4: Desenvolva sobre como um esporte brasileiro de alto-rendimento, forte e competitivo internamente, podem colaborar com a imagem do país pela opinião pública internacional.

Questão 5: Relacione o patrocínio da Petrobras à equipe Williams de Fórmula 1 por várias temporadas; com a participação do piloto venezuelano, Pastor Maldonado, na mesma categoria do automobilismo internacional. O que há de comum?

12. REFERÊNCIAS BIBLIOGRÁFICAS

AGOSTINO, G. Vencer ou Morrer: Futebol, Geopolítica e Identidade Nacional. Rio de Janeiro: Mauad, 2002. 271p.

CAMPESTRINI, G. R. H. Plataforma de negócios do esporte: A gestão do esporte orientada para o mercado. Curitiba: Prismas, 2016.

CARDOSO, M. 100 Anos de Olimpíadas. São Paulo: Scritta, 1996.

DE TONI, D.; SCHULER, M. Gestão da imagem: desenvolvendo um instrumento para a gestão da imagem de um produto. *Revista de Administração Contemporânea, 2007, 4*, 131-151.

FIENGO, S. V. El Fútbol y las Identidades: Prólogo a los Estudios Latino-americanos. Disponível em <www.clacso.edu.ar> Acesso em 23 jan. 2023.

FULLERTON, S.; MERZ, G. R. The four domains of sports marketing: a conceptual framework. 2008, *Sport Marketing Quarterly, 2*.

GALEANO, E. El Fútbol a Sol y Sombra. 1. ed. Montevidéu: Ediciones del Canchito, 1995. 271 p.

GIBSON, H. J.; QI, C. X. & ZHANG, J. J. Destination image and intent to visit China and the 2008 Beijing Olympic Games. 2008, *Journal of Sport Management, 22*, 427-450.

GRISPRUD, G.; NES, E. B. & OLSSON, U. H. Effects of hosting a mega-sport event on country image. 2010, *Event Management*, 14, 193-204.

KOTLER, P.; KELLER, K. Administração de Marketing. São Paulo: Pearson, 2013.

NYE, Joseph. Jr. Soft Power: The Means to Success in World Politics. Nova York: Public Affairs Books, 2005.

PARAMESWARAN, R.; PISHARODI, R. M. Facets of country of origin image: an empirical assessment. 1994, *Journal of Advertising*, *23*(1), 43-56.

PEDERSEN, P.; MILOCH, K. & LAUCELLA, P. *Strategic Sport Communication*. Champaign, IL: Human Kinetics, 2007.

VAREJÃO, F. B. O Universo Simbólico dos Jogos Olímpicos e seu Papel na Promoção Política dos Estados Durante o Período da Guerra Fria. 2003. 161f. Dissertação (Monografia em Relações Internacionais) – Pontifícia Universidade Católica de Minas Gerais.

VERDÚ, V. La selección de fútbol como superproducto. Disponível em < https://elpais.com/diario/2006/06/29/sociedad/1151532013_850215.html> Acesso em 28 jan. 2023.

13. RECURSOS AUDIOVISUAIS

Invictus. Gênero: Drama. Ano: 2009. Direção: Clint Eastwood. Sinopse: Recentemente eleito presidente da África do Sul, Nelson Mandela (Morgan Freeman) tinha consciência de que o país continuava dividido em decorrência do regime do apartheid que vigorou até o início dos anos 1990. A proximidade da Copa do Mundo de Rugby, pela primeira vez realizada em território sul-africano – após décadas isolada do esporte internacional –, fez com que Mandela resolvesse usar a modalidade e o evento para unir a população. Para isso procura pelo então capitão da seleção da África do Sul, François Pienaar (Matt Damon) e o incentiva para que o time conquiste a Copa.

Fronteiras Invisíveis do Futebol nº 90 – política externa brasileira. Gênero: *podcast*. Ano: 2019. Sinopse: discussão sobre a relação entre futebol e a identidade nacional, trazendo um breve histórico da política externa brasileira durante os regimes republicanos, passando pelas pautas principais de cada período, como a estabilização de fronteiras e as guerras mundiais. Um debate sobre o *soft power* do futebol e como a seleção brasileira e os jogadores se relacionam com esse conceito, cunhado pelo cientista político Joseph Nye. Disponível em: https://xadrezverbal.com/2019/12/18/fronteiras-invisiveis--do-futebol-90-politica-externa-brasileira/.

UNIDADE III: **POLÍTICA EXTERNA BRASILEIRA CONTEMPORÂNEA E AS AGENDAS REGIONAIS**

CAPÍTULO 13: **O BRASIL NA AMÉRICA DO SUL**

SARA BASÍLIO DE TOLEDO[74]

1. INTRODUÇÃO

Historicamente, a constituição de uma política externa (PEX) do Brasil em relação à América do Sul teve como determinantes dois aspectos: 1) geográfico, deflagrado na superioridade territorial do Brasil em relação aos países sul-americanos, e 2) histórico, em que no contexto do declínio dos Estados absolutistas europeus, a desintegração da América espanhola formara pequenas repúblicas conflituosas lideradas por caudilhos.

Com efeito, a superioridade geográfica brasileira delineou o quebra-cabeça geopolítico da região, no contexto do século XIX seja do ponto de vista global, sob um sistema internacional de perda da hegemonia britânica, seja regional, sob a tônica da rivalidade geopolítica entre o Império brasileiro e a Argentina, desdobrada nos conflitos na Bacia Platina.

É, pois, na esteira dos interesses geopolíticos de final do Império e início da República que as linhas mestras da PEX seriam estabelecidas por José Maria da Silva Paranhos, o Barão do Rio Branco, a frente do Itamaraty por dez anos consecutivos (1902-1912). Firmando

---

[74] Socióloga, mestre e doutora em Relações Internacionais pelo PPGRI San Tiago Dantas (Unesp-Unicamp-PUC-SP). Professora de Relações Internacionais, pesquisadora do Núcleo de Estudos e Relações Internacionais NEAI, vinculado ao Instituto de Políticas Públicas e Relações Internacionais (IPPRI) da Unesp. Pesquisadora no Instituto de Relações Internacionais da Universidade de São Paulo (IRI-USP).

tendências e procedimentos sob a tônica de uma política de prestígio, o Itamaraty figuraria sob uma das instituições de maior notoriedade do Estado brasileiro, refletindo o sucesso da PEX estabelecida pelo Barão, através da qual o Brasil alcançou nova presença no cenário internacional[75] Com efeito, do ponto de vista regional no relacionamento com os países sul-americanos, Rio Branco visava a "aumentar o prestígio do Brasil, para que o país desempenhasse um papel de liderança no sul do continente, semelhante à ação dos Estados Unidos ao norte" (Bueno, 2012).

Fundamental para o Barão era garantir a estabilidade política regional, condição para proteção de ataques contra a soberania do Brasil, distinguindo-se das "turbulentas" repúblicas vizinhas. Embora as tratativas acerca da assinatura do Tratado do ABC[76], entre 1907 e 1909, foram frustradas pelas rivalidades regionais, o fato ilustra o esforço do Barão em costurar um espaço de autonomia regional e, sobretudo o entendimento com a Argentina.

Isso porque a posição estratégica regional sempre foi pontuada pela rivalidade com o país portenho. A necessidade de manutenção da integridade territorial conjugada com o movimento expansionista do país portenho sob Rosas desdobrou-se na busca do Império brasileiro pela hegemonia na Bacia do Prata. Interessava ao Brasil garantir o isolamento argentino através de tentativas de influenciar países próximos, como o Paraguai e o Uruguai. Itaipu é resultado direto deste processo. A construção da usina hidrelétrica criou vínculos viscerais

---

[75] Barão do Rio Branco compreendeu com clareza a transformação geopolítica do início do século XX, época da intensificação das rivalidades entre as grandes potências europeias que antecederiam a Primeira Guerra Mundial. Promove intensa aproximação com os Estados Unidos, que sob a presidência de Theodore Roosevelt buscava a intensificação da influência dos Estados Unidos sobre o continente na esteira da Doutrina Monroe, que ficou conhecido como "Corolário Roosevelt".

[76] O Tratado do ABC, formado por Brasil, Argentina e Chile, buscava estabelecer mecanismos permanentes e eficazes de solução de controvérsias que pudessem emergir entre os três países. A proposta só se concretizou em 1915, já na gestão de Lauro Müller.

entre Brasil e Paraguai e até hoje cumpre papel crucial no relacionamento entre os dois países[77].

Figura 1: Hidrelétrica de Itaipu   **Figura 2: Mapa Bacia do Prata**

Fonte: Itaipu Binacional

Embora em fins do século passado a rivalidade com a Argentina tenha sido substituída pela cooperação, é importante frisar que o acumulado histórico das relações com os países sul-americanos a partir dos parâmetros estabelecidos por Rio Branco fora crucial para a formatação da PEB com o entorno regional. O pacifismo e o tom cordial com os vizinhos foram cruciais na consolidação de uma identidade internacional do Brasil, de modo que os dados de inserção geográfica e de experiência histórica do Brasil foram fundamentais para as linhas programáticas de política exterior desenhadas pelo Barão.

O desdobramento histórico deste posicionamento pacífico nas relações internacionais do Brasil somada às tentativas de influenciar o entorno regional, isto é, o *soft power*[78], é evidente na própria constru-

---

[77] A hidrelétrica binacional de Itaipu foi construída por Brasil e Paraguai no rio Paraná por meio do Tratado de Itaipu. Envolve, portanto, a participação dos dois países. A produção de energia excedente produzida pela parte paraguaia é vendida ao Brasil.

[78] Expressão para descrever a habilidade de um Estado influenciar indiretamente o comportamento ou interesses de outros Estados ou grupos sociais através de meios culturais ou ideológicos. O termo foi usado pela primeira vez pelo professor de Harvard Joseph Nye, no final dos anos 1980.

ção da identidade internacional do Brasil, através da consolidação de princípios com a resolução pacífica de conflitos, o respeito ao direito internacional, a não intromissão nos assuntos internos e a utilização da diplomacia na resolução de litígios fronteiriços.

2. A POLÍTICA EXTERNA BRASILEIRA E A AMÉRICA DO SUL NA ATUALIDADE

A PEB da Nova República tem como parâmetro a Constituição Federal (CF), na qual se explicitam os parâmetros estabelecidos por Rio Branco. A CF de 1988, em seu artigo 4º, elenca os objetivos centrais da política internacional como nenhuma outra carta constitucional do país teria sido feita. Dentre os dez princípios que deveriam pautar as relações internacionais do Brasil, destacamos, no tocante ao relacionamento com o entorno regional sul-americano, a I. Independência nacional; II. Prevalência dos Direitos Humanos; III. Autodeterminação dos Povos; IV. não intervenção; V. igualdade entre os Estados; VI. defesa da paz; VII. solução pacífica dos conflitos; VIII. cooperação entre os povos para o progresso da humanidade e, especialmente o parágrafo único, em que se estabelece que "o Brasil buscará a integração econômica, política, social e cultural dos povos da América Latina, visando à formação de uma comunidade latino-americana de nações".

Importa demarcar o enquadramento histórico do período, pontuado pela profunda mudança do sistema internacional com o fim da Guerra Fria e da ordem internacional bipolar, com o fortalecimento dos Estados Unidos e a vitória do capitalismo, resultando no aprofundamento da globalização. Novos temas da agenda internacional despontam, dentre eles, direitos humanos e meio ambiente, assim como novas bases da política comercial, crimes transnacionais, dentre outros. De modo que neste novo momento histórico pensar a forma de inserção internacional do Brasil configurava-se tarefa central ao Itamaraty. Somado às mudanças no plano nacional, findado o longo período de vinte anos de ditadura militar, com as bases democráticas instauradas na CF, os anos noventa são marcados por uma mudança na matriz da política externa, substituindo o modelo desenvolvimen-

Capítulo 13: O Brasil na América do Sul

tista[79] levado a cabo nas décadas anteriores pelo modelo neoliberal, o que Cervo (2008) denomina de paradigma do Estado Normal.

Com efeito, desde Olavo Setúbal[80], ministro das relações exteriores de José Sarney[81], até Celso Amorim, nos governos Lula, nota-se uma sintonia em torno da defesa das instituições internacionais, dos princípios de respeito ao juridicismo e o esforço para a pacificação do sistema internacional. O embaixador Luiz Felipe Seixas Corrêa, que exerceu a assessoria internacional de Sarney no Palácio do Planalto e também fora assessor de relações internacionais de FHC durante seu governo, afirma que a redemocratização brasileira forneceria a "linha inicial de atuação externa do governo".

Fundamental no âmbito regional, fora a aproximação Brasil-Argentina e o apaziguamento da desconfiança que alimentavam as relações bilaterais. O pontapé inicial desta aproximação se deu com o Acordo Tripartite, assinado por Brasil, Argentina e Paraguai em 1979, referentes à construção de Itaipu; contudo, a intensificação desta aproximação ocorreu principalmente com a redemocratização de ambos os países. Nos governos de José Sarney e Raúl Alfonsín – ambos

---

[79]   O modelo desenvolvimentista corresponde a PEB iniciada no primeiro governo de Getúlio Vargas até o final da ditadura militar, perpassando, portanto, quase todo o século XX. Com variantes sob distintos governos, de modo geral este modelo de PEX fundamentava-se na busca de ganhos internacionais capazes de viabilizar o desenvolvimento econômico nacional a partir da ampliação dos processos de industrialização.

[80]   "A adaptação da diplomacia aos novos tempos não levou a uma revisão dos tradicionais princípios que a guiavam nem à modificação radical de seus rumos". Olavo Setúbal declarou que encontrara no Itamaraty "uma comunhão de ideias", o que considerou ser uma condição básica para que pudesse ser dada "continuidade às melhores tradições de solidariedade e universalismo legadas pelo Barão do Rio Branco".

[81]   Dentre diversos exemplos, citamos o primeiro pronunciamento do Presidente Sarney na ONU, em que sublinhou o tema da democracia, quando afirmou que a "melhor maneira da ONU trabalhar pela paz" era fazê-lo "pela democracia". Além disso, o Tratado de Assunção, que inaugura o Mercosul, fora resultado da aproximação Brasil-Argentina durante seu governo, em que os respectivos presidentes, Sarney e Alfonsín, firmaram uma série de acordos para a integração argentino-brasileira em vários setores – entre eles, a renúncia expressa a projetos nucleares para a construção de armas de guerra.

primeiros presidentes após as ditaduras militares – esta aproximação ganha musculatura, cristalizada na Declaração de Iguaçu. Nela, os países expressavam a "firme vontade política de acelerar o processo de integração bilateral, em harmonia com os esforços de cooperação e desenvolvimento regional". Neste sentido, o Tratado de Iguaçu configura a base do que viria a ser o Mercosul.

Além disso, o propósito de pacificar a região manifestou-se em uma Declaração Conjunta sobre Política Nuclear, área em que as suspeitas recíprocas eram mais fortes. Pautada pelo compromisso de desenvolver a energia nuclear para fins exclusivamente pacíficos. A visita simbólica de Alfonsín à Itaipu, onde foi assinado o Acordo de Iguaçu, rompeu com a desconfiança que por tantos anos abalava as relações bilaterais[82].

Figura 3: José Sarney e Raúl Alfonsín em Foz do Iguaçu

Fonte: Agência Estado

---

[82] A década de 1970 é marcada pela grande rivalidade político-militar e econômico-comercial entre Brasil e Argentina, que passaram a se enfrentar diplomaticamente, em face das divergências em torno do aproveitamento dos recursos hídricos da Bacia do Prata. As disputas envolvendo a construção de Itaipu se estenderam até o final da década, mais exatamente até 1979, quando foi assinado o acordo tripartite sobre Itaipu entre Brasil, Argentina e Paraguai. A Argentina argumentava que o Brasil poderia abrir as comportas de Itaipu e inundar completamente o país portenho, denunciando o Brasil à arbitragem internacional e que decidiu favoravelmente ao Brasil, desde que fosse garantida a segurança do país portenho.

Capítulo 13: O Brasil na América do Sul

A partir de então, um relacionamento cooperativo começa a fundamentar o que viria a ser posteriormente o Mercosul. Em 1991 foi assinado o Tratado de Assunção, que deu origem ao Mercosul.

Quadro 1: A evolução do Mercosul

Em 1993, entra em vigor o Protocolo de Brasília, que estabelece mecanismos de solução de controvérsias; em 1995, o Protocolo de Ouro Preto cria uma estrutura institucional definitiva, além de agregar personalidade jurídica ao Mercosul; em 1998, é assinado o Protocolo de Ushuaia, o qual insere a cláusula democrática ao bloco e também se vincula à Declaração do Mercosul, Bolívia e Chile como Zona de Paz e livre de armas de destruição em massa. Por fim, em 2002 é assinado o Protocolo de Olivos, que entra em vigor dois anos depois e estabelece a Corte Permanente de Solução de Controvérsias.

Os anos 1990 trazem significativos debates na busca por compreender qual deveria ser o papel do Brasil em um contexto de transição da ordem internacional, conjugado aos desafios trazidos à baila pela globalização. Já no governo Collor (1990-1992) e Itamar Franco (1992-1994), sob, respectivamente, os Ministros das Relações Exteriores: Francisco Rezek e Celso Lafer; Fernando Henrique Cardoso, Felipe Lampreia e Celso Amorim, a PEX é pensada a partir de tais mudanças, sob princípios de respeito ao juridicismo e a pacificação do sistema internacional no contexto da nova agenda internacional, buscando espaços de influência do Brasil. Neste sentido, a temática do meio ambiente é utilizada pela chancelaria brasileira estrategicamente na Eco-92, por Celso Lafer, no Rio de Janeiro. Segundo Rubens Ricupero[83], a chancelaria brasileira obteve o "maior êxito externo do governo Collor e possivelmente de toda uma década".

---

[83] Embaixador brasileiro, foi ministro da Fazenda em 1994 e Ministro do Meio Ambiente no mesmo ano e no subsequente, sob o governo FHC.

Figura 4: Eco-92, no Rio de Janeiro

Fonte: Diário do Rio

Sob a gestão do governo de Fernando Henrique Cardoso (1995-2002), a resposta encontrada foi a de que ao Brasil caberia a busca por espaços de influência na construção da nova ordem, e, portanto, o país deveria participar ativamente dos processos decisórios, em termos globais. Os valores democráticos, a defesa dos direitos humanos, a não proliferação de armas nucleares e a liberdade econômica configuravam pilares sustentados pelo Brasil na arena externa, nos foros multilaterais, dando continuidade à tradição multilateral da PEB. De modo que as credenciais brasileiras configuravam condição fundamental para viabilizar ao Brasil a conquista de uma posição internacional mais participativa, a chamada "autonomia pela participação" cunhada por Gelson Fonseca Jr[84].

---

[84] Embaixador, de 1995 a 1998 foi assessor Internacional do Presidente Fernando Henrique Cardoso.

> **Quadro 2: O conceito de autonomia na Política Externa Brasileira**
>
> Inaugurado por Hélio Jaguaribe, o conceito refere-se a busca por espaços de autonomia do Brasil em seu processo de inserção internacional de modo a alcançar o interesse nacional, entendido em termos de modernização industrial com vistas à construção de um capitalismo nacional reativo a pressões políticas e econômicas de um sistema internacional do qual o Brasil é dependente. A busca por autonomia, segundo a literatura especializada, revelou-se uma constante no padrão de PEB desde finais do século XIX. Na PEB recente, o termo foi cunhado por Gelson Fonseca Jr. para caracterizar a PEX do governo Fernando Henrique Cardoso (1994-2002), denominado "autonomia pela participação". Durante o governo Lula (2003-2010), Tullo Vigevani e Gabriel Cepaluni, denominam a PEX a partir do conceito de "autonomia pela diversificação" (Cepaluni, Vigevani, 2007).

A defesa das instituições internacionais, os princípios de respeito ao juridicismo, o esforço para a pacificação do sistema internacional com a assinatura dos diversos tratados de não proliferação de armas, a defesa irresoluta da democracia, do multilateralismo e do meio ambiente a partir do conceito de desenvolvimento sustentável, formatar a PEB durante este período.

A defesa da democracia como condição de pacificação do entorno regional sul-americano cumpre papel salutar, deflagrado, sobretudo no Protocolo de Ushuaia. O Protocolo também é conhecido como "a cláusula democrática" do bloco, e estabelece que apenas regimes políticos democráticos podem participar da organização internacional sul-americana. Deste modo, busca-se antecipar problemas que possam surgir nas relações internacionais dos países integrantes. A cláusula democrática, conjugada com o princípio constitucional da prevalência dos direitos humanos, ampliou o arcabouço de premissas sobre os quais a diplomacia se posicionaria, de modo geral, após a redemocratização.

De modo que o elemento democracia e da democratização como fator de confiança entre o Brasil e os vizinhos sul-americanos, foi costurado a partir da integração regional. A política externa brasileira transformou um fator da política interna – a democracia – como condição e recurso de política externa, considerando-se o elemento de confiança atrelada à melhoria na imagem e credibilidade internacional.

3. IDENTIDADE INTERNACIONAL DO BRASIL: POTÊNCIA MÉDIA E LIDERANÇA REGIONAL

A identidade internacional do Brasil insere-se no *rol* do acumulado histórico de disputas geopolíticas relacionadas à consolidação do território brasileiro. Preocupado em apreender o processo de construção da identidade internacional brasileira, Lafer demonstra aspectos de continuidade que perfazem a tradição diplomática brasileira, em que os pilares centrais foram estabelecidos pelo Barão do Rio Branco na formação e consolidação das fronteiras brasileiras com o entorno regional. Desse processo histórico, portanto, é que emergiram características contínuas da diplomacia brasileira. Dentre elas, Amado Cervo (1998; 2008) destaca o Paradigma da Cordialidade Oficial. Este paradigma, de maneira geral, se expressa pelo bom relacionamento com os vizinhos, visando assegurar os interesses brasileiros na região, cujo histórico dos países se distinguem significativamente do Brasil, a começar pela geografia, língua, e pelo regime político pós-independência.

De modo que o tom *grociano*[85] demarcado nas relações internacionais do Brasil fora determinante para criar um *modus operandi* pacífico de inserção internacional, e que conjugado com a continuidade das ações de PEX, garantiria ao Brasil vantagens no sistema internacional, considerando seu posicionamento enquanto potência média.

A classificação do Brasil como uma potência média que aspira papel influente no sistema internacional configura consenso entre di-

---

[85] Referência a Hugo Grotius, o jurista holandês é considerado o pai do Direito Internacional. Sua principal obra: "O direito da guerra e da paz", publicada em 1625.

Capítulo 13: O Brasil na América do Sul

plomatas brasileiros sendo usual a utilização do termo ao referir-se ao papel do Brasil no mundo. Além de servir de molde para as estratégias de inserção internacional do país. A ênfase nos estudos desta categoria deita raízes nos anos 1960 e 1970 potencializada pelo movimento dos não-alinhados e na tentativa teórica de enquadrar os países do terceiro mundo e os processos de industrialização nascente a partir de critérios investigativos que fossem além dos parâmetros realistas tradicionais. De um modo geral, a potência média é considerada uma espécie de país intermediário, os quais tendem a cooperação no sistema internacional, devido à impossibilidade de se colocar diretamente contra as Grandes Potências em uma estrutura oligopolista de poder, que como resultante, buscam fortalecer os laços multilaterais.

Maria Regina Soares de Lima (1986)[86] compreende que as potências médias apresentam variações no modelo de inserção internacional de acordo com condicionantes externos e internos: os estrangulamentos externos do sistema internacional as colocaria na posição de subordinadas das grandes potências e, como "prêmio", receberiam concessões daquelas na condução das questões regionais, exercendo, portanto, uma política externa imperialista regionalmente, mas subordinada às grandes potências no nível do sistema internacional. Esta postura denominada por Lima de multifacetada é vista como um dado e não uma contradição, pois seria uma condição de ser das potências médias.

4. LIDERANÇA REGIONAL DO BRASIL NA AMÉRICA LATINA

Considerando os conceitos de potência média apontados no tópico anterior, vamos analisar como a PEX regional foi traçada pelos governos brasileiros de finais de anos 1990 e início dos anos 2000, particularmente os governos FHC e Lula (1994-2010) no contexto

---

[86] Professora do Instituto de Estudos Sociais e Políticos da UERJ – IESP/UERJ e coordenadora do Observatório Político Sul Americano – OPSA/UERJ. Defendeu sua tese doutoral em 1986, denominada: *The political economy of brazilian foreign policy: nuclear energy, trade and Itaipu.*

de transição da ordem internacional. De modo geral, tais governos utilizaram-se do espaço sul-americano como meio de resistência do país a qualquer espécie de hegemonia externa, ao buscar o exercício de uma liderança regional.

4.1. O GOVERNO FERNANDO HENRIQUE CARDOSO (1994-2002)

A concepção de Cardoso e de sua chancelaria acerca do *status* brasileiro de potência média, ou potência regional, era a de uma necessária discrição da ação brasileira no espaço sul-americano. As ações do Brasil deveriam ser tomadas com muito receio, haja vista a particularidade geopolítica do Brasil na América Latina e a ameaça de uma compreensão de posturas imperialistas por parte dos países vizinhos.

É, no entanto, através da mediação de conflitos sul-americanos e através, sobretudo do Mercosul, que durante a gestão de Cardoso o Brasil buscou assegurar a liderança regional, utilizando-a como forma de legitimidade em uma inserção internacional mais proeminente, ao mesmo tempo em que visava a conter qualquer ameaça de hegemonia hemisférica no cone sul-americano.

A atuação do Brasil na resolução do litígio fronteiriço de quase dois séculos entre Peru e Equador demonstrou o esforço brasileiro de conduzir a liderança brasileira, nos termos de capacidade de organização do espaço sul-americano. Após anos de conflitos, o processo de apaziguar tal situação contou com a participação direta de Cardoso. O conflito armado deflagrado em janeiro de 1995 tendo como ponto de litígio a fronteira em torno do rio Cenepa teve como mediador o governo brasileiro, que também criou mecanismos de fiscalização após o acordo. Os presidentes equatoriano e peruano recorreram ao presidente brasileiro. Finalmente, em outubro de 1998, Peru e Equador assinam o acordo de Paz, ratificado por ambos os congressos de cada país.

Com a intensificação das crises internacionais e a pressão dos Estados Unidos em torno da Área de Livre Comércio entre as Américas (ALCA), o Itamaraty investe no aprofundamento da integração regional, dada a concepção da regionalização como resistência às tendências homogeneizantes da globalização. Cardoso convoca a I Cúpula

Sul-Americana, realizada em Brasília em 2000, em que relança a ideia da Área de Livre Comércio Sul-Americana (ALCSA), apresentada por Itamar Franco em 1993, em que Cardoso esteve à frente da Casa Rio Branco. Em associação com os países da Comunidade Andina, ALCSA – zona de livre comércio entre o Mercosul e a Comunidade Andina, com a adesão do Chile – exemplifica a tentativa brasileira de contraponto às intenções hegemônicas norte-americanas no hemisfério sul-americano, ao mesmo tempo em que aponta para a necessidade de fortalecimento da liderança brasileira regional, no sentido de organizar ao espaço regional. A ideia era a de em dez anos criar a Área de Livre Comércio Sul-Americano em que ganha força a ideia de América do Sul, substituída pela ideia de América Latina.

A partir da segunda metade do último governo de Cardoso, o tom otimista em torno da globalização presente no primeiro mandato passa a ser substituído pela crítica, consubstanciada na ideia de globalização assimétrica. Neste sentido, caberia a ampliação do regionalismo, fortalecendo a infraestrutura física como fator essencial para a integração do espaço econômico e do desenvolvimento, ideia lançada na Primeira Reunião dos Presidentes da América do Sul, realizada em 2000. Na Declaração Final da reunião foi assinado o Plano de Ação para a Integração da Infraestrutura Regional Sul-Americana (Iirsa), com sugestões e propostas ampliação e modernização da infraestrutura na América do Sul, em especial, nas áreas de energia, transporte e comunicações, com a finalidade de configurar eixos de integração e desenvolvimento econômico e social, para o futuro espaço econômico ampliado.

Sutilmente afasta-se da ALCA afirmando que "O Brasil mantém o espírito de Miami, mas achamos que é preciso aprofundar o Mercosul"[87] (Cardoso, 2015: 831). O presidente brasileiro optou pelo caminho de preservação da autonomia evitando confrontações diretas. Procurando agradar a setores nacionalistas também no posicionamento contra a ALCA. Para o presidente brasileiro, "A presença brasileira no continente é a única que pode contrariar, até certo ponto, os

---

[87] A I Cúpula das Américas ocorreu em 1994, em Miami, e lançou o projeto da ALCA.

interesses norte-americanos, e pode ser também uma dor de cabeça, para eles, como se está vendo na questão da ALCA e do Mercosul" (Cardoso, 2015: 831).

Neste sentido, como contraponto às impossibilidades de ganhos comerciais no tabuleiro global, é que o Mercosul aparece como forma de projetar o Brasil economicamente garantindo primazia regional na dimensão do mercado. Em contraposição à ALCA, o Brasil opta pelo fortalecimento do Mercosul, investindo na expansão entre interesses comerciais e empresariais, com a aumento da competitividade e desempenho do bloco, ao mesmo tempo em que o país é ativo em evitar que Chile e Argentina aderissem ao NAFTA e implementassem a ALCA, e, com isso, barram a tentativa e hegemonia estadunidense na região.

A ideia de ampliar o Mercosul além de uma União Aduaneira e caminhar rumo à construção de uma unidade regional era patente, a medida em que o Brasil via a possibilidade de organizar o espaço sul-americano e exercer a liderança regional através do Mercosul como um polo no qual se organizaria o espaço da América do Sul. Inspirado no modelo europeu de integração, a integração energética era vista por FHC como mola propulsora à integração sul-americana: "O Brasil tomou a decisão estratégica, de grande importância, de não mais pensar nas matrizes energéticas em termos de autarquia. Tomou a decisão de 'depender' dos países vizinhos" (Toledo, 1998: 96).

A interdependência energética poderia viabilizar o processo de integração regional, a partir da integração física. Não à toa, em 2000, na I Reunião de Presidentes da América do Sul em Brasília, a Iniciativa para a Integração da Infraestrutura Regional Sul-americana (IIRSA) foi a primeira instituição formada pelos doze países da América do Sul. Proposta pelo governo brasileiro em parceria com o Banco Interamericano de Desenvolvimento (BID), a iniciativa tinha como objetivo central desenvolver metodologia e uma carteira de obras de infraestrutura que interligasse fisicamente as principais regiões econômicas do subcontinente com o intuito de diminuir custos de transporte e circulação de mercadorias visando o aumento dos níveis de exportação intra e extrarregional.

Capítulo 13: O Brasil na América do Sul

A visão sul-americana como espaço estratégico brasileiro deveria ser construída a partir de uma postura de companheirismo brasileiro, segundo Cardoso: "só teremos êxito nesse caminho se formos capazes, como fomos até hoje, de ser companheiro dos outros países. Não podemos sufocar. Tirar vantagem desnecessária. A vantagem é estratégica, não é para o dia de amanhã" (Toledo, 1998:131).

O professor australiano Sean Burges constata na maioria do corpo diplomático brasileiro do período do governo FHC o temor de o país ser reconhecido como um líder entre os países vizinhos (Burges, 2009). No entanto, ao se debruçar sobre o período que vai desde FHC como Ministro das Relações Exteriores até o fim de seu mandato presidencial, Burges conclui que a ideia de refutar uma pretensa liderança brasileira aparece como retórica, pois, liderança não se declama, se faz (2009). Dito de outro modo, na gestão FHC o Brasil deveria manter o discurso límpido de que não haveria interesse em liderar, visando evitar qualquer tipo de conflito com os países vizinhos, no entanto, na prática, poderia exercer um papel de liderança.

Burges desenvolve o conceito de "hegemonia consensual", tomando como subsídio teórico o ideário *gramscianiano* (2009). A hegemonia consensual seria uma forma de difundir os interesses do hegemon de modo a tornar tais interesses como integrantes dos interesses dos países que compõem a geografia regional, de modo que os objetivos desses países se enquadrariam no escopo do país que lidera, obtendo assim, consenso. O *modus operandi* da via consensual responderia à debilidade do Brasil em arcar com os custos da liderança, dada a sensível condição da economia brasileira de recente estabilização econômica pós-Plano Real. Assim, tornando os interesses dos países vizinhos fundamentais aos interesses brasileiros, o país acabaria por distribuir os custos da liderança. Caberia nesse contexto ao Itamaraty instigar e organizar posições estimulando o compartilhamento de desafios e oportunidades, como no caso da Cúpula em Miami sobre a ALCA, em 1994. Portanto, para Burges, a hegemonia consensual que fora construída durante a gestão de FHC buscou vincular os projetos de ascensão do país com os benefícios dos demais países vizinhos a partir de um senso de um projeto comum com benefícios para todos àqueles que formariam a base do projeto hegemônico, distribuindo os custos da integração regional, o chamado *Paymaster*; o autor compreende a hegemonia a partir da formulação gramsciana, que leva em conta os atributos ideológicos e subjetivos de poder (2009).

> **Quadro 3: O conceito de *paymaster***
> Desenvolvido por Walter Mattli (1999), o conceito de *paymaster* se refere ao Estado membro predominante em um aglomerado regional que atenua as contradições distributivas e viabiliza a trajetória à integração, servindo não somente como um núcleo de comando e regulações no tocante às políticas regionais, mas assumindo também com custos institucionais, financeiros e políticos no projeto regional.

Por fim, importa destacar que durante a gestão FHC a intenção do Brasil em liderar seria, sobretudo a de obter a expansão do regionalismo comercial. Não se tratava de construir um sistema regional, exclusivamente, mas utilizar o prospecto de acesso da grande economia brasileira como alavanca para forjar novos acordos comerciais que avançassem o projeto continental e abrisse o mercado internacional. É, pois, neste sentido que a política externa regional de FHC se distingue do governo posterior.

4.2. O GOVERNO LULA (2003-2010)

O início do século XXI esboçou no espaço sul-americano um cenário bastante particular e contrastante com o final do século anterior: crescem regimes contrários à lógica neoliberal no contexto do Consenso de Washington, ao contrário dos anos 1990 que precederam o governo FHC. Esse movimento era baseado em novas perspectivas socioeconômicas e políticas, e preocupados com a revalorização do protagonismo do estado em relação ao mercado, com o objetivo de recuperar capacidades de gestão nos âmbitos interno – especialmente na promoção da equidade social – e externo, em busca de afirmação regional no âmbito sul-americano e maior autonomia nas relações com os Estados Unidos. No interior de tal quadro, insere-se também

Capítulo 13: O Brasil na América do Sul

o governo do Partido dos Trabalhadores no Brasil, por meio da eleição do presidente Lula da Silva em 2002, dentro de um contexto mais amplo, ou seja, a chamada "onda rosa", caracterizada pela ascensão de governos de cunho progressista e mais à esquerda que emergiram no continente no início do século. Ainda que cada governo possuísse especificidades políticas e ideológicas, havia características gerais que os aglutinaram, tal como o papel do Estado, a busca pela afirmação regional e a tentativa de autonomia frente aos EUA.

Sob o pano de fundo de uma relativa identidade de concepções político-econômicas e sociais, a questão acerca da viabilidade do aprofundamento da integração regional sul-americana configurou-se como pedra angular para se desenhar perspectivas acerca dos caminhos futuros que a região poderia vir a trilhar. Nesse sentido, despontaram visões positivas e negativas acerca da possibilidade da emergência de tais governos viabilizarem a integração e, além do mais, questionou-se sobre o papel que o Brasil deveria ocupar no interior de tal quadro.

É exatamente nesse ponto que a discussão sobre a liderança brasileira na região voltou a tomar fôlego. Mediante esse novo quadro geopolítico sul-americano, em que se evidencia o desejo dos países vizinhos em busca de autonomia frente aos EUA, dada suas respectivas percepções quanto às suas debilidades econômico-estruturais, a estratégia da PEB procurou vantagens no sentido de traçar a ascensão do Brasil no cenário regional como um país capaz de atenuar conflitos e organizar o espaço sul-americano, mais uma vez gerando polêmica acerca de uma suposta liderança brasileira.

A consideração acerca das dificuldades estruturais dos países sul-americanos seria fundamental para compreender as possibilidades de integração regional e o papel de uma liderança brasileira nesse processo. As atuais intenções dos países sul-americanos de amenizar a dependência econômica frente aos centros capitalistas somadas à busca de habilidades para definir políticas nacionais autônomas acaba por se projetar na tentativa de que, como blocos político-econômicos, tais países fossem capazes de intensificar a luta contra a dependência aos países centrais do capitalismo, compreendidos como limitadores de desenvolvimento. É exatamente nesse ponto que a integração sul-americana aparecia como estratégica ao Brasil.

O histórico de desconfiança dos vizinhos brasileiros no entorno regional, quanto às possíveis pretensões imperialistas do gigante brasileiro, desde o governo Cardoso, já demonstrava o posicionamento da diplomacia brasileira a tratar com cautela o papel da liderança. Para evitar a possibilidade de empurrar alguns de seus vizinhos para fora do Mercosul, o papel articulador desempenhado pelo Brasil em situações de crise e instabilidade institucional não poderia ser sacrificado. Neste sentido, o termo liderança não seria tratado com tanta naturalidade na esfera diplomática devido à exaltação do peso regional por parte das grandes potências que, por sua vez, teriam contribuído para estimular a visão negativa que os vizinhos possuem em relação ao Brasil.

Tradicionalmente, a chancelaria brasileira buscou evitar a emergência de qualquer tipo de percepção acerca de uma suposta intenção de liderança na região entre os países vizinhos. Cervo (2008), tomando como análise a ideia de Lafer (2001) acerca da identidade nacional brasileira, aponta para o paradigma da cordialidade oficial, dentre outros, como elemento necessário para manter a pacificação regional ao longo de toda a história da política exterior do Brasil. Na transição do Império para a República, buscou-se manter-se a visão de que o país era provido de instituições civilizadas perante os vizinhos, fortalecendo-se o "acumulado histórico pela ideia de força e de civilização diante dos vizinhos", que deveriam ser "bem tratados, mesmo porque são pouco relevantes para a vida nacional. É a chamada cordialidade oficial, que se cultiva até o presente como parâmetro de conduta da diplomacia brasileira no trato com os vizinhos" (Cervo, 2008: 38).

O Barão do Rio Branco acabou por fortalecer o ideário da cordialidade oficial e a tradição inaugurada por ele buscava ampliar as relações com os países vizinhos, tornando-as mais harmoniosas, pois, temia-se que uma percepção de um suposto imperialismo brasileiro pudesse unir os países de língua espanhola contra o país, com características distintas, por meio do regime político monárquico; língua singular e um território enorme comparado às recém-repúblicas vizinhas. Tal concepção viabilizou uma forma de política externa que priorizou o multilateralismo e a igualdade entre as nações. Segundo Bueno,

Rio Branco percebia os preconceitos e desconfianças derivadas da diferença de língua e de antigas rivalidades que, um dia, modificar-se-iam 'pela cordura e pela longanimidade com que suportamos alguns de nossos vizinhos, fazendo tudo para conquistar o seu afeto e confiança'. Antigas prevenções, dizia, que só o tempo poderia, talvez, modificar. Por isso mesmo, aproveitava todas as oportunidades para reiterar que a política exterior do Brasil não tinha pretensões de hegemonia, repelindo nos seus discursos as imputações que lhe faziam as chancelarias hispano-americanas (...) Não pretender, muito menos alardear, liderança sobre nações de seu entorno em razão das resistências que encontra consequência de antigas idiossincrasias. O prestígio da diplomacia brasileira deveria chegar lenta e espontaneamente, fruto de uma política séria, contínua e respeitosa. (Bueno, 2010: 44)

Ao longo do governo Lula, a estratégia da política externa brasileira de inserção internacional via aprofundamento da integração regional, no qual o papel prioritário da América do Sul foi elevado à condição de prioridade na agenda da política externa brasileira, foi bastante debatida e polemizada, acentuada pelo novo desenho geopolítico na região. De um modo geral, a prioridade atribuída à América do Sul era ressaltada pela intensificação do comércio e pela busca da consolidação de um polo regional capaz de desenvolver a potencialidade da região em um mundo multipolar. A busca por um protagonismo mais firme no cenário internacional seria demarcada pelo aumento das relações multilaterais e uma aproximação com os países sul-sul. Isso porque, as mudanças no cenário global exigiriam uma estratégia peculiar de inserção internacional por parte do País. Segundo o assessor internacional da presidência da república do governo Lula, Marco Aurélio Garcia, caberia ao Brasil, "optar por uma inserção solitária no mundo ou buscar uma associação com países de seu entorno, com os quais compartilha história, valores e possibilidades de complementação econômica. O Brasil optou claramente pela segunda hipótese. Por essa razão, a América do Sul transformou-se em prioridade de sua política externa.

Neste sentido, destaca-se o Foro de São Paulo (FSP), fundado em 1990 pelo PT e composto por uma miríade de partidos tradicionalmente posicionados mais à esquerda dos respectivos espectros políticos nacionais e que assumiram, pela via democrática, vários governos da América Latina a partir do final da década de 1990. O FSP desenvolveu-se como um ambiente de encontro das forças políticas latino-americanas e caribenhas, autodenominadas progressistas, que procuravam não só o debate e a análise do sistema internacional, como também a constituição de um projeto comum de inserção internacional. O Foro ganhou projeção inédita durante o governo Lula, quando se acentuou a polarização em torno da política externa, bastante criticado pela oposição, direcionada, sobretudo, à Marco Aurélio Garcia.[88]

Figura 5: Primeiro encontro do Foro de São Paulo, com Marco Aurélio Garcia (centro) ao lado de Lula

Fonte: Fundação Perseu Abramo

Ao mesmo tempo em que a chancelaria brasileira enfatizava a América do Sul como prioridade, setores contrários ao governo ma-

---

[88] Secretário de Relações Internacionais do PT, iniciou o processo de aglutinação das forças progressistas e de esquerda na região sob o Foro de São Paulo. Profundamente envolvido nas questões internacionais e, principalmente, nas situações da América-Latina, Marco Aurélio ocupou durante 13 anos o cargo de assessor especial para Assuntos Internacionais dos governos Lula e Dilma. Faleceu em julho de 2017.

Capítulo 13: O Brasil na América do Sul

nifestaram-se veementemente contra as concessões brasileiras em relação à nacionalização de hidrocarbonetos bolivianos e à busca pela renegociação do Tratado de Itaipu com o Paraguai, assim como as relações com o presidente venezuelano Hugo Chávez, os contenciosos com a Argentina no interior do Mercosul e a postura perante o golpe de estado em Honduras. Também acirraram os ânimos da oposição e projetaram significativamente os debates em torno da política externa de Lula. As críticas se fundamentam em uma ideia central: o Estado brasileiro estaria sendo utilizado como plataforma dos interesses partidários do PT, subvertendo a política de Estado a uma política de governo. O fenômeno acabou acirrando de forma inédita as discussões em torno do tema, pelas acusações por parte da oposição da partidarização da PEX, que se estenderam durante todo o governo Lula e posteriormente no governo Dilma (2011-2015).

Mesmo com todas as polêmicas levantadas em torno da questão da liderança brasileira, a tentativa de consolidar-se como líder regional é um dos elementos característicos da política externa do governo Lula, que a partir de tal perspectiva atribui importância significativa ao relacionamento com seus vizinhos, em termos bilaterais, e à integração sul-americana.

Tabela 1: Comparação dos conceitos de liderança regional entre os governos de FHC e Lula

Governo	Objetivo da liderança	Custos da liderança	Estilos
FHC	Preponderantemente econômico: expansão comercial	Distribuídos entre os países vizinhos	Relações multilaterais:; atuação em foros internacionais
LULA	Preponderantemente político: Aumento do prestígio internacional para atuar com maior protagonismo nos cenários de governança global	Brasil arca com os custos da liderança	Relações bilaterais: acordos e concessões

Fonte: elaboração própria

5. CONSIDERAÇÕES FINAIS

O caminho histórico da PEB perfaz uma linha de continuidade em torno da tradição diplomática estabelecida pelo Barão do Rio Branco, no contexto das relações internacionais de fins do século XIX, pautado na ampliação da zona de influência estadunidense na América no contexto das disputas imperialistas europeias de início do século XX, e regionalmente, na rivalidade regional com a Argentina nas disputas envolvendo a Bacia do Prata. A particularidade geográfica do Brasil frente aos vizinhos fora determinante à medida que se fazia necessário um tom cordial com o entorno regional, anulando qualquer risco de o país ser contestado por um suposto imperialismo regional.

Neste sentido, a busca pela liderança regional foi analisada de maneira geral após a democratização – em que o Brasil adere à agenda democrática e de defesa dos direitos humanos e estabelece os postulados de sua política internacional cristalizado no artigo 4º da Constituição Federal – e, particularmente, sob os governos FHC e Lula.

Em um momento de transição do sistema internacional pautado pelo fim da ordem bipolar, o governo Fernando Henrique Cardoso buscou fortalecer a liderança regional, sobretudo pelo Mercosul pautando-se em uma dimensão principalmente comercial, distribuindo os custos da integração entre os países vizinhos.

A política externa dos governos Lula buscou alicerçar seus projetos a partir do espaço sul-americano, utilizado como plataforma para a inserção internacional do país, em um mundo que, na visão da chancelaria brasileira, estaria caminhando rumo ao fortalecimento de uma ordem internacional multipolar. Na visão do governo brasileiro, caberia ao Brasil um papel de maior protagonismo internacional. Ao mesmo tempo, esse papel não deveria ser exercido isoladamente, mas sim a partir da maior integração entre os países vizinhos mediante a qual se poderiam resolver as assimetrias galopantes presentes no subcontinente.

Portanto, a integração sul-americana se apresentaria como uma condição essencial para a viabilização da inserção brasileira. A pauta prioritária da agenda da política externa brasileira, no âmbito regional, configurou-se pela aproximação com a América do Sul. Vislumbradas tais perspectivas, o país procurou organizar o espaço vizinho a seu favor, ao mesmo tempo em que, temendo-se a oposição por parte dos vizinhos, articulou um discurso que atenuava o papel de uma suposta liderança, no sentido de dominação, termo, aliás, bastante temido pela chancelaria brasileira, e por isso controverso. Ainda assim, verificou-se que a diplomacia do governo Lula caminhou para um discurso que ressaltava o papel de uma liderança positiva do Brasil no Cone Sul a partir da potencialidade do mesmo em resolver conflitos e organizar o espaço sul-americano.

6. ESTUDO DIRIGIDO

Questão 1: Discuta a relação entre o Brasil e o entorno regional do ponto de vista histórico e geográfico.

Questão 2: Pesquise sobre o conceito de *cordialidade oficial* desenvolvido por Amado Cervo (2008).

Questão 3: É possível afirmar que o Brasil possui um papel de liderança na América do Sul? Quais os principais fatores que alicerçam esta perspectiva?

Questão 4: Discorra sobre a importância da integração regional nas relações internacionais do Brasil do ponto de vista regional e de inserção internacional no mundo.

Questão 5: Aponte os princípios que norteiam as relações internacionais do Brasil, no artigo 4º da Constituição Federal, relacionando-os e problematizando-os com a atualidade das relações internacionais do entorno sul-americano.

7. REFERÊNCIAS BIBLIOGRÁFICAS

BUENO, C. O Barão do Rio Branco no Itamaraty (1902-1912). *RBPI*, 2012.

BURGES, S. *Brazilian Foreign Policy after the Cold War*. Florida: University Press of Florida, 2009.

Cardoso, F. H. *Diários da Presidência*, 2015.

Cardoso, F. H. Política Externa. Pronunciamentos, vol. 1 e vol. 2, Brasília: 1995.

Cepaluni, G; Vigevani, T. A política externa de Lula da Silva: a estratégia da autonomia pela diversificação. *Revista Contexto Internacional* (2007). Disponível em: https://doi.org/10.1590/S0102-85292007000200002

CERVO, A. e BUENO, C. *História da Política Exterior do Brasil*. Brasília: Ed. UnB (4ª Edição), 2011.

CERVO, A. *Inserção Internacional: formação dos conceitos brasileiros*. São Paulo: Saraiva, 2008.

LAFER, C. *A Identidade Internacional do Brasil*. São Paulo: Ed. Perspectiva. 2001.

MATTLI, W. *The logic of regional integration: Europe and beyond*. Cambridge: Cambridge University Press, 1999.

TOLEDO, R. P. *O Presidente Segundo o Sociólogo*. Entrevista de Fernando Henrique Cardoso a Roberto Pompeu de Toledo. Ed. Companhia das Letras. 1998.

8. RECURSOS AUDIOVISUAIS

BRASIL: de volta à América do Sul. Gênero: palestra/mesa redonda. Sinopse: O CEBRI realizou o lançamento do seu Núcleo América do Sul liderado por Celso Lafer, Conselheiro Emérito e ex-Ministro de Relações Exteriores e por Hussein Kalout, Senior Fellow e Pesquisador da Universidade de Harvard. Partícipes: José Pio Borges (CEBRI); Celso Lafer (CEBRI); Hussein Kalout (CEBRI e Harvard); Fernanda Cimini (UFMG); Dawisson Belém Lopes (UFMG); Feliciano Guimarães (USP); Guilherme Casarões (FGV EAESP). Disponível em: https://www.youtube.com/watch?v=OEzCwWgJe74

Barão do Rio Branco. Série: Inventores do Brasil. Direção: Bruno Barreto. Sinopse: Fernando Henrique Cardoso recupera a memória das mais influentes personalidades da história do país. Disponível em: https://www.youtube.com/watch?-v=9zrc091L-8Y

30 anos de Mercosul. Gênero: *Podcast.* Ano: 2021. Sinopse: Karina Mariano (UNESP) traçou um panorama fundamental sobre a história e a(s) crise(s) do Mercosul. Entenda melhor o contexto de surgimento do bloco, como a política externa brasileira acompanhou a evolução da instituição, quais os problemas estruturais que estão ainda mais expostos na conjuntura atual. Disponível em: https://chutandoaescada.com.br/2021/06/25/chute-219-mercosul/

A Atuação Multilateral do Brasil na Crise do Regionalismo. Gênero: Mesa Redonda, III Fórum San Tiago Dantas. Ano: 2020. Sinopse: Mediada pelo professor Dr. Marcelo Mariano, o evento *online* contou com os professores Dr. Caio Junqueira e Dra. Sara Toledo. Disponível em: https://www.youtube.com/watch?v=odGQwWJMjj0&-t=384s

CAPÍTULO 14: **O BRASIL E A CELAC**

EDSON JOSÉ DE ARAÚJO[89]

1. A CRIAÇÃO DA CELAC

A Comunidade de Estados Latino-Americanos e Caribenhos (CE-LAC) foi criada em dezembro de 2011 não só como um mecanismo intergovernamental de diálogo e solução política, que inclui permanentemente trinta e três países da América Latina e do Caribe[90], mas, também, como um fórum regional que reúne esses países, aspirando a ser uma voz única de decisões políticas estruturadas de tomada de decisão na esfera política e cooperação em apoio a programas de integração regional.

Desde o seu lançamento, a organização assumiu um compromisso de avançar no processo gradual de formação de um bloco unido priorizando um cuidadoso equilíbrio da diversidade política, econômica, social e cultural da América Latina e do Caribe, no intuito de ajudar a aprofundar o diálogo respeitoso entre todos os países da região em

---

[89] Mestre em Governança Global e Formulação de Políticas Internacionais (PUC-SP); Especialista em Política e Relações Internacionais (FESP-SP); Especialista em Docência no Ensino Superior (SENAC-SP); Especialista em Economia de Empresas (MBA USP); Bacharel em Ciências Econômicas (CUFSA); Articulista para Europa e Ásia no Centro de Estratégia, Inteligência e Relações Internacionais (CEIRI); Educador no Projeto Formare (Fundação Iochpe).

[90] Antígua e Barbuda, Argentina, Bahamas, Barbados, Belize, Bolívia, Brasil, Chile, Colômbia, Costa Rica, Cuba, Dominica, Equador, El Salvador, Granada, Guatemala, Guiana, Haiti, Honduras, Jamaica, México, Nicarágua, Panamá, Paraguai, Peru, República Dominicana, Santa Lúcia, São Cristóvão e Névis, São Vicente e Granadinas, Suriname, Trinidad e Tobago, Uruguai e Venezuela.

áreas como desenvolvimento social, educação, desarmamento nuclear, agricultura familiar, cultura, finanças, energia e meio ambiente.

Para que haja um correto relato histórico em relação à CELAC, é imprescindível ao menos citar seus antecedentes. A Comunidade teve a responsabilidade de unir duas importantes instituições na história da integração da região: a Cúpula da América Latina e do Caribe (CALC) e o Grupo do Rio.

No ano de 2008, em meio ao que ficou conhecido como a "onda rosa" na América Latina, com a ascensão de uma série de governos progressistas, o então presidente do Brasil, Luiz Inácio Lula da Silva, convocou um encontro entre governantes da região, ocorrido na Costa do Sauípe, no estado da Bahia. O encontro que convergiu ideias para a formação de um grupo mais bem solidificado entre os países latino-americanos e caribenhos reuniu os trinta e três chefes de Estado da região, naquele que seria o primeiro encontro entre estes sem presença norte-americana ou europeia. Tal reunião congregou três cúpulas: Mercosul, América Latina e Caribe (CALC) e a União das Nações Sul-americanas (UNASUL). Deste encontro saiu o planejamento do que, anos depois, seria a CELAC, além da fundamentação de que, na visão de alguns governantes, a nova organização deveria substituir a OEA (Organização dos Estados Americanos), esta sob a batuta dos Estados Unidos. Naquele momento, o objetivo era estabelecer um processo de cooperação que englobasse toda a região a partir de um desafio relevante de ser a primeira organização capaz de reunir os 33 países presentes da América Latina e Caribe em um espaço de diálogo comum (Itamaraty, 2015). Alguns países caribenhos – com ênfase em Cuba – normalmente não eram convidados para outros espaços de reunião.

Por sua vez, o Grupo Rio firmou-se na década de 1980 embasado na necessidade de diálogo político em prol da redemocratização e pacificação latino-americana e contou com a participação de 24 países se estruturando como um foro regional de concertação política fundamental da década de 1980, sendo suas pautas prioritárias a redemocratização da região e a pacificação do continente em tão conturbada época (Itamaraty, 2015).

Com a Cúpula de Caracas em dezembro de 2011, se originou a CELAC, fenômeno já consentido por condescendência pelos países--membros em reunião anterior na Cúpula do México, em 2010 (Itamaraty, 2015). A fusão entre a CALC e o Grupo do Rio é abordada no estatuto constituinte da CELAC, que nos seus incisos VI e VII tratam dos seguintes direcionamentos:

> VI. Adição do patrimônio histórico do Grupo do Rio e da CALC: O patrimônio histórico da CELAC está constituído pelas Declarações, Comunicados Conjuntos e Especiais, Resoluções e outros instrumentos de decisão aprovados durante os processos do Grupo do Rio e da CALC. Adjunto neste estatuto de procedimentos se encontra a listagem de temas, declarações e documentos que se têm tratado na CALC e no Grupo do Rio, os quais representam o patrimônio histórico de ambos os mecanismos.

> VII. Unificação do Grupo do Rio e da CALC: A Comunidade dos Estados Latino-americanos e Caribenhos sucederá, para todos os efeitos, o Mecanismo Permanente de Consulta e Concertação Política (Grupo do Rio) e a Cúpula da América Latina e do Caribe sobre Integração e Desenvolvimento (CALC). Portanto, o Grupo do Rio e a CALC deixarão de funcionar, sem afetar a continuidade dos programas e ações em andamento que já tenham sido acordados pelo Grupo do Rio e pela Cúpula da América Latina e do Caribe sobre Integração e Desenvolvimento. (CELAC, 2011)

Após dois anos de trabalho, a CELAC estimulou a visão latino--americana e caribenha como uma comunidade de nações, capaz de dialogar e construir consensos sobre questões de interesse comum. No que diz respeito à representação da América Latina e do Caribe a CELAC assumiu os seus poderes para atuar como porta-voz da Comunidade junto de outros países e blocos regionais, isso inclui o diálogo da CELAC com a União Europeia, a China, a Federação Russa, a República da Coreia, o Conselho de Cooperação para os Estados Árabes do Golfo, a Turquia e o Japão.

De certo, são inúmeras as potencialidades que o bloco pôde demonstrar desde que foi estruturado, mas deve-se enfatizar aqui, que um dos pontos principais dos desígnios da CELAC é de ressaltar a importância do Brasil como protagonista regional, dando tração à política externa brasileira que servirá como carro chefe para colocar o bloco num patamar globalmente visível, e essa mesma política externa brasileira deverá suplantar posturas retrógradas e conservadoras retomando posições conquistadas na cena internacional no passado e, sobretudo, restabelecer uma diplomacia que esteja atenta às diversas demandas internas e, ao mesmo tempo, resulte de análises inteligentes do contexto internacional (Caixeta, 2022).

Esse processo deve ser tomado como meta principal pelo Brasil à frente da CELAC, pois o mundo hoje passa por diversos desbalanceamentos sistêmicos onde crises se manifestam na economia, na sociedade e na política internacional tais como:

- o enfraquecimento do neoliberalismo devido a várias crises, e que, provavelmente será superado pela economia planificada do mercado chinês;
- a presença de um novo embate entre o flanco ocidental representando pela Organização do Tratado do Atlântico Norte (OTAN), e oriental, pela aliança euroasiática notabilizada pela China e Rússia, e que, também, envolve a Turquia, o Irã, além de outros países e alianças como a Organização da Cooperação de Xangai (OCX) e a Comunidade Econômica Euroasiática;
- processos econômicos multilaterais que são baseados em competitividade e não na cooperação entre grandes potências.

Posto isso, dentro desse cenário de tensões político-econômicas, se ergue a necessidade de novas alianças, por parte desses agentes em conflito, com atores que ficaram à baila das grandes negociações multilaterais nos últimos anos, onde esses mesmos atores poderão fortalecer, de alguma forma, sua representatividade diplomática mundial. É imprescindível notar as nuances desse cenário global em que não só a CELAC poderá se beneficiar, mas também, o Brasil como agente internacional que fará despontar novamente sua diplomacia ativa e altiva sob a nova gestão de Lula.

2. A ESTRUTURA DA CELAC

Os 33 Estados-membros da CELAC se identificam, principalmente, pela sua localização geográfica e pelo seu interesse em uma maior autonomia no sistema internacional. Localizados na periferia global (Guimarães, 2006), os países latino-americanos possuem como atributos um contexto de paz com seus vizinhos; potencial energético e mineral amplo, o que os transforma em países agrário-exportadores; acesso ao oceano Atlântico ou Pacífico – em toda a região, apenas a Bolívia e o Paraguai não possuem acesso a algum dos oceanos supracitados – tendo alguns países, como a Colômbia e o México, acesso aos dois oceanos; dentre outros.

Alguns dados são interessantes para compreender o modo como a CELAC impulsiona a inserção internacional dos países que a compõem. Considerando o bloco unido, a CELAC logra a posição de terceira maior economia do mundo – atrás apenas de Estados Unidos e China; maior produtor de alimentos; terceiro maior produtor de eletricidade e um dos maiores produtores de petróleo do mundo (CELAC, 2016). Os recursos iniciais de um bloco como a CELAC trazem a capacidade de barganha no sistema internacional por países que nunca teriam uma voz ativa.

A aproximação entre CELAC e União Europeia, evidenciada nas cúpulas realizadas entre as duas organizações, alavanca o potencial da CELAC e realiza a inserção de países como o Haiti, que possui um corpo diplomático muito restrito, nas negociações com países europeus. É importante salientar este ponto de capacidade diplomática. O Brasil possui no Itamaraty um dos corpos diplomáticos mais competentes do mundo, apesar de ter o tamanho limitado quando comparado às grandes potências. Entretanto, países menores, com um baixo grau de institucionalização ou com poucos recursos não possuem a capacidade de exercer uma diplomacia ativa. A CELAC propicia a estas nações a chance de serem representadas em locais que não teriam acesso, seja pela falta de interesse de outros atores – como a própria UE, por exemplo, – ou por não possuir a capacidade de empenhar missões diplomáticas.

A estrutura da CELAC pode ser bem reconhecida através do documento constituinte da organização conforme segue (Itamaraty, 2011):

> Ratificando a Declaração da Cúpula da Unidade da América Latina e do Caribe, aprovada na Riviera Maya, México, em 23 de fevereiro de 2010, documento constitutivo da Comunidade dos Estados Latino-americanos e Caribenhos (CELAC), são adotados os procedimentos a seguir para o funcionamento orgânico da CELAC:
> I. - Organismo: a CELAC está constituída pelos seguintes organismos:
> 1.- Cúpula dos Chefes de Estado e de Governo;
> 2.- Reunião dos Ministros das Relações Exteriores;
> 3.- Presidência Pro Tempore;
> 4.- Reunião de Coordenadores Nacionais;
> 5.- Reuniões especializadas;
> 6.- Troica. (Itamaraty, 2011)

Os seis elementos que compõem o organismo da CELAC são fundamentais para entender a estrutura da instituição. A Cúpula de Chefes de Estado e de Governo reúne-se no país que exerce a Presidência *Pro Tempore*. Este órgão é responsável por designar o próximo estado para servir como Presidência *Pro Tempore* e sediar a reunião seguinte; adotar procedimentos e estratégias para orientar as relações com países fora da CELAC e outras organizações internacionais e regionais, aprovar alterações de procedimentos, estabelecimento de planos de ação e promover a participação dos cidadãos na organização.

A reunião dos Ministros dos Negócios Estrangeiros ocorre duas vezes por ano ou, se necessário, com maior frequência. Suas atribuições incluem promover o diálogo político, monitorar o processo de unidade e integração da região, adotar resoluções e declarações para fazer cumprir as decisões da Cúpula de Chefes de Estado e de Governo, sincronizar a posição conjunta dos Estados membros, avaliar e observar a execução dos planos de ação, aprovar projetos e programas que serão apresentados à Cúpula de Chefes de Estado e de Governo, e formação e atribuição de tarefas a grupos de trabalho.

A Presidência *Pro Tempore* é exercida por um período de um ano. As principais responsabilidades da Presidência são organizar e presidir à Cimeira de Chefes de Estado e de Governo e às reuniões dos Ministros dos Negócios Estrangeiros e dos Coordenadores Nacionais, fazer cumprir as decisões das cimeiras e das reuniões, acompanhar os acordos alcançados nas reuniões, submeter à consideração o Programa de Trabalho Bienal de atividades da CELAC, formular documentos de trabalho, emitir atas, organizar atividades, criar e apresentar os Relatórios Anuais e continuar o legado comunitário, bem como o do Grupo do Rio e do CALC (antecessores à CELAC).

A Reunião de Coordenadores Nacionais ocorre no país que detém a Presidência *Pro Tempore*, salvo acordo em contrário dos Estados. As reuniões coordenam o diálogo e o consenso político a nível nacional, facilitar a integração regional, monitorar a cooperação em projetos dentro da organização, organizar, coordenar e observar Grupos de Trabalho, funcionar como órgão preparatório das reuniões dos Ministros dos Negócios Estrangeiros e relatar as conclusões dos Grupos de Trabalho aos Ministros.

Os coordenadores nacionais servem de elo entre os Estados-Membros e o Secretariado *Pro Tempore*, coordenando e acompanhando diretamente os temas em discussão, e reúnem-se duas vezes por ano antes da reunião dos Ministros dos Negócios Estrangeiros. A cada país é atribuído um Coordenador Nacional.

As Reuniões Especializadas destinam-se a abordar questões que ajudam a promover a unidade dentro da CELAC, bem como a lidar com a integração e a cooperação regional em assuntos vitais para a organização. A Presidência *Pro Tempore* convoca as reuniões e os resultados são reportados à Reunião de Coordenadores Nacionais que os apresenta na reunião dos Ministros dos Negócios Estrangeiros.

A Troica presta assistência à Presidência *Pro Tempore* e é constituída pelo Estado que detém atualmente a Presidência, pelo anterior Estado nesta posição e pelo Estado que assume o título.

Nos seis elementos supracitados, as decisões são tomadas por consenso, ou, quando não for possível, pela soma de maioria qualificada

Capítulo 14: O Brasil e a CELAC

(Itamaraty, 2011). As decisões têm caráter de acordo político e podem ser elaboradas no formato de resoluções, declarações, comunicados conjuntos, dentre outros. Ainda importante no seio da CELAC se coloca o Mecanismo de Consulta Urgente, que pode ser acionado por qualquer Estado-membro a fim de introduzir algum assunto de emergência desde que obtenha a aprovação da Troica (Itamaraty, 2011).

3. A PARTICIPAÇÃO DO BRASIL NA CELAC

O Brasil, com sua expressiva importância geopolítica e econômica dentro da CELAC, é um dos poucos países no mundo que consegue aglutinar importantes elementos que realmente o elevam à condição de potência regional. O Brasil detém características regionais únicas, conforme pode ser visto na Tabela 1, como um mercado consumidor de grande porte e promissor quanto ao crescimento futuro. Possui uma população relativamente grande, superior a 200 milhões de habitantes, possui também um dos maiores territórios nacionais do globo terrestre – ocupando a quinta posição em termos mundiais – e como se não bastasse, dispõe de riquezas naturais que despertam interesses de diversos países, sobretudo os minérios estratégicos utilizados nas cadeias de produção de bens de alto valor agregado nos países desenvolvidos.

Tabela 1: Dados sobre PIB, área territorial e população dos países pertencentes a CELAC (2021)

País	Produto Interno Bruto (PIB)		Área Territorial		População	
	US$ bilhão	% do Total	Km²	% do Total	Nº hab. (x1.000)	% do Total
Antigua e Barbuda	1,5	0,03%	440	0,00%	93,2	0,01%
Argentina	487,2	8,80%	2.736.690	13,66%	45.808,8	7,04%
Bahamas	11,2	0,20%	10.010	0,05%	407,9	0,06%
Barbados	4,8	0,09%	430	0,00%	281,2	0,04%
Belize	2,5	0,05%	22.810	0,11%	400,0	0,06%
Bolívia	40,4	0,73%	1.083.300	5,41%	12.079,5	1,86%
Brasil	1.609,0	29,07%	8.358.140	41,73%	214.326,2	32,92%
Chile	317,1	5,73%	743.532	3,71%	19.493,2	2,99%
Colômbia	314,5	5,68%	1.109.500	5,54%	51.516,6	7,91%
Costa Rica	64,3	1,16%	51.060	0,25%	5.154,0	0,79%
Cuba	107,4	1,94%	103.800	0,52%	11.256,4	1,73%
Dominica	0,6	0,01%	750	0,00%	72,4	0,01%
Equador	106,2	1,92%	248.360	1,24%	17.797,7	2,73%
El Salvador	28,7	0,52%	20.720	0,10%	6.314,2	0,97%
Granada	1,1	0,02%	340	0,00%	124,6	0,02%
Guatemala	86,0	1,55%	107.160	0,54%	17.109,8	2,63%
Guiana	8,0	0,15%	196.850	0,98%	804,6	0,12%
Haiti	20,9	0,38%	27.560	0,14%	11.447,6	1,76%
Honduras	28,5	0,51%	111.890	0,56%	10.278,3	1,58%
Jamaica	14,7	0,26%	10.830	0,05%	2.827,7	0,43%
México	1.272,8	23,00%	1.943.950	9,71%	126.705,1	19,46%
Nicarágua	14,0	0,25%	120.340	0,60%	6.850,5	1,05%
Panamá	63,6	1,15%	74.180	0,37%	4.351,3	0,67%
Paraguai	39,5	0,71%	397.300	1,98%	6.703,8	1,03%
Peru	223,2	4,03%	1.280.000	6,39%	33.715,5	5,18%
República Dominicana	94,2	1,70%	48.310	0,24%	11.117,9	1,71%
Santa Lúcia	1,7	0,03%	610	0,00%	179,7	0,03%
São Cristóvão e Neves	0,9	0,02%	260	0,00%	47,6	0,01%
São Vicente e Granadinas	0,9	0,02%	390	0,00%	104,3	0,02%
Suriname	3,0	0,05%	156.000	0,78%	613,0	0,09%
Trinidad e Tobago	24,5	0,44%	5.130	0,03%	1.525,7	0,23%
Uruguai	59,3	1,07%	175.020	0,87%	3.426,3	0,53%
Venezuela	482,4	8,72%	882.050	4,40%	28.199,9	4,33%
TOTAL	5.534,5	100,00%	20.027.712	100,00%	651.134,2	100,00%

Fonte: Banco Mundial - https://www.worldbank.org

O país dispõe também de riquezas de valor incomensurável, como a abundância de água doce contida superficialmente em vários rios que rasgam e nutrem o território nacional em sua totalidade, e subterraneamente nos gigantescos aquíferos presentes no rico subsolo brasileiro, jazidas minerais das mais variadas, estratégicas para o desenvolvimento da indústria nacional, espantosa biodiversidade contida na floresta Amazônica, a maior do planeta, importantes reservas petrolíferas, sobretudo o pré-sal, terra de qualidade para a produção de diversas culturas alimentícias, povo multiétnico, que segundo Darcy Ribeiro (1995) consiste em um povo novo, resultado da miscigenação do nativo indígena, do negro africano e do branco europeu, além de um indiscutível potencial energético entre outros aspectos.

Outro ponto importante regido pelo Brasil sob o aspecto de integração regional, principalmente no âmbito da CELAC, é a sua capacidade de conscientização político-institucional de almejar uma adequada postura em assumir relações multilaterais de grande porte. Em sua Constituição Federal (1988), mais exatamente no seu Artigo 4º, é estabelecido que "a República Federativa do Brasil buscará a integração econômica, política, social e cultural dos povos da América Latina, visando à formação de uma comunidade latino-americana de nações".

Pensando na concepção de uma região e a indispensabilidade de um país líder no processo de integração, agindo no sentido de potencializar na CELAC um desenvolvimento econômico e melhor inserção no Sistema Internacional, o Brasil é o país com o maior potencial econômico e estrutural, portanto, tem maiores condições para dar tração a uma frente integracionista, estimulando e fortalecendo o comércio e a industrialização dos países do bloco.

Para exercer o papel de motor, líder, referência ou locomotiva, a economia maior precisaria necessariamente crescer (Severo, 2015). Com a expansão, pode proporcionar investimentos e financiamentos à vizinhança, por meio do comércio, de empréstimos ou da aplicação direta de recursos nas economias de menor porte. Os pequenos países têm uma produção restrita e necessitam importar tudo aquilo que não produzem, e precisam exportar mais ainda tudo aquilo que for possível, por conta da necessidade de um superávit na balança comercial e do dólar para controlar a taxa de câmbio, manejando de uma forma que tenham facilidade em exportar o pouco que produzem e importar tudo aquilo que necessitam. Os países sul-americanos dependem de forças centrais como EUA, China e União Europeia, pois esses centros produtivos compram a maior parte de suas matérias-primas produzidas.

Então, as aproximações e os acordos com esses países vão ser muito mais fortes, rompendo a aproximação com os países da região sul-americana resultando no enfraquecimento do processo de integração. Entretanto, o papel de líder que o Brasil deve exercer é de estreitar as relações com os países vizinhos, aumentando a atividade comercial e produtiva na região para maior autonomia, indo no sentido de romper com a dependência das forças externas, mas para isso precisa de cooperação e estratégia política entre os governantes sul-americanos e onde os Estados sejam propulsores e facilitadores nesse processo de integração.

Contudo, apesar de toda a potencialidade brasileira em recursos naturais e econômicos exposta nos parágrafos acima, a dimensão e a pujança da economia brasileira não se refletem em liderança efetiva no processo de integração regional, muito pelo contrário, o Brasil atua aquém de sua capacidade em termos de integração econômica.

A ideia de que a integração regional vive um momento de um refluxo parte da comparação com a primeira década deste século. À época, o alto preço das *commodities* aumentava a riqueza dos países da região. As empreiteiras brasileiras expandiram, então, suas ações para os países vizinhos e para a África. O Brasil aumentava o número de embaixadas, postulava um assento no Conselho de Segurança e reclamava para si um claro papel de árbitro e de líder regional. Atualmente, segundo o pesquisador de Harvard e ex-secretário especial de Assuntos Estratégicos da Presidência, Hussein Kalout, temos dificuldade de definir, como país, "o que queremos, porque queremos e como queremos".

> Essa indefinição deixou um vácuo de poder que está sendo preenchido por potências extrarregionais como, por exemplo, China, Estados Unidos e agora a Rússia na Venezuela. O espaço sul-americano é parte fundamental e inseparável da segurança nacional do Estado brasileiro, quer seja da perspectiva econômica, política ou securitária. Se o Brasil não for capaz de liderar e exercer um grau de influência em sua própria zona geográfica, perderemos tração e amplitude no contexto global e dificilmente o país terá capacidade de projetar poder em outras arenas internacionais se for incapaz de liderar a própria região - considerando que "liderar" não significa necessariamente impor a vontade pela coerção ou pela força, mas ser um país que fornece bens públicos regionais, articulando soluções compartilhadas. (Entrevista de Hussein Kalout ao Jornal Nexo, 2019).

De certo, esse ambiente de protagonismo e articulação brasileira dentro do bloco da CELAC se enfraqueceu a partir de 2016, quando o país passou por um severo desbalanceamento político-institucional, quando se observou uma guinada na condução dos assuntos de política externa, e o Brasil se afastou das principais discussões da América Latina. O Itamaraty passou, então, a adotar uma política de alinhamento com os Estados Unidos, e, por decorrência, renunciou à construção política de projeção como líder regional. Isso porque decidiu romper diálogos sobre temas sensíveis à época, como a crise na Venezuela, por exemplo, e paulatinamente, vinha deixando as organizações internacionais, sob a acusação de que estas seriam instrumentalizadas para fins ideológicos dos quais o Brasil não reitera ou consente. Tais determinações chegaram ao ápice quando o governo do ex-presidente Jair Bolsonaro (2019-2022) efetivou a saída do Brasil do bloco da CELAC, em 16 de janeiro de 2020.

O principal argumento para o afastamento brasileiro da CELAC e outros organismos é que estes estariam sob a égide ideológica marxista e apoiariam governos ditatoriais (em referência aos regimes venezuelano e cubano). O fato é que não se pode ignorar ou afastar os governos da Venezuela e Cuba dos centros de discussões de debates para a região, uma vez que estão inseridos nos contextos e suas crises internas resultam em impactos para todos, sobretudo, os que estão na fronteira (Almeida, Acioli e Sales, 2021). Ao escolher romper com diálogos, o Brasil rompeu com princípios diplomáticos da política internacional, adotando assim uma postura de não mediar os conflitos e, principalmente, afastando-se cada vez mais da possibilidade de alçar o seu objetivo de ser um líder regional.

4. A VOLTA DO BRASIL À CELAC

Após um conturbado processo eleitoral em 2022, que levou à vitória de Luiz Inácio Lula da Silva para um terceiro mandato, teve início um processo de restabelecimento das relações do Brasil com diversos organismos internacionais, principalmente no âmbito regional, onde, em 5 de janeiro de 2023, o governo brasileiro comunicou aos países membros da Comunidade dos Estados Latino-Americanos e Caribenhos (CELAC), pelos canais diplomáticos adequados, a reincorporação do Brasil, de forma plena e imediata, a todas as instâncias do mecanismo, tanto as de caráter político como as de natureza técnica (Itamaraty, 2023).

Esse processo pôde ser ressaltado em 24 de janeiro de 2023, pela volta do Brasil como participante na VII Cúpula da CELAC, realizada em Buenos Aires, Argentina, onde os integrantes do bloco, além de enfatizar a importância da volta do Brasil à sua estrutura, também promoveram diálogo político e cooperação por saúde, inclusão social, desenvolvimento sustentável, segurança alimentar e infraestrutura.

Um dos líderes mundiais a se manifestar positivamente, em uma mensagem assistida pelos representantes dos 33 países-membros do bloco em relação à cúpula realizada, foi o líder chinês Xi Jinping, que declarou que "a China atribui grande importância ao desenvolvimento das relações com a CELAC e a considera um parceiro importante para consolidar a unidade entre os países em desenvolvimento e promover a cooperação Sul-Sul" (Revista Fórum, 2023). Durante seu discurso, Xi afirmou que a China tem trabalhado ativamente com a região para promover uma «nova era» de relações entre os dois lados, caracterizada pela «igualdade, benefício mútuo, inovação, abertura e o bem-estar do povo», enfatizando que os países da América Latina e do Caribe «formam uma parte importante do mundo em desenvolvimento» e são «participantes ativos e contribuintes da governança global», algo necessário em um mundo que entrou em um "novo período de turbulência e transformação" (Revista Fórum, 2023).

Apesar de o presidente Lula querer devolver ao Brasil um protagonismo na cena política internacional, sendo a Cúpula da CELAC um dos primeiros passos alçados nesse processo, de certo, o mundo ao qual o mandato de Lula adentra é muito mais complexo do que aquele presenciado em suas duas primeiras gestões. O sistema internacional atravessa um momento de múltiplas crises: pandemia, mudança do clima, desastres naturais, tensões geopolíticas, pressões sobre a segurança alimentar e energética, ameaças à democracia representativa como forma de organização política e social. Tudo isso em um quadro inaceitável de aumento das desigualdades, da pobreza e da fome. Qualquer aspiração de liderança do governo brasileiro em sua política externa se chocará também com certas urgências internas onde o maior desafio será recompor o tecido democrático.

Além disso, haverá a necessidade de reconstruir pontes regionais dentro de uma CELAC que é relevante geopolítica e economicamente, porque é espaço que China e União Europeia escolheram para negociar com a região diretrizes para agendas comuns de cooperação nos âmbitos do fórum CELAC-China e durante as cúpulas CELAC-UE, e é justamente no vínculo com a China e a UE que o Brasil tem mais chances de mostrar liderança na prática.

5. DESAFIOS DO BRASIL E DA CELAC

De acordo com a Declaração de Buenos Aires (2023), os Chefes de Estado e de Governo da Comunidade de Estados Latino-Americanos e Caribenhos (CELAC), convencidos da importância deste mecanismo intergovernamental de integração regional, consulta, unidade e diálogo político para promover e projetar a América Latina e o Caribe no debate sobre as questões da agenda global, têm o compromisso de avançar com determinação no processo de integração, promovendo a unidade e a diversidade política, econômica, social e cultural dos povos regionais, para que a América Latina e o Caribe estejam plenamente conscientes de sua projeção como comunidade de nações soberanas, capazes de aprofundar o consenso sobre questões de interesse comum e contribuir para o bem-estar e o desenvolvimento da região, bem como a superação premente da pobreza e das desigualdades e iniquidades existentes.

O papel da CELAC e, mais preponderantemente, o papel do Brasil, já que se prestará a assumir uma posição de liderança desse bloco, deverá potencializar suas ações em diretrizes relativas a diversos pontos chave que terão impacto não somente no âmbito regional, mas sim, terão impacto nos desígnios da esfera global.

Elencando os principais pontos-chave, os quais a CELAC deverá agir de forma eficiente e eficaz, pode-se citar em primeiro plano os trabalhos futuros sobre sistemas alimentares e os conhecimentos e práticas tradicionais sustentáveis. Considerando que não existem modelos únicos de produção de alimentos, e que todos eles devem continuar a conviver harmoniosamente de acordo com as realidades locais, deverá haver uma adaptação aos fenômenos de variabilidade climática em benefício de produtores e consumidores, no intuito de valorizar positivamente a riqueza de sua diversidade, e sem imposições de modelos de produção únicos, que poderão afetar a segurança alimentar e os sistemas tradicionais de produção de alimentos.

Outro ponto a ser dado tração seria a CELAC, por meio de uma declaração de disposição, priorizar o processo de integração energética regional e realizar a Transição Energética a partir de um amplo consenso, sob a liderança política e regulatória dos governos e com base em diálogos nacionais frutíferos com a sociedade e o setor privado, no intuito de avançar no processo de integração em nível regional, de acordo com os marcos regulatórios internos e o planejamento energético nacional, para garantir que os povos regionais se beneficiem de um maior acesso à eletricidade, a preços mais competitivos, no âmbito de um maior desenvolvimento econômico e social, o que aumentará a segurança e a transição energética na América Latina e no Caribe, valorizando também o trabalho desenvolvido pela Organização Latino-Americana de Energia (OLADE). Deverá promover iniciativas regionais de integração energética, bem como identificar novos projetos de interligação elétrica e integração de hidrocarbonetos e outros tipos de recursos energéticos, com vista a tirar pleno partido das complementaridades dos diferentes recursos de cada país e a reforçar a segurança energética regional.

Na questão ambiental, reconhecendo que o planeta Terra e seus ecossistemas são a nossa casa comum e que ela é a fonte de toda a vida e sustento, será necessária a reflexão de forma acentuada sobre a interdependência que existe entre os seres humanos, outras espécies de seres vivos e o próprio planeta. Recordando a Resolução A/RES/77/169 da Assembleia Geral das Nações Unidas, de 14 de dezembro de 2022, sobre a Harmonia com a Natureza, que pautará em eventos futuros, a possibilidade de convocar e discutir o escopo de uma reunião de alto nível provisoriamente chamada de "Assembleia da Terra". Esse processo, dentre outros, deverá propor a criação de um "Grupo de Amigos da Harmonia com a Natureza", mantendo os objetivos delineados na Resolução A/RES/77/169, de forma a apresentar propostas inovadoras, transformadoras e orientadas para a ação para responder aos desafios presentes e futuros, e sublinhando a importância de salvaguardar a biodiversidade e garantir a integridade de todos os ecossistemas e a sua utilização sustentável, promover o diálogo multilateral inclusivo e transparente, observando que alguns países reconhecem os direitos da natureza, e estão discutindo a possibilidade de propor uma declaração universal com base em suas perspectivas sobre legislação, políticas e educação.

De certo, haverá muitos outros pontos a serem discutidos como desafios, tais como a promoção do empoderamento das mulheres e igualdade de gênero, o apoio à luta contra o terrorismo em todas as formas e manifestações, a conservação dos oceanos e o uso sustentável de seus recursos, a abordagem do problema mundial das drogas, a ciência, a tecnologia e a inovação para a inclusão social, a questão dos povos originários e afrodescendentes, a cooperação em matéria nuclear e espacial, mas, acima de tudo, deverão ser encarados de forma harmoniosa entre as nações da CELAC para que se possa chegar a um denominador comum em seu enfrentamento e, principalmente na obtenção de resultados favoráveis para toda a comunidade.

6. CONSIDERAÇÕES FINAIS

As regiões são o resultado de construções sociais, produzidas e reproduzidas por discursos e práticas socioeconômicas e políticas. Não são, portanto, objetos atemporais, fixos no tempo e espaço. São construções dinâmicas, que se movimentam a partir das relações entre territórios e comunidades diferentes. Nessa linha, a América Latina e o Caribe, para além dos seus contornos geofísicos, ainda estão em construção, onde a proximidade geográfica não significou, ao longo da história, uma articulação robusta entre os países da região.

Certamente, o espaço latino-americano está mais articulado no início do século XXI do que estava há cem anos. No entanto, os dados apresentados revelam que a dinâmica dos fluxos intrarregionais ainda não apresenta um comportamento que permita aferir que tenha alcançado o nível que suas potencialidades sugeririam.

Os desequilíbrios e as desigualdades observados no interior de seus países extrapolam para o nível intrarregional. Com essa plataforma, a definição de objetivos comuns para a região é um exercício bastante complexo. Com tamanha heterogeneidade, fica inclusive mais complicado a afirmação de uma identidade regional própria. No entanto, a própria dinâmica da integração regional pode suscitar processos de socialização que incluem a redefinição de identidades, o que poderia implicar também a remodelagem dos cálculos para aferição de custos e benefícios, perdas e ganhos, envolvidos no processo.

Nessa linha, dentro da estratégia brasileira de definição de um horizonte latino-americano e caribenho para sua política externa, é importante ter em mente o papel dos Estados no esforço de construção da região, tanto na área econômica, quanto nas áreas social, cultural e científico-tecnológica. Os Estados devem reforçar seu papel de organizadores do território, atentando para a integração aos fluxos regionais e globais, que condicionam a inserção das sociedades na economia mundializada.

A integração das infraestruturas é essencial nessa estratégia. Essa etapa não deve ser encarada como um fim em si mesmo, mas um meio essencial para alavancar e dinamizar um processo de construção de redes de interação regional que, coesas, têm mais condições de se lançar ao globo.

7. ESTUDO DIRIGIDO

Questão 1: Qual a importância geopolítica e econômica do Brasil dentro da estrutura da CELAC?

Questão 2: Qual o papel que o Brasil deverá assumir, como provável líder da CELAC, em relação aos outros países e blocos econômicos?

Questão 3: Qual será a importância estratégica da CELAC na relação com China e EUA?

Questão 4: Para os pequenos países pertencentes ao bloco regional, quais benefícios poderão ocorrer com a potencialização da CELAC?

Questão 5: Quais os principais desafios, em termos globais, a CELAC deverá enfrentar?

8. REFERÊNCIAS BIBLIOGRÁFICAS

ALMEIDA, G. M.; ACIOLI, M.; SALES, R. *A ausência brasileira na reunião da CELAC: O desmonte de sua liderança regional.* Observatório de Política Externa e da Inserção Internacional do Brasil. Disponível em: https://opeb.org/2021/10/04/a-ausencia-brasileira-na-reuniao-da-celac-o-desmonte-de-sua-lideranca-regional/. Acesso em 28/01/2023.

BRASIL. *Constituição da República Federativa do Brasil de 1988.* Disponível em: https://www.planalto.gov.br/ccivil_03/Constituicao/Constituicao.htm. Acesso em 30/01/2023.

CAIXETA, Marina B. *A nova política externa brasileira* – Artigo no *Le Monde Diplomatique* Brasil. Disponível em <<A nova política externa brasileira - Le Monde Diplomatique>>. Acesso em 22/02/2023.

CELAC. *Comunidad de Estados Latinoamericanos y Caribeños.* Disponível em: https://celacinternational.org/. Acesso em 27/01/2023.

GUIMARÃES, S. P. *Desafios brasileiros na era dos gigantes.* Rio de Janeiro: Contraponto, 2006.

ITAMARATY. *I Cúpula da Comunidade dos Estados Latino-Americanos e Caribenhos 2011.* Disponível em: https://www.gov.br/mre/pt-br/search?-SearchableText=I%20C%C3%BApula%20da%20Comunidade%20dos%20Estados%20Latino%20Americanos%20e%20Caribenhos%202011. Acesso em 28/01/2023.

ITAMARATY. *Documentos aprovados na III Cúpula da Comunidade de Estados Latino-Americanos e Caribenhos (CELAC)* – São José, Costa Rica, 29 de janeiro de 2015 [Espanhol]. Disponível em: https://www.gov.br/mre/pt-br/canais_atendimento/imprensa/notas-a-imprensa/documentos-aprovados-na-iii-cupula-da-comunidade-de-estados-latino-americanos-e-caribenhos-celac-sao-jose-costa-rica-29-de-janeiro-de-2015. Acesso em 28/01/2023.

ITAMARATY. *Retorno do Brasil à CELAC – Nota à Imprensa Nº 5*. Disponível em: https://www.gov.br/mre/pt-br/canais_atendimento/imprensa/notas-a-imprensa/retorno-do-brasil-a-celac. Acesso em 28/01/2023.

MINISTERIO DE RELACIONES EXTERIORES, COMERCIO INTERNACIONAL y CULTO – ARGENTINA. *Cumbre CELAC: Declaración de Buenos Aires – Información para la Prensa nº 022/23*. Disponível em: https://www.cancilleria.gob.ar/es/actualidad/noticias/cumbre-celac-declaracion-de-buenos-aires. Acesso em 27/01/2023.

NEXO JORNAL. *Entrevista com Hussein Kalout: O papel do Brasil na América do Sul hoje*. Disponível em: https://www.nexojornal.com.br/entrevista/2019/06/07/O-papel-do-Brasil-na-Am%C3%A9rica-do-Sul-hoje-segundo-este-analista. Acesso em 28/01/2023.

REVISTA EXAME. *O que é a CELAC, cenário em que o Brasil pode assumir cargo de liderança*. Disponível em: https://exame.com/mundo/o-que-e-a-celac-cenario-em-que-o-brasil-pode-assumir-cargo-de-lideranca/. Acesso em 28/01/2023.

REVISTA FÓRUM. *CELAC: Xi Jinping envia mensagem à cúpula dos países latinos e caribenhos*. Disponível em: <<Celac: Xi Jinping envia mensagem à cúpula do países latinos e caribenhos | Revista Fórum (revistaforum.com.br)>>. Acesso em 28/01/2023.

RIBEIRO, D. *O povo brasileiro: a formação e o sentido do Brasil*. São Paulo, Companhia das Letras, 1995.

SEVERO, L. W. *Integração da América do Sul: a liderança que o Brasil não exerce*. Olhares Amazônicos, Boa Vista, v. 3, n. 2, jul./dez. de 2015. p. 604-615.

THE WORLD BANK. *Dados sobre PIB, população e área territorial dos países pertencentes à CELAC*. Disponível em: https://www.worldbank.org. Acesso em 28/01/2023.

9. RECURSOS AUDIOVISUAIS

O papel do Brasil na integração latino-americana. Gênero: Vídeo YouTube. Ano: 2013. Sinopse: Palestra de Vânia Bambirra (socióloga, cientista política e economista brasileira) no 39º Encontro Nacional de Estudantes de Economia (ENECO) e II Congresso de Estudantes Latino-Americanos de Economia (CELEC), realizado de 4 a 10 de Agosto de 2013, em Florianópolis – SC, pelo Centro Acadêmico Livre de Economia (CALE). Edição do vídeo: Instituto de Estudos Latino-Americanos (IELA).

Presidente Lula na VII Cúpula da CELAC. Gênero: Vídeo YouTube. Ano: 2023. Sinopse: Abertura da VII Cúpula de Chefes e Chefas de Estado e de Governo da Comunidade de Estados Latino-Americanos e Caribenhos (CELAC) com a apresentação de vídeo institucional, enfatização do multilateralismo solidário e a comemoração do retorno do Brasil como membro do bloco.

CAPÍTULO 15: **AS RELAÇÕES BRASIL-ESTADOS UNIDOS NO SÉCULO XXI**

CLARISSA NASCIMENTO FORNER[91]

1. INTRODUÇÃO

As relações bilaterais entre os Estados Unidos da América (EUA) e o Brasil têm sido uma feição estrutural da política externa de ambos os países. Isto significa afirmar, que, a despeito das possíveis oscilações entre fases de aproximação e distanciamento, compreender a trajetória de tais relações é parte fundamental da tarefa de dar sentido aos movimentos históricos e contemporâneos da inserção brasileira no sistema internacional.

Em mesma medida, os intercâmbios com o Brasil têm se constituído como um canal central da estratégia de conservação da influência estadunidense na América Latina, particularmente diante do cenário mais recente de ampliação da presença da China, na região. Como destacado por Hirst e Pereira (2022), a combinação entre as investidas chinesas e o agravamento dos tensionamentos provocados pela proliferação de iniciativas regionais que enfatizavam a busca de autonomia – especialmente durante as primeiras décadas do século XXI e a ascensão da "onda rosa"[92] – inseriram as relações entre os dois

---

[91] Professora de Relações Internacionais da Universidade São Judas Tadeu. Doutora em Relações Internacionais pelo PPGRI San Tiago Dantas (Unesp-Unicamp-PUC-SP). Pesquisadora do Grupo de Estudos de Defesa e Segurança Internacional (Gedes) e do Instituto Nacional de Ciência e Tecnologia para Estudos sobre os Estados Unidos (INCT/INEU).

[92] O termo passou a ser utilizado, no início dos anos 2000, para designar a ascensão de governos de centro-esquerda na região.

países em um quadro "pós-hegemônico", caracterizado pelo aprofundamento da percepção do declínio norte-americano.

No período mais recente, porém, desdobramentos como o fortalecimento de governos e movimentos transnacionais de extrema direita contribuíram para o restabelecimento das conexões bilaterais, mediante o reforço às alegadas convergências ideológicas entre os governos do republicano Donald Trump (2016-2021) e do ex-presidente brasileiro, Jair Messias Bolsonaro (2019-2023). Embora relativamente limitada ao campo das aproximações pessoais entre os dois presidentes (Pecequilo, 2021), a parceria representou a retomada do padrão de alinhamento automático, observado em períodos anteriores da história brasileira.

Os ciclos de alternância política que culminaram nas eleições do presidente democrata Joseph Biden (2021-presente) e Luiz Inácio Lula da Silva (reeleito em 2022 pelo Partido dos Trabalhadores, para seu terceiro mandato) impõem novos questionamentos sobre o futuro do posicionamento brasileiro em relação aos EUA e às possibilidades de retorno das posturas de maior busca pela autonomia e aproveitamento das oportunidades internacionais, por meio da diversificação de parcerias no eixo Sul-Sul. Em mesma medida, serão analisadas as respostas norte-americanas às mudanças do contexto político brasileiro, partindo-se do princípio de que relação bilateral EUA-Brasil, assim como observado com o restante da América Latina, mantém um caráter assimétrico, no qual a potência hegemônica busca preservar sua relevância, por meio de táticas como a contenção de potências extrarregionais e a associação às elites locais (Donadelli, Pereira, 2019).

Este capítulo buscará analisar as principais transformações das relações entre os dois países, com ênfase no início dos anos 2000, até a finalização do mandato de Jair Messias Bolsonaro, em janeiro de 2023. Também serão discutidas algumas perspectivas para os primeiros anos do terceiro governo Lula, que até a redação do presente capítulo, encontra-se em curso. Além desta introdução e das considerações finais, o capítulo será composto por uma seção de natureza histórica e outras três seções destinadas à discussão das administrações que estiveram em exercício durante o período estudado.

2. O ESTATUTO HISTÓRICO DAS RELAÇÕES DIPLOMÁTICAS BRASIL-ESTADOS UNIDOS

As origens históricas do aprofundamento da relação entre EUA e Brasil remontam à transição do século XIX para o século XX, quando o Brasil, recém-saído do regime imperial, convertia-se em uma jovem República. Naquele momento, não só o contexto doméstico era permeado por mudanças de ordem política, social e econômica, mas também o sistema internacional se mostrava cambiante.

A combinação entre o acirramento da corrida neocolonial europeia do século XIX e a consolidação dos nacionalismos modernos perfaziam um composto instável, que, posteriormente, levaria ao início da Primeira Guerra Mundial (1914-1918) e à ruptura do Concerto Europeu (1815-1914), isto é, o arranjo que garantira a estabilidade do continente, do fim do período napoleônico até o início da Primeira Grande Guerra, mediante a instauração de um "condomínio" poli-hegemônico, entre as potências da época: Áustria, Prússia, Rússia, Inglaterra e França.

Do outro lado do Atlântico, os EUA despontavam como um poder regional relevante, após os movimentos de colonização interna da chamada "Marcha para o Oeste" e a ampliação do intervencionismo, na esfera regional, agravados pela implementação da Doutrina Monroe e do Corolário Roosevelt. Conforme enunciada, em 1823, pelo então presidente James Monroe, a doutrina partia da compreensão de que as nações americanas deveriam ter liberdade de escolha e de definição de seus destinos, o que, naquele momento, significava a mitigação da presença europeia, na região (Pecequilo, 2011). Como destacado em Milani (2021), porém, a nova política também era uma declaração unilateral da ampliação da atuação dos EUA no hemisfério, que, posteriormente, foi complementada pelo Corolário Roosevelt à Doutrina Monroe. Este último, empregado durante a gestão do presidente Theodore Roosevelt (1901-1909) contribuiu para justificar as iniciativas de intervencionismo econômico e militar do país na América Latina e no Caribe.

Mas como estes desdobramentos afetavam o contexto brasileiro? Como mencionado anteriormente, o Brasil vivia, no início do século

XX, uma transição tardia, em comparação ao observado em outros países latino-americanos, da monarquia para a República. O desgaste do apoio das oligarquias locais ao modelo imperial foi acompanhando, no âmbito externo, por manifestações favoráveis à "americanização" da política externa brasileira, ou seja, a maior aproximação do país aos EUA, em detrimento do afastamento da influência europeia (Cervo; Bueno, 2012). Esta reorientação foi consolidada, institucionalmente, pela gestão do Barão do Rio Branco (1902-1912), enquanto o chanceler esteve à frente da pasta das relações exteriores.

As iniciativas do Barão têm sido apontadas pela literatura como as responsáveis pela inauguração do chamado "paradigma Americanista" da política externa brasileira (Mariano, 2015; Hirst, 2011). De acordo com Ricupero (1996), a percepção do Barão era de que as duas nações compartilhavam valores ideológicos convergentes, o que justificaria uma aproximação mais intensa em relação à então nascente potência estadunidense. Contudo, o "paradigma Rio Branco" possuía um fundo essencialmente pragmático que, apesar de valorizar as relações com os EUA, não ignorava a importância dos laços regionais com a América Latina, e se utilizava da manutenção de uma aliança "tácita" (*unwritten aliance*) com o país do Norte para ampliar o poder de barganha brasileiro. Sob a percepção de Cervo (2012), a reorientação promovida pelo Barão também refletia uma leitura da conjuntura geopolítica, marcada pelo declínio das potências europeias e a ascensão dos EUA.

O padrão da aliança "não-escrita" pode ser identificado como predominante até meados da década de 1940, quando se consolidou a tendência ao alinhamento automático (Hirst, 2011). Durante o período entreguerras (1919-1939), o Brasil, sob a condução do governo Vargas (1930-1945) ainda encontrou grande margem de manobra ao conservar relações comerciais simultâneas com a Alemanha e os EUA.

Por outro lado, o interregno entre a Primeira Guerra Mundial (1914-1918) e a Segunda Guerra Mundial (1939-1945) se caracterizara pela retomada da presença econômica estadunidense no Brasil, o que dificultava um distanciamento definitivo. Isto porque a intensificação das trocas comerciais amplificava, no contexto doméstico, as vozes das elites políticas e econômicas favoráveis à manutenção de uma "relação especial" com os EUA. Em mesma medida, a administração de Franklin Delano Roosevelt (1930-1945) promoveu a reorientação da política externa norte-americana para a região, com o lançamento da Política da Boa Vizinhança (PBV), um conjunto de medidas que imprimiam aspectos mais cooperativos à presença do país na América Latina, com ênfase no eixo econômico e no respeito à soberania dos países da região, sinalizando uma ruptura em relação às políticas intervencionistas dos séculos anteriores (Pecequilo, 2011). Apesar das mudanças, a PBV envolvia, em última instância, um esforço de cooptação das elites regionais, aprofundado durante a Segunda Guerra.

Diante da percepção de enfraquecimento do Eixo Roma-Berlim-Tóquio, bem como das vulnerabilidades do regime do Estado Novo (1937-1945), o governo Vargas declarou, em 1941, o alinhamento formal aos Aliados e, principalmente, aos EUA. Ainda que a relação apresentasse uma natureza essencialmente assimétrica, naquele contexto, o país percebia a si mesmo como interlocutor norte-americano na América Latina, percepção que se consolidaria a partir do início da Guerra Fria (1947-1989) e do governo Dutra (1946-1951).

Se, em parte da gestão Vargas, a relação com os EUA ainda parecia conservar a dimensão do fortalecimento da barganha internacional e da projeção brasileira, com Dutra o elemento do pragmatismo perdeu força para o impacto do pilar ideológico (Ricupero, 1996). Deste período também datam as principais iniciativas estadunidenses relacionadas à promoção da "segurança hemisférica". Entre elas destacam-se o Tratado Interamericano de Assistência Recíproca (TIAR) de 1947[93] e a Organização dos Estados Americanos (OEA), criada em 1948, ambos pautados pela construção geopolítica de "hemisfério ocidental", a qual, embora nunca tenha abandonado de fato o vocabulário regional estadunidense, pressupunha uma visão homogênea e obso-

---

[93] O Tratado Interamericano de Assistência Recíproca foi lançado em 1947, durante III Reunião de Consulta de Ministros das Relações Exteriores, ocorrida no Rio de Janeiro. O arranjo estabelecia um pacto de solidariedade e defesa mútua entre os países da região (Donadelli, Pereira, 2019), consonante com a perspectiva da segurança hemisférica/coletiva.

Capítulo 15: **As Relações Brasil-Estados Unidos no Século XXI**

leta do continente americano (Lima, 2013). Naquela conjuntura, o foco das alianças era a contenção do comunismo, o que, no caso brasileiro, se refletiu no aumento da cooperação militar bilateral. Desse contexto, se originam a criação do Estado Maior das forças armadas brasileiras e as negociações para a criação da Escola Superior de Guerra (ESG), aos moldes do *US War College*, uma importante instituição estadunidense de formação militar.

Apesar de tais parcerias, a relação bilateral EUA-Brasil pode ser descrita como um "alinhamento sem recompensas" (Moura, 1990), uma vez que o princípio de sustentação e consolidação da aliança especial não se concretizara. Os EUA apresentavam uma baixa predisposição ao aprofundamento da cooperação, ressaltando pontos como a "vocação agrícola do Brasil". Ficava claro, dessa forma, que o constructo da "aliança especial" tinha sua validade atrelada ao período da Segunda Guerra Mundial. Outro ponto a ser ressaltado é que as frustrações dos ímpetos cooperativos também se refletiram sobre a autopercepção brasileira acerca de seu papel diferenciado na América Latina. De acordo com Gerson Moura (1990), os EUA não se mostravam receptivos ao aumento do papel regional brasileiro, devido ao receio de que isso despertasse conflitos com os vizinhos, como a Argentina. Assim, as transferências de armamentos e tecnologia ao país foram limitadas, visando à manutenção do equilíbrio de poder regional.

No plano regional, a Guerra Fria também foi um momento de retomada do padrão mais agressivo e intervencionista dos EUA, intensificado após a Revolução Cubana, em 1959. Como recordam Donadelli e Pereira (2019), isto pode ser ilustrado pelo apoio direto ou indireto estadunidense à derrubada de inúmeros líderes locais, vistos como alinhados ao socialismo, bem como pelo subsequente respaldo à ascensão de governos militares, inclusive no Brasil, em 1964.

Em sua periodização, Monica Hirst (2005) considera a vigência da aliança especial até a década de 1970. Segundo a autora, apesar do breve interregno da Política Externa Independente (PEI)[94], nos anos

---

[94] A Política Externa Independente (PEI) consistiu na reorientação de política externa, conduzida durante os governos de Jânio Quadros e João Gou-

1960, os governos de Jânio Quadros e João Goulart representaram apenas inflexões, e não mudanças efetivas no curso do alinhamento. Rubens Ricupero (1996), por sua vez, considera o exercício da PEI como um momento de questionamento efetivo da relação com os EUA e de subordinação da relação com esses últimos à relação com o chamado "Terceiro Mundo". Apesar das interpretações dissonantes, e considerando as reflexões de Maria Regina Soares de Lima (1994), é possível afirmar que, em alguma medida, a PEI contribuiu para a consolidação de um segundo paradigma da política externa brasileira, em oposição ao paradigma americanista. Na terminologia da autora, esse último seria o "paradigma globalista", cujas raízes remontavam ao pensamento cepalino dos anos 1950 e ao desenvolvimentismo, privilegiando o questionamento à relação especial com os EUA, a diversificação das relações internacionais, com base nas divisões Norte-Sul e a valorização da autonomia nacional.

Esses princípios são retomados com maior intensidade, durante o período militar, no governo de Ernesto Geisel (1974-1979), que contava com Azeredo da Silveira à frente do Itamaraty. Segundo Hirst (2005), o propósito lançado pelo MRE pressupunha uma nova forma de relação com os EUA, pautada não pela assimetria, mas pela igualdade. A partir dessa última, o Brasil se propunha a ampliar a autonomia e parcerias no cenário internacional, alicerçando sua atuação na justificativa do "interesse nacional brasileiro"[95] e rechaçando ten-

---

lart, que previa, dentre outras coisas: a) a concepção da política externa como um instrumento a serviço do desenvolvimento; b) a diversificação de parcerias, incluindo a maior abertura para a construção de laços com países do chamado "Terceiro Mundo"; c) a busca de autonomia, em relação aos constrangimentos estruturais da Guerra Fria (Amado, 2006). Tais inclinações levaram à ampliação das críticas brasileiras em relação às políticas estadunidenses na região, como a tentativa de isolamento de Cuba.

[95] Embora muito recorrente na ditadura, o uso do termo "interesse nacional" sofreu ampla problematização. Como destacado em Pinheiro (2000), a utilização dessa expressão passa a impressão de que a política externa do regime fora formulada na ausência de conflitos, o que não condiz com a realidade. Tal temática se encontra analisada no texto da mesma autora: "Unidades de decisão e processo de formulação de política externa durante o regime militar".

Capítulo 15: **As Relações Brasil-Estados Unidos no Século XXI**

tativas norte-americanas de limitar o acesso do país à energia nuclear (Ricupero, 1996). As tensões desse período se estendem ao governo de João Baptista Figueiredo (1979-1985), que inaugura, por sua vez, a fase de enfraquecimento do regime militar. Nesse sentido, os desencontros em relação à potência estadunidense também se deveram à perda de apoio dos EUA, desfrutado pela ditadura militar brasileira, particularmente no governo de Jimmy Carter (1977-1981), o qual se caracterizou por adotar posturas mais críticas em relação tema dos direitos humanos (Hirst, 2005; Ricupero, 1996).

Pela ótica de Lima (1994), a redemocratização, nos anos 1980, conservou predominantemente continuidades em relação ao último governo militar. A presidência Sarney (1985-1990) sustentou o paradigma globalista, promovendo mudanças como o reatamento das relações com Cuba, o aprofundamento da cooperação com a Argentina e maior participação nas discussões multilaterais, principalmente no âmbito do GATT (Acordo Geral de Tarifas e Comércio). Por outro lado, em relação aos EUA, não há grandes inovações, visto que o Brasil, debilitado pela crise da dívida dos anos 1980, se encontrava em uma posição de fraqueza no cenário internacional. A presidência seguinte, de Fernando Collor de Mello (1990-1992) é vista como uma tentativa de quebra do globalismo e retomada da aliança especial (Lima, 1994) e da ênfase no eixo "bilateral-hemisférico" (Pecequilo, 2008). Nesse último, o Brasil aderiu aos princípios neoliberais atrelados ao Consenso de Washington[96] e passou a investir em iniciativas de abertura econômica e privatizações, domesticamente.

Após o processo de *impeachment* de Collor, a gestão de seu vice, Itamar Franco (1992-1995), foi marcada por alguns movimentos de reversão do foco na dimensão bilateral, e pela retomada do "eixo horizontal", particularmente no que se refere às relações com a América

---

[96] O "Consenso de Washington" foi o termo popularizado, durante a década de 1990, para caracterizar o pacote de ajustes estruturais demandados pelo Fundo Monetário Internacional (FMI) e o Banco Mundial aos países que se encontravam em situações de dívida e crise. As medidas, de forma geral, envolviam a adequação das economias aos princípios do capitalismo neoliberal, como: redução de gastos públicos, estabilização da inflação, aumento das taxas de juros para a atração do capital estrangeiro, entre outras.

Latina e ao fortalecimento dos arranjos de integração regional, como o Mercado Comum do Sul (Mercosul). Também se ampliaram as iniciativas em prol da obtenção de um assento permanente no Conselho de Segurança da Organização das Nações Unidas (ONU) (Pecequilo, 2008). A continuidade da crise econômica e a brevidade da gestão Franco, no entanto, fizeram com que a política externa desta administração mantivesse um baixo perfil.

Diante desses impasses, Ricupero (1996) e Lima (1994) consideram a década de 1990 como um período de ausência de paradigmas na política externa brasileira. Monica Hirst (2005), dispondo de maior distanciamento histórico em relação ao contexto, observa que o final dos anos 1990, no qual se estabelece o governo de Fernando Henrique Cardoso (1995-2003), contou com tentativas da diplomacia de conciliar os interesses do país a uma relação positiva com os EUA, cuja principal materialização se deu através da adesão brasileira ao Tratado de Não-Proliferação nuclear (TNP) e à abertura do país às negociações de uma zona de livre comércio hemisférica (Área de Livre Comércio das Américas) (Hirst, 2005). Essa postura, contudo, não é encarada como totalmente acrítica, posto que aquela presidência dera continuidade aos discursos de autonomia, de incremento da integração regional e fomento ao debate sobre as assimetrias e desigualdades sociais observadas no cenário internacional (Hirst, 2005; Vigevani, Cepaluni, 2007).

Embora os paradigmas americanista e globalista não tenham voltado ao cenário político brasileiro, aos moldes anteriores, a argumentação de Miriam Gomes Saraiva (2010) parece sugerir a permanência dos valores a eles atrelados na formação das duas correntes diplomáticas predominantes no Itamaraty, quais sejam, a corrente "institucionalista pragmática" e a corrente "autonomista".

A corrente institucionalista pragmática é associada à diplomacia executada por Fernando Henrique Cardoso, com Luiz Felipe Lampreia e Celso Lafer à frente do MRE. No que se refere à relação bilateral com os EUA, os institucionalistas pragmáticos rejeitam o alinhamento automático, mas defendem a busca da maior participação brasileira no sistema internacional, via obtenção de um assento permanente no Conselho de Segurança da ONU e maior engajamento com as instituições internacionais. Essa corrente se vale, portanto, da ideia de "soberania compartilhada" e de "autonomia pela integração" (Vigevani, Cepaluni, 2007) para justificar a busca de credenciais internacionais como meio de aumento da projeção internacional brasileira.

Esta perspectiva era vista como demasiadamente moderada pela corrente autonomista, grupo majoritariamente identificado ao projeto que, nos anos 2000, seria desenvolvido pelos governos do Partido dos Trabalhadores (PT) (Saraiva, 2010). Esses últimos aprofundam a dimensão da projeção internacional e associam essa última, não à adesão aos regimes, mas à busca de condutas autônomas e parcerias diversificadas. Os autonomistas também valorizam a integração regional como um veículo de aumento do poder de barganha internacional do país. O grupo dos autonomistas se identifica mais amplamente com o conceito de "autonomia pela diversificação", o qual Vigevani e Cepaluni (2007) consideram como estratégia predominante no governo de Luiz Inácio Lula da Silva (2003-2010), que será discutido na próxima seção.

3. AS RELAÇÕES BRASIL-EUA NOS PRIMEIROS GOVERNOS LULA (2003-2011)

A eleição de Luiz Inácio Lula da Silva, em 2002, foi permeada por uma série de transformações, de ordem doméstica e internacional.

Sob a concepção de Boito Jr. e Berringer (2013), no plano doméstico, a vitória lulista sinalizou não apenas uma alteração político-partidária entre o Partido da Social-Democracia Brasileira (PSDB) e o Partido dos Trabalhadores (PT), mas também uma mudança mais profunda do bloco de poder hegemônico dominante. Enquanto os governos de Collor a FHC representavam o amálgama entre as burguesias domésticas e o capital estrangeiro, a gestão Lula inaugurou o avanço de uma "frente neo-desenvolvimentista" de caráter heterogêneo, composta pelos representantes da burguesia nacional, a classe média, o operariado urbano, o campesinato e os grupos menos favorecidos economicamente (Boito Jr, Berringer, 2013, p. 31).

Tal qual imaginado pelos autores, o modelo em questão não perfazia uma alternativa ao capitalismo neoliberal, mas sim, uma adaptação da orientação desenvolvimentista – marcada, principalmente, pelo aumento da proteção estatal ao empresariado nacional e pelo aprofundamento de programas de assistência social – ao capitalismo vigente. Nestes termos, a condução da política externa foi redimensionada, visando o alcance dos objetivos domésticos. Esta readequação também foi acompanhada por outros países, na esfera regional, no fenômeno que ficou conhecido como a virada à esquerda da América Latina. Neste movimento se destacavam a vertente mais radical do "socialismo do século XXI", capitaneado pela Venezuela de Hugo Chávez e a corrente de centro-esquerda pragmática, associada, por exemplo, às gestões Lula (Brasil) e Bachelet (Chile) (Pecequilo, 2008; Donadelli, Pereira, 2019). Apesar de sua heterogeneidade, as novas administrações compartilhavam entre si o interesse na renovação dos projetos de autonomia e integração regional, como forma de fazer frente aos desafios externos.

Naquele contexto, os EUA encontravam-se com suas atenções voltadas à chamada "Guerra Global ao Terror", travando duas intervenções militares simultâneas no Afeganistão e no Iraque, o que implicava um maior direcionamento ao Oriente Médio. A América Latina, portanto, não se apresentava como uma prioridade estratégica. Como alertado por Milani (2019), no entanto, isto não significava a negligência ou a ausência de preocupações estadunidenses evolvendo a região. Na verdade, o que se observou foi o enquadramento da percepção de ameaças regionais aos objetivos mais amplos do combate ao terrorismo, como indicado pelo aumento dos investimentos em planos de assistência ao combate do narcotráfico (então renomeado como "narcoterrorismo"), como o Plano Colômbia; o aumento da presença militar do Comando Militar do Sul (US Southcom); e a reativação da quarta frota, em 2008 (Pecequilo, Forner, 2016; Milani, 2019). Também foi observada a maior inclinação aos engajamentos bilaterais com os países do hemisfério, em detrimento da via multilateral (Donadelli, Pereira, 2019).

Adaptando-se ao novo cenário, a política externa de Lula possuía quatro fundamentos principais: a) o foco na atenuação do unilateralismo dos EUA, principalmente pela via institucional; b) o investimento em relações bilaterais e multilaterais, com vistas ao aumento da projeção; c) o adensamento da diplomacia; d) a rejeição a acordos que prejudicassem o desenvolvimento brasileiro. Em se tratando da relação com os EUA, a administração petista não desconsiderava a importância da parceria histórica, mas também não a via como alternativa última para alcançar a autonomia. Diante disso, os objetivos propostos por Lula não representam uma mudança expressiva em comparação aos anos anteriores, se tratando, ao contrário, de uma "mudança dentro da continuidade" (Vigevani, Cepaluni, 2007).

Outros autores, como Christensen (2013), consideram a alteração de governos, em 2003, como um "ponto de virada" para a política externa brasileira. O autor enxerga como inovadoras as posições tomadas pelo país em relação ao aprofundamento da integração regional, por exemplo, que, embora não iniciadas no governo Lula, assumiram um papel diferenciado nos anos 2000, em contraposição ao cenário observado na década de 1990. Para Lima (2013), enquanto nessa última se perseguia a homogeneização da região como zona de influência norte-americana, o contexto da década de 2000 serve para reforçar a dimensão da heterogeneidade, que se atesta diante da proliferação de arranjos regionais dos mais variados tipos, como a União das Nações Sul Americanas (Unasul) (2008), no Cone Sul, e a Comunidade dos Estados Latino-Americanos (CELAC) (2010), estabelecida como fórum de conversações para conectar a América Latina e o Caribe. Enquanto ambos os projetos em questão foram elaborados na ausência da "anuência" estadunidense, a região continuou a conviver com a presença dessa última, tanto pela via bilateral, quanto pelo apoio demonstrado pelos norte-americanos às iniciativas como a Aliança do Pacífico (2012), por exemplo, o que denota, em larga medida, a coexistência de tendências e o pluralismo regional (Lima, 2013).

Por outro lado, o ativismo e a "autoconfiança" (Hurrell, 2010), observados na atuação dos membros da gestão Lula e do próprio presidente, por vezes, seguiam na contramão dos interesses dos países centrais, desencadeando tensões. Um dos exemplos mais representativos, nesse quesito, foi a militância brasileira pela reformulação das organizações internacionais do pós-1945. Essa última se tornou evidente, no âmbito comercial, a partir da liderança desempenhada pelo Brasil em coalizões que buscavam a flexibilização das barreiras comerciais de países desenvolvidos à entrada dos produtos oriundos de países como China, Índia e o próprio Brasil. O país ainda buscou incrementar sua projeção mediante performances mais ativas na discussão de regimes internacionais, como os acordos sobre mudanças climáticas, meio ambiente e proliferação nuclear. Nesse último setor, merece destaque a tentativa de mediação do país de um acordo nuclear com o Irã e a Turquia, em 2010, que, embora aceito pelas partes em questão, foi rechaçado pelos EUA de Barack Obama (2009-2017) (Narlikar, 2010).

Paralelamente, mesmo conservando sua participação nos arranjos tradicionais, a "marca registrada" do governo Lula foi o engajamento com os países do chamado eixo "Sul-Sul", dos quais alguns dos frutos mais evidentes foram a criação do fórum IBAS (Índia, Brasil, África do Sul) e a consolidação do grupo dos BRICS (Brasil, Rússia, Índia, China, África do Sul). Essa estratégia denota, como observado por Hurrell (2010), a versatilidade da política externa brasileira, que se caracterizava justamente pelo tom assertivo, pela capacidade de atuação nos mais diferentes clubes e pelo foco em resoluções de controvérsia pacíficas.

É possível depreender que, diferentemente de outros momentos de sua história, com Lula o Brasil se colocou na posição de interlocutor das relações Norte-Sul, sem, entretanto, buscar ajustar seus objetivos a quaisquer ilusões sobre a manutenção de uma relação privilegiada com os EUA (Hurrell, 2010). Trata-se de uma concepção de mundo mais pragmática, portanto. Apesar de permitir um amplo leque de alternativas de política externa ao país, essa opção também acarretou contrapartidas menos positivas, as quais foram discutidas no capítulo de título sugestivo *"Brazil: does being not feared make one loved?"*, de Narlikar (2010).

Segundo a autora, embora as potências emergentes se posicionem de forma crítica à ordem internacional vigente, o Brasil era, entre todas elas, a que apresentava o nível mais baixo de confrontação em relação a essa última. Isso porque, mesmo dispondo de uma ampla quantidade recursos, o país assumiu um caráter menos revisionista que outras potências ascendentes (como China e Rússia), e mais conservador em relação às assimetrias perpetuadas pela ordem do pós-1945. Na concepção de Narlikar (2010), a falta de confronto direto e as tentativas brasileiras de mediar relações possui uma dimensão positiva, que garante ao país a construção de uma "boa imagem" externa, mas, ao mesmo tempo, torna seu processo de reconhecimento como potência mais lento, na medida em que não apresenta um risco ou ameaça claros à lógica de poder vigente.

Fazendo ecos a esse argumento, Andrew Hurrell (2010) também enfatiza que, na Era Lula, o Brasil desempenhou um papel reformista. Isto significa que a mudança perseguida é uma transformação travada nos marcos das instituições existentes, e não a partir da elaboração de alternativas reais a essas últimas. Os exemplos mais citados, tanto por Hurrell, quanto por Narlikar, no que se refere à conduta pró-*status quo* do Brasil são o esforço pela obtenção de um assento permanente no Conselho de Segurança da ONU e a disposição brasileira em relação ao envio de tropas para a Missão de Paz no Haiti (2004). Ainda que os dois objetivos sejam coerentes com o propósito do incremento da projeção internacional, sua consecução representa, em última análise, uma adequação brasileira às "regras do jogo".

Por outro lado, China e Índia, que adotaram posturas mais conflitivas e menos conciliadoras em relação às instituições internacionais receberam maiores concessões como a participação chinesa na Organização Mundial do Comércio (OMC) e o incentivo ao programa nuclear indiano, reforçando a percepção de que os EUA tendem a favorecer parceiros diplomaticamente mais fortes (Pecequilo, 2011).

No caso da potência do Norte, fica claro que as relações bilaterais no período Lula se encontram longe de uma dinâmica de proximidade. Não há, porém, o conflito direto, da mesma forma. (Lima, 2013) De maneira similar, o engajamento com as potências emergentes era limitado, posto que os interesses não convergiam em todas as temáticas. Nesse quesito, o maior exemplo é a pouca disposição sino-russa em favor da reforma do Conselho de Segurança, posto que ambos os países se beneficiam de sua constituição atual.

As inclinações da diplomacia brasileira, no entanto, não foram suficientes para promover a retomada do alinhamento com os EUA, os quais, por seu turno, também permaneciam emaranhados em suas próprias contradições internas, e na dificuldade de encerrar os engajamentos militares no Oriente Médio. Além disso, em se tratando da América Latina, a presença chinesa na região, ao fim do governo Lula, já se encontrava consolidada, inviabilizando uma reinserção norte-americana plena.

Como afirma Maria Regina Soares de Lima (2013), nessa conjuntura os EUA se tornaram "[...] mais um ator de veto, do que construtor de consensos." (Lima, 2013, p. 170) Portanto, conclui-se que, durante a administração Lula, a projeção internacional construída com base na mediação foi suficiente para garantir maior autonomia do Brasil em relação aos EUA, enquanto a conjuntura internacional econômica favoreceu o crescimento do país. A partir do recuo dessa última, nos anos 2010, o quadro se inverte, com o Brasil retornando a uma posição de fraqueza relativa e os EUA recuperando, embora não totalmente, os espaços regionais perdidos. Essa inversão será o tema de discussão do próximo item.

4. AS RELAÇÕES BRASIL-EUA NO PERÍODO DILMA/ TEMER (2011-2019)

O início do governo Dilma, em 2011, costuma ser encarado como um momento em que as continuidades em relação à presidência Lula se sobrepunham às diferenças. Para Pecequilo (2014), naquela conjuntura, o Brasil ainda se encontrava em uma posição de força, internacionalmente, e as possibilidades de subordinação a uma nova "relação especial" com os EUA pareciam deixadas no passado. Outro ponto favorável ao continuísmo é que não houve alterações significativas, por parte da presidente, nos quadros diplomáticos básicos, os quais ainda contavam com figuras presentes na gestão de Lula da Silva (Saraiva, 2014).

Nesse contexto, Dilma manteve as principais feições da política externa de Lula, ressaltando a importância das instituições multilaterais e dos "minilateralismos" (Saraiva, 2014), travados no eixo da cooperação sul-sul via IBAS e BRICS. No âmbito regional também

Capítulo 15: As Relações Brasil-Estados Unidos no Século XXI

foram conservadas as iniciativas inauguradas por Lula, embora com menor intensidade e vontade política em relação aos anos anteriores. Outro ponto de inflexão foi o próprio perfil da presidente, em comparação às características de Lula: Dilma se mostrou menos adepta que seus antecessores ao exercício da diplomacia presidencial (Saraiva, 2014). Ao mesmo tempo, a desaceleração das exportações de *commodities* para a China fez com que a agenda de política externa ficasse sobreposta por questões de natureza econômica e de "curto prazo".

Sobre esse tema, cumpre retomar também as observações de Tussie (2013), para quem o aumento da inserção internacional brasileira criou ambivalências identitárias no comportamento do país, isso é, conflitos sobre o pertencimento do Brasil a diferentes eixos, categorias ou regiões. Nesse quesito, a autora menciona particularmente a dicotomia entre o "Brasil como parte da América do Sul" e o "Brasil emergente dos BRICS", a qual dividia opiniões domésticas, gerando inconsistências à sustentação da projeção internacional. Não por acaso, essas últimas foram intensificadas na conjuntura de deterioração econômica, a qual amplificou os questionamentos à validade do modelo de política externa compreendido na "autonomia pela diversificação".

No campo das relações bilaterais EUA-Brasil, apesar do contexto inicial de força, em detrimento da fraqueza norte-americana, Dilma buscou, em 2011, uma política de ajuste em relação ao governo Obama. Nesse ano, os dois países aprofundaram os parâmetros do "diálogo estratégico", estabelecido em 2005, incorporando a esse último temáticas como cooperação em educação, tecnologia e energia. Foi também nesse período que o presidente Obama realizou sua primeira visita oficial ao Brasil, o que denotava a importância adquirida e sustentada pelo país. Havia certa urgência em limitar o acesso chinês ao pré-sal brasileiro, o que tornava a cooperação energética um relevante pilar da relação (Pecequilo, 2014).

Ainda segundo Pecequilo (2014), a perspectiva da acomodação buscada por Dilma foi, em larga medida, fruto da pressão de setores domésticos que valorizavam o aumento da proximidade com a potência estadunidense. Todavia, o ajuste não implicava o consenso ou a ausência de críticas; na verdade, o ano de 2011 também se mostrou frutífero para a atuação brasileira no sistema internacional aos moldes do reformismo. Na ocasião da intervenção da Organização do Tratado do Atlântico Norte (OTAN) na Líbia, justificada pelas potências ocidentais através do conceito de "Responsabilidade de Proteger", a diplomacia brasileira cunhou o termo "Responsabilidade ao Proteger", de modo a incentivar a minimização do uso da violência em missões de paz. O novo conceito, porém, não ganhou aderência entre os membros do Conselho de Segurança, de forma que o tema foi perdendo seu vigor (Saraiva, 2014).

Em 2012, as mudanças no cenário regional e internacional começaram a ficar mais evidentes, à medida que os EUA, mais recuperados do período da crise de 2008, direcionaram sua política externa à retomada da influência regional na Ásia, África e América Latina. Nesse interregno, as negociações da parceria transpacífica (TPP) adquiriram maior dinamismo, da mesma forma que o país incentivou a formação da Aliança do Pacífico (Peru, México, Colômbia, Chile), como forma de oferecer um contraponto aos arranjos da Unasul e da CELAC. Na Europa, as possibilidades de inserção brasileiras via Mercosul ou de forma autônoma sofreram reduções, conforme os países do continente se aproximavam dos EUA pela negociação da parceria transatlântica (TTIP) (Lima, 2013).

A tensão mais expressiva da relação bilateral foi observada, em 2013, quando o ex-funcionário da Agência de Segurança Nacional (NSA), Edward Snowden, divulgou dados sobre a espionagem do governo americano a civis e outros Estados, dentre os quais se destacava o Brasil. O ocorrido provocou o adiamento da visita da presidente Dilma aos EUA, marcada para 2013 e postergada para 2015. Esse interregno foi marcado por eventos nacionais e internacionais relevantes que impactaram o curso da relação bilateral, mais uma vez. Cumpre mencionar, adicionalmente, que, ainda ano de 2013, o ex-secretário de Estado John Kerry, declarou o "fim da Doutrina Monroe"[97], em

---

[97] Conforme o discurso de Kerry: "A era da Doutrina Monroe acabou (...) A relação que buscamos e que estamos trabalhando duro para construir não diz respeito a declarações dos Estados Unidos de como e quando vai intervir nos assuntos de outros Estados Americanos. Tudo deve ser sobre nossos países percebendo uns aos outros como iguais, dividindo responsabilidades, cooperando em questões de segurança e aderindo não

visita à América Latina, realçando as contradições entre retórica e prática da política externa norte-americana, à época.

Como ressaltado por Saraiva (2014), o agravamento da crise econômica, a partir da desvalorização dos preços de *commodities*, polarizou intensamente o cenário em que se desenrolaram as eleições de 2014. Diante disso, a política externa que, até então, havia adquirido maior expressividade nas discussões em sociedade, voltou a ser relegada a segundo plano. A redução das assimetrias e da interdependência em relação aos EUA também sofreu retrocessos (Teixeira, 2011), na medida em que a economia chinesa entrou em um processo de desaceleração e a estadunidense recobrou suas forças. Outra dimensão a ser ressaltada, são as mudanças políticas que atingiram os BRICS e que desviavam as atenções em relação aos assuntos do bloco.

Enquanto o Brasil lidava com as polarizações e a explosão de movimentos sociais de contestação doméstica, Rússia, China e Índia também se voltavam a si mesmas e às suas próprias regiões. No caso chinês, isso se deu a partir da ampliação dos conflitos pela soberania sobre a região do Mar do Sul da China (Zhao, 2012). A Rússia, por outro lado, se encontrava mais vulnerável economicamente, em função da queda do valor internacional do petróleo, agravada diante do início da crise da Crimeia e da implantação das sanções ocidentais ao governo russo. Os próprios EUA, por sua vez, foram confrontados pela deterioração da conjuntura no Oriente Médio, a partir da escalada do conflito na Síria e do fortalecimento do grupo Estado Islâmico. Assim, esse período representou, na prática, a perda do espaço internacional adquirido pelos países emergentes e um retorno ao "jogo das grandes potências" (Saraiva, 2014; Tussie, 2013). As exceções, na esfera da cooperação Sul-Sul foram o lançamento do Novo Banco de Desenvolvimento (popularmente conhecido como "Banco dos BRICS") e do Arranjo Contingente de Reservas, em 2015, ambos voltados ao financiamento e oferta de crédito entre os países emergentes, de forma complementar aos arranjos financeiros tradicionais, isto é, o Banco Mundial e o Fundo Monetário Internacional (FMI).

---

a uma Doutrina, mas a decisões que nos fazem parceiros para avançar os valores e interesses que compartilhamos (Kerry, 2013, tradução nossa).

No caso brasileiro, o menor desempenho da política externa surtiu efeitos no espaço dedicado ao país pelos documentos oficiais do governo norte-americano. Enquanto a publicação de segurança nacional e estratégia de 2010 enfatizava os impactos da liderança brasileira na América do Sul, a nova edição do documento, divulgada em 2015, trazia apenas algumas poucas linhas sobre o país, enfatizando temas como a importância dos programas de redução da pobreza, fomentados na Era Lula (The White House, 2015). Regionalmente, as atenções norte-americanas estavam focadas no reatamento das relações diplomáticas com Cuba, o comércio com os países da TPP e em questões mais tradicionais da agenda de segurança, como o narcotráfico e as migrações.

Com o Brasil, a relação permanecera emperrada até junho de 2015, ano no qual a presidente Dilma realizou sua última visita oficial aos Estados Unidos. De acordo com Carmo e Pecequilo (2016), porém, a viagem não angariou frutos exatamente significativos, além de algumas flexibilizações para a entrada da carne bovina brasileira no mercado estadunidense e acordos de cooperação no setor militar, previdência social e educação.

Em suma, compartilhando das observações de Saraiva (2014), é possível depreender que, embora Dilma tenha buscado dar continuidade à política externa de Lula, na prática, houve uma "mudança de rumos", que culminou na redução do impacto internacional brasileiro. De fato, talvez de forma mais pronunciada que seu antecessor, dadas às pressões internas mencionadas anteriormente, a presidente continuou o curso da valorização das relações Sul-Sul, mas também buscou maior alinhamento aos EUA. Nesse sentido, a ausência de confrontação direta, já observada em Lula, se aprofundou, ao mesmo tempo em que a conjuntura econômica se tornou menos favorável para que o país equilibrasse a postura conciliadora à assertividade.

Após o processo de *impeachment* sofrido pela presidente Dilma, em 2016, a condução política do país foi assumida pelo então vice-presidente Michel Temer (2016-2019). De forma simplificada, os dois anos da gestão Temer foram marcados pela retomada do padrão de engajamento com os EUA, e pela reversão da postura relativamente mais assertiva, observada durante os governos Lula e Dilma. Sob a alegada defesa da "desideologização" da política externa, o novo governo estabeleceu negociações bilaterais com os EUA sobre a utilização da base de Alcântara para o lançamento de foguetes e sobre a venda da Embraer, empresa brasileira do setor aeronáutico, à Boeing (Pecequilo, 2021). Embora a venda não tenha se concretizado, o movimento se enquadra no reavivamento da lógica do "alinhamento automático e sem recompensas", observado em outros períodos analisados da história do país.

No campo regional, a presidência Temer demarcou o início do enfraquecimento do regionalismo "pós-hegemônico", predominante nos anos 2000 (Junqueira *et al.*, 2020). Além dos questionamentos às iniciativas fortalecidas durante os governos petistas, como a Unasul, ampliou-se a preferência pelas tratativas bilaterais entre os países da região e a abordagem de regionalismo mais focada na dimensão comercial, sem maiores aprofundamentos.

Por fim, os anos entre 2016 e 2018 também ensejaram mudanças na política doméstica estadunidense, que, posteriormente, afetariam os encaminhamentos das relações com o Brasil. Entre tais mudanças, destaca-se a ascensão da presidência Republicana de Donald J. Trump (2016-2021), cujo pano de fundo envolveu a ascensão da chamada "nova direita global", a qual também acometeu o cenário brasileiro, com a chegada de Jair Messias Bolsonaro (2019-2023) ao poder. Tais desdobramentos serão a temática da próxima subseção.

5 AS RELAÇÕES BRASIL-EUA NO GOVERNO BOLSONARO (2018-2023)

A chegada de Jair Messias Bolsonaro ao poder, em 2019, pode ser contextualizada dentro do fenômeno mais amplo da ascensão da chamada "extrema-direita global". Apesar de possíveis variações terminológicas[98], a literatura sobre o tema tem se utilizado deste conceito para se referir ao fortalecimento de governos de orientação populista e

---

[98] Além do termo "extrema-direita global", também é comum a utilização do termo "movimentos de ultradireita". Sanahuja (2019) também se vale do conceito de "direita neo-patriótica", para se referir aos movimentos descritos.

conservadora, que acometeu inúmeros países do globo, incluindo não apenas o Brasil, mas também os EUA (Trump), a Hungria (Viktor Orban), entre outros, naquele período.

Entre os eixos identificados como comuns a estas administrações estão, em diferentes gradações: a) o populismo, caracterizado pela oposição entre "o povo", que tais lideranças sugerem representar, e as elites políticas tradicionais, usualmente descritas como "corruptas" e usurpadoras da vontade popular; b) o autoritarismo e o nativismo, associados às manifestações xenofóbicas e à exclusão dos indivíduos compreendidos como não pertencentes à nação; c) a contestação aos valores e instituições da ordem liberal internacional (OIL), vistos como prejudiciais ao interesse nacional, sugerindo, igualmente, uma maior tendência às inclinações nacionalistas, em alguns contextos (Sanahuja, 2019; Casarões, Farias, 2021). No caso bolsonarista, tais características são complementadas pelo nacionalismo de teor religioso (cristão) e pela defesa do "anticomunismo", percebido como uma herança ideológica do regime militar brasileiro e expresso na intolerância ao pluralismo político e ideológico (Casarões, Farias, 2021).

Diante de tais convergências ideológicas, que, inclusive, lhe renderam o apelido de "Trump dos trópicos" Bolsonaro buscou estabelecer um caminho de aproximação com os EUA, no âmbito da política externa. A escolha de Ernesto Araújo para a condução do MRE foi emblemática considerando a admiração esboçada pelo chanceler, em diversas ocasiões, não apenas aos EUA, mas à figura de Donald Trump. Em um artigo publicado ainda em 2017, entre os Cadernos de Política Exterior do Instituto de Pesquisa e Relações Internacionais, Araújo defendia o argumento de que Trump seria o responsável por conduzir a regeneração do "Ocidente", a partir do resgate aos símbolos tradicionais:

> O Ocidente que Trump quer reviver e defender não se baseia no capitalismo nem numa democracia liberal desnacionalizada, desencarnada, desvinculada de uma personalidade histórica, mas nos símbolos. A democracia liberal, tal qual praticada atualmente na Europa e nos EUA até o governo Obama, não se mostrava capaz de nutrir essa dimensão simbólica. O Ocidente de Trump, portanto, difere completamente daquilo que se chamava West na

época da Guerra Fria: o *West* era o capitalismo democrático liberal, o Ocidente de Trump é o patrimônio simbólico mais profundo das nações que o compõem. (Araújo, 2017, p. 350).

Ainda em 2019, Bolsonaro realizou sua primeira visita oficial aos EUA, na qual os líderes demonstraram convergência em relação às temáticas regionais, como o debate sobre a situação política na Venezuela, o combate ao terrorismo e ao tráfico de drogas. Também foram discutidas as condições para a exportação da carne bovina brasileira para os EUA e concessão de vistos, assim como a retomada do debate sobre a utilização da base de Alcântara. Além disso, o presidente norte-americano indicou predisposição em alçar o Brasil à condição de "aliado especial extrarregional da OTAN" e esboçou suporte à candidatura brasileira à Organização para a Cooperação e Desenvolvimento Econômico (OCDE) (Embaixada e Consulado dos EUA no Brasil, 2019).

Embora as expectativas brasileiras sobre a OCDE tenham sido posteriormente frustradas, a mudança de *status* em relação à OTAN contribuiu para a ampliação dos investimentos em cooperação em segurança, na relação bilateral (Hirst, Pereira, 2022). Neste sentido, tratou-se de uma continuidade do padrão de relacionamento focado prioritariamente na dimensão securitária, em detrimento das preocupações envolvendo a economia e o desenvolvimento. Como apontado por Pecequilo (2021), tais movimentos de enrijecimento do eixo de segurança eram por vezes acompanhados do discurso de combate ao comunismo e ao "globalismo", que unificavam as duas presidências.

Por outro lado, a aproximação bolsonarista em relação à potência estadunidense também envolveu contradições, principalmente no que tange à manutenção das relações comerciais com a China. Embora no plano discursivo, o presidente se alinhasse às posturas *trumpistas,* por exemplo, em relação à pandemia de COVID-19, que, além do negacionismo antivacinas, culpabilizavam a potência chinesa pela fabricação e espalhamento do vírus, a China continuava a ser a principal consumidora das exportações brasileiras. Em 2021, o país ocupava mais de 30% das vendas brasileiras para o exterior, enquanto a participação estadunidense havia declinado em aproximadamente

24% (Hirst, Pereira, 2022). Outro caso emblemático de tais contradições foi o contencioso envolvendo os EUA de Trump e a empresa chinesa Huawei de telecomunicações, pela instalação da rede 5G, no país.

Desde 2018, o governo Trump passou elevar as tarifas sobre os produtos chineses, sob a alegação de controle do déficit comercial entre os EUA e a China. No entanto, a movimentação também tinha como pano de fundo o contrabalanceamento dos avanços chineses no campo da exploração da frequência do 5G, cujas finalidades envolvem desde aplicações civis, como o aumento da velocidade nas comunicações e a construção e casas e "veículos inteligentes", até o emprego militar[99]. Naquele contexto, Trump lançou uma série de acusações envolvendo a Huwaei e o suposto roubo de dados de segurança nacional. As acusações *trumpistas* levaram, posteriormente, ao banimento da Huawei nos EUA e em outros países aliados norte-americanos, como Reino Unido e Austrália, que também aderiram ao bloqueio.

A postura do Brasil, por sua vez, mostrou-se ambígua, com declarações dissonantes entre a presidência e o vice-presidente Hamilton Mourão, que reforçavam a relevância da parceria chinesa, à revelia das falas presidenciais, mais alinhadas aos interesses norte-americanos. O início da pandemia de COVID-19, todavia, contribuiu para atenuar tais divergências e para a retomada do padrão crítico, em relação à China.

Em 2021, a chegada à de Joseph Biden ao poder, nos EUA, provocou mudanças importantes, inaugurando uma segunda fase da aliança, na gestão Bolsonaro (Pecequilo, 2021). Desde a campanha eleitoral de 2020, o presidente democrata elevou as críticas à presidência brasileira, particularmente no que se refere à condução da pandemia e da questão ambiental. De forma emblemática, o governo brasileiro foi também um dos últimos a reconhecer a vitória democrata, indicando a tendência ao afastamento entre os dois presidentes.

No ano de 2022, último ano da administração bolsonarista, a guerra da Ucrânia, iniciada em fevereiro, adicionou mais elementos

---

[99] Para mais informações sobre o tema, ver: https://foreignpolicy.com/power-maps/

de tensão ao relacionamento bilateral. Durante os primeiros momentos da invasão russa ao território ucraniano, o governo Biden passou a combinar posturas que visavam não só à deslegitimação da atuação russa, frente à comunidade internacional, mas também a construção de uma coalizão ocidental, tendo como "carro-chefe" a OTAN e a aliança transatlântica. A posição brasileira, no entanto, mais uma vez mostrou-se ambivalente: enquanto os canais oficiais diplomáticos sustentavam a posição de neutralidade em relação ao conflito, Bolsonaro fazia declarações que sugeriam maior admiração e alinhamento à figura de Vladmir Putin. O ex-presidente também realizou uma visita ao território russo, contrariando a retórica conciliadora das representações oficiais.

Em linhas gerais, portanto, apesar do início mais voltado à tendência do alinhamento automático, alicerçado nas aproximações ideológicas entre os presidentes Trump e Bolsonaro, a segunda metade do governo bolsonarista foi marcada por um progressivo afastamento e pelo desgaste das relações bilaterais.

6 CONSIDERAÇÕES FINAIS

Ao longo deste capítulo, discutimos as oscilações históricas e contemporâneas das relações bilaterais entre EUA e Brasil. Como observavamos, tais relações experimentaram muitas transformações, historicamente, mas mantiveram seu caráter estruturante na construção da política externa de ambos os países envolvidos.

O início do terceiro mandato de Luiz Inácio Lula da Silva, em 2023, abre novas perspectivas de retomada das relações, em tons mais amistosos, em comparação ao processo de afastamento, observado ao fim da gestão Bolsonaro. A vitória lulista foi prontamente reconhecida pela administração Biden, que também indicou uma boa disposição em relação à retomada da cooperação, particularmente na esfera ambiental.

Contudo, o aprofundamento da presença chinesa na América Latina continua a impor desafios à atuação norte-americana, ao mesmo tempo em que as inclinações dos primeiros meses do governo Lula sugerem a intenção de retomada do padrão mais assertivo e diversificado de construção de relações internacionais. Da mesma forma, a permanência de desafios internos, como o gerenciamento do cenário econômico pós-pandêmico, e a continuidade da atuação de grupos de extrema-direita, nos dois países[100], também ensejam limitações e constrangimentos.

Resta saber, neste contexto, quais serão os impactos da nova administração sobre o reposicionamento brasileiro no sistema internacional, e qual será o espaço reservado aos EUA, neste processo.

7. ESTUDO DIRIGIDO

Questão 1. Analise o surgimento e a evolução do "paradigma Americanista" da política externa brasileira. Em seguida, responda: quais foram as principais transformações sofridas por esta orientação de política externa, ao longo das décadas?

Questão 2. Discuta, comparativamente, as relações travadas entre EUA e Brasil, durante a Guerra Fria (1947-1989) e no imediato período pós-Guerra Fria, da década de 1990. Quais semelhanças e diferenças podem ser identificadas na postura brasileira, entre os dois períodos?

Questão 3. Analise as relações bilaterais EUA-Brasil durante o governo Lula (2003-2010), identificando seus principais pilares e contradições.

Questão 4. Analise as relações bilaterais EUA-Brasil durante o governo Dilma (2011-2016), identificando seus principais pilares e contradições.

Questão 5. Discorra sobre as mudanças sofridas nas relações bilaterais EUA-Brasil, durante os governos de Donald Trump (2016-2021) e

---

[100] No dia 08 de janeiro de 2023, o Congresso brasileiro foi invadido por grupos alinhados ao bolsonarismo, suscitando inúmeras comparações à invasão do Capitólio estadunidense, em 06 de janeiro de 2021.

Jair Messias Bolsonaro (2018-2023). Considere, em sua resposta, as dimensões local, regional e global.

8. REFERÊNCIAS BIBLIOGRÁFICAS

ARAÚJO, E. Trump e o Ocidente. *Cadernos de Política Exterior*, vol. 3, n. 6, p. 323-57, 2017.

BOITO JR, A., BERRINGER, T. Brasil: classes sociais, neodesenvolvimentismo e política externa nos governos Lula e Dilma. *Rev. Sociol. Polit*, vol. 21, n. 47, 2013.

CARMO, C. A., PECEQUILO, C. S. O Brasil e o vácuo de liderança regional: O avanço sino-americano (2011/2016). *Austral: Revista Brasileira de Estratégia e Relações Internacionais*. v. 5, n. 9, Jan./Jun., p. 54-75, 2016.

CASARÕES, G. S. P., FARIAS, D. B. L. Brazilian foreign policy under Jair Bolsonaro: far- right populism and the rejection of the liberal international order. *Cambridge Review of International Affairs*, 2021 https://doi.org/10.1 080/09557571.2021.1981248

CHRISTENSEN, S. F. Brazil's Foreign Policy Priorities. *Third World Quarterly*, vol. 34, n. 2, 2013.

DONADELLI, L., PEREIRA, M. O. Do multi ao bilateralismo história e conjuntura das políticas externa e de segurança dos EUA para a América Latina. *Brazilian Journal of Latin American Studies*, vol. 18, n. 35, 2019.

HIRST, M. *The United States and Brazil:* a Long Road of Unmet Expectations. New York-London: Routledge, 2005.

HIRST, M. 2011. *As relações Brasil-Estados Unidos desde uma perspectiva multidimensional (evolução contemporânea, complexidades atuais e perspectivas para o século XXI)*. Porto Alegre. Tese de doutorado em Estudos Estratégicos. Universidade Federal do Rio Grande do Sul.

HIRST, M., PEREIRA, L. B. Making sense of United States–Brazil relations under Bolsonaro. *Lat Am Policy*, vol. 13, p. 432-446, 2022.

HURRELL, A. Brazil and the New Global Order. *Current History,* vol. 109, 2010.

JUNQUEIRA, C. B. et al. Regionalismo sul-americano nos anos 2020. *Revista Tempo do Mundo,* n. 23, 2020.

LIMA, M. R. S. Ejes analíticos y conflicto de paradigmas en la política exterior brasileña. *America Latina/Internacional,* v. 1, n. 2, 1994.

LIMA, M. R. S. Relações Interamericanas: A Nova Agenda Sul-Americana e o Brasil. *Lua Nova,* vol. 90, 2013.

MILANI, L. P. *Argentina e o Brasil Frente aos Estados Unidos (2003 – 2015):* Entre a Autonomia e a Subordinação. Appris: São Paulo, 2021.

MOURA, G. O *Alinhamento sem recompensa:* a política externa do governo Dutra. Rio de Janeiro: Fundação Getúlio Vargas (CPDOC), 1990.

NARLIKAR, A. Brazil: Does Being not Feared Make One Loved?. In: NARLIKAR, A., *New Powers:* How to Become One and How to Manage Them, Nova York, Hurst & Co Publishers, 2010.

PECEQUILO, C. S. A política externa do Brasil no século XXI: os eixos combinados de cooperação horizontal e vertical. *Rev. bras. polít. int.* vol. 51, n. 2, 2008.

PECEQUILO, C. S. *As relações bilaterais Brasil-Estados Unidos.* Belo Horizonte: Fino Traço, 2011.

PECEQUILO, C. S. As relações bilaterais Brasil- Estados Unidos no governo Dilma Rousseff. Austral: *Revista Brasileira de Estratégia & Relações Internacionais.* v. 3, n. 6, Jul.-Dez. 2014 | p. 11-36.

PECEQUILO, Cristina Soreanu; FORNER, Clarissa Nascimento. Obama e a América Latina (2009/2016): Estagnação ou avanços?. *Monções: Revista de Relações Internacionais da UFGD,* Dourados, v. 6. n. 11, jan./jun. 2017.

PECEQUILO, C. S. Brazilian foreign policy: from the combined to the unbalanced axis (2003/2021). *Rev. Bras. Polít. Int,* vol. 64, n, 1, 2021.

PINHEIRO, L. Unidades de decisão e processo de formulação de política externa durante o regime militar, in ALBUQUERQUE, J. A. G. (org.) Prioridades, atores e políticas. *Sessenta anos de política externa brasileira 1930-1990.* São Paulo: NUPRI/USP, 2000, vol. 4 p. 449-474.

RICUPERO, R. O Brasil, a América Latina e os EUA desde 1930: 60 anos de uma relação triangular In: ALBUQUERQUE, J. A. G. (org.), Crescimento, modernização e política externa, *Sessenta Anos de Política Externa Brasileira*, vol. 1, São Paulo, Cultura/USP, 1996.

SANAHUJA, J. A. Crisis de la globalización, el regionalismo y el orden liberal: el ascenso mundial del nacionalismo y la extrema derecha. *Revista Uruguaya de Ciencia Política*, vol.28, n. 1, 2019.

SARAIVA, M. G. A diplomacia brasileira e as visões sobre a inserção externa do Brasil: institucionalistas pragmáticos X autonomistas. *Mural Internacional*. Ano 1. n 1, jan-jun 2010.

SARAIVA, M. G. Balanço da Política Externa de Dilma Rousseff: Perspectivas Futuras? *Relações Internacionais*, n. 44, 2014.

TEIXEIRA, C. G. P. Brazil and United States: Fading Interdependence. *Orbis*, vol. 55, n. 1, p. 147-162, 2011.

THE WHITE HOUSE. *National Security Strategy*. Washington, 2010. Disponível em: <http://www.whitehouse.gov/sites/default/files/rss_viewer/national_security_strategy.pdf>.Acessado em: 10 de junho de 2013.

THE WHITE HOUSE. *National Security Strategy*. Washington, 2015. Disponível em:<http://www.whitehouse.gov/sites/default/files/docs/2015_national_security_strategy.pdf>. Acessado em: 12 de fevereiro de 2015.

TUSSIE, D. Os imperativos do Brasil no desafiador espaço regional da América do Sul: uma visão da economia política internacional". *Lua Nova*, 90, 2013.

VIGEVANI, T. CEPALUNI, G. A Política Externa de Lula da Silva: A Estratégia da Autonomia pela Diversificação. *Contexto Internacional*, vol. 29, n. 2, julho/dezembro 2007.

ZHAO, S. Shaping the Regional Context of China's Rise: how the Obama administration brought back hedge in its engagement with China. *Journal of Contemporary China*, vol. 75, n. 21, p. 369-389, 2016.

9. RECURSOS AUDIOVISUAIS

O dia que durou 21 anos. Gênero: documentário. Ano: 2013. Direção: Camillo Galli Tavares. O documentário discute, a partir de documentos e registros oficiais, a influência dos EUA na implementação do golpe militar de 1964, no Brasil. O filme pode ser utilizado para discutir os movimentos de intervencionismo norte-americano na América Latina e no Brasil, ao longo da história.

Chutando a Escada. Neopatriotismo de extrema direita. Locução de Filipe Mendonça e Geraldo Zahran. *Podcast.* 27 nov. 2021. Disponível em: https://chutandoaescada.com.br/2021/11/27/chute-241-neopatriotismo/. Acesso em: 12 jan. 2022. O episódio de *podcast* convida o professor Camilo López Burian (Universidade de la República, Montevidéo) para debater neopatriotismo e as novas direitas na América Latina e na esfera global, o que contribui para a reflexão sobre os processos políticos observados no Brasil e nos EUA, no período recente.

CAPÍTULO 16: **O BRASIL E A EUROPA**

VITÓRIA TOTTI SALGADO[101]

1. INTRODUÇÃO

As relações entre o Brasil e a Europa são longevas e profundas, ancoradas em laços históricos e culturais, e marcadas pela defesa de valores e princípios fundamentais compartilhados, como a democracia, o Estado de direito, as liberdades fundamentais, os direitos humanos e o desenvolvimento sustentável. Em razão disso, o presente capítulo propõe a avaliação das grandes agendas e posicionamentos da política externa brasileira frente à Europa desde o final do século XX até a contemporaneidade, de modo a compreender como o relacionamento com o continente europeu pode ser benéfico para os interesses nacionais brasileiros.

Historicamente, as relações do Brasil com o continente europeu remontam à colonização portuguesa de 1500 e ao "descobrimento" do Novo Mundo, quando a América Latina assumiu um papel constitutivo da modernidade eurocêntrica (Dussel, 1993: 23-24). Após a independência do Brasil, em 1822, as relações do país com a Europa continuaram a ser influenciadas pela economia, com o Brasil se consolidando internacionalmente como um importante fornecedor de matérias-primas. A partir do século XX, as relações entre o Brasil e a Europa se expandiram para incluir questões políticas e culturais, e o

---

[101] Doutoranda e Mestre pelo Programa de Pós-Graduação em Relações Internacionais 'San Tiago Dantas' (Unesp, Unicamp e PUC-SP). Pesquisadora Associada e Assistente de Projetos na Escola de Relações Internacionais da Fundação Getulio Vargas (FGV RI). Pesquisadora vinculada ao Observatório de Regionalismo (ODR) e ao Grupo de Estudos de Defesa e Segurança Internacional (GEDES).

país se tornou um importante aliado da União Europeia (UE) para a promoção conjunta do multilateralismo e para alguns dos principais temas da agenda internacional, como o desenvolvimento sustentável, meio ambiente e direitos humanos. O século XXI, por sua vez, introduz novos desafios para as relações entre Brasil e União Europeia (UE), como as consequências da pandemia da COVID-19 e a guerra na Ucrânia.

Neste capítulo, vamos apresentar as principais características que regem as relações entre Brasil e Europa na contemporaneidade, destacando os desafios comuns a serem enfrentados no século XXI. Para isso, esse capítulo divide-se em quatro tópicos, além desta introdução e de uma breve conclusão, quais sejam: (i) relações diplomáticas entre Brasil e Europa, (ii) comércio e desenvolvimento sustentável, (iii) transição verde e digital e (iv) democracia, segurança e direitos humanos.

Primeiro, aborda-se sinteticamente o histórico das relações diplomáticas entre Brasil e Europa, e os principais acordos firmados. Segundo, discute-se as relações comerciais e de investimento que compõem o eixo principal do relacionamento entre o continente europeu e o Brasil, destacando a importância do Acordo de Associação entre Mercosul e UE. Terceiro, destaca-se a importância das transições "gêmeas", verde e digital, para o relacionamento entre Brasil e Europa nas próximas décadas. Nesse tópico, apresenta-se os principais acordos referentes ao paradigma da "conectividade sustentável" (Ybáñez, 2022), a importância da transição energética e da proteção do bioma amazônico para o prosperar das relações entre Brasil e Europa. Por fim, discutem-se os desafios contemporâneos para o regime democrático, visto a ascensão da extrema-direita tanto no Brasil como no continente europeu. Somado à essa discussão, aborda-se sinteticamente a cooperação para a proteção dos direitos humanos, além de iniciativas conjuntas no âmbito da segurança. Na seção de conclusão, intenta-se ressaltar as oportunidades futuras para o relacionamento entre Brasil e Europa, e as estratégias adotadas pela política externa brasileira.

Capítulo 16: O Brasil e a Europa

2. RELAÇÕES ENTRE BRASIL E EUROPA

2.1. HISTÓRICO DAS RELAÇÕES DIPLOMÁTICAS (1960-2000)

O Brasil foi um dos primeiros países a estabelecer relações diplomáticas com a então Comunidade Econômica Europeia (CEE), em 1960. O Brasil inaugurou a sua Missão Diplomática junto à CEE em 1961, apesar de a União Europeia (UE) iniciar a abertura de suas representações diplomáticas somente na década de 1980. Em 1984, foi criada a Delegação da Comissão Europeia para o Brasil que, em 2009[102], viria a se chamar Delegação da União Europeia para o Brasil. Desde então, as relações entre Brasil e UE passaram por diversas mudanças, crescendo gradativamente em importância para a política externa brasileira. Antes de apresentar as características das relações contemporâneas entre Brasil e UE, faz-se necessário um breve histórico desse relacionamento, destacando os acordos e diálogos mais importantes.

Em um primeiro momento, a criação da CEE não foi recebida com entusiasmo pelo Brasil, temendo prejuízos financeiros decorrentes de um possível decréscimo nas exportações de produtos agrícolas e matérias-primas (Lessa, 2009). Em razão disso, as primeiras décadas da cooperação bilateral entre Brasil e Europa estiveram focadas nas relações comerciais, com notada intensidade do ponto de vista bilateral com Alemanha, Bélgica, Espanha, França, Reino Unido, Países Baixos, Itália e Portugal, e frágil do ponto de vista comunitário (Silva, 2011).

As relações se desenvolveram lentamente, e o primeiro acordo de cooperação bilateral entre Brasil e CEE foi firmado em 1973[103]. Tra-

---

[102] Em 2009, com a entrada em vigor do Tratado de Lisboa, a União Europeia passou a ter personalidade jurídica própria e foi instituído o serviço diplomático da UE.

[103] Vide Artigo 5 "Outros Acordos" em: http://www.planalto.gov.br/ccivil_03/Atos/decretos/1983/D88327.html

tava-se de um acordo de primeira geração[104] que estabelecia relações estritamente comerciais, de caráter não-preferencial. Em 1980, foi assinado o primeiro Acordo-Quadro de Cooperação[105], de segunda geração. Embora seu conteúdo focasse no aprofundamento das relações comerciais e econômicas, esse acordo inaugurou a abertura do diálogo interinstitucional entre as partes. É importante ressaltar que a entrada de Espanha e Portugal às Comunidades Europeias, em 1986, influenciaram profundamente a maneira como o relacionamento com o Brasil e com a América Latina eram guiados. Isso se deve aos laços históricos, culturais e linguísticos que os países latino-americanos partilham com a Península Ibérica devido ao período de colonização, e que serviram para aproximar as relações entre Brasil e Europa. Devido ao êxito dos acordos comerciais, ao final da década de 1980, a CEE se tornaria o principal parceiro comercial do Brasil (Silva, 2011). Apesar disso, os anos seguintes seriam marcados por profunda estagnação econômica no Brasil e em outros países da América Latina, e os anos de 1980 ficaram conhecidos como a "década perdida". Consequentemente, as relações comerciais com a Europa decaíram durante esse período.

Não obstante, a década de 1990 inaugurou um período de renovado dinamismo para o relacionamento com a Europa. Do lado brasileiro, o país acabara de sair do período de redemocratização e encontrava-se em processo de abertura política e econômica. Do lado

---

[104] A classificação de "gerações" é amplamente utilizada na União Europeia para se referir aos acordos de comércio internacional. Os acordos de primeira geração são principalmente focados em regulamentar o comércio de bens, visando a redução de barreiras tarifárias. Os acordos de segunda geração incluem também a regulamentação do comércio de serviços e propõe a redução de barreiras não-tarifárias. Os acordos de terceira geração, por sua vez, incluem questões mais amplas, como questões ambientais, sociais e políticas, como uma forma de exportar internacional as normas da União Europeia. Há, ainda, a categoria nova de acordos de quarta geração, que seriam ainda mais ambiciosos que os de terceira geração, abrangendo questões de direitos humanos e comércio digital, por exemplo. Essas classificações não são exaustivas e nem mutuamente excludentes.

[105] Disponível em: http://www.planalto.gov.br/ccivil_03/Atos/decretos/1983/D88327.html.

europeu, a consolidação do mercado único[106] e a criação da União Europeia (UE)[107] inaugurava uma nova fase para os relacionamentos comerciais do bloco.

Além disso, a criação do Mercado Comum do Sul (Mercosul), em 1991, propiciou o estabelecimento de uma comunidade inter--regional de cooperação. Nessa época, os esforços de cooperação e integração regional assumiram um papel central na política externa brasileira. O objetivo desses esforços era construir o Brasil como liderança regional sul-americana, tendo em vista às perspectivas de desenvolvimento nacional e à ascensão do país como potência global (Saraiva, 2009). A opção brasileira de promover a integração regional era também uma estratégia para responder aos desafios da globalização, o que levou à priorização da cooperação inter-regional com a Europa. Nesse contexto, foi firmado o Acordo-Quadro de Cooperação entre a Comunidade Europeia e o Mercosul (1995)[108] e, alguns anos depois, foram iniciadas as negociações do Acordo de Associação Mercosul--União Europeia (1999). O acordo, no entanto, passou mais de duas décadas em negociação, concluídas em junho de 2019. A conclusão das negociações não significou a implementação do acordo, que ainda não foi ratificado pelos órgãos competentes[109]. Não obstante, os avanços para as relações birregionais, nessa década também se consolidaram acordos bilaterais de cooperação mais profundos, quais sejam, o Acordo-Quadro de Cooperação entre a Comunidade Econômica

---

[106] O Ato Único Europeu, de 1986, estabeleceu metas concretas para a consolidação do mercado único, que foram atingidas em 1993.

[107] Em 1992, foi assinado o Tratado de Maastricht, que estabeleceu oficialmente a União Europeia, além de lançar as bases para a integração política entre os Estados-membros.

[108] "Acordo-Quadro Inter-Regional de Cooperação entre a Comunidade Europeia e os seus Estados-membros, por uma parte, e o Mercado Comum do Sul e os seus Estados-Partes, por outra". Disponível em: https://www.mre. gov.py/tratados/public_web/DetallesTratado.aspx?id=It969rctpjSJ8GA-3BUZQvA%3d%3d.

[109] As dificuldades para a ratificação do acordo serão abordadas na seção 13.3.1.

Europeia e a República Federativa do Brasil (1992)[110] e o Acordo--Quadro de Cooperação Financeira entre a República Federativa do Brasil e o Banco Europeu de Investimento (1994) (Silva, 2011).

Além da relação no âmbito do Mercosul, iniciou-se uma associação estratégica entre União Europeia e América Latina a partir do primeiro encontro bienal de chefes de Estado ou governo das duas regiões na primeira Cúpula UE-América Latina e o Caribe (ALC), realizada no Rio de Janeiro, em 1999. Mais recentemente, em 2010, a criação da Comunidade dos Estados Latino-Americanos e Caribenhos (CELAC) propiciou a institucionalização da associação estratégica entre as partes, e cúpulas entre UE e ALC passaram a ser realizadas em um único fórum, no âmbito da CELAC. A partir de então, foram realizadas duas Cúpulas UE-CELAC, em 2013 e 2015, e, após um longo hiato, a próxima cúpula está sendo planejada para ocorrer em julho de 2023 (O Globo, 2023). Cada cúpula trata de um tema específico, com base nos entendimentos acordados na cúpula anterior, e baseia-se na intensificação do diálogo político, aliada ao esforço de promover a cooperação nas áreas comercial, econômica e cultural.

O foco nas relações birregionais entre América Latina e Europa nessa década se deve, em grande parte, à pujança dos projetos de integração regional no subcontinente, impulsionados, no Cone Sul, pela liderança do Brasil. Do lado europeu, investir em relações inter--regionais servia ao propósito de promover a União Europeia como modelo de governança no sistema internacional, além de fortalecer o seu papel como garantidora da ordem multilateral. Os países da UE e da América Latina, juntos, representam mais de um terço dos membros da Organização das Nações Unidas, o que configura a associação birregional como uma estratégia para o fortalecimento da ordem multilateral. Do lado latino-americano, a aproximação com o continente europeu figurava como uma forma de atrair investimentos para promover o desenvolvimento econômico e social, aumentar sua capacidade de negociação em acordos comerciais, e inserir-se nas cadeias globais de valor (Mariano; Junqueira; Neves, 2022), além de

---

[110] Disponível em: https://eur-lex.europa.eu/legal-content/PT/TXT/PDF/?uri=CELEX:21995A1101(01)&from=EN.

Capítulo 16: O Brasil e a Europa

contrabalancear a influência estadunidense no subcontinente. Desde os anos de 1990, portanto, as relações entre o Brasil e União Europeia têm oscilado entre relações birregionais (Mercosul-UE e/ou CELAC--UE) e bilaterais (Brasil-UE), e entre momentos de grande otimismo e estagnação.

2.2. AS RELAÇÕES ENTRE BRASIL E EUROPA NO SÉCULO XXI

Conforme o contexto histórico apresentado, o Brasil adota atualmente três canais de comunicação com a União Europeia: bilateral, Mercosul-UE e CELAC-UE, além das relações bilaterais com os Estados-membros europeus. O início do século XXI encerrou o otimismo com as relações inter-regionais, especialmente devido à estagnação das negociações do acordo de livre-comércio entre Mercosul e UE em meados de 2004.

A ascensão do Partido dos Trabalhadores (PT) ao Governo Federal, a partir de 2003, primeiro com Luiz Inácio Lula da Silva (2003-2006; 2007-2010) e depois com Dilma Rousseff (2011-2014; 2015-2016), colocaram o paradigma da autonomia desenvolvimentista no centro da política externa brasileira. Isso implicou em uma estratégia para a busca do reconhecimento do Brasil como ator político global, a consolidação de condições econômicas que favorecessem o desenvolvimento do país, a ênfase na cooperação Sul-Sul, e a construção do Brasil como líder regional na América do Sul (Ricupero, 2017; Saraiva, 2009).

Além disso, os anos 2000 foram marcados por um contexto internacional favorável para a ascensão do Brasil enquanto potência emergente, devido ao *boom* das commodities e consequente crescimento econômico, o afastamento relativo da influência dos Estados Unidos, e a convergência político-ideológica decorrente da "onda rosa" na América Latina (Salgado; Bressan, 2020). O protagonismo do Brasil em grandes temas e fóruns internacionais, como a sua participação na Rodada Doha[111], no G20, no agrupamento do IBAS[112] e dos BRI-CS[113], elevou a importância do diálogo com o Brasil para as grandes potências, incluindo a União Europeia.

No contexto de ascensão internacional do Brasil e de estagnação do diálogo com a Europa no âmbito do Mercosul, foi assinado o Acordo de Cooperação Científica e Tecnológica entre Brasil e UE, em 2004, tornando mais multidimensional o relacionamento bilateral entre as partes, que avançou para além de questões econômicas e comerciais. Ato contínuo, as relações políticas bilaterais continuaram a se ampliar e culminaram, em 2007, no estabelecimento de uma Parceria Estratégica entre o Brasil e a UE. A Parceria Estratégica institucionalizou uma estrutura permanente de diálogo entre as partes e, a partir de sua assinatura, instituíram-se cúpulas anuais de alto nível político e diálogos ministeriais entre representantes entre Brasil e UE[114].

Os objetivos e metas concretas para a parceria estratégica foram materializados, até hoje, em dois planos de ação conjunta, que compreendem o período de 2008-2011[115] e 2012-2014[116]. Na última cúpula realizada, em 2014, houve menção ao terceiro plano de ação conjunta, do período de 2015-2017[117], mas devido à crise política e institucional brasileira com o impeachment da presidenta Dilma

---

[111] Rodas de negociações, no âmbito da Organização Mundial do Comércio, que têm como objetivo a abertura de mercados agrícolas e industriais com regras que favoreçam a ampliação dos fluxos de comércio dos países em desenvolvimento. O Brasil participou ativamente e ganhou protagonismo nas negociações agrícolas da Rodada Doha.

[112] Fórum de Diálogo entre Índia, Brasil e África do Sul, instituído em 2003, com o objetivo de promover a cooperação Sul-Sul.

[113] Agrupamento informal entre Brasil, Rússia, Índia, China e África do Sul, iniciado em 2006.

[114] A última Cúpula Brasil-UE foi realizada em 2014, em Bruxelas.

[115] Disponível em: https://www.eeas.europa.eu/sites/default/files/2008_joint_action_plan_en.pdf

[116] Disponível em: https://www.gov.br/mre/en/contact-us/press-area/press-releases/fifth-brazil-european-union-summit-joint-statement-brussels-4-october-2011

[117] Disponível em: https://www.gov.br/mre/en/contact-us/press-area/press-releases/vii-brazil-european-union-summit-joint-statement-brussels-february-24-2014

Rousseff, não houve cúpula em 2015 e o terceiro plano de ação conjunta nunca foi consolidado (Saraiva, 2017). De modo geral, os principais objetivos listados nesses planos abrangem cinco áreas de atuação: (i) promover a paz e a segurança internacional por meio de um sistema multilateral eficaz, (ii) aprimorar a parceria econômica, social e ambiental para promover o desenvolvimento sustentável, (iii) promover a cooperação regional, (iv) promover a ciência, a tecnologia e a inovação, e (v) promover intercâmbios culturais e entre pessoas. Na cúpula de 2014, houve a revisão das áreas de atuação, e foi incluído o objetivo de superar os desafios nas áreas de mudança climática, meio ambiente, segurança energética e política cibernética internacional.

Para a concretização dos planos de ação conjunta, a Parceria Estratégica derivou mais de 30 diálogos setoriais, divididos entre tópicos dos mais diversos, como direitos humanos, meio ambiente, política cibernética e energia nuclear, o que demonstra a multidimensionalidade do relacionamento político, econômico e social entre Brasil e União Europeia.

Quadro 1: Diálogos Setoriais entre Brasil e União Europeia

Competitividade, crescimento e emprego	Desafios Globais	Direitos humanos, paz e segurança internacionais	Intercâmbio entre os povos e trocas culturais
Agricultura e Desenvolvimento Rural	Desenvolvimento Social e Emprego	Desarmamento, Não-Proliferação e Segurança	Educação, Juventude e Esportes
Ciência e Tecnologia	Dimensão Ambiental do Desenvolvimento Sustentável	Direitos Humanos	Parlamento Europeu – Congresso Nacional

Competitividade, crescimento e emprego	Desafios Globais	Direitos humanos, paz e segurança internacionais	Intercâmbio entre os povos e trocas culturais
Concorrência	Estatísticas	Fortalecimento do Sistema ONU	Políticas Culturais
Cooperação Espacial Civil	Governança do Setor Público		Sociedades Civis
Energia Nuclear	Matéria de Droga		
Pequenas e Médias Empresas	Mobilidade Urbana		
Propriedade Intelectual	Mudança Climática		
Questões Industriais e Regulatórias	Política Cibernética		
Questões Macroeconômicas	Política Energética		
Questões Sanitárias e Fitossanitárias	Políticas de Integração Regional		
Serviços Financeiros	Promoção da Cooperação Triangular		
Sociedade da Informação	Redução do Risco de Desastres		

Competitividade, crescimento e emprego	Desafios Globais	Direitos humanos, paz e segurança internacionais	Intercâmbio entre os povos e trocas culturais
Transporte Aéreo			
Transporte Marítimo			
Transporte Terrestre			
Turismo			

Fonte: Elaboração própria, baseada em Iniciativa de Apoio aos Diálogos Setoriais ([2023]).

Evidente que alguns diálogos setoriais são mais ativos do que outros, o que costuma variar de acordo com os temas em voga na agenda de ambas as partes. Não obstante, a quantidade e variedade de diálogos setoriais com a União Europeia é maior o diálogo que o Brasil possui com outros parceiros tradicionais, como, por exemplo, os Estados Unidos, que conta com dez diálogos temáticos (Blanco; Luciano, 2018).

Muito embora as negociações comerciais ainda estejam condicionadas à esfera do Mercosul, a Parceria Estratégica com a UE ampliou significativamente as temáticas para cooperação entre as partes, bem como a sua intensidade. Ainda assim, o relacionamento bilateral foi duramente abalado pela crise política e institucional brasileira na década de 2010, associada ao *impeachment* da presidenta Dilma Rousseff, às investigações de corrupção de grandes empresas brasileiras (e.g. Petrobras e Odebrecht), e ao baixo desempenho econômico do Brasil nos últimos anos, após o fim do *boom* das *commodities*. Desde a última Cúpula entre Brasil e União Europeia, em 2014, houve poucos avanços no relacionamento estratégico bilateral.

Além disso, a saída do Partido dos Trabalhadores (PT)[118] do governo federal em 2016 devido ao impeachment, e depois a eleição de Jair Bolsonaro (2019-2022) e a consequente polarização política no país, alteraram profundamente a tradição de política externa brasileira, que se distanciou da autonomia desenvolvimentista e passou para um paradigma de liberalismo econômico, abandonando o protagonismo brasileiro nas relações Sul-Sul e regionais. O Brasil perdeu o protagonismo internacional e regional, e adotou uma política externa contestatória da ordem global e do multilateralismo, o que exacerbou a lacuna de diálogo diplomático entre o país e a União Europeia, inviabilizando a retomada das cúpulas de alto nível até o momento.

Ao mesmo tempo, o liberalismo econômico adotado pelo Brasil nesse período consagrou a assinatura do Acordo de Associação Mercosul-União Europeia, o que pareceu renovar os ânimos para o relacionamento inter-regional. No entanto, após três anos da assinatura e mais de vinte anos de negociações, o acordo ainda não entrou em vigor. Além disso, os diálogos birregionais entre CELAC e UE estão também estagnados desde 2013, e o Brasil havia suspendido a sua participação no bloco em janeiro de 2020. Após quatro anos de afastamento, o governo brasileiro anunciou, em janeiro de 2023, a reincorporação plena e imediata do Brasil à todas as instâncias da CELAC, políticas e técnicas. O retorno do Brasil ao bloco foi celebrado pela União Europeia, na figura do presidente do Conselho Europeu, Charles Michel (European Council, 2023). A próxima cúpula CELAC-UE está sendo planejada para ocorrer em julho de 2023, e deverá ter como foco a renovação da associação regional com vistas a reforçar a paz e o desenvolvimento sustentável.

Para além dos desafios mencionados, a pandemia da COVID-19, a guerra na Ucrânia e as crises adjacentes marcam o início dos anos de 2020, introduzindo novas dificuldades para as relações entre o Brasil e a União Europeia. Concomitantemente, essas dificuldades ressaltam

---

[118] Nas décadas de 2000 e 2010, dois presidentes eram filiados ao Partido dos Trabalhadores: Luiz Inácio Lula da Silva (1º mandato de 2003 a 2006, e 2º mandato de 2007 a 2011) e Dilma Rousseff (1º mandato de 2011 a 2014, e 2º mandato de 2015 a 2016, quando sofreu o impeachment).

a importância de temas estratégicos para a parceria bilateral e birregional com a Europa, como comércio, desenvolvimento sustentável, questões energéticas, mudanças climáticas, tecnologia, inovação, segurança e direitos humanos. A posse do presidente Lula, em 2023[119], foi recebida de maneira muito positiva por líderes europeus, segundo Josep Borrell[120], chefe da diplomacia da UE, e há expectativa para retorno do Brasil ao cenário internacional e para o fortalecimento das relações com a Europa, após um período de isolamento e desengajamento com temas internacionais (BORRELL, 2023).

3. RELAÇÕES COMERCIAIS E DESENVOLVIMENTO SUSTENTÁVEL

Desde o início das relações diplomáticas entre Brasil e União Europeia, as relações comerciais ocuparam uma posição prioritária na política externa brasileira e europeia. As consequências nefastas da pandemia de COVID-19 e os crescentes impactos das mudanças climáticas renovam o ímpeto por trás da necessidade de uma cooperação estreita entre Brasil e Europa, especificamente no que diz respeito à recuperação econômica de maneira sustentável.

Em 2022, o comércio bilateral entre o Brasil e a UE totalizou cerca de 95 bilhões de euros, com o Brasil exportando 50,8 bilhões de euros em bens e importando mais de 44 bilhões de euros em bens da UE (Comex Stat, 2023a, 2023b). A UE é o segundo principal parceiro comercial do Brasil, sendo responsável por 15% do seu comércio total, enquanto o Brasil é o décimo segundo maior parceiro comercial da UE (cerca de 1,5% do comércio total), e o principal parceiro na América Latina (EEAS, 2021). O Brasil é o maior exportador de bens agrícolas para a UE, sendo os principais soja, açúcar, carne bovina, café, óleo de soja, algodão e minérios. Já os principais bens importa-

---

[119] Luiz Inácio Lula da Silva, filiado ao Partido dos Trabalhadores, venceu as Eleições Gerais de 2022, no segundo turno, com 50,83% dos votos válidos, contra 49,17% do ex-presidente, Jair Bolsonaro (TSE, 2022).

[120] Alto Representante da União Europeia para os Negócios Estrangeiros e a Política de Segurança.

dos pelo Brasil da UE são maquinários e aparelhos, produtos quími-
cos e equipamentos de transporte, como aeronaves e veículos.

Visto a dimensão das relações comerciais entre as partes e a potencialidade de cooperação, há grandes expectativas, de ambas as partes,
para a efetivação do acordo de livre comércio entre Mercosul e UE.
Há, no entanto, alguns desafios importantes que ainda precisam ser
superados para a implementação do acordo, e que irão marcar o futuro das relações entre as regiões.

3.1. O ACORDO DE ASSOCIAÇÃO ENTRE MERCOSUL E UNIÃO EUROPEIA

Em junho de 2019, concluíram-se as negociações do pilar comercial do Acordo de Associação entre Mercosul e União Europeia, que
tem como objetivo estabelecer o livre comércio entre os dois blocos
regionais. Além do comercial, os pilares políticos e de cooperação do
acordo foram acordados em julho de 2020, mas seu conteúdo ainda não é de conhecimento público. Conforme já foi mencionado,
o acordo esteve em negociação desde 1999, passando por períodos
de dinamismo e estagnação[121]. Mesmo após 20 anos de negociação,
ainda não há perspectivas para a entrada em vigor do acordo. O acordo deveria estar passando por uma revisão jurídica e legal, mas esse
processo está paralisado há quase dois anos (Jeger, 2022). Após essa
revisão, o acordo deverá ser aprovado pelo Parlamento Europeu e por
parlamentos nacionais dos países do Mercosul e da União Europeia[122].

---

[121] Após a fase inicial, suspensa em 2004 após trocas de ofertas de bens consideradas insatisfatórias por ambas as partes, as negociações foram retomadas em 2010 por ocasião da Cúpula Mercosul-UE em Madri e intensificadas a partir de maio de 2016, quando Mercosul e a UE trocaram novas
ofertas de acesso a seus respectivos mercados de bens, serviços, investimentos e compras governamentais, e que culminaram na conclusão das
negociações em 2019.

[122] Na perspectiva da UE, o pilar comercial do acordo poderia ser implementado com a aprovação do Parlamento Europeu e por maioria qualificada
do Conselho da UE, sendo o comércio uma competência supranacional da
UE. Os pilares político e de cooperação, no entanto, requerem ratificação
de todos os parlamentos nacionais dos Estados-membros.

Se implementado, o acordo de livre comércio constituirá uma das maiores áreas de livre comércio do mundo ao integrar um mercado de 780 milhões de habitantes e que representa 25% do PIB mundial. As exportações da UE para o Brasil, por si só, apoiam 855.000 empregos na UE e outros 436.000 no Brasil (Jeger, 2022). O acordo abrange tanto temas tarifários quanto de natureza regulatória, como serviços, compras governamentais, facilitação de comércio, barreiras técnicas, medidas sanitárias e fitossanitárias, e propriedade intelectual.

Quanto ao comércio de bens, o Mercosul – que tem uma tarifa média de cerca de 12%, o dobro da UE – irá liberalizar completamente 91% das suas linhas tarifárias em um período máximo de 15 anos. A UE, por sua vez, se comprometeu com a liberalização total de 92% de suas tarifas, sendo que a maioria das implementações (cerca de 85%) entraria em vigor desde o início da implementação do acordo, e o restante seria gradualmente liberalizado dentro de um período máximo de 10 anos. No entanto, um adicional de 7%, referente a produtos agrícolas, seria liberalizado apenas parcialmente, por meio da implementação de cotas preferenciais sem tarifas ou com tarifas reduzidas (Caetano, 2022). Isso porque o Brasil é um dos maiores exportadores de produtos agrícolas, e as tarifas mais altas da UE referem-se também a produtos dessa categoria.

Segundo um relatório elaborado pela *London School of Economics*, o acordo terá um impacto positivo nas economias de ambos os blocos regionais, e poderá contribuir para a recuperação da crise econômica decorrente da pandemia de COVID-19 (Mendez-Parra *et al.*, 2020). De acordo com o relatório, as exportações mundiais do Brasil podem crescer até 6,1%, no cenário mais ambicioso, e as importações, até 1,4% (*Ibid*).

A implementação do acordo de associação deve figurar como uma das pautas mais importantes da política externa brasileira para a Europa. Além dos benefícios econômicos e comerciais, o acordo é também uma forma de revitalizar a importância do Mercosul para o Cone Sul, além de ser uma expressão positiva do inter-regionalismo (Salgado; Bressan, 2020). Visando o desenvolvimento sustentável, o Acordo de Associação dispõe de compromissos relativos à implementação efetiva do Acordo de Paris sobre Mudança do Clima, onde as duas partes comprometem-se a combater as alterações climáticas e o desmatamento, e trabalhar para uma economia sustentável de baixo carbono. Além disso, o acordo também inclui compromissos relativos à proteção aos direitos humanos e dos povos indígenas, a garantia dos direitos dos trabalhadores e a promoção da conduta empresarial responsável.

Dentre os principais empecilhos para a implementação do acordo, destacam-se as críticas da União Europeia ao desmatamento ilegal no Brasil e à falta de mecanismos de transparência e fiscalização de crimes ambientais (Magnoli; Tostes; Veirano, 2022). Os Estados-membros da UE estão em meio a um processo de transição verde e digital, e a importação de produtos de países que não estejam na mesma rota de transição para uma economia sustentável deverá vir acompanhada de custos com multas, além da perda das condições competitivas.

Economicamente, o principal ponto de insatisfação para o Brasil é o protecionismo europeu no setor agrícola, e a necessidade de liberalizar o setor manufatureiro, de serviços e, principalmente, de compras públicas. Esses três setores são considerados essenciais para o desenvolvimento industrial do Brasil, e podem ser prejudicados com a entrada de produtos europeus mais baratos e de melhor qualidade. O recém-eleito presidente Lula indicou que o governo irá trabalhar para a conclusão do acordo até o final do primeiro semestre de 2023 (Werneck, 2023), mas ressaltou que, para isso, é necessário haver flexibilidade dos dois lados, indicando a possibilidade de renegociação do acordo.

3.2. RELAÇÕES DE INVESTIMENTOS

Para além das importantes relações comerciais, a UE é a maior fonte de investimento direto no Brasil, que chegou a 319 bilhões de euros em 2019 (EEAS, 2021). O Brasil é o terceiro maior destino de investimentos da UE, atrás somente de Estados Unidos e Suíça, o que destaca a imensa importância estratégica que as empresas brasileiras têm para a Europa. As atividades que mais concentraram esses investimentos europeus no Brasil, entre 2006 e 2015, foram: manufatura (51,1%), TIC e infraestrutura da internet (16,2%) e serviços de negócios (9,9%), o que indica que os investimentos europeus estão ligados a setores de alto valor agregado (ORTH *et al.*, 2017).

Quanto ao financiamento da UE para projetos de desenvolvimento, estes são alocados no âmbito da cooperação regional com a América Latina. Entre 2014 e 2020, a UE disponibilizou cerca de 805 milhões de euros para investimentos em ensino superior (Erasmus+), sustentabilidade ambiental e mudanças climáticas, desenvolvimento sustentável, segurança, desenvolvimento, boa governança e iniciativas de igualdade social, dentre outros. (EEAS, 2021). Para a cooperação com o Brasil, as áreas prioritárias são a transição verde e a transformação digital.

4. TRANSIÇÃO VERDE E DIGITAL

A cooperação entre Brasil e União Europeia nas transições "gêmeas" verde e digital é muito promissora em áreas como adequação de políticas e normas, parcerias industriais e empresariais, tecnologia e inovação, e inclusão digital. Essas transições fazem parte da estratégia ampla da UE para com os seus parceiros internacionais, tendo como prioridade a conectividade sustentável. Para o Brasil, a adequação a essas transições é essencial para a revitalização da parceria bilateral com a Europa.

4.1. QUESTÕES ENERGÉTICAS E MUDANÇAS CLIMÁTICAS

Como parte da transição verde, destaca-se a agenda de cooperação em questões energéticas e mudanças climáticas. No âmbito da mitigação das mudanças climáticas, o Brasil se comprometeu a reduzir as suas emissões de carbono em 37% até 2025 e em 50% até 2050, com relação às emissões de 2005. A União Europeia, por sua vez, estabeleceu a meta de alcançar emissões líquidas zero até 2050 (Comissão Europeia, [2023]). Na comunicação da *Nationally Determined Contribution* (NDC)[123], o governo brasileiro destaca que os compro-

---

[123] No âmbito do Acordo de Paris, a NDC trata-se do plano nacional, não vinculante, que destaca as medidas para a mitigação das mudanças climá-

missos assumidos para a redução nas emissões de carbono estão em consonância com o princípio das responsabilidades comuns, porém diferenciadas. Uma vez que a contribuição histórica do Brasil para o aquecimento global é pequena em comparação aos países industrializados, as metas estão de acordo com o que se espera de um país em desenvolvimento.

Nesse contexto, a UE apoia o Brasil por meio dos projetos do "Instrumento de Vizinhança, de Cooperação para o Desenvolvimento e de Cooperação Internacional" (NDICI), segundo a prioridade estratégica europeia pelo Pacto Ecológico[124], que trabalha para a implementação do Acordo de Paris, além de abordar temas como cidades inteligentes e sustentáveis, proteção da biodiversidade, economia circular, tecnologias de baixo carbono, gestão sustentável de recursos naturais e governança oceânica. Além do NDICI, o Brasil participa do programa EuroClima+, uma iniciativa da EU sobre sustentabilidade ambiental e mudanças climáticas na América Latina, cujo objetivo é reduzir o impacto das mudanças climáticas promovendo a mitigação, adaptação, resiliência e inversão.

Com vistas à mitigação do aquecimento global, a transição energética é um dos tópicos mais relevantes para a cooperação entre Brasil e UE. A queima e produção de combustíveis fósseis são responsáveis por cerca de 80% das emissões de gases de efeito estufa no mundo, o que ressalta a importância da diversificação de fontes de energia e do investimento em energias renováveis (Panik, 2022). Um dos maiores desafios para a transição energética na Europa é a dependência do gás natural, situação que foi agravada com a guerra na Ucrânia, visto que a Rússia é, historicamente, um dos principais fornecedores de gás natural para o continente europeu. Nesse cenário, o Brasil desponta como um parceiro estratégico para a UE, visto que possui reservas significativas de petróleo e gás natural, ao mesmo

---

ticas, incluindo as metas para as reduções nas emissões de gases de efeito estufa. Para a NDC do Brasil, vide: https://unfccc.int/sites/default/files/NDC/2022-06/Updated%20-%20First%20NDC%20-%20%20FINAL%20-%20PDF.pdf

[124] Vide: https://commission.europa.eu/strategy-and-policy/priorities-2019-2024/european-green-deal_pt

tempo que possui vasto potencial para o desenvolvimento de energias renováveis. Hoje, a matriz elétrica brasileira é 83% renovável, com potencial para geração de energia solar e eólica (Panik, 2022). Além disso, o aumento dos preços do gás e carvão, em decorrência da guerra na Ucrânia, tornou o aumento da capacidade solar e eólica mais barato comparativamente. Somado a isso, o Brasil tem o menor custo potencial nivelado para a produção de hidrogênio verde (Panik, 2022).

A cooperação energética com a UE é uma oportunidade para o Brasil se candidatar a potencial fornecedor de hidrogênio verde, além de angariar investimentos europeus para o desenvolvimento de energia eólica e solar (Guzmán, 2022; Panik, 2022). A demanda europeia pela diversificação de sua matriz energética poderá alavancar o mercado de energias renováveis no Brasil, ao mesmo tempo em que promove a implementação de novas plantas energéticas, gerando empregos e promovendo o desenvolvimento socioeconômico no país.

Por fim, é importante ressaltar que a proteção da Amazônia e o combate ao desmatamento são tópicos recorrentes nas relações entre Brasil e Europa. Conforme mencionado anteriormente, as críticas ao Brasil nesse âmbito estão entre os principais impeditivos para a consolidação do Acordo de Associação Mercosul-UE.

4.2. CONECTIVIDADE E INFRAESTRUTURA

Em relação à transição digital, entre os temas de interesse comum para Brasil e UE destacam-se a cooperação em 5G e Internet das Coisas, em particular no que diz respeito à promoção da conectividade e à digitalização da indústria. O programa da Comissão Europeia "Global Gateway"[125] prevê o aporte de 300 bilhões de euros, entre 2021 e 2027, visando o investimento de infraestrutura, nos domínios de tecnologias digitais, clima e energia, transporte, saúde, educação e pesquisa (Magnoli; Tostes; Veirano, 2022). Esses investimentos já começaram a ser implementados no Brasil e em outros países da Amé-

---

[125] Vide: https://commission.europa.eu/strategy-and-policy/priorities-2019-2024/stronger-europe-world/global-gateway_pt

rica Latina, especificamente por meio do programa BELLA, uma iniciativa que visa garantir a interconectividade de longo-prazo das comunidades europeias e latino-americanas. Como parte do programa, em junho de 2021, foi inaugurado o cabo submarino de 6.000 km de fibra óptica EllaLink, que liga o Brasil e Portugal à primeira conexão direta de fibra óptica de alta capacidade entre a Europa e a América Latina. A operacionalização da EllaLink conectará cerca de 12.000 centros e instituições de pesquisa e educação, e mais de 60 milhões de pessoas em vários países do subcontinente americano (Fierro, 2022). Essa iniciativa representa o enorme potencial para a cooperação entre Brasil e UE nas áreas de tecnologia, conectividade e inovação em ciência e pesquisa.

Para a agenda de conectividade e infraestrutura, a política externa brasileira poderá se beneficiar enormemente dos financiamentos promovidos pela União Europeia a partir do relacionamento birregional já estabelecido no âmbito da CELAC. O próximo passo para essa cooperação é a Aliança Digital EU-LAC, e o Brasil pode assumir a liderança na região, a fim de combinar interesses entre os países latino-americanos para alcançar uma transformação inclusive do ambiente digital.

5. DEMOCRACIA, SEGURANÇA E DIREITOS HUMANOS

Para além da cooperação econômica e desenvolvimentista, há ainda que se mencionar as iniciativas em prol da democracia, da segurança e da proteção dos direitos humanos. A ascensão da extrema direita no Brasil, com a eleição de Jair Bolsonaro em 2019, e na Europa, com os governos de Giorgia Meloni (Itália), Viktor Orban (Hungria) e Andrzej Duda (Polônia), para citar alguns, traz preocupações para a garantia do Estado democrático de direito. Não obstante, desde o início das relações diplomáticas de Brasil e União Europeia, as partes partilham o compromisso com a democracia e a proteção dos direitos humanos.

Uma das iniciativas chave é o Diálogo UE-Brasil sobre Direitos Humanos, um diálogo de alto nível político que se propõe a debater, de maneira construtiva, tópicos variados dos direitos humanos, como a liberdade de expressão, pessoas LGBTQIA+, povos indígenas, migrantes e refugiados, pessoas com deficiência, pessoas em situação de rua, direitos das mulheres, proteção dos defensores de direitos humanos, direito à saúde, entre outras questões. O primeiro diálogo bilateral sobre direitos humanos aconteceu em 2009, em Brasília e, desde então, já foram realizados dez encontros, o último em 2021. No âmbito das relações birregionais, a UE busca promover a agenda de direitos humanos na América Latina por meio de condicionalidades e mecanismos de proteção inseridos em investimentos para o desenvolvimento de acordos de livre comércio, como é o caso do Acordo de Associação UE-Mercosul.

No campo da segurança, destacam-se algumas iniciativas birregionais de cooperação, financiados pela UE, quais sejam, EL PAcCTO, Copolad e Eurofront. O EL PAcCTO (Europe Latin America Programme of Assistance Against Transnational Organized Crime)[126] é, essencialmente, um programa de assistência técnica, com o objetivo de contribuir ao combate contra o crime organizado transnacional na América Latina, por meio da cooperação policial, judiciária e penitenciária. Copolad[127] é um programa de cooperação cujo objetivo é apoiar políticas públicas relacionadas ao uso de drogas, que promovam resultados mais eficazes e melhorem a vida das pessoas, especialmente as mais vulneráveis. O Copolad conta com um orçamento de 15 milhões de euros, e um período de execução de 4 anos, iniciado em 2021. O EUROFRONT, por sua vez, tem como objetivo aprimorar a gestão de fronteiras na América Latina, visando o combate ao tráfico de seres humanos para fins de exploração e ao tráfico ilícito de migrantes. No momento, o EUROFRONT possui quatro projetos piloto em fronteiras, sendo um deles na Tríplice Fronteira entre Brasil, Argentina e Paraguai. A participação do Brasil nessas iniciativas, apesar de não serem prioritárias, são importantes para expandir a agenda de cooperação técnica entre Brasil e Europa, visando especificamente a transferência de conhecimentos e tecnologias.

---

[126]   Vide: https://www.elpaccto.eu/pt/
[127]   Vide: https://copolad.eu/en/

A cooperação no âmbito da segurança está também diretamente relacionada à promoção e proteção dos direitos humanos, por meio de políticas públicas que sejam responsáveis socialmente e eficazes. No caso específico da proteção dos direitos das pessoas migrantes ou refugiadas, o Brasil é diretamente impactado pelos deslocamentos em massa de venezuelanos na região. Para auxiliar a gestão da crise de deslocados venezuelanos, a UE forneceu financiamento ao Brasil, canalizado por meio de agências das Nações Unidas, para apoiar os esforços do governo brasileiro para proteger e integrar comunidades venezuelanas ao país.

6. CONSIDERAÇÕES FINAIS

As relações entre Brasil e União Europeia são longevas, amplas e diversas, e transitam entre relações bilaterais (Brasil-UE) e birregionais (Mercosul-UE e CELAC-UE), para além dos diálogos bilaterais com os Estados-membros da UE. O Brasil pode se beneficiar ao explorar os diversos caminhos para a cooperação com a Europa e ao revitalizar as iniciativas já existentes. Em um contexto de crise econômica e social decorrente da pandemia da COVID-19 e da agressão russa à Ucrânia, o Brasil pode recuperar um espaço de destaque no sistema internacional a partir do aprofundamento estratégico das suas relações com a UE.

Dentre os tópicos abordados nesse capítulo – que não são exaustivos das relações entre Brasil e Europa –, destaca-se a importância da implementação do Acordo de Associação entre Mercosul e UE, a necessidade das transições verde e digital, e a importância da democracia, dos direitos humanos e da segurança para o futuro do relacionamento com o continente europeu. O século XXI apresenta desafios, mas também oportunidades, para o Brasil reforçar a sua cooperação com a UE em diversos âmbitos, dentre os quais, comércio, mudanças climáticas, energia, infraestrutura e segurança. A revitalização da presença do Brasil na América Latina parece também fundamental para o estabelecimento de boas relações com a UE, de modo a reestruturar os projetos de integração regional sul-americanos e a ideia de uma comunidade inter-regional entre América Latina e Europa. As múltiplas frentes de cooperação com a Europa são de extrema relevância para a recuperação econômica brasileira e para a reascensão do país como potência emergente.

7. ESTUDO DIRIGIDO

Questão 1: Conforme discutido neste capítulo, as relações entre Brasil e Europa possuem muitas dimensões, desde o relacionamento bilateral (Brasil-UE ou com os países europeus) até o birregional (Mercosul-UE e CELAC-UE). Discuta as principais diferenças entre essas vias de relação, e identifique qual a mais vantajosa, considerando os desafios do século XXI.

Questão 2: Discuta os principais desafios para a implementação efetiva do Acordo de Associação entre Mercosul e União Europeia.

Questão 3: Discuta como o Acordo de Associação Mercosul-UE pode pressionar o Brasil para a proteção do bioma amazônico e o combate ao desmatamento.

Questão 4: Como a necessidade europeia pela transição energética pode ser encarada como uma oportunidade para o desenvolvimento das indústrias brasileiras?

Questão 5: Como a cooperação com a União Europeia pode auxiliar o Brasil na promoção dos direitos humanos e na garantia do Estado democrático de direito?

8. REFERÊNCIAS BIBLIOGRÁFICAS

BORRELL, J. Revitalizando a parceria da União Europeia com o Brasil. *Folha de S. Paulo*, 02 jan. 2023. Disponível em: https://www1.folha.uol.com.br/mundo/2023/01/revitalizando-a-parceria-da-uniao-europeia-com-o-brasil.shtml. Acesso em: 05 fev. 2023.

COMEX STAT. Consulta: Exportação para a União Europeia em valores (US$), em 2022. Governo Federal, Ministério da Indústria, Comércio Exterior e Serviços. Disponível em: http://comexstat.mdic.gov.br/pt/geral/76231. Acesso em: 10 fev. 2023a.

COMEX STAT. Consulta: Importação da União Europeia em valores (US$), em 2022. Governo Federal, Ministério da Indústria, Comércio Exterior e Serviços. Disponível em: http://comexstat.mdic.gov.br/pt/geral/76232. Acesso em: 10 fev. 2023b.

COMISSÃO EUROPEIA. O Pacto Ecológico Europeu. [2023]. Disponível em: https://commission.europa.eu/strategy-and-policy/priorities-2019-2024/european-green-deal_pt. Acesso em: 05 fev. 2023.

COMISSÃO EUROPEIA. Comunicação Conjunta ao Parlamento Europeu e ao Conselho: União Europeia, América Latina e Caraíbas: unir esforços em prol de um futuro comum. Estrasburgo, 16 abr. 2019.

DUSSEL, E. 1492: *O Encobrimento do Outro (A origem do "mito da Modernidade")*. Tradução de Jaime A. Clasen. Petrópolis: Vozes, 1993.

EUROPEAN COUNCIL. *Speech by President Charles Michel at the CELAC summit in Buenos Aires (Argentina)*. 25 jan. 2023. Disponível em: https://www.consilium.europa.eu/en/press/press-releases/2023/01/25/speech-by-president-charles-michel-at-the-celac-summit-in-buenos-aires-argentina/. Acesso em: 05 fev. 2023.

EUROPEAN EXTERNAL ACTION SERVICE (EEAS). *Factsheet: EU-Brazil Partnership*. 31 out. 2021. Disponível em: https://www.eeas.europa.eu/eeas/factsheet-eu-brazil-partnership_en. Acesso em: 05 fev. 2023.

EUROPEAN EXTERNAL ACTION SERVICE (EEAS). *A União Europeia e o Brasil – Relações Comerciais*. 02 ago. 2021. Disponível em: https://www.eeas.europa.eu/brazil/uni%C3%A3o-europeia-e-o-brasil-rela%C3%A7%C3%B5es-comerciais_pti?s=191. Acesso em: 05 fev. 2023.

FIERRO, L. Economic Relations between the European Union and Latin America and the Caribbean. *EU-LAC Foundation*, Policy Brief n. 3, 2022.

GUZMÁN, S. The Climate Crisis, an opportunity for real collaboration between Latin America and the European Union. In: JEGER, E.; CRUZ, D.; LUCIANO, B. *Multilateralism and Regionalism in Challenging Times:*

Relations between Europe and Latin America and the Caribbean. Germany: EU-LAC Foundation, 2022, p. 41-50.

LESSA, A. C. *Dos entusiasmos de emergência à singularização do diálogo: as relações Brasil-União Europeia no marco da construção da parceria estratégica.* Paper apresentado no ABRI-ISA Joint International Meeting, na Pontifícia Universidade Católica do Rio de Janeiro (PUC-Rio), 22 jul. 2009.

LUCIANO, B. Introdução: As relações Brasil-União Europeia e a agenda do desenvolvimento sustentável. In: LUCIANO, B. (org.). *União Europeia, Brasil e os desafios da agenda do desenvolvimento sustentável.* Rio de Janeiro: Konrad Adenauer Stiftung, 2016, p. 7-15.

MAGNOLI, D.; TOSTES, A. P., VEIRANO, R. *Recomendações para o futuro das relações Brasil-Europa* = Recommendations for the future of Brazil-Europe relations. Tradução de Andrei Winograd. Rio de Janeiro: CEBRI, 2022.

MARCONI, C.; LUCIANO, B. (org.) *A União Europeia como Ator Global,* Report Temático. Instituto Brasil - União Europeia FECAP, Apoio do Programa Erasmus+ da União Europeia, 2022. Disponível em: https://europa. fecap.br/wp-content/uploads/2022/11/A-UNIAO-EUROPEIA-COMO-ATOR-GLOBAL-v3.pdf. Acesso em: 5 fev. 2023.

MARIANO, K.; JUNQUEIRA, C.; NEVES, B. Transoceanic Relations Between Latin America and Europe in the last 30 years: Identifying Opportunities and Challenges in the Twenty-First Century. In: JEGER, E.; CRUZ, D.; LUCIANO, B. *Multilateralism and Regionalism in Challenging Times: Relations between Europe and Latin America and the Caribbean.* Germany: EU-LAC Foundation, 2022, p. 1-13.

MENDEZ-PARRA, M. et al. *Avaliação do Impacto de Sustentabilidade em Apoio às Negociações da Associação da União Europeia com o Mercosul.* Sumário Executivo. Luxembourg: Publications Office of the European Union, 2020. Disponível em: https://policy.trade.ec.europa.eu/news/commission-publishes-final-sia-and-position-paper-eu-mercosur-trade-agreement-2021-03-29_pt. Acesso em: 05 fev. 2023.

O GLOBO. *UE e CELAC confirmam cúpula em julho, após retorno do Brasil à política regional.* O Globo, 25 jan. 2023. Disponível em: https://oglobo. globo.com/mundo/noticia/2023/01/ue-e-celac-confirmam-cupula-em-julho-apos-retorno-do-brasil-a-politica-regional.ghtml. Acesso em: 5 fev. 2023.

ORTH, C. et al. Mapa de Investimentos Bilaterais – Brasil e União Europeia. Brasília: Apex-Brasil, 2017. Disponível em: https://www.eeas.europa. eu/sites/default/files/mapa_de_investimentos_brasil-ue_versao_portugues_ final_1.pdf. Acesso em: 05 fev. 2023.

PANIK, M. S. Transição energética no Brasil e na União Europeia: evoluções e potenciais de cooperação na área de energias limpas. In: LEIMANN-LÓPEZ, C.; THEMOTEO, R. J. *Cooperação entre Brasil e Europa: importância geopolítica e perspectivas de inovação* = Cooperation between Brazil and Europe: geopolitical importance and innovation perspectives [recurso eletrônico] / coordenação Reinaldo J. Themoteo. Rio de Janeiro: Konrad Adenauer Stiftung, 2022, p. 79-92.

SALGADO, V.; BRESSAN, R. O Acordo de Associação Mercosul-União Europeia e a Política Externa Brasileira. *Revista Neiba, Cadernos Brasil-Argentina*, v. 9, 2020, p. 01-22.

SARAIVA, M. Os desafios do novo executivo da União Europeia em um mundo fragmentado e seus impactos na interação com o Brasil. In: LUCIANO, B. (org.). *União Europeia, Brasil e os desafios da agenda do desenvolvimento sustentável.* Rio de Janeiro: Konrad Adenauer Stiftung, 2016, p. 175-188.

SARAIVA, M. O Brasil entre a União Europeia e a América do Sul entre continuidades e mudanças nos governos de Cardoso e Lula: limites para uma relação triangular. In: MARTINS, E.; SARAIVA, M. (orgs.). *Brasil, União Europeia, América do Sul: anos 2010-2020.* Rio de Janeiro: Fundação Konrad Adenauer, 2009.

SILVA, K. S. A Parceria Estratégica entre o Brasil e a União Europeia. In: Fischer-Bollin, P. (org.). *Desafios para a Construção de uma Agenda Comum entre Brasil e Europa.* Rio de Janeiro: Fundação Konrad Adenauer, 2011, p. 69-91.

TRIBUNAL SUPERIOR ELEITORAL (TSE). *Lula é eleito novamente presidente da República do Brasil,* 03 nov. 2022. Disponível em: https://www.tse. jus.br/comunicacao/noticias/2022/Outubro/lula-e-eleito-novamente-presidente-da-republica-do-brasil. Acesso em: 05 fev. 2023.

WERNECK, N. Lula quer fechar acordo Mercosul-União Europeia 'até o fim do semestre'. *Estado de Minas*, 30 jan. 2023. Disponível em: https://www.em.com.br/app/noticia/economia/2023/01/30/internas_economia,1451108/lula-quer-fechar-acordo-mercosul-uniao-europeia-ate-o-fim-do-semestre.shtml. Acesso em: 05 fev. 2023.

YBÁÑEZ, I. Introdução. "Conectividade Sustentável": o próximo paradigma para a parceria UE-Brasil? In: LEIMANN-LÓPEZ, C.; THEMOTEO, R. J. *Cooperação entre Brasil e Europa: importância geopolítica e perspectivas de inovação* = Cooperation between Brazil and Europe: geopolitical importance and innovation perspectives [recurso eletrônico] / coordenação Reinaldo J. Themoteo. Rio de Janeiro: Konrad Adenauer Stiftung, 2022, p. 7-16.

9. RECURSOS AUDIOVISUAIS

Perspectivas para o Acordo Mercosul-União Europeia. Gênero: Live. Ano: 2022. Sinopse: O terceiro *webinar* temático do projeto "Realinhamentos políticos e econômicos globais: contribuições europeias", parceria do CEBRI e da Delegação da União Europeia no Brasil, terá como tema o comércio e as transformações na economia política internacional, dando destaque para o acordo UE-Mercosul. Link: https://cebri.org/br/evento/633/perspectivas-para-o-acordo-mercosul-uniao-europeia.

Xadrez Verbal: Podcast #Especial – Acordo Mercosul – UE – Parte 1. Gênero: *Podcast.* Ano: 2019. Sinopse: Entrevista com Guilherme Casarões, José Pimenta, Daniel Sousa, Daniel Rittner e Tanguy Baghdadi. Link: https://xadrezverbal.com/2019/07/10/xadrez-verbal-podcast-especial-acordo-mercosul-ue-parte-1/. Acesso em: 10 jan. 2023.

> *Xadrez Verbal: Podcast #Especial – Acordo Mercosul – UE – Parte 2*. Gênero: *Podcast*. Ano: 2019. Sinopse: Entrevista com Vivian Almeida, Rafael Mafra, Andrés Malamud, Gustavo Rebelo, Marcos Troyjo, João Romero e Santiago Rodríguez Rey.Link: https://xadrezverbal.com/2019/07/15/xadrez-verbal-podcast-especial-acordo-mercosul-ue-parte-2/.

CAPÍTULO 17: **O ORIENTE MÉDIO NA POLÍTICA EXTERNA BRASILEIRA NO SÉCULO XXI**

GUILHERME DI LORENZO PIRES[128]

1. INTRODUÇÃO

Os estudos sobre a política externa brasileira para o Oriente Médio têm ganhado certa importância nos últimos anos. Contudo, ainda há uma defasagem de pesquisas sobre o tema quando se compara com o que é produzido sobre as relações do Brasil com as demais regiões. Esta relativa escassez de estudos se deve, em parte, à distância geográfica entre a América do Sul e o Oriente Médio e à baixa interação diplomática ao longo da história entre as duas regiões. Além disso, a relação do Brasil com o Oriente Médio na maior parte do século XX estava limitada a temas pouco chamativos para o grande público (Pinto, 2013, p. 93).

Esse quadro se alterou no século XXI, quando o Brasil procurou estreitar as relações com o Oriente Médio e passou a se envolver nos problemas da região (Pinto, 2013). O presente capítulo discute este período, abordando os principais temas que marcaram as relações en-

---

[128] Doutor em Relações Internacionais pela Pontifícia Universidade Católica de Minas Gerais (Belo Horizonte, Brasil). Possui mestrado em Relações Internacionais pela Pontifícia Universidade Católica de Minas Gerais (Belo Horizonte, Brasil) e graduação em História pela Universidade Federal de Minas Gerais (Belo Horizonte, Brasil). Líder do Grupo de Estudo Oriente Médio e Magreb (GEOMM) cadastrado no CNPq. Foi coordenador e professor no curso de especialização sobre as Relações Internacionais do Oriente Médio pelo IEC PUC Minas.

tre Brasil e Oriente Médio e as tendências de cada governo. Ao final do capítulo, é feito um balanço geral sobre os fatores e motivações que orientaram a política externa brasileira para o Oriente Médio nas duas primeiras décadas do século XXI.

2. HISTÓRICO

Apesar da interação diplomática pouco expressiva durante a maior parte do século XX, os vínculos históricos do Brasil com o Oriente Médio são antigos e ricos, ainda que sejam desconhecidos por muitos. Por um lado, a cultura árabe-islâmica está presente nas raízes ibéricas do Brasil, fruto da interação entre muçulmanos e cristãos na Península Ibérica durante a Idade Média. Por outro lado, a sociedade brasileira teve maior contato com a cultura árabe contemporaneamente com a imigração árabe para o Brasil no final do século XIX. A comunidade árabe no Brasil, composta principalmente por descendentes de sírios e libaneses, se tornou um grupo economicamente bem-sucedido e com uma participação ativa na política brasileira (Amar, 2014, p. 4). Além disso, ela desempenha um papel importante nas relações sociais e econômicas entre o Brasil e os países levantinos (Pinto, 2014, p. 250).

Apesar dessa ligação histórica e social, durante muito tempo o Oriente Médio ocupou um lugar secundário na política externa brasileira. Foi somente a partir da década de 1970 que, entre avanços e retrocessos, a região ganhou maior relevância para a política externa brasileira. A crise do Petróleo em 1973, resultado de ação conjunta dos países árabes produtores de petróleo que buscaram aumentar o preço do petróleo como instrumento político após a guerra do Yom Kippur (1973), afetou duramente a economia brasileira. O modelo econômico desenvolvimentista do Brasil naquele momento dependia fortemente da importação do petróleo, um produto que até então era relativamente barato. Diante disso, o Brasil se viu na necessidade de estabelecer novas estratégias que garantissem o fornecimento de combustível e de derivados do petróleo. Foi nesse cenário que o Brasil se aproximou do Oriente Médio (Brun, 2016, p. 37; Santana, 2014, p. 57-58). Era fundamental para o Brasil ter uma relação mais próxima com os países estratégicos do Oriente Médio a fim de garantir uma maior previsibilidade na importação de petróleo em uma conjuntura internacional marcada pela instabilidade (Santana, 2014, p. 57-58).

Outro motivo importante para a aproximação gradual do Brasil com o Oriente Médio foi a busca pela diversificação das relações comerciais. Desde a década de 1960, a diplomacia brasileira vinha buscando diversificar os parceiros comerciais para além do mundo "desenvolvido" com o intuito de encontrar novos mercados para exportação de bens manufaturados, favorecendo o desenvolvimento industrial (Santana, 2014, p. 58). Diante dessa necessidade, o Brasil via o Oriente Médio como um possível mercado para a exportação de produtos brasileiros.

Na virada do século XXI, as relações entre Brasil e Oriente Médio foram alçadas a um novo patamar. O surgimento de uma nova ordem mundial após a Guerra Fria e o processo de democratização no Brasil na década de 1980 viabilizaram um novo entendimento por parte do Brasil sobre o lugar que ele ocupava na nova ordem mundial (Casarões, Sochaczewski, 2022, p. 44). Mas foi somente no governo Luiz Inácio Lula da Silva (2003-2010), que a política externa brasileira encontrou condições e motivações para a aproximação diplomática e econômica com os países do Oriente Médio (Pinto, 2013, p. 93). Nesse período, as relações com o Oriente Médio ganharam amplitude econômica e, em determinados momentos, importância estratégica a política externa brasileira.

3. GOVERNO LULA

A política externa do governo Lula para o Oriente Médio precisa ser avaliada a partir das tendências mais gerais que marcaram a política externa brasileira nesse período. Nesse momento, o Brasil teve uma política externa ativa, buscando se consolidar como liderança regional e como um país apto a ocupar um assento permanente no Conselho de Segurança (Notari, 2017, p. 261). Para isso o Brasil adotou uma agenda de política externa extensa envolvendo a expansão dos parceiros comerciais, o fortalecimento da abordagem multilateral, a defesa de uma reforma da governança global e o fortalecimento da cooperação Sul-Sul. Além disso, o Brasil procurou projetar uma imagem de ser um país tolerante, conciliador, e defensor dos direitos humanos capaz de mediar conflitos entre os povos (Notari, 2017, p. 265). A lógica que orientou a aproximação brasileira dos países médio-orientais esteve subordinada a objetivos mais abrangentes que diziam respeito à pretensão do Brasil de ser reconhecido como um ator relevante na política internacional.

Já nos primeiros anos de governo, Lula iniciou um movimento sem precedentes de aproximação com o Oriente Médio. Neste primeiro momento, a atenção estava direcionada principalmente aos países árabes. De forma geral, é possível apontar três iniciativas de engajamento com os países árabes. A primeira foi o estreitamento das relações bilaterais que ocorreu com a visita oficial de Lula aos países árabes logo em seu primeiro ano de governo em 2003. A segunda foi a criação de um fórum multilateral entre países árabes e países da América do Sul, a Cúpula América do Sul-Países Árabes, em 2005. E a terceira frente foi o envolvimento na questão Palestina, buscando exercer um papel de mediador entre palestinos e israelenses nos anos entre 2006 e 2010 (Pinto, 2013, p. 94).

Em sua primeira viagem oficial ao Oriente Médio em 2003, que foi a primeira viagem oficial de um presidente brasileiro à região, Lula visitou a Síria, Egito, Líbano, Emirados Árabes Unidos e a Líbia (Casarões, Sochaczewski, 2022, p. 45). Nessa ocasião, Lula também se encontrou com o secretário-geral da Liga Árabe, Amr Moussa, momento em que foi discutida a realização de um encontro entre os chefes de Estado dos países árabes e da América do Sul (Pinto, 2013, p. 99). Essa iniciativa de desenvolvimento das relações com o mundo árabe resultou no convite pela Liga Árabe para o Brasil se tornar um membro observador da organização.

A visita de Lula aos países árabes foi motivada por questões econômicas e políticas. No campo econômico, o Brasil esperava firmar acordos comerciais com parte das principais economias na região. Além disso, Lula aproveitou a viagem para apresentar uma imagem positiva do Brasil, dissipando eventuais incertezas acerca da condição econômica brasileira. Além disso, Lula buscou estimular mais inves-

Capítulo 17: O Oriente Médio na Política Externa Brasileira no Século XXI

timentos no Brasil, sobretudo investimentos das ricas monarquias do Golfo Pérsico (Pinto, 2013, p. 99).

A construção de uma imagem positiva do Brasil envolveu também um alinhamento identitário entre Brasil e os países árabes. Os discursos proferidos por Lula durante a viagem adicionaram uma camada simbólica à aproximação diplomática e econômica, alinhando valores defendidos pelo governo brasileiro àqueles defendidos pelos países árabes (Pinto, 2013, p. 99). Lula ressaltou em seus discursos a importância da solidariedade entre os países do Sul global, da tolerância entre os povos, da busca da paz, do respeito à soberania e ao direito internacional e da construção de uma ordem internacional mais justa e igualitária. Estes temas, importantes por si só, ganharam ainda mais relevância diante do contexto internacional marcado pelas interferências militares ocidentais no Oriente Médio e nas regiões próximas (Pinto, 2013, p. 100).

Com a visita em 2003, Lula deu início a uma série de negociações que continuaram ao longo da década que contribuíram para a aproximação política, econômica e cultural entre a América do Sul com os países da Liga Árabe (Amar, 2014, p. 2). Em 2005, a partir da iniciativa do governo brasileiro, o Brasil sediou o primeiro encontro da Cúpula América do Sul-Países Árabes (ASPA) que reuniu diversos chefes de Estado sul-americanos e dos países árabes. O encontro resultou na Declaração de Brasília, que previa uma série de atividades que tinham como finalidade incentivar a aproximação comercial, cultural e diplomática entre os dois blocos (Amar, 2014; Farah, 2014).

A partir de então, uma série de encontros ocorrendo em capitais sul-americanas e em países árabes foram promovidos com o objetivo de fomentar projetos e iniciativas para a cooperação entre as duas regiões. Esses projetos abarcavam diversas áreas e temas, tais como cooperação econômica, tecnológica, científica e cultural, alinhando os interesses entre os países árabes e sul-americanos (Farah, 2014, p. 39-40). É importante ressaltar que essa cooperação foi fomentada não só por interesses econômicos atrelados à estratégia de diversificação das parcerias econômicas, mas também por fatores históricos e culturais associados à influência das comunidades árabes no Brasil e em outros países da América do Sul (Farah, 2014).

Em março de 2009, o segundo encontro da ASPA ocorreu em Doha no Catar. O encontro expandiu e aprofundou a agenda da primeira cúpula, consolidando a ASPA como uma plataforma para a criação de uma agenda comum entre os países das duas regiões nos mais diversos campos (Notari, 2017). No encontro no Qatar, os representantes dos países destacaram a cooperação no âmbito cultural, incentivando trocas científicas e educacionais com o objetivo de aprofundar o entendimento entre os povos das duas regiões (Farah, 2014, p. 40-41).

Esse esforço realizado pela diplomacia brasileira de aproximação com os países árabes teve resultados concretos. No âmbito econômico se destaca o aumento expressivo do comércio entre o Brasil e os países árabes, além da criação de novas câmaras de comércio no continente americano e no Oriente Médio. No âmbito cultural e social houve uma maior aproximação entre as sociedades, propiciada pela ampliação dos voos entre os países das duas regiões, pelo aumento das parcerias técnicas e científicas, pelo incentivo na realização de eventos culturais e pelo estabelecimento da Biblioteca Aspa em São Paulo, que tem como um dos objetivos estabelecer um espaço de diálogo intercultural (Notari, 2017, p. 267-268).

Além dos países árabes, o Brasil buscou se aproximar de outros países na região. Outra relação fortalecida durante o governo de Lula foi a relação com a Turquia. Em comparação aos países árabes, a Turquia era um país com o qual o Brasil possuía poucos vínculos econômicos, políticos e culturais até então. Até o início do século XXI, a relação com a Turquia era bastante inexpressiva. Em 2003, esta situação se alterou somente com a posse do primeiro-ministro Recep Tayyip Erdoğan na Turquia e de Lula no Brasil. A partir desse momento, as relações bilaterais se expandiram em uma escala sem precedentes, sobretudo entre os anos de 2006 e 2010 (Güzeldere, 2018, p. 204). Nesse período, Brasil e Turquia despontaram economicamente, o que permitiu a ambos os países ambicionarem uma política externa mais ativa e assertiva na política internacional. Ademais, nesse momento houve uma convergência de interesses entre Brasil e Turquia, que foi potencializada pelo envolvimento pessoal de seus respectivos chefes de Estado na condução da política externa.

Entre 2009 e 2010 as interações diplomáticas entre os dois países se intensificaram significativamente, culminando na visita de Lula à Turquia em 2009, que foi seguida pela visita de Erdoğan em 2010 (Güzeldere, 2018, p. 208). Esse ano foi o período mais produtivo das interações diplomáticas e políticas dos dois países, marcado pela iniciativa de mediação do impasse do programa nuclear iraniano pelo Brasil e Turquia, que foi consubstanciado no Acordo de Teerã em 2010. Além disso, Brasil e Turquia promoveram um conjunto de encontros bilaterais esboçando projetos importantes para o futuro (Güzeldere, 2018, p. 210). Entretanto, poucos resultados econômicos e políticos se concretizaram posteriormente. As declarações conjuntas de Lula e Erdoğan não foram traduzidas em ações políticas concretas. Ademais, elas não apontavam, contudo, um caminho claro para alcançar esses objetivos (Güzeldere, 2018, p. 210).

Nos anos seguintes as relações bilaterais entre Brasil e Turquia perderam fôlego. Durante as revoltas no mundo árabe em 2011, Brasil e Turquia adotaram posicionamentos distintos. O Brasil defendia a não intervenção nos países em conflito. Já a Turquia apoiava ativamente grupos de oposição a diversos regimes, sobretudo na Líbia e na Síria. Além disso, ambos os países enfrentaram grandes protestos e eventos disruptivos que comprometeram a estabilidade política (Güzeldere, 2018, p. 260). Em 2013 grandes protestos ocorreram no Brasil durante o governo Dilma e, posteriormente, o país entrou em uma crise política que culminou no impeachment de Dilma em 2016. A Turquia, por sua vez, testemunhou grandes protestos em 2013 e uma tentativa de golpe militar em 2016.

Outro país com o qual o Brasil buscou estreitar as relações durante o governo Lula foi o Irã. O Irã era um dos principais importadores de produtos agrícolas do Brasil no Oriente Médio até os Estados Unidos imporem sanções econômicas. E, durante o governo de Lula, o comércio entre os dois países aumentou significativamente (Güzeldere, 2018, p. 221-222). Além da motivação econômica para estreitar os laços com o Irã, havia o interesse do Brasil em exercer protagonismo político nos impasses regionais, sobretudo na questão nuclear iraniana. Em 2008, o ministro das relações exteriores, Celso Amorim, realizou a primeira visita de um ministro brasileiro ao Irã em muitos anos

(Güzeldere, 2018, p. 219). O Irã respondeu enviando representantes ao Brasil, e no fim de 2009, o presidente iraniano, Mahmoud Ahmadinejad, visitou o país (Güzeldere, 2018, p. 220).

Em 2010, Lula buscou realizar uma ação sem precedentes na política externa brasileira, de exercer o protagonismo político em uma das questões mais complexas daquele momento: o impasse envolvendo o programa nuclear iraniano (Amar, 2014, p. 26). Lula entendia que o Brasil poderia exercer a mediação entre o Irã e outros atores internacionais, tais como a ONU e a Agência Internacional de Energia Atómica.

Nesse esforço, Brasil buscou com a Turquia traçar um mapa político que poderia desatar o nó do impasse das negociações. O acordo traçado permitia o monitoramento mais sistemático e rigoroso das instalações nucleares iranianas e a eliminação do material nuclear considerado crítico para o desenvolvimento de armamentos nucleares. Brasil, Turquia e Irã assinaram uma declaração conjunta em Teerã em maio de 2010. A declaração, contudo, não teve efeitos práticos, uma vez que as grandes potências, sobretudo os Estados Unidos, não reconheceram a legalidade do documento e impuseram sanções mais duras ao Irã. Neste sentido, ficou exposta a fragilidade da ambição brasileira de ser um ator político relevante nas questões mais intratáveis no Oriente Médio, uma vez que o papel de mediador não foi reconhecido pelas partes em contenda, e faltava ao Brasil recursos para exercer alguma pressão política.

Além disso, o movimento de ampliação das relações econômicas e diplomáticas com o Irã encontrou inúmeras resistências. No âmbito internacional, a aproximação com o Irã gerou uma reação forte por parte dos Estados Unidos, que criticou o governo Lula. Esse movimento da diplomacia brasileira gerou uma reação no âmbito doméstico também. Parte da sociedade brasileira e dos meios de comunicação condenava a aproximação brasileira com um regime autoritário que violava os direitos humanos. Com a reeleição do presidente Mahmoud Ahmadinejad em 2009 em uma eleição acusada de fraude e a subsequente repressão violenta dos movimentos que contestavam o resultado, a aproximação do Brasil com o Irã foi ainda mais criticada, principalmente quando Ahmadinejad visitou o Brasil em 2009 (Güzeldere, 2018; Hirst, 2019).

A questão nuclear iraniana não foi o único impasse que o Brasil tentou mediar no Oriente Médio. O Brasil buscou também desempenhar um papel relevante no processo de paz entre Israel e Palestina. A abordagem da questão palestina pela diplomacia brasileira foi estruturada de acordo com alguns objetivos e princípios. De forma mais ampla, o Brasil defendia a ampliação e a diversificação dos atores internacionais envolvidos nas negociações do processo de paz. A proposta de Lula era que a "comunidade internacional", para além das potências Ocidentais, poderia exercer um papel construtivo na medida em que novas visões de mundo fossem sendo incorporadas nas negociações. De acordo com a proposta brasileira, a ampliação dos atores envolvidos no processo de paz se daria por meio da realização de conferências internacionais e da criação de novos grupos de países que mediariam o impasse (Notari, 2017, p. 270). O intuito era que um grupo de países de diversas regiões sem envolvimento direto no conflito poderia contribuir com proposições alternativas que se somariam aos esforços já estabelecidos (Pinto, 2013, p. 106).

Buscando pôr em prática essa ideia, em 2010 Lula visitou Israel, Palestina e a Jordânia, levando consigo uma comitiva de ministros e empresários. A passagem de Lula em Israel gerou reações contraditórias, sendo que a mediação e a busca pela paz foram bem-vistas por alguns jornais, mas a decisão de não visitar o túmulo de Theodor Herzl foi duramente criticada por algumas lideranças israelenses (Casarões, Feldberg, 2021, p. 69). Durante a visita, Lula afirmou o compromisso do Brasil em contribuir com a paz e em ajudar a encontrar uma solução para o impasse. Mas, ao mesmo tempo, ele condenou a expansão dos assentamentos israelenses em território palestino, afirmando que essa política comprometia o estabelecimento da paz (Silva, Kunrath, 2010, p. 18). Lula manteve as críticas à Israel, quando visitou a Cisjordânia na Palestina, denunciando os assentamentos, a ocupação do território Palestino e o embargo imposto por Israel à Palestina. Nessa oportunidade, além de defender o diálogo entre Palestinos e Israelenses, Lula ressaltou a importância do diálogo entre os diversos grupos políticos na Palestina, sobretudo entre o Fatah e o Hamas (Silva, Kunrath, 2010, p. 19).

No fim de seu governo, Lula ainda tomou uma decisão importante concernente à questão Palestina. Em dezembro de 2010, o governo brasileiro, após uma requisição da autoridade Palestina, Mahmud Abbas, reconheceu o Estado Palestino conforme as fronteiras estabelecidas após a Guerra dos Seis dias em 1967. Este ato inédito foi uma ruptura com a tradição brasileira de reconhecer um país somente após ele ser aceito como um país-membro na ONU (Casarões, Feldberg, 2021, p. 70; Vigevani, Calandrin, 2019, p. 6-7).

O empenho brasileiro para mediar os conflitos do Oriente Médio foi uma maneira de afirmar seu prestígio na política internacional. Com o isso o Brasil sinalizava seu desejo de se tornar um protagonista na nova ordem internacional multipolar que despontava no horizonte naquele momento (Silva, Kunrath, 2010; Hirst, 2019). A diversidade de países visitados, muitos dos quais são adversários regionais, evidenciou um projeto de política externa que buscou estar acima das divisões geopolíticas do Oriente Médio e sinalizou a aspiração brasileira de desempenhar um papel de país conciliador (Brun, 2016, p. 42). Mas, por outro lado, este projeto mergulhou a política externa brasileira em questões delicadas e bastante complexas. Ao buscar protagonismo nestas questões, o Brasil passou a estar envolvido em contendas que até então eram uma realidade mais distante das principais questões tratadas pela diplomacia brasileira.

4. GOVERNO DILMA ROUSSEFF

Ao assumir o governo em 2011, Dilma se viu diante de um cenário internacional marcado pela eclosão de inúmeros movimentos disruptivos no mundo árabe – a Primavera Árabe – que provocaram um realinhamento geopolítico no Oriente Médio e o início de conflitos internos em países que se tornaram palco de disputas entre atores internacionais. Nesse momento histórico, é possível identificar uma mudança na forma como a política externa para o Oriente Médio era concebida e conduzida, passando a ser menos influenciada pelo

Capítulo 17: O Oriente Médio na Política Externa Brasileira no Século XXI

envolvimento pessoal do chefe de Estado e mais pela atuação institucional do Ministério das Relações Exteriores e do corpo diplomático (Amar, 2014, p. 17).

O governo Dilma também se distinguiu do governo Lula no que diz respeito à postura adotada pelo Itamaraty em relação a determinados temas. Por exemplo, a diplomacia sob Dilma, ainda que não tenha renunciado o posicionamento favorável à Palestina, não buscou ter um protagonismo político ou ser um mediador no conflito entre palestinos e israelenses (Casarões, Feldberg, 2021, p. 70). A diplomacia brasileira preferiu lidar com a questão empregando preferencialmente a abordagem multilateral. Neste sentido, o Brasil buscou reforçar seu posicionamento histórico em relação à Palestina a partir de ações acordadas com outros países em espaços multilaterais. Por exemplo, no primeiro ano de governo de Dilma, o Brasil seguiu a maioria na Assembleia da ONU defendendo uma resolução no Conselho de Segurança para condenar a expansão dos assentamentos israelenses em território Palestino (Casarões, Feldberg, 2021, p. 70). Ainda em 2011, o Brasil apoiou a concessão do *status* de membro para a Palestina na UNESCO. Mais tarde, em 2012, o Brasil votou a favor da admissão da Palestina como estado observador não-membro na Assembleia Geral da ONU (Casarões, Feldberg, 2021, p. 71-72).

Isso não quer dizer, contudo, que as relações com Israel foram minimizadas. O Brasil buscou manter boas relações com Israel, sobretudo em assuntos estratégicos, tais como comércio, ciência e tecnologia (Casarões, Feldberg, 2021, p. 71). Entretanto, com a crescente tensão entre Israel e Palestina nos anos subsequentes, o governo brasileiro adotou uma postura mais dura e crítica em relação a Israel. Quando as forças armadas israelenses lançaram ataques contra a Faixa de Gaza em 2012, o Brasil denunciou o uso desproporcional da força por Israel. A reação brasileira não foi unilateral, mas feita em declaração conjunta com outros países (Casarões, Feldberg, 2021, p. 71).

Em 2014, a situação deteriorou bastante, resultando na guerra de Gaza, entre Israel e o Hamas. O governo brasileiro condenou tanto o ataque com foguetes vindos de Gaza como também os bombardeios israelenses. Contudo, a declaração é bastante enfática na responsabilização de Israel pela grave situação humanitária do Território Palestino

Ocupado. Com o prosseguimento do conflito, e o crescente número de vítimas, sobretudo palestinas, o Brasil fez uma nova declaração condenando os ataques de Israel e o uso desproporcional da força por Israel. Contudo, nessa nota não há menção a agressão vinda do lado palestino (Casarões, Feldberg, 2021, p. 74).

Em 2015, ocorreu um novo episódio que acentuou a dissensão entre Brasil e Israel quando o primeiro-ministro Israelense apontou um ex-colono israelense defensor dos assentamentos na Cisjordânia como o embaixador no Brasil. Essa decisão causou uma crise diplomática, pois o governo brasileiro se mostrou resistente em aceitar a indicação uma vez que o Brasil não reconhece a legalidade dos assentamentos israelenses em território palestino (Casarões, Feldberg, 2021, p. 75). Essa crise ganhou repercussão nos meios de comunicação e mobilizou setores da sociedade brasileira a favor ou contra a aceitação da nomeação do embaixador israelense. Essa mobilização social expressiva foi algo inédito para a política brasileira, em que uma questão burocrática internacional foi politizada por atores domésticos causando uma forte reação de setores da população (Casarões, Feldberg, 2021, p. 75).

Em comparação ao governo Lula, a política externa de Dilma foi caracterizada pelo afastamento da abordagem bilateral, sobretudo para os conflitos no Oriente Médio, e uma maior confiança em abordagens multilaterais, sobretudo aquelas tomadas no âmbito da ONU, onde o Brasil buscou ser um ator propositivo de abordagens de resolução de conflitos (Casarões, Sochaczewski, 2022, p. 46). Exemplo mais claro dessa abordagem foi o posicionamento do Brasil diante das crises resultantes da Primavera Árabe. Em fevereiro de 2011, o Brasil acompanhou Estados Unidos, França e Inglaterra e vota a favor da resolução 1970 que estabeleceu o embargo de armas, o envio da situação para o Tribunal Penal Internacional, restrição de viagens e congelamento de bens de determinadas lideranças do regime Líbio em resposta ao agravamento da crise humanitária no país com a escalada do conflito (Ferreyra, 2019, p. 31). Entretanto, o Brasil não acompanhou o Ocidente na Resolução 1973 em março de 2011 no Conselho de Segurança, que previa a criação de uma "zona de exclusão aérea", optando por se abster na votação, junto com Alemanha,

Capítulo 17: O Oriente Médio na Política Externa Brasileira no Século XXI

China, Rússia e Índia (Ferreyra, 2019, p. 31). Como nenhum membro permanente do Conselho de Segurança vetou a resolução, ela foi colocada em prática em uma intervenção encabeçada pelas forças da OTAN que, sob a justificativa de proteger os civis, realizaram ações aéreas contra as forças de Gaddafi (Ferreyra, 2019, p. 31).

Na perspectiva brasileira, a operação encabeçada pela OTAN apresentou sérios problemas referentes à politização da intervenção, que buscava depois o regime de Muammar Gaddafi, e ao agravamento da situação humanitária, que não mostrava sinais de melhora com o andamento do conflito e a queda do regime (Ferreyra, 2019, p. 32). A posição do Brasil era de que, apesar das graves violações cometidas pelo regime e da violência do conflito, ainda havia espaço para a saída diplomática negociada. A intervenção seria uma ação extrema, que poderia causar mais danos que benefícios (Ferreyra, 2019, p. 32). No decorrer dos dias, o Brasil se tornou mais crítico à operação, entendendo que ela havia se deturpado, se afastando do que a resolução inicialmente estipulava, de uma operação para minimizar a violência contra os civis, para se assumir como uma intervenção dirigida diretamente contra as forças do regime. O posicionamento brasileiro passou a questionar abertamente os objetivos e a condição da intervenção (Ferreyra, 2019, p. 33).

Diante de tal cenário, a diplomacia brasileira apresentou um novo conceito, a "Responsabilidade ao Proteger", noção de que complementaria a ideia original de Responsabilidade de Proteger. A Responsabilidade de Proteger foi um conceito formalizado em 2005 na ONU que previa que a comunidade internacional teria responsabilidade de proteger, se preciso por meio da força, vítimas de graves crises humanitárias em países nos quais o governo fosse incapaz de protegê-las ou fosse o próprio causador de tais violações. A preocupação do Brasil era que esse princípio fosse instrumentalizado para outros fins políticos além da proteção dos civis. Por isso, a diplomacia brasileira demandava que a comunidade internacional fosse responsável ao agir segundo o compromisso assumido em 2005. Na perspectiva brasileira, todas as opções pacíficas precisariam ser esgotadas antes de fazer o uso da força. Ao propor essa norma complementar, o Brasil buscou exercer um protagonismo normativo e desempenhar um papel que até então era monopólio do Ocidente: a competência de propor normas para a "comunidade internacional" (Ferreyra, 2019, p. 33).

O posicionamento crítico ao andamento da intervenção internacional na Líbia fez com que o Brasil adotasse uma postura mais assertiva em relação à escalada da crise na Síria em 2011. A diplomacia brasileira se colocou claramente contra uma intervenção armada e se dispôs a contribuir com a resolução pacífica do conflito valendo-se das boas relações econômicas e políticas com a Síria (Hirst, 2019, p. 74). Quando a situação na Síria se agravou, o Brasil adotou uma postura mais firme contra o emprego do princípio da "Responsabilidade de Proteger" para justificar intervenções em crises internacionais. O Brasil condenou claramente o regime de Assad na Síria, mas criticou o uso da força como solução para o conflito. O posicionamento oficial do Brasil era de que ações militares só seriam empregadas quando todas as opções tivessem esgotadas. Na perspectiva brasileira, a crise só seria resolvida por meio do diálogo entre todas as partes envolvidas, e não no isolamento de determinados atores. O Itamaraty aproveitou o ano em que esteve no Conselho de Segurança para minimizar o isolamento do governo Sírio do presidente Bashar al-Assad (Hirst, 2019, p. 74).

O entendimento brasileiro era de que uma ação militar contra o regime poderia gerar uma situação pior para os civis e uma crise humanitária mais grave, uma vez que ela não traria necessariamente a solução do conflito. Esse posicionamento brasileiro acabou afastando o Brasil das potências Ocidentais (Ferreyra, 2019, p. 35-36). Mas, por outro lado, o engajamento brasileiro na crise Síria fez com o que Brasil assumisse a presidência da Comissão Internacional Independente de Inquérito sobre a Síria, criada pelo Conselho de Direitos Humanos da ONU em 2011 pelo chefiada pelo brasileiro Paulo Sérgio Pinheiro (Hirst, 2019, p. 74).

De modo geral, a política externa de Dilma Rousseff para o Oriente Médio se sustentou em práticas multilaterais. Por outro lado, a falta de envolvimento pessoal por parte da presidente da República em questões de política externa teve consequências importantes. O afastamento do envolvimento direto do chefe de Estado foi acompanhado por uma aparente falta de interesse em lidar e tomar parte nas discussões da política internacional. Dessa forma, sem o apoio do executivo, os projetos e iniciativas, por mais bem estruturados que fossem, não ganhavam visibilidade (Brun, 2016, p. 51). Além disso, a política externa do período Dilma sofreu uma retração mais evidente em 2014, em função da política doméstica marcada por crises políticas: primeiro pela difusão de movimentos populares contra o governo, por uma eleição apertada e contestada pela oposição e posteriormente pelo processo de impeachment. Dilma tinha uma forma de conduzir a política externa menos personalista e menos interessada na formação de coalizão de lideranças no Sul global. Nessa conjuntura de crise doméstica, o governo dava ainda menos atenção para questões internacionais para voltar seus esforços para a crise doméstica. Além disso, neste cenário de crescente polarização social, a agenda da política externa petista passou a ser duramente combatida pela oposição conservadora que contestava a identificação brasileira com o ideário terceiro-mundista. (Vigevani, Calandrin, 2019, p. 15-16).

5. GOVERNOS DE MICHEL TEMER E JAIR BOLSONARO

Após o impeachment de Dilma em 2016, o vice-presidente Michel Temer assumiu a presidência, governando até 2018. A política externa de Temer foi caracterizada por uma ruptura com o discurso terceiro-mundista da política externa dos governos petistas, sobretudo durante a chancelaria de José Serra. Nesse momento, havia uma expectativa em Israel de que o governo brasileiro deixaria de ter uma postura crítica em relação a Israel. E, de fato, o chanceler Serra defendia a aproximação com Israel e o abandono do discurso político da era petista para o Oriente Médio (Vigevani, Calandrin, 2019, p. 15-16). Essa postura de Serra refletia um interesse político do ministro na arena doméstica. Serra tinha pretensões a concorrer à presidência e usava o cargo de ministro das Relações Exteriores como projeção para seu nome na corrida presidencial. E ao adotar esse discurso ele buscava se projetar como uma figura importante na oposição ao ideário petista

Entretanto, a mudança no discurso não resultou em uma mudança nas práticas diplomáticas. Por exemplo, a diplomacia externa brasileira deu continuidade ao posicionamento historicamente consolidado na política externa brasileira de denunciar a expansão dos assentamentos israelenses. Foi o que ocorreu em 2017, quando o Brasil divulgou uma nota condenando a construção de novos assentamentos, argumentando que isso era obstáculo para a paz entre palestinos e israelenses (Vigevani, Calandrin, 2019, p. 18). Além disso, as votações do Brasil em 2016 e 2017 seguiram o padrão de votação estabelecido anteriormente, tais como a votação a favor da resolução proposta pela Liga Árabe sobre o patrimônio cultural nos territórios palestinos ocupados (Vigevani, Calandrin, 2019, p. 16-17).

Quando Aloysio Nunes assumiu o Ministério das Relações Exteriores em 2017, o discurso brasileiro adotou um tom mais moderado e pragmático (Vigevani, Calandrin, 2019). Neste sentido, é possível afirmar que a política externa para o Oriente Médio durante o governo de Michel Temer não representou uma ruptura de fato com as práticas diplomáticas historicamente estabelecidas nem com o pragmatismo da política externa dos anos anteriores. Um exemplo claro do comprometimento com posicionamentos históricos da diplomacia brasileira foi a recusa do Brasil em seguir a decisão norte-americana de transferir a embaixada para Jerusalém em 2018, o que reafirmou mais uma vez o compromisso da política externa brasileira com a posições assumidas nas décadas anteriores (Vigevani, Calandrin, 2019, p. 18).

Uma ruptura mais evidente com a política externa do período anterior ocorreu durante o governo de Jair Bolsonaro. As atitudes de Bolsonaro em relação a diversos temas de política internacional, incluindo as questões do Oriente Médio, refletiam uma posição que ele manifestava desde o período em que era deputado federal. Durante o período de campanha, Bolsonaro buscava marcar sua diferença com os governos petistas em diversas pautas. No campo da política externa, Bolsonaro foi um duro crítico da solidariedade entre países do sul global, defendendo um alinhamento entre os países governados por partidos conservadores.

Particularmente importante para as relações do Brasil com o Oriente Médio foi a aproximação com Israel e um posicionamento crítico à causa palestina. A defesa de Israel por Bolsonaro foi produto da convergência de diversos fatores, tanto domésticos quanto internacionais. No âmbito doméstico, Bolsonaro se apresentava como representante da fração da sociedade brasileira mais conservadora, principalmente os grupos evangélicos que advogavam um alinhamento político com Israel, motivado por questões ideológicas. Por outro lado, fatores internacionais influenciaram significativamente o discurso de Bolsonaro sobre o Oriente Médio. Particularmente importante foi o alinhamento de Bolsonaro ao governo do presidente norte-americano Donald Trump em praticamente todas as questões da política internacional. Quando o governo Trump transferiu a embaixada norte-americana em Israel de Tel Aviv para Jerusalém, Bolsonaro prontamente apoiou a decisão e defendeu que o Brasil fizesse o mesmo, se comprometendo a transferir caso eleito (Casarões, Sochaczewski, 2022, p. 52).

Quando Bolsonaro foi eleito em 2018, ele buscou implementar algumas das promessas feitas durante a campanha. No âmbito da política externa, Bolsonaro se empenhou efetivamente para estreitar as relações com Israel. E, de fato, a relação entre Brasil e Israel no período do governo Bolsonaro foi marcada por visitas mútuas entre os respectivos chefes de Estado e pelo envio de técnicos e missões de representação. Um exemplo claro dessa aproximação para além das visitas oficiais dos chefes de Estado foi o envio de ajuda humanitária e assistência por Israel ao Brasil após o rompimento da barragem em Brumadinho em 2019 (Casarões, Sochaczewski, 2022, p. 53).

Além disso, ficou também evidente o empenho do governo em desfazer o legado da política externa do período petista. Um ato bastante simbólico para as relações entre Brasil e Oriente Médio foi a decisão do governo em suspender em 2020 as atividades na missão de paz da Força Interina das Nações Unidas para o Líbano. A iniciativa foi encerrada após quase uma década de atuação na força-tarefa marítima que auxiliava na instauração e na manutenção da paz e estabilidade no sul do Líbano na fronteira com Israel (Casarões, Sochaczewski, 2022, p. 38). Contudo, é preciso observar que essa decisão representou mais uma ruptura com o projeto político dos governos anteriores do que o término de qualquer envolvimento com a região (Casarões, Sochaczewski, 2022, p. 38).

Cabe questionar, contudo, em que medida as práticas diplomáticas foram afetadas de fato pelo novo discurso. Uma discrepância entre o discurso e a decisão tomada pela diplomacia brasileira foi a decisão de não transferir a embaixada brasileira em Israel para Jerusalém. Bolsonaro defendia a decisão de Donald Trump, contudo essa promessa de campanha não foi posta em prática. Apesar de parte do eleitorado de Bolsonaro apoiar essa decisão, outros fatores impediram a realização desse objetivo. A pressão exercida por países árabes e muçulmanos, um mercado importante para os produtos agropecuários brasileiros, foi um obstáculo para a transferência. Além disso, setores dentro do Itamaraty e do próprio círculo político do governo defendiam uma postura mais cautelosa, uma vez que poucos países haviam seguido os Estados Unidos nessa decisão (Casarões, Sochaczewski, 2022, p. 53).

Além disso, é preciso ressaltar que o esforço de se afastar da política externa do período petista não implicou em um rompimento da diplomacia brasileira com os países árabes. Na verdade, o Brasil deu continuidade às boas relações com as monarquias árabes do Golfo Pérsico. Em seu governo, Bolsonaro visitou os Emirados Árabes Unidos (2019, 2021), o Catar (2019, 2021), a Arábia Saudita (2019) e o Bahrein (2021). Além disso, em um dos raros episódios que proporcionou uma maior visibilidade ao Brasil no Oriente Médio foi o envio de ajuda humanitária ao Líbano após a explosão no cais de Beirute em agosto de 2020. Nesta ocasião, o governo brasileiro enviou insumos básicos para a saúde e alimentos em uma missão oficial encabeçada pelo ex-presidente Michel Temer, composta por empresários e lideranças políticas, muitas das quais eram de ascendência libanesa (Casarões, Sochaczewski, 2022, p. 38).

6. CONSIDERAÇÕES FINAIS

A política externa brasileira para o Oriente Médio é o resultado da convergência de inúmeros fatores. Sem querer esgotar o tema, é possível apontar aqui alguns dos principais elementos que influenciaram, de uma maneira ou outra, as relações políticas, econômicas e culturais entre Brasil e o Oriente Médio.

De uma forma mais ampla, as relações brasileiras com o Oriente Médio foram afetadas pelo contexto histórico internacional. O contexto internacional da virada do século XXI trouxe um novo horizonte de oportunidades e desafios para as relações do Brasil com o Oriente Médio. Por um lado, o Brasil encontrou um cenário favorável à expansão comercial e diplomática ao ser alçado, junto com outros países do Sul Global, ao status de potência média em um sistema internacional pós-Guerra Fria. Por outro lado, a aproximação entre Brasil e Oriente Médio ocorreu em meio a diversas crises que impuseram uma série de desafios. No período em que Lula foi presidente, a aproximação do Brasil com os países do Oriente Médio ocorreu em um contexto internacional marcado pelo atentado de 11 de setembro e pela invasão norte-americana do Afeganistão e do Iraque. O governo de Dilma Rousseff, por sua vez, teve que se relacionar com um Oriente Médio instável decorrente das revoltas nos países árabes em 2010 e 2011. Já o governo de Jair Bolsonaro enfrentou uma grande crise sanitária internacional, a pandemia do coronavírus, que afetou profundamente as relações internacionais. Por fim, é preciso observar que, em todos os governos brasileiros do período, a diplomacia brasileira se viu diante de um Oriente Médio marcado por situações de difícil solução, tais como a questão Palestina e o impasse envolvendo o programa nuclear iraniano.

Outro fator importante para entender a relação do Brasil com o Oriente Médio é a atuação dos atores políticos. No caso da política externa brasileira para o Oriente Médio, a atuação pessoal do presidente Lula teve uma grande importância para o aprofundamento das relações diplomáticas. Lula foi bastante ativo, utilizando seu carisma para projetar o Brasil como um parceiro diplomático e comercial importante na região. Era uma abordagem que prezava pela interação pessoal entre os chefes de Estado (De Souza, 2018). O governo de Dilma, por sua vez, teve um envolvimento muito menor por parte da presidente. Dilma optou por uma política externa que priorizava a atuação multilateral. Contudo, é preciso observar aqui que, a despeito das particularidades de cada presidente, a política externa brasileira é caracterizada pela estabilidade e constância de determinados princípios e valores, ainda que cada governo priorize alguns destes elementos (Cervo, 2008; Vigevani, Cepaluni, 2011; De Souza, 2018).

Por fim, cabe avaliar o que motivou o Brasil a buscar uma aproximação com o Oriente Médio. É possível apontar aqui as principais razões que suscitaram a diplomacia brasileira estreitar as relações com a região. Por um lado, o Brasil viu na aproximação com o Oriente Médio uma oportunidade para a reforma da governança global por meio da criação de novos arranjos diplomáticos, políticos e econômicos (Notari, 2017, p. 267-268). Além disso, a tentativa de mediação de conflitos em outras regiões, sobretudo durante o governo Lula, poderia robustecer as pretensões brasileiras de ocupar uma vaga de membro permanente no Conselho de Segurança da ONU (Silva, Kunrath, 2010, p. 18).

Além disso, os governos brasileiros viram no Oriente Médio um espaço no qual o Brasil poderia ampliar e diversificar suas relações econômicas. E, de fato, o Brasil expandiu significativamente as interações comerciais com o Oriente Médio no século XXI. Contudo, o comércio com os países médio-orientais não é diversificado. Dentre os parceiros comerciais na região, as monarquias do Golfo despontam como os principais parceiros. O fluxo comercial com esses países se manteve constante ao longo das duas décadas do século XXI (Brun, 2016, p. 46). Os principais produtos importados do Oriente Médio são os derivados do petróleo. Por sua vez, a exportação brasileira para a região é dominada por commodities, tais como carne, frango congelado, açúcar, soja, minério de ferro e alumínio. Alguns bens industrializados, tais como peças de aeronaves e armas, também têm alguma importância, ainda que não no mesmo nível dos bens primários (Brun, 2016, p. 46).

Finalmente, é possível identificar algumas motivações ideológicas que orientaram a política externa brasileira para os países do Oriente. Por exemplo, durante os governos do PT, o discurso de solidariedade com os países do Sul Global induziu algumas decisões e posicionamentos. Por outro lado, a política externa do governo Bolsonaro também foi orientada por aspectos ideológicos, tais como e o alinhamento ao movimento trumpista na política internacional. Contudo, como foi apontado acima, seria um equívoco reduzir a política externa brasileira para o Oriente Médio à dimensão ideológica (Vigevani, Cepaluni, 2007; Almeida, 2012; De Souza, 2018).

7. ESTUDO DIRIGIDO

Questão 1: Qual a importância do Oriente Médio para a política externa brasileira?

Questão 2: Discuta as rupturas e as continuidades na política externa brasileira para o Oriente Médio ao longo do século XXI.

Questão 3: Quais os principais objetivos e motivações que orientaram a política externa brasileira para o Oriente Médio?

Questão 4: Quais as possibilidades e os desafios para a política externa brasileira para o Oriente Médio?

Questão 5: Discuta as principais diferenças entre as abordagens de política externa entre os governos Lula e Bolsonaro.

8. REFERÊNCIAS BIBLIOGRÁFICAS

ALMEIDA, P. R. A Diplomacia da Era Lula: Balanço e Avaliação. In: *Política Externa*. v. 20, n. 3, p. 95-105, 2012.

AMAR, P. Introduction. In: AMAR, Paul (ed.). *The Middle East and Brazil: perspectives on the new Global South*. Bloomington: Indiana University Press, 2014.

AMAR, P. The Middle East and Brazil: Transregional Politics in the Dilma Rousseff Era. In: AMAR, P. (ed.). *The Middle East and Brazil: perspectives on the new Global South*. Bloomington: Indiana University Press, 2014.

BRUN, É. Brazil's Relations with Middle Eastern Countries: a diplomacy in search for constancy (2003-2014). In: KURI, M. T. (ed.). *Latin American Foreign Policies towards the Middle East*. New York: Palgrave Macmillan, 2016.

CASARÕES, G.; VIGEVANI, T. O lugar de Israel e da Palestina na política externa brasileira: antissemitismo, voto majoritário ou promotor de paz? In: *História*, v. 33, n. 2, p. 150-188, 2014.

CASARÕES, G.; FELDBERG, S. Israel and Brazil: A Long and Unstable Relationship (Part II). In: *Israel Journal of Foreign Affairs*. v. 15, n. 1, p. 67-86, 2021.

CASARÕES, G. SOCHACZEWSKI, M. Looking Inward, Moving Outward: Brazil's Middle East Policy as Case of Domestic Dynamics. In: KURI, M. T.; BRUN, É. (ed.). *Latin American Relations with the Middle East: Foreign Policy in Times of Crisis*. New York: Routledge, 2022.

CERVO, A. *Inserção Interacional: a formação dos conceitos brasileiros*. São Paulo: Saraiva, 2008.

DE SOUZA, B. M. A Comparative Study of Lula's Diplomacy in the Middle East and Ahmadinejad in *Latin America*. *Austral: Brazilian Journal of Strategy & International Relations*. v. 7, n. 13, p. 120-158, 2018.

FARAH, P. D. E. The Summit of South America-Arab States: historical contexts of South-South solidarity and exchange. In: AMAR, P. (ed.). *The Middle East and Brazil: perspectives on the new Global South*. Bloomington: Indiana University Press, 2014.

FERREYRA, M. A política externa "ativa" e "altiva" do Brasil frente aos conflitos na Líbia e na Síria: desafiando o "cerco hegemônico". In: *Estudos Internacionais*. v. 7, n. 1, p. 25-40, 2019.

GUIMARÃES, F. de S.; MONGELLI, L. O Discurso da Política Externa Brasileira para o Oriente Médio no Sistema Multilateral da ONU (1995-2016). In: VASCONCELOS, Á.; CLEMESHA, A.; GUIMARÃES, F. de S. (ed.). *O Brasil e o Oriente Médio: o poder da sociedade civil*. São Paulo: IRI-USP, 2018.

GÜZELDERE, E. E. *Brazil-Turkey: two emerging powers intensify relations*. Brasília: Fundação Alexandre de Gusmão, 2018.

HIRST, M. E. S. Potências Emergentes e Negociações de Paz: a experiência brasileira nas conversações nucleares com o Irã. In: *Austral: Revista Brasileira de Estratégia e Relações Internacionais*. v. 8, n. 15, p. 68-93, 2019.

HIRST, M.; MACIEL, T. A Política Externa do Brasil nos Tempos do Governo Bolsonaro. In: *SciELO Preprints*, 2022.

NOTARI, M. H. de A. Os Papéis Projetados pela Política Externa Brasileira para o Oriente Médio Durante os Governos Lula (2003-2010). In: *Revista Tempo do Mundo*. v. 3, n. 1, p. 257-282, 2017.

PINTO, V. C. Brasil e Países Árabes: uma parceria estratégica, inovadora e ousada? In: LESSA, A. C; OLIVEIRA, H. A. (Ed.) *Parcerias Estratégicas do Brasil: a dimensão multilateral e as parcerias emergentes*. Belo Horizonte: Fino Traço, 2013.

PINTO, P. G. H. da R. Muslim Identities in Brazil: Engaging Local and Transnational Spheres. In: AMAR, P. (ed.). *The Middle East and Brazil: perspectives on the new Global South*. Bloomington: Indiana University Press, 2014.

SILVA, A. L. R.; KUNRATH, B. O Brasil como mediador da paz no Oriente Médio. In: *Meridiano 47*. v. 11, n. 116, p. 18-20, 2010.

SANTANA, C. R. Brazil's Relations with the Middle East in the "Oil Shock" Era: pragmatism, Universalism, and Developmentalism in the 1970s. In: AMAR, P. (ed.). *The Middle East and Brazil: perspectives on the new Global South*. Bloomington: Indiana University Press, 2014.

VIGEVANI, T.; CEPALUNI, G. *A Política Externa Brasileira: a Busca pela Autonomia, de Sarney a Lula*. São Paulo: Editora Unesp, 2011.

VIGEVANI, T.; CALANDRIN, K. S. Brazil's Policy Toward Israel and Palestine in Dilma Roussef and Michel Temer's Administrations: have there been any shifts? In: *Revista Brasileira de Política Internacional*. v. 62, n. 1, p. 1-25, 2019.

9. RECURSOS AUDIOVISUAIS

The Square. Gênero: Documentário. Ano: 2013. Direção: Jehane Noujaim. Sinopse: Este documentário mostra a realidade das ruas durante a Revolução Egípcia de 2011, acompanhando um grupo de manifestantes egípcios que lutaram contra o regime de Hosni Mubarak.

Sergio. Gênero: Documentário. Ano: 2009. Direção: Greg Barker. Sinopse: Este documentário retrata a vida e o trabalho de Sérgio Vieira de Mello, o Alto Comissário de Direitos Humanos da ONU que foi vítima de um ataque terroristas contra a sede da ONU em Bagdá.

Ponto de Virada: 11/9 e a Guerra contra o Terror. Gênero: Documentário. Ano: 2021. Direção: Brian Knappenberger. Sinopse: Estes documentários de 5 episódios mostram os antecedentes e os desdobramentos dos ataques de 11 de setembro e da Guerra ao Terror promovida pelos Estados Unidos.

CAPÍTULO 18: **O BRASIL E A ÁFRICA**

RODRIGO CORRÊA TEIXEIRA[129] e VINÍCIUS TAVARES DE OLIVEIRA[130]

1. INTRODUÇÃO

Há um riquíssimo debate historiográfico e didático para a produção do conhecimento histórico no e sobre o continente africano. Nesse sentido, almeja-se, por um lado, refletir os desafios metodológicos, teóricos e epistemológicos para a pesquisa e produção historiográfica sobre a África, problematizando a visão eurocêntrica sobre essa região geopolítica, e por outro, debater como o conhecimento histórico produzido corrobora para o trabalho tanto de elaboradores de política externa no Brasil, quanto de analistas internacionais que pesquisam as relações Brasil-África.

A escrita da História e da Historiografia na e sobre a África exige permanente vigilância, tanto do ponto de vista de sua epistemologia e base teórica, quanto do tipo de discurso político que se produz e inscreve nas narrativas, sobretudo, no Ocidente. Ao retomarmos os primeiros escritos dos Estudos Africanos a partir dos anos 1950 se percebe uma preocupação exógena em vincular a história das sociedades africanas com a de seus descendentes nas diásporas, algo que tem

---

[129] Professor do Departamento de Relações Internacionais e do Programa de Pós-Graduação em Geografia - Tratamento da Informação Espacial - PUC Minas; Especialista em Relações Internacionais (PUC Minas), Mestre em História (UFMG) e Doutor em Geografia (UFMG); Co-líder do Núcleo de Estudos das Colonialidades – PUC Minas.

[130] Professor do Departamento de Relações Internacionais; Bacharel em Relações Internacionais (PUC-Minas), Mestre e Doutor em Relações Internacionais pelo Programa de Pós-graduação em Relações Internacionais da PUC-Minas.

sido alvo de muita discussão e disputas no contexto geopolítico do conhecimento entre africanos e africanistas. A África que se conhece por meio dos discursos exógenos é de uma perspectiva mítica. Problematizam-se os discursos e representações do e sobre o continente, concebida pela "tradição" científica ocidental, especialmente, os discursos hegemônicos euro-ocidental e afro-estadunidenses (Mudimbe, 2013).

Dentro desse quadro discursivo se constituíram os Estudos Africanos no Brasil desde as primeiras pesquisas e escritos a partir do final da década 1950 até os primeiros anos do século XXI, em que as referências teóricas e epistemologias, bem como as fontes utilizadas por docentes e pesquisadores eram oriundas da Europa e dos Estados Unidos. Portanto, pode-se sustentar que os Estudos Africanos no Brasil, marcados pelo escravismo como tema primordial e como um pano de fundo estruturante das colonialidades imanentes, traduzem o africanismo eurocêntrico, entendido como formas pseudocientíficas de se estudar esse continente (Obenga, 2013).

Existe um longuíssimo histórico de relacionamento entre a América Portuguesa (1500-1822), seguida pela emergência do Estado brasileiro (a partir de 1822), que permite descortinar-se um conjunto intenso e complexo de questões no Atlântico Sul. Uma perspectiva integrada de várias dimensões (cultural, social, econômica e político-diplomática) é visualizada a partir da obra seminal de José Honório Rodrigues (1982). Neste trabalho, já clássico, o autor sinaliza que embora no transcurso dos séculos haja uma conexão co-constituinte de Brasil e África, demonstra-se como a África esteve ausente da política externa brasileira da independência até 1960.

Nesse sentido, pensadores como Gilberto Freyre e José Honório Rodrigues, cada um de seu modo, reconhecem a importância de se estudar a África para se entender a identidade nacional brasileira. No primeiro caso, como se sabe, existem inúmeras e apaixonadas polêmicas em torno da obra freyriana (Araújo, 1994; Pallares-Burke, 2005). Deve-se evidenciar que Gilberto Freyre pensa a África tendo como foco analítico principal as relações raciais e a questão da mestiçagem no Brasil, em diálogo com as teorias racialistas europeias e o evolucionismo social. Já no segundo caso, trata-se de uma obra (Rodrigues,

1982) constituída tanto com a erudição da historiografia de inspiração tradicional quanto de uma inovadora visão a partir do Sul Global (Teixeira, 2019).

Entre as décadas de 1960 e 1970, principalmente durante os governos Jânio Quadros (1961) e João Goulart (1961-1964), e mais adiante no governo Geisel (1974-1979) quando ainda que não se tenha desenvolvido uma política "africanista" coerente, este continente passou a se integrar no âmbito da "diplomacia do desenvolvimento" praticada pelo Brasil. O objetivo era ganhar autonomia negociadora para o país em relação aos países desenvolvidos nos fóruns internacionais, contando para tanto com apoio dos demais países da periferia capitalista, chamados na época de Terceiro Mundo. As relações bilaterais com países fora do mundo desenvolvido também passaram a ser estimuladas.

Durante as décadas de 1980 e 1990, ainda que a África não tenha propriamente "sumido" da política externa brasileira, ela perde o papel e a relevância que antes havia obtido. Com o primeiro e segundo mandatos do governo Lula (2003-2011), o Brasil, agora num novo cenário global, passa a dialogar com a tradição da política externa "desenvolvimentista" das décadas de 1960 e 1970 e a enfatizar novamente a importância do continente africano. Ademais, conforme afirma Marco Vieira (2017), é no governo Lula que o Brasil repensa sua relação com o continente de modo a compreender e destacar o papel do país no tráfico negreiro da época da escravidão. Durante a visita de Lula em Moçambique, o presidente afirma que o Estado e sociedade brasileira foram construídos a partir do trabalho escravizado de milhões de africanos trazidos contra sua vontade ao Brasil e que é responsabilidade do país sanar esta dívida através da cooperação e solidariedade.

Nas últimas décadas houve no Brasil uma efervescência do movimento de reafricanização reivindicado por diferentes grupos de ativistas negros, artistas e intelectuais bastante debatidos nas Ciências Sociais. Esse novo contexto na vida sociocultural e política brasileira desdobrou, nas décadas seguintes, nas políticas de Reparação do Estado para os afrodescendentes, dentre as quais as Ações Afirmativas com Cotas para negras(os) nas universidades públicas e a Lei 10.639/2003.

A obrigatoriedade do Ensino de História e Cultura Africana e Afro-brasileira na Educação Básica por meio da Lei 10.639/2003 e a Política de Cotas alteraram a rotina das instituições de ensino superior, não apenas do ponto de vista do seu público, mas particularmente do currículo. Embora a lei seja direcionada à educação básica, as universidades tiveram que inserir nos currículos, especialmente nos cursos de licenciaturas, componentes curriculares (ainda que na sua maioria como disciplinas optativas) sugeridos na legislação e nas Diretrizes Curriculares Nacionais para a Educação das Relações Étnico-Raciais e para o Ensino de História e Cultura Afro-Brasileira e Africana estabelecidas na Resolução nº 1 de 17 de julho de 2004. De forma também crescente, houve uma ampliação dos conteúdos e dos debates em torno de África na área de Humanidades, inclusive em Relações Internacionais. Acrescente-se que houve uma oferta significativa dos cursos de Especialização nos primeiros anos após a promulgação da Lei, uma estratégia utilizada pelas universidades como uma medida em curto prazo para subsidiar a formação continuada dos docentes, tanto em instituições públicas, quanto em instituições comunitárias e privadas (Oliva, 2003 e 2021).

Quais as representações sociais que se tem da África e dos africanos no Brasil? Quais as representações sociais da África e dos africanos que circulam em nossas mídias e nos ambientes acadêmicos e escolares que ajudam a formar a identidade brasileira? Projeta-se, exacerbadamente, uma África como continente de espaço físico e natural homogêneo, de povos primitivos e/ou selvagens, devastada continuamente pela guerra, a fome, as epidemias e a miséria.

No domínio dos Estudos Africanos e sua aproximação com as Relações Internacionais, observa-se uma predominância de produções no campo dos seguintes temas e/ou conceitos: Sistema Transatlântico de Escravizados e Escravidão, em geral (séculos XVI-XIX), África do Norte ("Árabe"), *versus* África Negra ("Subsaariana"), Diversidade étnico-linguística, Racismo e antirracismo, Apartheid na África do Sul, Colonialismo (sobretudo, repartição territorial catalisada pela Conferência de Berlin – 1884-1885), Resistências anticolonialistas e lutas pela independência ("Descolonização"), Nacionalismo, Afrocentralidade *versus* Eurocentrismo, Pan-africanismo, Formação dos Estados

Africanos, Pós-Independências, Conflitos e operações de paz, Processos de integração econômica e democratização nas últimas décadas, Cultura africana na diáspora e, finalizando, Religião e Identidade.

Dentro desse quadro, quando muito, a História milenar do continente africano é transmutada em apêndice da história euro-ocidental, inscrita apenas no quadro de emergência do sistema econômico do atlântico (Teixeira, 2019). Assim, na constituição e consolidação do campo científico que, não por coincidência, são correlatas da colonização do continente africano nos finais do século XIX, assistimos a uma divisão entre diferentes domínios do saber, condição para sua emergência enquanto ciência autônoma, implicando a definição de um objeto específico a ser estudado/desvendado fazendo recurso a teorias e métodos também próprios.

Os espaços coloniais também foram objeto não apenas da partilha entre os países europeus, mas também entre as áreas do saber, o continente africano não poderia ser objeto de estudo da História por não possuir historicidade própria. Assim, o estudo da África ficou, fundamentalmente, num monopólio de antropólogos e geógrafos (Teixeira, 2019). Uma vez que o continente africano torna-se objeto de estudo das Relações Internacionais tardiamente no século XX, a reboque dos processos protagonizados pelos países e povos do Atlântico Norte, toda produção historiográfica tem como marco da história do continente o século XVI com a emergência do sistema econômico do Atlântico, ignorando a existência da história da África anterior a este período.

Numa perspectiva geral, se coloca como desafio epistêmico e teórico a problemática da legitimidade para a produção do conhecimento científico sobre África – isto é, da validade científica das categorias de análise ''africano'' e ''não-africano'' enquanto legitimadoras (ou não) de saberes produzidos sobre as sociedades africanas (Araújo; Maeso, 2016). Portanto, exige novas perspectivas epistemológicas, teóricas e, sobretudo, didático pedagógico que possam romper com os limites impostos pelos currículos escolares, discursos hegemônicos e agendas políticas. Se for verdade que de forma crescente se tem tido consciência dos limites interpretativos de uma explicação historiográfica armadilhada pela epistemologia ocidental, persiste um grande e instigante desafio de como, crítica e reflexivamente, se pode dialogar, contrapor e negar os modelos teóricos e epistemológicos que se mostraram, no mínimo, inadequados para, ao mesmo tempo, fazer emergir uma nova perspectiva teórica de explicação da história de África, mas que possa contribuir para uma nova história da humanidade (Oliva, 2010).

Esse breve quadro permite um questionamento de partida para uma série de desdobramentos interpretativos que se seguem. Os dados da presença brasileira na África ao longo dos anos 2000 não deixam margem a dúvidas a respeito da importância desse processo. No entanto, existem várias dúvidas sobre o que o Brasil – o governo, as empresas, a sociedade civil – pretende(em) com a África. Além de não haver uma coerência entre as várias frentes brasileira de expansão rumo ao continente, em muitos aspectos a presença brasileira geralmente vem acompanhada de aspectos contraditórios, ao menos quando se comparam as dimensões cultural e de cooperação técnica, de um lado, com as de cunho mais econômico e geopolítico, de outro. O que deriva, facilmente, para outras questões, tais como: que África se inscreve, se considera e se instrumentaliza nas Relações Internacionais a partir do Brasil e, portanto, se ensina para analistas internacionais e cidadãos brasileiros?

2. A ÁFRICA NA POLÍTICA EXTERNA BRASILEIRA

Nesta seção, vamos discutir uma espécie de panorama sobre momentos e questões importantes da Política Externa Brasileira e como o continente Africano esteve presente (ou não) nas prioridades do país.

2.1. A CONCEPÇÃO BRASILEIRA DE ÁFRICA

Quais são os grandes eixos temáticos acerca da África na Política Externa Brasileira? O primeiro grande eixo temático é o peso do passado e os seus legados para a política externa brasileira contemporânea. Um aspecto que, de forma mais ou menos explícita, acaba por ser profusamente evidenciado. Apesar do corte e das mudanças que as lutas pela independência e a "descolonização" significaram para o

Capítulo 18: O Brasil e a África

relacionamento brasileiro em África (que não cabe aqui considerar de maneira direta, por exemplo, o estruturante "Sistema Transatlântico de Escravizados"), os diversos contributos fazem eco da permanência de importantes laços materiais e imateriais, com raízes num passado ainda bastante presente na memória e imaginário de muitos brasileiros, portugueses e africanos (Thomaz, 2002).

Os legados desse passado carregado e intenso (sobretudo a partir da segunda metade do século XX) foram naturalmente complexos, tendo representado, em diferentes circunstâncias, tanto um fator facilitador como de atrito na construção e desenvolvimento de laços pós-coloniais em África. Seja como for, a influência geral de tal acumulado histórico é constituinte da construção e inserção internacional do Brasil, permitindo concluir que a diplomacia do Brasil democrático para a África tem sido em grande medida um produto de tempos passados (Dávila, 2011; Saraiva, 2012). Pode-se indagar sobre quais serão as implicações da globalização, particularmente na emergência sem precedentes de fluxos de capital, de ideias e de pessoas podendo ser traduzida por novas experiências africano-brasileiras (Guerreiro, 2010). Significará isso uma maior aproximação e gradual diluição de laços marcados de colonialidade? Ou será que os esforços de valorização, institucionalização e renovação de vínculos serão suficientes para preservar relações históricas, talvez de maneira menos estereotipada e mais decolonial?

O segundo grande eixo temático, intimamente relacionado com o anterior, que importa destacar, é a grande relevância de fatores endógenos na política externa brasileira para a África. Tal contraste com o que sucede em muitos outros domínios das relações internacionais do Brasil. Os diferentes contributos, em geral, notam a presença de um importante e diversificado número de atores envolvidos, em maior ou menor medida, na formulação e implementação da política externa para essa região geopolítica. Grande ênfase é dada ao papel de diferentes atores políticos e burocracias, sendo ainda brevemente mencionados outros intervenientes tais como grupos de interesse (por exemplo, movimentos sociais negros e antirracistas, lideranças de religiões de matriz africana interessados em intercâmbio, empresários da construção civil que há décadas se destacam em sua presença em

África, pesquisadores especializados nas temáticas africanas), meios de comunicação social e opinião pública, cujo envolvimento específico interessaria aprofundar, tal como a sua relação com entidades oficiais, ao longo do tempo.

Se um importante grau de consenso interno quanto às linhas gerais do relacionamento brasileiro em África é evidenciado, também são identificados matizes quanto a aspectos mais específicos, que também importaria explorar de forma mais detalhada. Temáticas relacionadas com as ex-colônias (principalmente com Angola, que de forma impactante o Brasil é o primeiro a reconhecer a independência em 1975) aparecem em dados momentos como motivo de forte disputa interna, a nível político e interinstitucional, bem como formatados em alguma medida por laços pessoais (Dávila, 2011). Ainda que tais tensões e subjetividades sejam mais discerníveis durante uma fase inicial após as independências, o fato de terem subsistido dinâmicas tais como mudanças orgânicas frequentes e alguma dispersão institucional, levanta a dúvida de saber se tal não será indiciador, pelo menos em parte, de uma maior dissonância interna do que aquilo que é por vezes admitido neste campo (Cepaluni; Vigevani, 2007).

O terceiro grande eixo temático, menos surpreendente, é o peso de fatores exógenos na política externa brasileira para África, tendo em conta as possibilidades e limitações em geral do Brasil como potência emergente no início do século XXI. Embora, tal como mencionado anteriormente, o contexto sistêmico internacional traz essa dimensão. Por exemplo, os constrangimentos decorrentes do intervencionismo externo em África durante a Guerra Fria ou, de maneira oposta, as oportunidades resultantes do retraimento das superpotências com o final da disputa bipolar. Acrescente-se que os desafios da conjuntura antes e depois da crise econômica internacional (2008) levantaram para a África algo que extrapola em muito as abordagens possíveis da política externa brasileira para o continente. Assim, uma panorâmica sobre a evolução da realidade política e econômica africana na longa-duração permitiria ponderar melhor as oportunidades e constrangimentos para as iniciativas brasileiras nessa região geopolítica (Matos, 2017).

Capítulo 18: O Brasil e a África

O quarto grande eixo temático prende-se, justamente, com os esforços e meios relativamente importantes mobilizados pelas autoridades brasileiras neste domínio, apesar das limitações gerais do país e de África não ter representado uma prioridade de topo da política externa brasileira. Faz-se prova da utilização de uma vasta gama de instrumentos, quer de natureza diplomática, quer militar, econômica ou cultural. Embora os contornos de tais modalidades precisem de mais aprofundamento, é possível apontar algumas características gerais. Primeiro, parece haver um predomínio de instrumentos seguindo estratégias ditas "brandas" (*"soft"*) ou baseadas na persuasão, ao invés de vias mais coercivas. Tal situação não surpreende tendo em conta o nível de recursos e capacidades de que dispõe o país em geral, bem como a relativa sensibilidade de um relacionamento ainda marcado por um passado colonial comum representado pela metrópole portuguesa em meio as relações periferia-periferia, que paralelamente se desenvolveram (Alencastro, 2000).

Há um grande uso de instrumentos de diplomacia política. Por exemplo, mais recentemente, diferentes formas de diálogo político e acordos internacionais de cooperação técnica (Matos, 2017), bem como instrumentos de diplomacia militar, particularmente em cooperação técnico-militar e operações de paz (Duarte; Santos, 2018), econômica, tais como linhas de crédito, garantias e ajuda ao desenvolvimento, por exemplo, em Angola e Moçambique (Garcia; Assis; Ribeiro, 2022) e cultural (cooperação em educação e promoção da língua portuguesa, considere-se, principalmente, a Comunidade dos Países de Língua Portuguesa – CPLP (Saraiva, 2001.). Tais meios seguem um importante grau de concentração geográfica e temática, focando-se nas ex-colônias portuguesas e apostando em setores onde a ação do país se reveste de uma certa mais-valia simbólica, sobretudo decorrentes do passado (por exemplo, língua partilhada e sistemas jurídico-administrativos similares). Existe também uma grande importância atribuída a canais bilaterais, ainda que, sobretudo em matéria de diplomacia política e numa fase mais recente do relacionamento português em África, a via multilateral da CPLP tenha ganho mais centralidade. Em todo o caso, o plano multilateral e a sua relação com o plano bilateral, são temas que requerem novas pesquisas.

Existe uma dimensão associada a um compartilhamento de um imaginário complexo entre os países lusófonos, porque é marcado ao mesmo tempo de colonialidade, quanto de resistências e recriações decoloniais. No entanto, o potencial econômico brasileiro e seu ímpeto por uma crescente inserção internacional, cada vez mais ampliada, nas primeiras décadas do século XXI, com exceção explícita do governo Bolsonaro (1º/01/ 2019 e 1º/01/2023), trouxe uma atuação com interesses comerciais e financeiros evidentes, característicos de uma potência emergente.

Um quinto, e último, grande eixo temático a destacar tem a ver com os resultados alcançados nesta área da política externa brasileira. O tom que emerge mais ou menos otimista reflete diferenças inerentes às áreas ou aspectos considerados. Em geral, parece haver certo reconhecimento daquilo que a diplomacia do Brasil democrático alcançou, sobretudo tendo em conta o ponto de partida difícil e os constrangimentos diversificados, tanto internos como externos, que teve subsequentemente de enfrentar.

2.2. A IMPORTÂNCIA DA POLÍTICA EXTERNA INDEPENDENTE

Em longo prazo, as relações entre Brasil e África trazem oportunidades, limitações, desafios, cenários e perspectivas. Em meio disso, há ímpetos de avanço, recuos e retomadas. No entanto, é, sobretudo, marcada por esquecimentos e invisibilidades. A ação oscilante em relação à África é resultado de fontes diferentes: escolhas na inserção internacional do país sob a base de ideologias partidárias; debilidades econômicas em meio às crises internacionais e até pouco depois da metade do século XX pela forte presença de Portugal nas escolhas brasileiras para a África até meados da década de 1970. Dessa maneira, a política africana produz debates em relação a sua condução por parte do Brasil, marcada ora pela relevância e interesse brasileiro, ora pela marginalização de seu papel nos eixos orientadores da política externa brasileira.

O ponto de partida é o período compreendido pela Política Externa Independente, uma vez que nesse processo se iniciou o africanismo na política externa brasileira. Esse momento foi marcante pelo

Capítulo 18: O Brasil e a África

ineditismo de algumas das linhas gerais da política externa brasileira, marcado pela vontade do Brasil de uma mudança em sua inserção internacional. A inauguração da política africana, no início da década de 1960, não foi um processo gestado naturalmente, foi um conjunto de ações políticas em busca de se realizar um projeto de inserção internacional para o Brasil: procurando-se colocar a África Atlântica no centro da afirmação brasileira de autonomia no mundo (Saraiva, 1996, p. 242).

A chegada de Jânio Quadros ao posto de presidente do Brasil foi marcante, também, quando se pensa em política externa. Apesar de sua presença ter sido breve à frente da presidência, as linhas gerais de sua política externa foram seguidas pelo seu sucessor, João Goulart – após sua renúncia. Os novos rumos, uma ruptura com a política pró-Portugal foi desenvolvida por Kubitschek (1956-1961). Dessa maneira a África passaria a possuir espaço próprio dentro da política externa brasileira, uma vez que os elementos nos quais se baseavam os novos rumos da inserção internacional do Brasil compunham o contexto daquele continente. Com isso, as similaridades em termos de desafios serviriam para uma aproximação em vista de se combater em conjunto os desafios apresentados para ambos os lados. Em especial o subdesenvolvimento. Para entendermos as oscilações brasileiras na Política Externa Independente, em relação à África, é fundamental analisar a conjuntura da política interna do Brasil, uma vez que a saída de Quadros e a subida de Goulart ao posto de presidente alteraram significativamente a visão de agentes internos e externos a respeito do Brasil e também a ação negativa por parte de Portugal.

Dada a conjuntura internacional da época, essa questão pesou juntamente com outros fatores sobre as ações da Política Externa Independente. O governo de Goulart era visto pelos setores conservadores como possível difusor do socialismo. Neste sentido, em tempos de bipolaridade, este tipo de governo era visto por estes atores nacionais e também por parte de atores internacionais – especialmente os Estados Unidos – como sendo uma ameaça aos valores ocidentais, tanto que em meados de 1964 o golpe militar estourou no Brasil. A clara busca pela mudança na inserção internacional do Brasil foi prejudicada no caso africano, pela figura de Portugal. O Tratado de Amizade e Consulta[131], pesava bastante nas posições brasileiras. "A prevalência das relações especiais do Brasil com Portugal dificultava a implementação de uma política de efetivo apoio aos territórios africanos em processo de independência" (Ribeiro, 2007, p. 58; Saraiva, 1996, p. 79).

Na ONU, o tema ganhava peso, como o voto brasileiro também, mais especificamente para Portugal que vinha perdendo seguidamente seguidores em prol de seus anseios de manutenção das suas colônias africanas. Neste sentido, ao longo da Política Externa Independente, o Brasil atuou de maneira pendular a respeito do tema, em geral, se posicionava a favor do direito de independência dos africanos – no caso de Angola optou pela abstenção em meados de 1961, mas já em 1962 votou favoravelmente, juntamente com 98. Esse gesto foi marcante em vista das posições defendidas nas linhas de ação em relação ao anticolonialismo, desagradando profundamente àqueles setores pró-Portugal. Apesar do simbolismo deste voto brasileiro este foi apenas um passo dado; outros eram necessários, mas o Brasil não seguiu de maneira linear neste posicionamento, tanto que este tipo de ação incoerente esteve presente ainda em tempos posteriores à Política Externa Independente, muito em função das ações produzidas pelos agentes já citados acima.

Os traços e potencial da Política Externa Independente puderam ser vistos anos mais tarde nas linhas do Pragmatismo Responsável de Geisel, fazendo da política externa um meio de desenvolvimento e defesa dos interesses nacionais, por mais amplo que seja este conceito. As contribuições nas relações com a África – apesar da presença negativa de Portugal – foram importantes, uma vez que o Brasil de fato buscou conhecer mais do que nunca um continente que antes era marginalizado (Pimenta, 2016).

A política africana dos governos militares foi marcante para as relações entre o Brasil e a África. As diferentes imagens criadas por eles a respeito da África causaram obviamente reflexos na maneira de condução dessas relações. As divergências entre as correntes militares

---

[131] Este tinha em seu texto elementos que subordinavam a posição brasileira na África portuguesa, de acordo com os interesses de Portugal, limitando assim as ações brasileiras nestas colônias.

Capítulo 18: **O Brasil e a África**

também foram ponto chave nesta dinâmica, produzindo linhas de ação bastante distintas no que se refere à formulação da política externa brasileira. Ao longo dos cinco governos formados por militares apenas o primeiro teve ação negativa em relação ao continente africano, aliás, foi durante a era militar que o Brasil viveu seus momentos mais marcantes nas relações com a África. O papel desempenhado pela bipolaridade sistêmica à época variou, desde fundamental às escolhas até sendo um agente secundário em relação a essas. A tradição militar da qual Castello Branco (15/04/1964 – 15/03/1967) construiu suas ideias de mundo eram claramente aquelas defensoras do ocidentalismo e alinhamento automático com os Estados Unidos. Esses fatos refletiam os anseios dos setores mais conservadores que novamente voltaram a influenciar as tomadas de decisão da política externa brasileira. A África nesta época era celeiro de independências, e neste contexto nasciam Estados que buscavam seu lugar no sistema internacional bipolar (Mourão; Oliveira, 2005, p. 54-55).

O contexto da Guerra Fria produziu um esquecimento nas relações que o Brasil tinha construído no continente como um todo. Assim, as áreas de interesse do governo Castello Branco reduziram a África a um trecho, que em nada ilustra o verdadeiro potencial que por lá havia para a inserção universal do Brasil. Aos militares interessava apenas a porção atlântica daquele continente e as colônias sob domínio português. Além disso, uma aproximação com a África do Sul foi certamente um passo positivo, se levarmos em conta os anseios daquele governo brasileiro, já que os sul-africanos tinham as mesmas percepções em relação ao comunismo e a segurança atlântica.

O primeiro governo militar do Brasil seguia a doutrina dentro da ESG (Escola Superior de Guerra), conservadora e defensora de um alinhamento com os EUA, o que significava na época lutar contra o comunismo e defender os valores ocidentais. Tais escolhas produziram uma mudança na visão brasileira sobre a África. Terminado o primeiro governo militar, assume o então General Costa e Silva (15/03/1967 – 31/08/1969), seguidor de outra linha doutrinária da ESG, desta feita defensor das linhas do nacionalismo e desenvolvimentismo com forte ação do Estado. Essa troca de governo é tratada por muitos estudiosos como tendo sido um golpe dentro do golpe.

As linhas políticas com isso foram alteradas tanto em âmbito interno – ocorrendo um incremento do autoritarismo – como externo. Não mais se condicionava o desenvolvimento à segurança coletiva. Agora a segurança era vista como um produto do desenvolvimento. "E mais ainda, desacreditado o projeto de desenvolvimento como resultado da ajuda externa, este passou a ser pensado como fruto de um processo endógeno" (Gonçalves; Miyamoto, 1993, p. 12). Por consequência disso ocorre novamente uma mudança no peso da África para o Brasil.

O "novo lugar para a África na política exterior brasileira seria encontrado no conjunto de opções que o país teve que construir em face do contexto internacional que passava por grandes modificações" (Saraiva, 1996, p. 125). O medo do comunismo perdia espaço, uma vez que o autoritarismo se tornou mais denso após a troca de governos, gerando uma perda de relevância ao alinhamento com os EUA. Assim, os aspectos ligados a geoestratégia e segurança perdiam espaço novamente para aquelas ligadas ao desenvolvimento, sendo o Estado o agente maior neste processo induzindo os caminhos a serem tomados.

Outra mudança positiva em relação ao período anterior ocorreu no sentido de dar ao Itamaraty maior independência na condução da política externa. Desta maneira a ação externa brasileira voltava para as mãos daqueles que de fato possuíam profunda capacidade técnica para lidar com tais assuntos. Ademais a África passou a ter, a partir do governo Costa e Silva, espaço próprio dentro do MRE, com a criação da Divisão da África (DAF). Esta passaria a cuidar exclusivamente dos assuntos daquele continente demonstrando que a África começava a ganhar um espaço maior para o Brasil refletido pelo incremento do espaço institucional dentro do MRE.

O governo Médici (30/10/1969 – 15/03/1974) foi responsável por avanços significativos na política africana brasileira, tanto no campo prático como também no retórico. A viagem de Gibson Barbosa foi momento ímpar nessas relações e responsável pela mudança da visão dos africanos em relação ao Brasil, fator que no governo seguinte foi bem aproveitado no sentido de uma inserção mais profunda por parte do Brasil naquele continente. O período de governo do General Garrastazu Médici, é considerado por muitos como tendo sido o responsável por uma ação autônoma de fato do Brasil para

Capítulo 18: O Brasil e a África

com o continente africano. Continuando e incrementando a reaproximação produzida por Costa e Silva, o novo governo deixava claro nas novas linhas traçadas que o Brasil iria atuar de maneira assertiva em busca do atendimento de seus anseios, desta maneira nota-se que o espaço da África se torna maior durante este governo. O quadro das relações internacionais deste período foi marcado pelo abrandamento das tensões ideológicas resultantes das disputas entre Estados Unidos e URSS. Além disso, o processo de descolonização afro-asiático só fazia aumentar o número de novos atores estatais, gerando uma série de novas demandas na ordem internacional.

No plano extracontinental a política internacional brasileira assumiu contornos claramente agressivos, refletindo os interesses econômico-industriais emergentes. As tarefas prioritárias da diplomacia consistiram em negociar a abertura de novos mercados para a produção nacional e aproximar-se dos países fornecedores de tecnologia e de matérias primas indispensáveis para o funcionamento do parque industrial brasileiro (Gonçalves; Miyamoto, 1993, p. 18).

O governo de Figueiredo (15/03/1979 – 15/03/1985) foi o último do período militar. Seu principal compromisso era o de fazer a transição para o retorno da democracia ao Brasil e isso foi feito com sucesso. O período não foi marcado por grandes inovações no que se refere a política externa, pelo contrário a continuidade esteve presente em grande parte das ações externas brasileiras, apesar da diminuição das capacidades brasileiras. A política africana de Figueiredo sentiu bastante os efeitos da crise, o que acarretou abrandamento das relações entre Brasil e África. Apesar disso Figueiredo foi o primeiro presidente brasileiro a visitar a África.

Durante o governo Figueiredo nota-se uma continuidade nas linhas da política externa em relação aos três antecessores. Certamente que alguns desvios ocorreram devido à conjuntura encontrada por cada um dos respectivos governos, mas a política africana do último governo militar apresenta condução positiva em termos da inserção brasileira na África.

Após vinte e um anos vividos sob regime autoritário o Brasil viveu em 1985 à volta da democracia. Os primeiros objetivos de José Sarney (15/03/1985 – 15/03/1990) estavam, de um lado, em realizar a reforma política complexa para construir e fazer funcionar uma estrutura política e uma ordem jurídica jamais vista no país e, de outro, fazer o ajuste econômico. O reforço do multilateralismo era importante para o governo Sarney, mais ainda em questões relacionadas aos direitos humanos, aliás, este elemento ocupou espaço relevante na política africana de Sarney. Prova disso foi o incremento no discurso brasileiro contra o regime de *apartheid* existente na África do Sul, apesar de não ter significado um rompimento das relações com este país.

A década de 1990 foi palco de alguns ajustes no que se refere aos rumos da política externa brasileira. O presidente Collor de Mello (15/03/1990 – 29/12/1992), apesar de sua curta passagem, foi responsável por mudar de maneira importante os rumos das ações externas do Brasil. "No centro das redefinições propostas pelo presidente estava o reforço dos laços com o Primeiro Mundo (Saraiva, 1996; p. 222)". "Segundo consta, o presidente Collor (...) dizia preferir ver o Brasil assumir o lugar de "último dos países desenvolvidos" a vê-lo como o "primeiro dos países subdesenvolvidos" o que já conformou uma significativa mudança" (Almeida, 2007, p. 11).

Entretanto, as relações regionais merecem peso especial em vista da assinatura do Tratado de Assunção em 26 de março de 1991, formalizando a criação do Mercosul, ator que demandou grande atenção do Brasil naquela época e que ainda hoje tem papel chave nas linhas da política externa brasileira. Colocando em segundo plano as relações com países periféricos voltando assim seus olhos novamente para os países centrais.

Nota-se então que não existia por parte do Brasil o interesse em reforçar os laços com países – excepcionalmente os vizinhos – que viviam em situação similar à sua em termos de desenvolvimento. Sendo assim, o período do governo Cardoso se caracterizou por uma maior valorização das relações com os países centrais, colocando em segundo plano as relações com aqueles que de acordo com essa visão não atenderiam as demandas brasileiras (Lima, 2005). Com isso o espaço do continente africano à época ficou prejudicado e diminuído, sendo os avanços mais significativos a criação Comunidade dos Países de Língua Portuguesa (CPLP) e o reaparecimento da Zona de Paz e Cooperação do Atlântico Sul (ZOPACAS).

Capítulo 18: O Brasil e a África

A CPLP merece um destaque especial pelo seu simbolismo. As heranças deixadas por Portugal em relação às suas colônias ainda não haviam sido digeridas pelos africanos. A CPLP foi um meio de se aproximar esses dois lados, dando ao Brasil o peso de ser o interlocutor entre estes. Mesmo que de início tenha sido difícil um aprofundamento das relações dentro da CPLP a sua iniciativa já era válida. Mais do que isso, esta Comunidade poderia trazer ao Brasil ganhos importantes para a reinserção nos países de língua portuguesa, que vinham perdendo espaço ao longo da década de 1990. Ressalta-se que até os dias de hoje a efetividade desta entidade ficou mais no campo discursivo do que no prático. A CPLP não é motivada por sentimentalismos. Sua criação corresponde a uma tendência da atual conjuntura internacional, com o fim da bipolaridade, que abriu espaço para novas iniciativas de aproximação entre países com afinidades, ora derivados de interesses econômicos, ora fundamentados em valores políticos ou culturais (Saraiva, 1996, p. 229). Apesar dos referidos avanços, o saldo da política africana brasileira em grande parte dos anos 1990 não foi positivo. As conquistas até então conseguidas pela política africana brasileira foram de certa maneira postas de lado, em compasso com as constantes oscilações na ação brasileira com a África (Saraiva, 2001). Resultado da mudança nos caminhos da inserção internacional do país, que vinham à África com baixo potencial para auxiliar o desenvolvimento brasileiro, restando a ela apenas um papel marginal ao longo da década de 1990 nas escolhas brasileiras (Freixo, 2006, p. 39).

2.3. O RETORNO DA ÁFRICA À POLÍTICA EXTERNA BRASILEIRA NO GOVERNO LULA: OPORTUNIDADES, AVANÇOS E DESAFIOS

O conceito da "autonomia pela diversificação" (Cepaluni; Vigevani, 2007) foca na análise dos ajustes e mudanças na ação de política externa. Dentro disso, se propõe no presente trabalho, com auxílio deste conceito, ilustrar ações tomadas a partir do governo Lula em relação à inserção internacional do Brasil, através das tomadas de decisão e elementos que compõem as escolhas. Trata-se de ajustes e mudanças que são resultantes de quatro fontes distintas – cada uma permeada pelas respectivas variantes –, que influenciam as tomadas de decisão a respeito da política externa, que são representados por um quadro formado por "líderes; burocratas; reestruturação doméstica; e choques externos" (Cepaluni; Vigevani, 2007, p. 277).

Assim as linhas gerais da política externa do governo Lula são definidas por um:

> (1ª) aprofundamento da Comunidade Sul-americana de Nações (Casa); (2ª) intensificação das relações entre países emergentes como Índia, China, Rússia e África do Sul; (3ª) ação de destaque na Rodada de Doha e na Organização Mundial do Comércio, assim como em algumas outras negociações econômicas; (4ª) manutenção de relações de amizade e desenvolvimento das relações econômicas com os países ricos, inclusive com os Estados Unidos; (5ª) retomada e estreitamento das relações com os países africanos; (6ª) campanha pela reforma do Conselho de Segurança das Nações Unidas, visando um lugar de membro permanente para o Brasil; e (7ª) defesa de objetivos sociais que permitiriam maior equilíbrio entre Estados e populações (Cepaluni; Vigevani, 2007; p. 292).

A cooperação Sul-Sul assume um papel de destaque nas linhas que compõem a política externa brasileira, sendo assim automaticamente o continente africano é uma parte desta política. Desde o início de seu governo, o presidente Lula e os formuladores de política externa destacam que a África possui espaço próprio nas relações exteriores do Brasil, e que desta maneira deve ser valorizada em vista do respectivo potencial e dos interesses por parte do país. Ao longo do primeiro mandato, não apenas tornou prioridade a reabertura dos postos fechados durante a administração FHC, como ainda os ampliou no continente africano (Ribeiro, 2007, p. 172). Em resposta a esse afastamento,

> (...) O governo Lula reabriu embaixadas desativadas na gestão FHC e inaugurou representações diplomáticas e um consulado-geral, totalizando 13 novos postos; o que elevou a presença brasileira no continente africano de 18 para 30 embaixadas e dois consulados gerais (Ribeiro, 2007, p. 172).

Desse modo, a maior presença física da diplomacia brasileira na África é estratégica. Isso porque o Brasil passou a atuar de maneira mais dinâmica entorno de seus interesses, sejam eles políticos ou econômicos. Esse ganho na capacidade administrativa acaba por intensificar a capacidade de relacionar brasileira com o continente africano. Em contrapartida, houve também um aumento do número de postos diplomáticos africanos no Brasil, saltando de 16 para 25, entre 2003 e 2006 (Ribeiro, 2007).

No período compreendido de 2003 a 2010, a África se tornou uma das áreas de influência mais relevantes no planejamento diplomático brasileiro. A comprovação da relevância estratégica de África na política externa do Brasil foi o alto nível de investimento diplomático. No total, foram realizadas 29 visitas de Estado a nações africanas, 17 Embaixadas foram abertas no período — totalizando 35 à época — e, em contrapartida, 47 lideranças africanas, de 27 países, visitaram o Brasil em 8 anos (Visentini, 2016).

No período 2011 – 2016 houve certo arrefecimento imenso do interesse africano na política externa, tendo em vista a crescente política interna no Brasil associada aos efeitos duradouros e ampliados da crise econômica global iniciada em 2008. Com o Chanceler Aloysio Nunes, (02/03/2017 – 1º/01/2019) no governo Michel Temer (31/08/2016 – 1º/01/2019), há um ensaio, bastante tímido, de recuperar a presença brasileira em África, tendo visitado 16 países, mas sem conseguir intensificar as relações com o continente no patamar dos primeiros anos do século XXI.

3. CONCLUSÃO

A perspectiva africana é uma dimensão cada vez mais necessária da agenda da política externa brasileira, não somente pela importância intrínseca da área como espaço natural para a ação externa do país, mas também pelas perspectivas no campo multilateral, especialmente a cooperação no marco do Atlântico Sul e outros temas. No caso específico do Atlântico Sul, é necessário dar a esse enfoque geográfico uma dimensão multifacetada que incorpore, por exemplo, as questões ambientais, em especial o meio ambiente marinho e as zonas costeiras, e o tema da cooperação econômica, com o objetivo de criação de uma eventual zona de livre comércio.

4. ESTUDO DIRIGIDO

Questão 1: O Brasil do século XXI, independentemente do espectro político, não tem alimentado e fortificado as históricas relações geopolíticas assimétricas/desiguais em relação à África?

Questão 2: Até que ponto existe na política externa brasileira para a África, traços de colonialidade, enquanto relação de dominação marcadas por racismo, sexismo, elitismo e eurocentrismo? Seriam apenas relações diplomáticas encobrindo as relações de trocas econômicas e comerciais ou teriam algo específico que as diferenciam das relações com os antigos países colonizadores?

Questão 3: Como a cooperação entre os países africanos e o Brasil poderiam ampliar as possibilidades para se encontrar soluções do Sul Global aos seus próprios problemas de desenvolvimento, ao invés das inúmeras tentativas de se aplicar modelos de desenvolvimento vindos do Atlântico Norte?

Questão 4: A partir dos ajustes nas linhas de política externa do governo Lula (2003-2010), teria a política africana papel especial? Se de fato esse ajuste ocorreu, que peso possui a África para auxiliar o anseio brasileiro de ser um país com maior peso político e econômico no cenário internacional no século XXI?

Questão 5: Como a compreensão das Relações Internacionais e da Análise de Política Externa relacionadas à África podem qualificar as discussões sobre cidadania e a necessidade de exterminar o racismo e a xenofobia na sociedade brasileira?

5. REFERÊNCIAS BIBLIOGRÁFICAS

ALENCASTRO, L. F. de. *O trato dos viventes*: formação do Brasil no Atlântico Sul, séculos XVI e XVII. São Paulo: Companhia das Letras, 2000.

ALMEIDA, P. R. de. O Brasil como ator regional e como emergente global: Estratégias de política externa e impacto na nova ordem internacional. Ed. *Revista Cena Internacional*, v. 9, n. 1, p. 7-36, 2007 (http://www.pralmeida. org/05DocsPRA/1748BrAtorGlobCenaIntern.pdf).

ARAÚJO, M.; MAESO, S. R. *Os Contornos do Eurocentrismo: raça, história e textos políticos.* Coimbra: Edições Almedina, 2016.

ARAÚJO, R. B. de. *Guerra e paz*: Casagrande & senzala e a obra de Gilberto Freyre nos anos 30. Rio de Janeiro: Ed. 34, 1994.

CEPALUNI, G.; VIGEVANI, T. A Política Externa de Lula da Silva: a estratégia da autonomia pela diversificação. *Contexto Internacional*, v. 2, n. 2, p. 273-335, jul/dez 2007 (https://www.scielo.br/j/cint/a/sWn5MtCXt-MZdzdSm3CtzZmC/).

CERVO, A. L. *Inserção Internacional*: formação dos conceitos brasileiros. São Paulo: Saraiva; 2008.

CERVO, A. L. BUENO, C. *História da política exterior do Brasil.* Brasília: Editora Universidade de Brasília, 2014.

DÁVILA, J. *Hotel Trópico*: o Brasil e o desafio da descolonização africana (1950-1980). Rio de Janeiro: Paz e Terra, 2011.

DUARTE, G. M. M. B. R.; SANTOS, R. O. dos. (2018). Apresentação – 70 anos das operações de paz das Nações Unidas: balanços e perspectivas. *Conjuntura Internacional*, *15*(3), 1, 2018 (https://doi.org/10.5752/ P.1809-6182.2018v15n3p1).

FREIXO, A. de. Dez anos da CPLP: as perspectivas de integração do mundo de língua portuguesa. *Revista Cena Internacional*, ano 8, n. 1, p. 35-54, jun/2006 (https://biblat.unam.mx/hevila/CENAInternacional/2006/vol8/ no1/3.pdf).

GARCIA, A. S.; ASSIS, C. C. de; ALBUQUERQUE, Renata Albuquerque. Integração regional africana: panorama, avanços e desafios. *Boletim de Economia e Política Internacional*, v. 32, p. 135-183, 2022 (https://repositorio.ipea.gov.br/bitstream/11058/11193/1/bepi_32_integracao_regional. pdf).

GILROY, P. *O Atlântico Negro*: modernidade e dupla consciência. São Paulo: Ed. 34; Rio de Janeiro: Universidade Cândido Mendes, Centro de Estudos Afro-Asiáticos, 2001.

GONÇALVES, W. da S.; MIYAMOTO; S. Os Militares na Política Externa Brasileira: 1964-1984. *Estudos Históricos*, v. 6; n. 12; 1993. p. 211-246 (https://bibliotecadigital.fgv.br/ojs/index.php/reh/article/view/1964).

GUERREIRO, G. *Terceira diáspora*; culturas negras no mundo atlântico. Salvador: Corrupio, 2010.

LIMA, M. R. S. de. A política externa brasileira e os desafios da cooperação Sul-Sul. *Revista Brasileira de Política Internacional*, v. 48, n. 1, p. 24-56, 2005 (https://www.scielo.br/j/rbpi/a/RLvRNjTTpvTS9wfyNSXcMpr/?-format=pdf&lang=pt).

MATOS, P. A. "Nunca antes na história deste país"; a cooperação brasileira (2003-2010) com a África do Sul, Nigéria, Angola e Cabo Verde. Tese (Doutorado), Pontifícia Universidade Católica de Minas Gerais, Programa de Pós-graduação em Relações Internacionais, 2017 (http://www.biblioteca. pucminas.br/teses/RelInternac_MatosAM_1.pdf).

MOURÃO, F. A. A.; OLIVEIRA, H. A. de. O Processo de Definição da Política Africana no Brasil. In: ALBUQUERQUE, José Augusto Guilhon; OLIVEIRA, Henrique Altemani de (Orgs.). *A Política Externa Brasileira na visão dos seus protagonistas*. Rio de Janeiro: Lumen Júris; 2005. p. 47-79.

MUDIMBE, V. Y. *A invenção de África*: Gnose, filosofia e a ordem do conhecimento. Luanda: Mulemba; Mangualde/Ramada: Pedago, 2013.

OBENGA, T. *O sentido da luta contra o africanismo eurocentrista*. Luanda: Mulemba; Mangualde/Ramada: Pedago, 2013.

OLIVA, A. R. A História da África nos Bancos Escolares: representações e imprecisões na literatura didática. *Revista Estudos Afro-Asiáticos*, ano 25, n° 3, set./dez. 2003, p. 421-462.

OLIVA, A. R. *Lições sobre a África*: colonialismo e racismo nas representações sobre a África e os africanos nos manuais escolares de História em Portugal (1990-2005). Curitiba: Appris, 2021.

Referências Bibliográficas

OLIVA. A. R. *Reflexos da África*: ideias e representações sobre os africanos no imaginário ocidental, estudos no Brasil e Portugal. Goiânia: Ed. da PUC Goiás, 2010.

OLIVEIRA, M. F. de. Alianças e coalizões internacionais do governo Lula: o Ibas e o G-20. *Revista Brasileira de Política Internacional*, v. 8, n. 2, p. 55-69, 2005.

PALLARES-BURKE, M. L. G. *Gilberto Freyre*: um vitoriano nos trópicos. São Paulo: Unesp, 2005.

PARADA, M.; MEIHY, M. S. B; MATTOS, P. de O. de. *História da África Contemporânea*. Rio de Janeiro: Ed. PUC-Rio: Pallas, 2013.

PENHA, E. A. *Brasil-África e geopolítica do Atlântico Sul*. Salvador: EDUF-BA, 2011.

PIMENTA, G. F. (2016). Política externa do governo Geisel (1974-1979): análise realista neoclássica. Estudos Internacionais: Revista De relações Internacionais Da PUC Minas, 3(2), 203-224, 2016 (http://periodicos.puc-minas.br/index.php/estudosinternacionais/article/view/10602).

RIBEIRO, C. O. *Relações político-comerciais Brasil-África (1985-2006)*. Tese de Doutorado em Ciência Política. São Paulo: Faculdade de Filosofia, Letras e Ciências Humanas, Universidade de São Paulo, 2007 (https://www.teses.usp.br/teses/disponiveis/8/8131/tde-31102007-145644/publico/TESE CLAUDIO OLIVEIRA RIBEIRO.pdf).

RODRIGUES, J. H. *Brasil e África*: Outro Horizonte. 3ª. ed. revista e com um novo capitulo atualizado até 1980. Rio de Janeiro: Nova Fronteira, 1982.

SARAIVA, J. F. S. (Org.). *Comunidade dos Países de Língua Portuguesa (CPLP)*: solidariedade e ação política. Brasília: Instituto Brasileiro de Relações Internacionais, 2001.

SARAIVA, J. F. S. S. A África na ordem internacional do século XXI: mudanças epidérmicas ou ensaios da autonomia decisória? *Revista Brasileira de Política Internacional*, v. 51, n. 1, p. 87-104, 2008.

SARAIVA, J. F. S. África, Parceira do Brasil Atlântico: Relações internacionais do Brasil e da África no início do século XXI. Belo Horizonte: Fino Traço, 2012.

SARAIVA., J. F. S. *O lugar da África:* a dimensão atlântica da política externa brasileira, de 1946 a nossos dias. Brasília: EdUnB, 1996.

SARAIVA, M. G. As estratégias de cooperação Sul-Sul nos marcos da política externa brasileira de 1993 a 2007. *Revista Brasileira de Política Internacional*, v. 50, n. 2, p. 42-59, 2007.

TEIXEIRA, R. C. (2019). Dossiê Temático: África: memória e projeções de desenvolvimento – Apresentação. Conjuntura Internacional, 16(2), 2. (https://doi.org/10.5752/P.1809-6182.2019v16n2p2)

THOMAZ, O. R. *Ecos do Atlântico Sul;* representações sobre o Terceiro Império Português. Rio de Janeiro: UFRJ; Faperj, 2002.

VISENTINI, P. F. *A relação Brasil-África*: prestígio, cooperação ou negócios? Rio de Janeiro: Alta Books, 2016.

6. RECURSOS AUDIOVISUAIS

Sarafina, o som da liberdade. Gênero: Drama. Ano: 1992. Direção: Darrel James Poot. Sinopse: na África do Sul, extraordinária professora ensina seus jovens alunos negros a lutarem por seus direitos. Para uma aluna em especial, essas lições serão um rito de iniciação na vida adulta na forma de uma brutal tomada de consciência a respeito da realidade que a cerca. Baseado na peça de Mbongeni Ngema.

Um grito de liberdade. Gênero: Drama. Ano: 1987. Direção: Richard Attenborough). Sinopse: A inesquecível amizade entre dois homens inesquecíveis. A tensão e o terror na África do Sul durante o *apartheid* são intensamente retratados sobre o ativista Stephen Biko (Denzel Washington) e um editor jornalístico branco, liberal, que arrisca a própria vida para levar a mensagem de Biko ao mundo. Depois de travar contato com os verdadeiros horrores do *apartheid* através dos olhos de Biko, o editor Donald Woods (Kevin Kline) descobre que o amigo foi silenciado pela polícia. Determinado a não deixar que a mensagem de Biko seja abafada, Woods empreende uma perigosa fuga da África do Sul para tentar levar a incrível história de coragem de Biko para o mundo.

Atlântico Negro – Na rota dos Orixás. Gênero: Documentário. Ano: 1998. Direção: Retrato Barbieri. Sinopse: Viagem no espaço e no tempo em busca das origens africanas da cultura brasileira. Historiadores, antropólogos e sacerdotes africanos e brasileiros relatam fatos históricos e dados surpreendentes sobre as inúmeras afinidades culturais que unem 35 dois lados do Atlântico. Visão atual do Benin, berço da cultura iorubá. Filmado no Benim, no Maranhão e na Bahia.

Hotel Ruanda. Gênero: Drama. Ano: 2004. Direção: Terry George. Sinopse: Em 1994, um conflito político em Ruanda levou à morte quase 1 milhão de pessoas em apenas cem dias. Sem apoio dos demais países, os ruandeses tiveram que buscar saídas em seu próprio cotidiano para sobreviver. Uma delas foi oferecida por Paul Rusesabagina (Don Cheadle), que era agente do Hotel Milles Collines, localizado na capital do País. Contando apenas com sua coragem, Paul abrigou no hotel mais de 1200 pessoas durante o conflito.

Entre dois amores (Out of África). Gênero: Drama. Ano: 1985. Direção: Sidney Pollack. Sinopse: O filme relata a história real da baronesa dinamarquesa Karen von Blixen-Finecke, uma mulher independente e forte que dirige uma plantação de café no Quênia, por volta de 1914. Para sua total surpresa, ela se descobre apaixonada pela África e pela sua gente. Casada por conveniência com o Barão Bron von Blixen-Finecke, apaixona-se pelo misterioso caçador Denys Finch Hatton.

Crianças invisíveis. Gênero: Drama. Ano: 2005. Direção: Spike Lee. Sinopse: Crianças invisíveis, diz o nome, fala de crianças, de vítimas, retratadas por sete curtas em vários cantos do mundo (Brasil, Burkina-Faso, China, Estados Unidos, Inglaterra, Itália e Sérvia-Montenegro). Com isso, o filme concebido pela italiana Chiara Tilesi, com produção de Maria Grazia Cucinotta e Stefano Veneruso, emociona, faz o espectador chorar, estabelecer uma empatia com os personagens do trabalho infantil, da guerra, ou mesmo da delinquência.

UNIDADE IV: **POLÍTICA EXTERNA E PARADIPLOMACIA**

CAPÍTULO 19: **QUANDO O ITAMARATY NÃO É SUFICIENTE: POLÍTICA EXTERNA E PARADIPLOMACIA NO BRASIL**

CAIRO JUNQUEIRA[132] E LEANDRA BATISTA[133]

1. INTRODUÇÃO

A Análise de Política Externa (APE) representa um campo ou até mesmo uma subárea de pesquisa das Relações Internacionais que trouxe uma nova abordagem para se estudar a Política Internacional. Nas décadas de 1970 e 1980 ganharam ênfase nos estudos internacionais as perspectivas sistêmicas, ou seja, teorias analíticas que priorizavam o entendimento da política externa a partir de fatores e variáveis estruturais. Assim, determinada ação de um país perante outro era explicada a partir da influência do próprio Sistema Internacional, muitas vezes entendido sob a lógica da Anarquia, segundo a qual inexiste entidade ou instituição internacional capaz de regular e regulamentar as relações interestatais.

Então qual foi a novidade da APE? Ao invés de entender a ação externa de um Estado desde condicionantes internacionais e estruturais, a APE elencou a importância de se observar os fatores domésticos. Esse campo de investigação procurou verificar que a Política

---

[132] Professor Adjunto do Departamento de Relações Internacionais da Universidade Federal de Sergipe (DRI/UFS) e Pós-doutorando pelo Programa Interinstitucional de Pós-Graduação em Relações Internacionais "San Tiago Dantas" (UNESP, UNICAMP, PUC-SP).

[133] Doutoranda em Políticas Públicas pela Universidade Federal do ABC (PP-GPPU-UFABC) e mestre em Relações Internacionais pela Universidade Estadual da Paraíba (PPGRI-UEPB).

Externa representa uma ação direcionada para fora do próprio Estado abrangendo diferentes interesses e influências de atores domésticos, a exemplo de grupos de interesse e pressão, elites, partidos políticos, burocracias e opinião pública.

De certa forma, a APE contribuiu para abrir a "caixa-preta" do Estado. Como afirmado por Hudson (2005), duas marcas desse campo de estudos são a explicação das decisões de política externa como resultantes de fatores (i) multifatoriais e (ii) multiníveis. Considerar o aspecto doméstico significa dar margem à inclusão de diferentes agendas, influências, capacidades e atores, desde as relações micro ou interna até macro ou internacional. Uma premissa primordial da APE é ponderar que o fundamento principal das Relações Internacionais advém de decisões humanas tomadas de forma individual ou por meio de grupos. E isso afeta diretamente a forma de estudar os fenômenos internacionais.

Embora tal abordagem seja extremamente enriquecedora para o campo das Relações Internacionais, abrindo margem para se falar de relações "intermésticas" – que representam a combinação de políticas domésticas com as internacionais –, há um ponto importante que deve ser enfatizado: os atores domésticos não são sinônimos de atores subnacionais. Ambos se relacionam, interagem e carregam consigo mesmos o fato de estarem inseridos no interior do Estado, mas correspondem a diferentes entidades e formas de atuação.

Os atores subnacionais não são sinônimos de atores domésticos. Aqueles são partes constituintes do Estado que atuam internacionalmente ou interagem com temáticas internacionais a exemplo de cidades, regiões, estados federados, cantões e departamentos (Bueno, 2010). No caso específico brasileiro, os governos subnacionais são os apontados no Artigo 18 da Constituição Federal, os municípios e estados, incluindo-se o Distrito Federal.

Na literatura especializada existe um conceito que faz jus à atuação internacional de tais governos, o termo "paradiplomacia" criado no último quarto do século XX por influência de diversos autores, destacando-se o trabalho de Soldatos (1990). Por exemplo, se há um representante legítimo de determinada prefeitura ou governo estadual e ele inicia ou mantém contatos com terceiros de fora do Brasil, pode-

Capítulo 19: Quando o Itamaraty não é suficiente: política externa e paradiplomacia no Brasil

mos caracterizar tal processo como ação paradiplomática. O conceito é bastante controverso e depende de aspectos contextuais e conjunturais, sendo que no Brasil também existem outras terminologias como política externa federativa, cooperação descentralizada e diplomacia federativa.

A nomenclatura "diplomacia federativa" advém de produções desenvolvidas no próprio Curso de Altos Estudos do Instituto Rio Branco, abrangendo a atuação externa das unidades federativas e a forma de articulação política entre o poder central e os poderes subnacionais em relação às ações externas (Bogéa Filho, 2001 *apud* Bueno, 2010). Nesse ponto, há um debate bem amplo que perpassa a Política Externa Brasileira, pois muitos consideram o Ministério de Relações Exteriores (MRE) como a única instância capaz de representar o país de forma adequada. Tal concepção é incorreta em ao menos duas dimensões. Em primeiro lugar, a diplomacia é parte constituinte da política externa do país, não devendo confundir o todo com suas partes integrantes. E em segundo, com base na própria APE, o leque de atores, agendas e influências da política externa é bem mais amplo do que se presume resguardar em interesses e instâncias centrais.

O Itamaraty é o órgão por excelência do Poder Executivo responsável por assessorar a Presidência na formulação e no desenvolvimento das relações do Brasil com outros países e organizações internacionais. Todavia, ele não é suficiente para explicar e analisar todo e qualquer processo que abarca nossa política externa. Partindo da perspectiva de se considerar a multiplicidade de atores que se envolvem nesse processo, o objetivo deste capítulo é apresentar um breve estado da arte sobre a paradiplomacia procurando elencar desde seus motivadores internacionais até os aspectos específicos da realidade brasileira. Além do debate conceitual mais amplo, trataremos sobre os aspectos práticos desse fenômeno até chegar à caracterização da própria paradiplomacia no Brasil considerando questões federativas, constitucionais e institucionais. Esperamos que ao final deste capítulo o leitor compreenda a importância desse debate tanto em termos acadêmicos quanto práticos, destacando a relevância da atuação internacional de governos subnacionais para as relações internacionais brasileiras.

2. O QUE É PARADIPLOMACIA?

Paradiplomacia tornou-se o neologismo mais utilizado e difundido para caracterizar o processo de inserção internacional de governos subnacionais. O conceito foi proposto por Soldatos (1990) e corresponde à abreviação de "diplomacia paralela". Todavia, a par de ser o mais usado, o termo incita interpretações equivocadas e errôneas em virtude do seu prefixo "para", muitas vezes utilizado para dar o tom de algo proibido, a exemplo de "paramilitar". Não é esse o caso de referência dos atores subnacionais que progressivamente foram aumentando seu espaço de influência nas relações internacionais.

Isso não significa que a paradiplomacia representa um processo sempre harmônico e sem debates entre diferentes entidades governamentais. O próprio Soldatos (1990) atestou que a atividade desses atores subnacionais mina a noção de política externa como atributo essencial do Estado, algo muito importante para se considerar sobretudo no debate apresentado na introdução deste capítulo. Ainda segundo o autor, a paradiplomacia pode complementar a política estatal, algo que normalmente acontece, mas em alguns casos também pode causar desafios à diplomacia.

Outro grande expoente é Duchacek (1984), criador do termo "microdiplomacia global" para compreender a busca por cooperação política e econômica com grandes centros de poder por parte de subnacionalidades, além de ter sido pesquisador da paradiplomacia em seu caráter regional e transfronteiriço. Por sua vez, Kincaid (1990) inseriu o conceito de "diplomacia constituinte" para assinalar a ideia de que unidades subnacionais de Federações possuem espaço e base para se internacionalizarem com apoio do governo federal.

Uma das definições mais utilizadas e citadas é a de Cornago Prieto, representando a paradiplomacia como:

> [...] o envolvimento de governo subnacional nas relações internacionais, por meio do estabelecimento de contatos, formais e informais, permanentes ou provisórios (*ad hoc*), com entidades estrangeiras públicas ou privadas, objetivando promover resultados socioeconômicos ou políticos, bem como qualquer outra dimensão externa de sua própria competência constitucional. (Cornago Prieto, 2004, p. 251)

Entretanto, esta abordagem é ampla e deve ser usada com cautela por parte de pesquisadores e interessados da área. Isso porque se subentende que a paradiplomacia tem uma amplitude em termos de ação formal e informal, bem como privada e pública. Nesse sentido, concordamos com Zeraoui (2013), o qual afirma que a paradiplomacia está mais voltada aos atores públicos, pois normalmente utiliza-se a expressão "ação internacional" para se referir à internacionalização de empresas e organizações do terceiro setor.

Além dessa dimensão pública, a paradiplomacia é um fenômeno de desenvolvimento de governos regionais nas relações internacionais constituindo-se como um meio multifuncional para a promoção de interesses e identidades subnacionais (Lecours, 2002) com três dimensões distintas e principais. Majoritariamente governos subnacionais conduzem relações externas com objetivos (i) econômicos para atração de investimento e busca por mercados, (ii) cooperativos com objetivo de desenvolvimento e (iii) políticos, neste caso específico podendo caracterizar rupturas institucionais e vieses separatistas, o que ficou reconhecido na área por "protodiplomacia". Claramente a lista não termina aqui e é imperativo ressaltar que atualmente a paradiplomacia também abrange aspectos culturais, tecnológicos, ambientais, sanitários, humanitários e assim por diante, o que inclusive pode ser adicionado ao segundo objetivo, qual seja a busca por cooperação para o desenvolvimento.

Wolff (2007) caracteriza a paradiplomacia como representante da política externa das entidades subestatais, conceito interessante considerando seu contraponto em relação à própria política externa enquanto característica do Estado. Por fim, Hocking (1993) especifica por "diplomacia de múltiplas camadas" a interação entre os níveis nacional e subnacional na consecução da própria política externa.

Até aqui é bem visível como há uma série de definições para a terminologia, o que implica a busca por conceitos correlatos ou até mesmo sinônimos. A esse respeito, o recente livro de Kuznetsov (2015) promove compilações amplas para os interessados no entendimento do neologismo.

> Não existe consenso na academia a respeito de qual termo é mais conveniente para definir as atividades externas dos governos subnacionais e os pesquisadores normalmente preferem não perder tempo com debates terminológicos, mas sim utilizar os conceitos que parecem mais propícios ao uso. Assim, além do conceito de "paradiplomacia", podemos encontrar um número de distintos termos que marca a performance das regiões na arena internacional a exemplo de "diplomacia constituinte", "diplomacia regional", 'diplomacia sub-estatal', 'microdiplomacia', 'diplomacia de múltiplas camadas', 'diplomacia catalítica', 'protodiplomacia', 'pós-diplomacia' e assim por diante. Todas essas criações terminológicas não são claras e definidas. (Kuznetsov, 2015, p. 25).

Mudam-se os países e, por vezes, mudam-se os contextos de utilização do termo. Os estudos a respeito da ação internacional de governos subnacionais começaram nos idos de 1970 e 1980, mas naquele período as análises carregavam forte viés anglo-saxônico, sobretudo em estudos de caso canadenses e estadunidenses. Nos anos 1990 a abordagem se incorporou à Europa e apenas no início do século XXI chegou a outras regiões, incluindo a América Latina. Aqui a paradiplomacia também é um conceito amplamente divulgado, embora também existam especificidades como será visto no caso do Brasil. Por se tratar de uma palavra que essencialmente sintetiza um fenômeno internacional, antes disso é essencial verificar os motivadores do aumento qualitativo e quantitativo da ação internacional dos governos subnacionais.

3. MOTIVADORES E CONTEXTOS DA INTERNACIONALIZAÇÃO SUBNACIONAL

A par da atuação internacional de governos subnacionais representar um processo histórico, somente no final do século XX a literatura especializada da área começou a dar mais ênfase e destaque ao fenômeno, algo notado na própria criação de diferentes terminologias e conceitos, conforme visto na seção anterior. Acompanhando essa tendência, as relações internacionais do período trouxeram diferentes

Capítulo 19: Quando o Itamaraty não é suficiente: política externa e paradiplomacia no Brasil

nuances que devem ser aqui mencionadas porque contribuíram com o próprio fortalecimento da paradiplomacia.

Em primeiro lugar, os governos subnacionais também passaram a ser considerados tipos de atores internacionais, definidos como unidades do Sistema Internacional capazes de mobilizar recursos, exercer influência sobre outrem e gozar de relativa autonomia (Barbé, 1995). O processo de urbanização, ou seja, de saída das pessoas de áreas rurais para as urbanas, também apresentou aumento no final do século, sendo que atualmente cerca da metade da população mundial vive em cidades e projeções da Organização das Nações Unidas (ONU) estimam que até 2050 cerca de 70% das pessoas estarão vivendo nestes espaços (ONU News, 2019).

Essa tendência representa um fortalecimento do papel de diferentes governos subnacionais, incluindo as cidades, sinalizando que progressivamente suas participações em diferentes iniciativas são mais do que necessárias para resolver determinados problemas globais. Isso evidencia o chamado "empoderamento local" ou "localismo", os quais mostram a necessidade dos governos subnacionais estarem inseridos em debates e instâncias multilaterais que atuam nas mais diversas agendas como saúde, meio ambiente, segurança pública, turismo, trabalho e educação. Um grande exemplo recente que ilustra essa questão foi a transformação da Agenda do Milênio em Agenda 2030, atualizando os Objetivos de Desenvolvimento do Milênio (ODM) para Objetivos de Desenvolvimento Sustentável (ODS), sendo estes últimos nitidamente sustentados em deliberações multilaterais que perpassam diferentes níveis e atores internacionais. A título de curiosidade, tornar as cidades mais inclusivas e sustentáveis é a finalidade do ODS 11 voltado especificamente para realidade subnacional.

Retomando o universo temporal do último quarto de século, ocorreu um aumento na reciprocidade entre países através de fluxos de dinheiro, informação, bens e pessoas (Keohane; Nye, 2005). Na década de 1970 a fronteira entre o internacional e o doméstico tornou-se mais difusa caracterizando a "Interdependência Complexa" composta por três aspectos principais: i) existência de múltiplos canais de comunicação e negociação entre os atores; ii) ocorrência de uma agenda temática múltipla nas relações internacionais – algo que vai ao encontro do apontado no parágrafo anterior; iii) utilidade decrescente do uso da força, estimulando mais canais de diálogo e comunicação.

Todos esses processos apontados se relacionam com três movimentos mais abrangentes e recentes das relações internacionais: a reestruturação e a descentralização do Estado, a intensificação da globalização e o aumento das atividades e ações práticas dos atores subnacionais. Um dos grandes debates nos anos 1990 se centrou na mudança de atuação e entendimento do papel do Estado-nação enquanto ator internacional. A habilidade efetiva do Estado em agir de forma totalmente autônoma na articulação e consecução de objetivos políticos internos e externos foi reduzida. Para Keating (2004), a noção de "território" enquanto aspecto soberano estatal sofreu um revés à época. Em suas palavras:

> O declínio da capacidade estatal em controlar seus territórios é um importante fator de todo esse processo, bem como a deterioração da relação de intercâmbio segundo a qual os Estados ofereciam proteção frente ao mercado e condições benéficas de investimentos em troca de lealdade a esse mesmo Estado (nos Estados multinacionais) ou de apoio ao governo no poder [...] os dirigentes públicos e políticos devem cada vez mais representar distintos papéis segundos diferentes contextos, também contam com maior capacidade para atravessar a velha fronteira entre o estatal e o internacional. A política é, progressivamente, um assunto de complexas redes de relacionamento e não podem limitar-se às instituições, haja vista que ultrapassa tanto os limites entre público e privado quanto às fronteiras internacionais. (Keating, 2004, p. 53, 71-72)

Para Mariano (2007), a concepção do Estado moderno enquanto ente político autônomo composto por governantes e governados, detentor de jurisdição sobre determinado território e com legitimidade baseada no consentimento de seus cidadãos foi substituída por uma nova forma ou lógica de Estado na qual as decisões políticas são influenciadas e permeadas por redes intergovernamentais transnacionais. Isso significou que novos atores e novas instâncias decisórias começaram a participar mais ativamente no palco internacional. Consequentemente, a autoridade política do Estado e seu direito incontestável de estabelecer normas, regulamentos e políticas, bem como governar com base nesse direito, foi objeto de críticas e constantes redefinições.

Assim, o Estado não é totalmente unitário e não tem somente um interesse, mas representa um *locus* de multiplicidade de conveniências. A dimensão internacional tornou-se cada vez menos limitada aos órgãos dos Estados e cada vez mais outros atores, incluindo os subnacionais, passaram a influenciar a política externa e a produzir políticas de impacto internacional, gerando a própria "descentralização da política externa estatal" (Sánchez, 2004, p. 345).

Todo esse processo relatado aqui dialoga diretamente com a intensificação da globalização, a qual também é um fenômeno local por nos afetar no dia a dia, representa a intensificação das relações sociais mundiais que unem localidades distantes de tal modo que acontecimentos locais são condicionados por eventos que acontecem a muitas milhas de distância e vice-versa (Giddens, 2008) e abrange um fenômeno espacial de descontinuidade entre global e local, mudança da interação e do exercício do poder. Assim, a globalização

> [...] denota em escala crescente, a magnitude progressiva, a aceleração e o aprofundamento do impacto dos fluxos e padrões inter-regionais de interação social. Refere-se a uma mudança ou transformação na escala da organização social que liga comunidades distantes e amplia o alcance das relações de poder nas grandes regiões e continentes do mundo. (Held; McGrew, 2001, p. 13).

Sassen (2010) argumenta que os processos e formações globais desestabilizaram a hierarquia escalar centrada no Estado-nação, o que resultou em um reescalonamento, ou seja, não na desaparição das antigas hierarquias do sistema, mas sim em sua reformulação. Como resultado, o jogo político global não esteve mais centrado exclusivamente no nível nacional, com o surgimento de novas esferas de atuação tanto em níveis supranacionais, acima dos Estados, como subnacionais, no interior dos próprios Estados. No final do século XX houve uma descentralização relativa dos processos decisórios que antes eram baseados majoritariamente nos Estados, passando a ocor-

Curso de Política Externa Brasileira Contemporânea

rer em níveis supranacionais, exemplificados pelos blocos econômicos regionais, como a União Europeia, bem como em níveis subnacionais, ilustrados por governos locais e cidades globais como São Paulo, Nova Iorque, Tóquio e Londres.

De certa forma foi consensual na literatura especializada da área que o estágio de engajamento internacional dos governos subnacionais nos anos 1990 e 2000 esteve fortemente vinculado à globalização. Mesmo assim, vale destacar que o avanço da paradiplomacia no mundo foi além das influências citadas acima e do forte aparato teórico-analítico debruçado sobre ele. Os governos subnacionais ganharam relevância pela própria atuação empírica e pelo estabelecimento de múltiplas ligações, intercâmbios e conexões com seus semelhantes e com outros atores – Estados, organizações internacionais, organizações não governamentais, grandes corporações etc. – nas últimas décadas.

No universo temporal retratado, incluindo o tempo presente, o que os governos subnacionais promoveram e promovem internacionalmente com maior estímulo e eficácia?

1. Viagens e visitas oficiais a outros países por parte dos representantes locais, municipais, estaduais, departamentais ou provinciais, por exemplo;
2. Participação em redes internacionais com nas de cidades, nas quais os governos locais se unem para trocar experiência e fazer intercâmbio de boas práticas;
3. Estabelecimento de escritórios no exterior com quadros comunicativos permanentes;
4. Estabelecimento de escritórios na burocracia interna a exemplo de secretarias, assessorias, coordenadorias e gabinetes destinadas às relações internacionais;
5. Assinatura de convênios e acordos internacionais, como a promoção de irmanamentos entre cidades;
6. Representação do próprio Estado em casos que tratam sobre temas de sua competência;
7. Captação de recursos e atração de investimentos estrangeiros. Esse ponto representa um dos principais pilares de interesse dos governos subnacionais, incluindo a realidade brasileira;

8. Promoção de cooperação transfronteiriça. A integração fronteiriça é um ponto de apoio fundamental para determinados governos subnacionais cujas populações convivem diariamente com o aspecto internacional, seja a trabalho ou até mesmo lazer. Aqui vale destacar também que muitas dessas atividades são desenvolvidas no bojo de determinados blocos regionais;

9. Difusão de políticas públicas. Tema totalmente recente no âmbito das Relações Internacionais, governos subnacionais podem transferir políticas públicas internacionalmente;

10. Formação de consórcios públicos, os quais são, no Brasil, associações formadas por entes federativos (União, estados, Distrito Federal e municípios) com o objetivo de cooperar entre si para a solução de problemas comuns e a promoção do desenvolvimento regional. Os consórcios podem ser constituídos para a realização de diversas finalidades, tais como a prestação de serviços públicos, a realização de obras, a compra de equipamentos e materiais, incluindo o fomento de contatos internacionais. Eles são importantes instrumentos de integração e cooperação entre os entes federativos, permitindo que os recursos públicos sejam utilizados de forma mais eficiente e eficaz na execução de políticas públicas (Clementino, 2019);

11. Estímulo à cooperação descentralizada, termo criado nos anos 1980 interligando cooperação para o desenvolvimento e inserção internacional de governos locais.

A lista apresentada acima não se esgota e serve para ilustrar como a internacionalização de governos subnacionais é plural e múltipla. Ainda é importante destacar que, embora tratados com determinável nível de uniformização ou até mesmo generalização, as ações internacionais empreendidas através da paradiplomacia reverberam e são frutos de diferentes causas e contextos. Isso significa que, por exemplo, o que fundamenta a internacionalização de uma cidade com milhões de habitantes por vezes será totalmente diferente quando comparada à internacionalização de um pequeno município fronteiriço ou do interior brasileiro. Dinâmicas como recursos financeiros, demandas econômico-comerciais, localização geográfica, densidade populacional, autonomia decisória e diálogo e apoio políticos são fatores fundamentais para compreendermos por que determinados governos subnacionais se internacionalizam e outros não.

Especificamente no Brasil, a paradiplomacia tornou-se uma prática aceita pelo Governo Federal e passou a ser experiência cotidiana para determinadas cidades e estados. Além dos pontos aqui citados, outros dois fatores foram necessários para seu desenvolvimento no país: a redemocratização e o fortalecimento do Federalismo. Foi exatamente nos anos 1990 que a própria área de Análise de Política Externa (APE) voltou seus olhares para debater a descentralização decisória e a participação subnacional na política externa brasileira. A argumentação teórica-conceitual acompanhou mudanças institucionais e constitucionais inaugurando um período de grande avanço na pauta subnacional.

4. (DES)CAMINHOS DA PARADIPLOMACIA NO BRASIL

A promulgação da Constituição Federal de 1988 estabeleceu um novo olhar sobre a descentralização política dos entes subnacionais brasileiros. Através de um processo autônomo, estados e municípios transformaram-se em novos difusores na busca por cooperação internacional. No geral, o Artigo 49 da CF prevê que é de competência exclusiva da União "resolver definitivamente sobre tratados, acordos ou atos internacionais que acarretem encargos ou compromissos gravosos ao patrimônio nacional" (Brasil, 1988). Contudo, a carta constitucional notifica a descentralização dos governos subnacionais desde que haja o devido aval do Senado Federal a partir do momento que estes atores passam a administrar suas agendas. Essa "restauração do federalismo brasileiro" (Souza 2005) não significou um enfraquecimento do papel da diplomacia tradicional exercida pelo Governo Federal, mas se tratou de uma alternativa para ampliar a projeção internacional do país como um todo (Banzatto, 2015).

O surgimento de iniciativas para a condução das relações internacionais dos governos subnacionais, tal como as secretarias de relações internacionais no Rio de Janeiro (1983) e Rio Grande do Sul (1987), contribuíram para a expansão do protagonismo subnacional

Capítulo 19: Quando o Itamaraty não é suficiente: política externa e paradiplomacia no Brasil

de entes brasileiros na cena internacional. A internacionalização, que a princípio fez parte da agenda de governo de Leonel Brizola (1983-1986/PDT-RJ) e de Pedro Simon (1987-1990/PMDB-RS), resultou em um movimento "reativo" da política externa brasileira (Miklos, 2011). O contrato com organismos internacionais passou a suplementar boa parte do desenvolvimento do país. Um exemplo disso foi o crescimento de projetos financeiros alçados pelo Banco Mundial em regiões brasileiras marginalizadas pela desigualdade e pobreza, a partir de 1993. Ao todo, 414 projetos foram implementados no Brasil, arrematando um investimento de US $64 bilhões (World Bank, 2023).

Dessa forma, ainda em 1995 o ex-chanceler Luiz Felipe Lampreia e o ex-presidente Fernando Henrique Cardoso (1995-2003) reconheceram as ações dos governos subnacionais para combater a crise econômica que pairava sob o Brasil após o período de ditadura militar (1964-1985) no contexto dos movimentos para o fortalecimento da integração regional no Mercado Comum do Sul, o Mercosul (Lampreia, 1999). E, além disso, acrescentaram à agenda da União o compromisso de instituir novos canais de comunicação com os governos subnacionais para o gerenciamento de suas ações internacionais por parte do Ministério das Relações Exteriores (MRE). A Assessoria de Relações Federativas (ARF) e a Agência Brasileira de Cooperação (ABC) atuaram, a partir de 1997, com o objetivo de capacitar estados e municípios para atraírem investimentos estrangeiros de agências multilaterais (Salomón, 2008). Foram instaurados também escritórios do MRE em alguns estados brasileiros, como São Paulo, Minas Gerais, Rio de Janeiro, Santa Catarina, Paraná, Rio Grande do Sul, Amazonas, Bahia e Pernambuco (Rodrigues, 2008).

No âmbito do governo FHC, o relacionamento com os governos subnacionais organizou-se por um método de controle. Ocorre que, nas entrelinhas, reconhecer as ações paradiplomáticas significava uma ameaça à agenda da "diplomacia presidencial" do governo (Fonseca Jr., 1998). De certa forma, o ex-presidente FHC preocupou-se com o fato de que a tratativa de governadores para com acordos internacionais poderia criar pontos de vulnerabilidade na política externa do governo federal (Abreu, 1997). A arquitetura paradiplomática da década de 1990 foi sistematizada pelo domínio do MRE, fortalecendo a hierarquização entre as contrapartes brasileiras.

A ampliação dos mecanismos para lidar com a atuação internacional dos governos subnacionais brasileiros ocorreu a partir do governo de Luís Inácio Lula da Silva (2003-2010). A Assessoria Especial de Assuntos Federativos e Parlamentares (AFEPA) substituiu os trabalhos da ARF. A União aproximou-se de estados e municípios por intermédio da Subchefia de Assuntos Federativos (SAF) e da Secretaria de Relações Internacionais da Presidência da República (SRI) (Miklos, 2010). Tais procedimentos foram resultantes dos valores e interesses da agenda do governo central à época. A inserção internacional do Brasil durante o período do governo Lula representou uma gama de ações de cooperação multilateral e o tom da diplomacia naquele momento era o de uma política externa "ativa" e "altiva" (Amorim, 2015), que diversificou o contato brasileiro com outras regiões em desenvolvimento: Oriente Médio, Ásia e África (Cervo, 2002).

Houve diálogo coordenativo com os governos subnacionais durante o governo Lula. Um caso que reforça esse contexto foi a formação do Comitê de Articulação Federativa (CAF) em 2003, o que legitimou a promulgação de um Protocolo de Cooperação Federativa entre a União e as unidades federadas. Nessa altura, os papéis dos atores envolvidos foram clarificados e entraram em consonância (Abrucio; Franzesse; Sano, 2013). Organismos de articulação como a Confederação Nacional dos Municípios (CFM), Associação Brasileira de Municípios (ABM), Ministério das Cidades, Conselho das Cidades (ConCidades) e Frente Nacional de Prefeitos (FNP) se consolidaram em decorrência do compartilhamento harmônico entre o Governo Federal e os governos subnacionais nesse período (Rodrigues, 2021). A novidade para o campo das relações internacionais é que o Lula concretizou uma mudança no *modus operandi* da federação, na qual os governos subnacionais brasileiros protagonizaram novas movimentações no sistema internacional com maior liberdade (Grin; Abrucio, 2018).

Além de transformações nas capacidades institucionais dos governos subnacionais, a postura coordenativa do MRE pôs em jogo novas terminologias para qualificar melhor as relações internacionais destes

Capítulo 19: Quando o Itamaraty não é suficiente: política externa e paradiplomacia no Brasil

entes. Expressões como "cooperação internacional federativa" e "cooperação internacional descentralizada" foram incluídas na agenda do governo Lula (Bueno, 2010). Entretanto, segundo Rodrigues (2004), estas nomenclaturas não legitimaram por completo o exercício de estados e municípios como atores interessados e identitários no processo de internacionalização. Logo, era essencial fundamentar e avançar os estudos da paradiplomacia no Brasil como um modelo de "política externa federativa" (Rodrigues, 2004), o que significa designar "uma estratégia própria de um estado ou município, desenvolvida no âmbito de sua autonomia, visando sua inserção internacional de forma individual ou coletiva" (Rodrigues, 2004, p. 40). Nessa ocasião, os governos subnacionais brasileiros puderam "usufruir de uma política externa própria que pode convergir ou divergir da agenda do Governo Federal, reposicionando-os não mais como um acessório da política externa do Estado" (Batista, 2022, p. 49).

Até o final do governo de Dilma Rousseff (2011-2016) houve uma tratativa direta por parte do MRE para a expansão paradiplomática dos governos subnacionais brasileiros. A criação do Fórum RI 27, em 2015, representa os esforços técnicos da ex-chefe de Estado de continuidade da agenda do governo Lula. O debate sobre a internacionalização dos governos subnacionais foi expandido para os gestores locais, o que reverberou na melhoria administrativa das secretarias de relações internacionais de Santa Catarina (Governo de Minas Gerais, 2017).

A fragmentação do processo político brasileiro a partir de 2016, que resultou no impeachment de Rousseff e a ocupação de Michel Temer (2016-2018) no cargo, representou uma estagnação ao incentivo das atividades internacionais dos governos subnacionais. O conflito abriu espaço para a articulação de uma agenda de política externa antiglobalista e conservadora com a eleição de Jair Bolsonaro (2019-2022) (Casarões, 2020). Esse período foi marcado pelo enfraquecimento do protagonismo do Governo Federal nos blocos econômicos, como Mercosul, União das Nações Sul-Americanas (Unasul) e BRICS (Stuenkel, 2021).

Durante o governo Bolsonaro, a relação dos governos subnacionais com o cenário internacional foi notadamente distinta do Governo Federal, o que significou um marco da paradiplomacia brasileira. Pela primeira vez, os governadores brasileiros tornaram-se representantes pragmáticos na tomada de decisão de assuntos importantes, como ocorreu em 2020 durante a pandemia do SARS-Cov-2 (coronavírus). Sistematizados como "diques de contenção" (Tavares, 2020) aos efeitos da má gestão de Bolsonaro, as unidades federadas trabalharam em prol de restaurar o prestígio do país. A busca por vacinas, equipamentos de proteção individual (EPI) e o estabelecimento de políticas de isolamento foram administradas pelos governos subnacionais em consonância com as diretrizes da Organização Mundial da Saúde (OMS).

A aparelhagem de grupos de pressão por parte dos governadores robusteceu o pacto regional brasileiro de maneira sinérgica. Nesse caso, houve a formação do Consórcio Interestadual de Desenvolvimento Sustentável do Nordeste (Consórcio Nordeste). Composto por Alagoas, Bahia, Ceará, Maranhão, Paraíba, Pernambuco, Piauí, Rio Grande do Norte e Sergipe, o Consórcio tem como funcionalidade descentralizar os processos de cooperação internacional e implementar políticas públicas condizentes à realidade destas localidades. Trata-se de "superar burocracias políticas e as desigualdades econômicas através da atração de investimentos, setor de exportação e do espaço geográfico, além do compartilhamento de conhecimento científico e criação de fundos financeiros" (Batista, 2022, p. 63).

No decorrer do governo Bolsonaro, o debate sobre a necessidade de uma instrumentalização constitucional da paradiplomacia brasileira para que os governos subnacionais transitassem sem esperar o aval oficial do Senado Federal ou MRE foi reavivado. O sancionamento de um marco jurídico é algo que vem sendo debatido por diversos pesquisadores brasileiros, como Rodrigues (2004), Lessa (2007), Barros (2009), Froio (2015) e Souza (2019). Seria uma forma de coordenar as ações das contrapartes federativas e, além disso, minimizaria os conflitos de interesse com a política externa do Governo Federal.

Em 2005 houve uma tentativa de instituir um projeto de lei para autonomizar a prática das relações internacionais dos governos subnacionais a partir da Constituição Federal. Parte do plano de governo do ex-deputado e diplomata André Costa (PDT-RJ), a Proposta de

Emenda Constitucional (PEC-475/2005) ou "PEC da Paradiplomacia" não obteve respaldo suficiente no Congresso Nacional para ser aprovada. A regularização da PEC gerou um entrave nas competências usuais da União, o que culminou no seu arquivamento em 2007.

A tentativa de André Costa ao sugerir a legalização da paradiplomacia no Brasil falhou por dois motivos. Primeiro, não se propôs a discutir propostas com os tomadores de decisão que estão na linha de frente dos processos paradiplomáticos, como governadores, prefeitos e gestores dos projetos internacionais (Souza, 2019). Segundo, baseou-se em realidades constitucionais distintas do federalismo brasileiro. De certa forma é artifício arbitrário comparar o modelo paradiplomático de uma localidade em desenvolvimento com nações mais desenvolvidas econômica e socialmente (Rodrigues, 2021).

À título de fechamento desta seção, o debate sobre a paradiplomacia brasileira precisa ser maturado a partir de um olhar "de baixo para cima". Os estudos precisam ser estruturados por uma ótica sobre as capacidades paradiplomáticas dos governos subnacionais. Questões econômicas, institucionais, geográficas, jurídicas e políticas precisam ser levadas em conta para uma melhor diagramação do fenômeno no país, pois existem diversas assimetrias regionais na paradiplomacia brasileira (Matsumoto, 2011; Banzatto, 2015; Froio, 2015; Prado, 2018).

O desenvolvimento econômico, assim como institucional, são os principais determinantes do posicionamento estratégico dos governos subnacionais brasileiros (Batista, 2022). Regiões como Sul e Sudeste ocupam um espaço definidor nessa formação. Segundo pesquisas de Froio (2015), 52% dos gestores públicos entrevistados consideraram o Sudeste como força motriz no planejamento estratégico das relações internacionais dos governos subnacionais, enquanto 31,8% viam a região Sul como importante nesse aspecto. Entretanto, as regiões Norte e Nordeste caracterizavam uma baixa atuação internacional. Metade dos nortistas e 59% dos nordestinos responderam que tais localidades não possuíam uma estrutura institucional (secretarias ou órgãos específicos) adequada para lidar com assuntos internacionais, por exemplo.

Tais ressalvas auxiliam na percepção se os governos subnacionais são ativos ou passivos no cenário internacional. Para Soldatos (1996), a existência de necessidade para desenvolver política externa local, assim como profusão tecnológica e de infraestrutura de ponta para integrar-se aos organismos estrangeiros, são consideradas como atores ativos. Estes governos subnacionais representam a sede de empresas multinacionais, por exemplo. A ausência dessas bases de organização fazem com que os atores se tornem passivos, o que para Rodrigues (2021) reflete em dois aspectos: i) há localidades que possuem zonas geográficas privilegiadas ou um perfil econômico forte (alto índice no Produto Interno Bruto) e têm sucesso na internacionalização; e ii) há localidades que, apesar de serem de médio porte econômico, não interagem diretamente no contexto internacional por falta de estrutura e equipe capacitada para lidar estrategicamente com esses assuntos.

Ao tratar-se de estudos periféricos, um leque de informações abre espaço para a discussão do fenômeno da paradiplomacia. A profusão de novas análises comparativas sobre as capacidades paradiplomáticas podem contribuir para essa discussão. Há também uma necessidade de qualificar a paradiplomacia como um compartilhamento de políticas públicas. A atração de organismos internacionais reflete-se em uma agenda de política doméstica flexível e bem coordenada, o que corrobora para novos casos de internacionalização subnacional no mundo.

5. CONSIDERAÇÕES FINAIS

O objetivo do capítulo para o nosso estudo sobre política externa contemporânea foi oferecer uma ampla visão sobre paradiplomacia elencando desde seus conceitos correlatos, motivadores e contextos internacionais até a especificidade da realidade brasileira. A paradiplomacia é uma ferramenta importante que vem ganhando espaço nas últimas décadas para que os governos subnacionais possam promover seus interesses via internacionalização, bem como para difundir novas práticas políticas. As ações realizadas por tais atores podem ter implicações diretas tanto no nível local como internacional (e vice-versa), o que significa uma potencial alternativa às noções tradicionais em que o Estado é pautado pela centralização de poder, além de fortalecer perspectivas analíticas da própria Análise de Política Externa (APE).

Por ser um fenômeno complexo e contemporâneo, a ausência de um consenso conceitual dificulta a compreensão dos agentes envolvidos na sua execução: governadores, gestores, prefeitos e até mesmo burocratas de alto escalão dos governos centrais. No Brasil, essa questão é ainda mais evidente. Sem o reconhecimento direto na Constituição Federal de 1988, a visão centralizadora da União ainda é uma prerrogativa motora para o federalismo brasileiro. A expressão colocada no título, "quando o Itamaraty não é suficiente", serve para demonstrar essa ainda atual perspectiva.

Ao longo do período que abrange as décadas de 1980 até 2010 torna-se nítido observar como a atuação internacional de governos subnacionais aumentou qualitativa e quantitativamente suas dinâmicas. Os debates em torno da crise do Estado-nação, os ditames da globalização e até mesmo processos de redemocratização, como no caso brasileiro, evidenciam um período de grande relevância teórico-conceitual e empírica para se estudar e praticar atividades paradiplomáticas.

Alguns pontos permanecem em aberto e abrem uma janela de oportunidade para quem se interessa pela temática. A atual conjuntura internacional traz novos desafios, e porque também não dizer oportunidades, para se compreender a paradiplomacia. Fortalecimento dos nacionalismos, dilemas em torno do Federalismo, formação de consórcios públicos, influência político-partidária, busca por captação de recursos, dinâmica centro-periferia e internacionalização de políticas públicas são representações do leque de agendas que se relacionam com os atores subnacionais. Não menos importante é continuar verificando as características de (des)centralização da política externa brasileira. Municípios e estados têm muito a contribuir com as relações internacionais do país.

6. ESTUDO DIRIGIDO

Questão 1: Quais novidades analíticas a Análise de Política Externa (APE) trouxe para os debates sobre política externa no último quarto do século XX?

Questão 2: Por que o termo "paradiplomacia", embora seja amplamente utilizado, é controverso e gera muito debate na área?

Questão 3: Quais foram os principais fenômenos, acontecimentos e estimulantes da paradiplomacia no mundo e no Brasil?

Questão 4: Qual o impacto da alternância de poder governamental na internacionalização subnacional brasileira?

Questão 5: Como os estudos da paradiplomacia podem avançar a partir de uma ótica de centro-periferia?

7. REFERÊNCIAS BIBLIOGRÁFICAS

ABREU, M. D. O Município e o desenvolvimento sustentável: propostas e oportunidades globais, ações locais. Apresentado em: Seminário sobre Saneamento Básico do Vale do Itajaí, Blumenau, 13-14 de outubro de 1997.

ABRUCIO, F.; FRANZESE, C.; SANO, H. Trajetória recente da cooperação e coordenação no federalismo brasileiro: avanços e desafios. In. (orgs.) CARDOSO JR, J. C.; BERCOVICI, G. República, democracia e desenvolvimento: contribuições ao Estado brasileiro contemporâneo. IPEA, Brasília, 2013.

AMORIM, C. Teerã, Ramalá e Doha: memórias da política externa ativa e altiva. São Paulo: Benvirá, 2015.

BARROS, M. Atuação externa dos governos subnacionais: análise jurídica do caso brasileiro. 2009. Dissertação Mestrado em Direito Público, Pontifícia Universidade Católica de Minas Gerais, Belo Horizonte, BH, 2009.

BARBÉ, E. Relaciones Internacionales. Madrid: Editorial Tecnos, 1995.

Referências Bibliográficas

BATISTA, L. A execução do Programa de Alívio da Pobreza Rural do Banco Mundial em ambientes periféricos: o caso do Nordeste brasileiro, 2022. Dissertação Mestrado em Relações Internacionais, Universidade Estadual da Paraíba, João Pessoa, PB, 2022.

BANZATTO, A. A inserção internacional dos governos não centrais brasileiros e argentinos em perspectiva comparada. 2015. Dissertação Mestrado em Relações Internacionais, Universidade de Brasília, Brasília, DF, 2015.

BORBA, A. As relações internacionais do Estado de Santa Catarina. 2018. Dissertação Mestrado em Relações Internacionais. Universidade Federal de Santa Catarina, Florianópolis, SC, 2018.

BRASIL. Constituição da República Federativa do Brasil, 1988.

BUENO, I. Paradiplomacia contemporânea: trajetórias e tendências da atuação internacional dos governos estaduais do Brasil e EUA. 2010. Tese Doutorado em Relações Internacionais, Universidade de Brasília, Brasília, DF, 2010.

CASARÕES, G. The first year of Bolsonaro's foreign policy. In. MORI, Antonella. Latin America and the new global order: dangers and opportunities in a multipolar world. Cap. 4, 2020.

CERVO, A. L.; BUENO, C. História da política exterior do Brasil. 3ª ed. Brasília: Editora UnB, 2002.

CLEMENTINO, M. do L. A atualidade e o ineditismo do Consórcio Nordeste, Boletim Regional, Urbano e Ambiental (IPEA), n. 21, jul-dez, 2019, p. 165-177.

CORNAGO PRIETO, N. O outro lado do novo regionalismo pós-soviético e da Ásia-Pacífico: a diplomacia federativa além das fronteiras do mundo ocidental. In: VIGEVANI, T. et al. A dimensão subnacional e as relações internacionais. São Paulo: EDUC: Ed. UNESP: Ed. FAPESP: EDUSC, 2004.

DUCHACEK, I. The international dimension of subnational self-government. Publius, Oxford University Press, v. 14, n. 4, 1984.

FONSECA JR, G. A legitimidade e outras questões internacionais. São Paulo, Paz e Terra, 1998.

FROIO, L. Paradiplomacia e o impacto da alternância de poder de governos na atuação subnacional dos Estados brasileiros. 2015. Tese Doutorado em Ciência Política, Universidade Federal de Pernambuco, Recife, PE, 2015.

GOMES FILHO, F. A paradiplomacia subnacional no Brasil: uma análise política de atração de investimentos dos governos subnacionais fronteiriços da Amazônia. 2011. Tese Doutorado em Relações Internacionais, Universidade de Brasília, Brasília, DF, 2011.

GOVERNO DE MINAS GERAIS. Fórum reúne gestores de relações internacionais, 2017. Disponível em: https://www.mg.gov.br/planejamento/ noticias/relacoes-internacionais/08/2017/forum-reune-gestores-estaduais-de-relacoes-internacionais#:~:text=Sobre%20o%20Fórum,de%20 Relações%20Internacionais%20do%20país. Acesso em: 10 abr. 2023.

GIDDENS, A. Sociologia. Lisboa: Fundação Calouste Gulbenkian, 6 ed., 2008.

GRIN, E.; ABRUCIO, F. O Comitê de Articulação Federativa no Governo. Lula: os percalços da cooperação territorial. Revista Brasileira de Ciências Sociais, v. 33, n. 97, 2018.

HELD, D.; MCGREW, A. Prós e contras da globalização. Tradução de Vera Ribeiro. Rio de Janeiro: Jorge Zahar, 2001.

HOCKING, B. Localizing Foreign Policy. Non-Central Governments and Multilayered Diplomacy. New York: St. Martin's Press, 1993.

HUDSON, V. Foreign Policy Analysis: Actor-Specific Theory and the Ground of International Relations. Foreign Policy Analysis, 1, 2005, p. 1-30.

KEATING, M. Regiones y asuntos internacionales: motivos, oportunidades y estrategias. In: VIGEVANI, T. *et al*. A dimensão subnacional e as relações internacionais. São Paulo: EDUC: Ed. UNESP: Ed. FAPESP: EDUSC, 2004.

KEOHANE, R.; NYE, J. La interdependencia en la política mundial. In: Tamayo, Arturo Borja (Comp.). Interdependencia, cooperación y globalismo: ensayos escogidos de Robert Keohane. México, DF: CIDE, 2005.

Referências Bibliográficas

KINCAID, J. Constituent diplomacy in federal polities and the nation-state conflict and co-operation. In MICHELMANN, H.; SOLDATOS, P. Federalism and international relations. The role of subnational units. United Kingdom: Oxford University Press, 1990.

KUZNETSOV, A. Theory and Practise of Paradiplomacy. Subnational Governments in International Affairs. Londres e Nova Iorque: Routledge, 2015.

LAMPREIA, L. Diplomacia brasileira: palavras, contextos e razões. Rio de Janeiro: Lacerda Editores, 1999.

LECOURS, A. When regions go abroad: globalization, nationalism and federalism. Paper prepared for the conference "Globalization, Multilevel Governance and Democracy: Continental, Comparative and Global Perspectives". Queen's University, 2002.

LESSA, J. Paradiplomacia no Brasil e no mundo: o poder de celebrar tratados dos governos não centrais. Viçosa: Editora UFV, 2007.

MATSUMOTO, C. Os desdobramentos locais da paradiplomacia: o caso dos municípios brasileiros. 2011. Tese Doutorado, Universidade de Brasília, Brasília, DF, 2011.

MARIANO, K. L. P. Globalização, Integração e o Estado. Lua Nova, São Paulo, 71, 2007, p. 123-168.

MIKLOS, M. A inserção internacional de unidades subnacionais percebida pelo estado nacional: a experiência brasileira. 2010. Dissertação Mestrado em Relações Internacionais, UNESP/UNICAMP/PUC-SP, São Paulo, SP, 2010.

MIKLOS, M. Diplomacia federativa: o Estado brasileiro e a atuação internacional de suas Unidades Constituintes. Carta Internacional, v. 6, n. 1, p. 83-100, 2011.

ONU NEWS. ONU prevê que cidades abriguem 70% da população mundial até 2050.19 fev. 2019. Disponível em: https://news.un.org/pt/story/2019/02/1660701 Acesso em 14 abr. 2023.

PRADO, D. A atuação internacional dos governos subnacionais: construções conceituais, limites e contribuições para o caso brasileiro. Revista Carta Internacional, v. 13, n. 3, 2018.

RODRIGUES, G. A política externa federativa: análise de ações internacionais de estados e municípios brasileiros. 2004. Tese Doutorado em Ciência Política, Pontifícia Universidade Católica de São Paulo, São Paulo, SP, 2004.

RODRIGUES, G. Relações Internacionais federativas no Brasil. In. Revista de Ciências Sociais, v. 51, n. 4, 2008.

RODRIGUES, G. A paradiplomacia: cidades e estados em uma cena global. Série elementos. São Paulo, Ed. Desatino, 2021.

SALOMÓN, M. Los estados y municipios brasileños como actores de la cooperación internacional. Revista Española de Desarrollo y Cooperación, n. 22, 2008.

SÁNCHEZ, R. M. La conformación federal del estado y su implicación en los procesos de integración. In: VIGEVANI, Tullo et al. A dimensão subnacional e as relações internacionais. São Paulo: EDUC: Ed. UNESP: Ed. FAPESP: EDUSC, 2004.

SASSEN, S. Sociologia da globalização. Porto Alegre: Artmed, 2010.

SOLDATOS, P. An explanatory framework for the study of federated states as foreign-policy actors. In: MICHELMANN, H.; SOLDATOS, P. Federalism and international relations. The role of subnational units. United Kingdom: Oxford University Press, 1990.

SOLDATOS, P. La nouvelle génération de villes internationales: phénomène de segmentation dês roles traditionnels de l'état-nation. (eds.) PHILIP, C.; SOLDATOS, P. Au-delà et em deçà de l'état-nation. Bruxelas, 1996.

SOUZA, C. Federalismo, desenho constitucional e instituições federativas no Brasil pós-1988. Revista Sociologia Política, v. 24, 2005.

SOUZA, C. Coordenação, uniformidade e autonomia na formação de políticas públicas: experiências federativas no cenário internacional e nacional. Caderno de Saúde Pública, v. 35, 2019.

STUENKEL, O. Desmonte do Itamaraty abre brecha para projeção internacional de governadores e prefeitos, 2021. EL País. Recuperado em https://brasil.elpais.com/opiniao/2021-02-08/desmonte-do-itamaraty-abre-brecha-para-projecao-internacional-de-governadores-e-prefeitos.html?ssm=TW_CC.

TAVARES, M. H. O último dique. Folha de São Paulo, 2020. Recuperado em: https://www1.folha.uol.com.br/colunas/maria-herminia-tavares/2020/02/o-ultimo-diques.html.

VIGEVANI, T. Problemas para a atividade internacional das unidades subnacionais: estados e municípios brasileiros. Revista Brasileira de Ciências Sociais, São Paulo, v. 21, n. 62, 2006.

WOLFF, S. Paradiplomacy: scope, opportunities and challenges. The Bologna Central Journal of International Affairs, Italy, v, 10, 2007.

WORLD BANK. Projetos, 2023. Recuperado em: <https://projects.worldbank.org/en/projects-operations/projects-summary?&searchTerm=&countrycode_exact=BR>.

ZERAOUI, Z. Teoría y práctica de la paradiplomacia. 1 ed. Monterrey, México: Montiel & Soriano Editores, 2013.

8. RECURSOS AUDIOVISUAIS

CHUTANDO A ESCADA 151: Federalismo e Paradiplomacia: Cairo Junqueira e Ana Carolina Mauad. Entrevistadores: Geraldo Zahran, Filipe Mendonça e Débora Prado. SoundCloud, 11 mar. 2020. *Podcast*. Disponível em: https://soundcloud.com/chutandoaescada/federalismo-e-paradiplomacia. Acesso em: 6 abril 2023. Episódio de *Podcast* debatendo os dilemas e as características da paradiplomacia brasileira e do sistema federativo do país.

EM DUPLA COM CONSULTA: Especial Paradiplomacia nº 1: o que é e como surgiu no Brasil? Com Leandra Myrela Pereira Batista. Entrevistador: Lucas Leite. YouTube, 30 nov. 2021. Canal. Disponível em: https://www.youtube.com/watch?v=cyYTnV4j0zU. Acesso em: 6 abril 2023.

CAPÍTULO 20: **POLÍTICA EXTERNA E AS AÇÕES DE PARADIPLOMACIA: OS IMPACTOS DA COVID-19 NO BRASIL**

MAURICIO HOMMA[134]

1. O CONTEXTO DA GLOBALIZAÇÃO E A PARADIPLOMACIA

A paradiplomacia, inicialmente considerada como fenômeno secundário no campo diplomático e nas relações internacionais, passou a se constituir e se consolidar como uma área de atuação indispensável à boa parte dos entes subnacionais dos países, sobretudo no que se refere às regiões e cidades de médio e grande porte.

Ainda no processo de distensionamento da Guerra Fria, na segunda metade do Século XX, mas, sobretudo a partir da dissolução da União Soviética e do final da divisão do mundo na bipolaridade, houve progressivamente uma intensificação e multiplicação das relações políticas, comerciais e culturais em todos os continentes, de forma intra e intercontinentais.

Prioritariamente nas duas últimas décadas do século XX, o mundo sentiu-se liberto para o alastramento de relações nos mais diversos campos, antes fortemente controlados pelos filtros ideológicos, de segurança e de políticas de apoios e alianças dos dois centros de poder em disputa na Guerra Fria. Estados nacionais passaram a estabelecer aproximações e firmar acordos com países distantes, política e ter-

---

[134] Doutor em Ciências Sociais: Relações Internacionais e Mestre em Educação: Currículo pela PUC-SP. Graduado em Ciências Políticas e Sociais pela Escola de Sociologia e Política de São Paulo. Professor nos cursos de Relações Internacionais da Universidade São Judas Tadeu e da Universidade Anhembi Morumbi.

ritorialmente; as grandes empresas privadas, alimentadas pelo fluxo de internacionalização da economia e dos mercados de capitais, concentraram esforços na expansão de seus mercados para todas as partes possíveis do mundo; as pessoas comuns começam rapidamente a perceber e a alcançar recursos que as possibilitavam entrar em contato com informações, com outras pessoas e com instituições de qualquer parte do mundo.

Certamente, para além da mudança do eixo político de ordenamento do sistema internacional a partir do final da Guerra Fria, outros fatores contribuíram decisivamente para essa intensificação de relações. Os rápidos avanços tecnológicos da informática, da informação e da comunicação, com destaque fundamental para a popularização do acesso à internet, possibilitaram que os contatos e as transações fossem potencialmente mais intensos e determinantes para um novo cenário global.

Para se ter uma ideia de referência sobre essa rápida evolução no comportamento do mundo a partir desse período, pode-se observar os dados na página do Internet World Stats[135], onde se constata que em dezembro de 1995 o mundo contabilizava 16 milhões de usuários de Internet, o que correspondia a 0,4% da população mundial. Cinco anos depois, em dezembro de 2000, esse contingente já havia saltado para 361 milhões de usuários, correspondente a 5,8% da população mundial. Em dados mais recentes, em julho de 2022, esse universo já havia alcançado 5,473 bilhões de usuários, o que significa que aproximadamente 69% da população mundial estava com acesso à Internet.

Por sua vez, a expansão do comércio internacional e a intensificação do tráfego de mercadorias no mundo nesse mesmo período foram notáveis. Segundo dados de registros históricos da Organização Mundial do Comércio[136], em 1980 o total de exportações de mercadorias no mundo representava cerca de US$ 2 trilhões. No ano de 2000, o

---

[135] Internet World Stats. *Internet growth statistics: history and growth of the Internet from 1995 till today*. Disponível em: https://www.internetworldstats.com/emarketing.htm.

[136] World Trade Organization. *WTO Stats Dashboard: total merchandise exports 2021*. Disponível em: https://stats.wto.org/dashboard/merchandise_en.html.

comércio internacional havia exportado cerca de US$ 6,6 trilhões em mercadorias, tendo chegado ao final de 2021 perfazendo um total de aproximadamente US$ 22,5 trilhões em exportações totais no mundo.

Num comparativo desse crescimento do comércio mundial em alguns países que lideraram esse processo, evidentemente constata-se o desempenho dos Estados Unidos da América, como potência considerada vitoriosa do conflito da Guerra Fria, e, principalmente a partir do início do Século XXI, a China, como economia emergente em destaque pelo forte crescimento e domínio progressivo de mercados. Se considerados os dados do Banco Mundial[137], adotando-se como base o dólar constante de 2015, no período de 2000 a 2021 o PIB mundial cresceu de US$ 45,38 trilhões para US$ 86,85 trilhões, correspondendo a uma variação positiva de 91,4%. No caso norte-americano, o PIB em bases de dólar constante cresceu de US$ 13,75 trilhões para US$ 20,53 trilhões no mesmo período, representando uma variação de 49,3% no aumento de valores dos EUA. No caso da China, a variação no PIB foi de US$ 2,77 trilhões para US$ 15,8 trilhões, o que significou o impressionante crescimento de 470,4% no PIB, nesse período de 2000 a 2021.

Nesse contexto de intensificação das relações comerciais, além do forte aquecimento da economia mundial e do fortalecimento da dominação de desenvolvimento econômico e tecnológico de alguns Estados, como já mencionados os Estados Unidos da América e a China, mas ainda outros de considerável expressão de crescimento tais como Japão, República da Coreia, Reino Unido e Alemanha, as chamadas Empresas Multinacionais (EMNs) passaram a ter enorme campo de expansão de mercados internacionais, tornando-se progressivamente potências econômicas globais, o que as configuraram como corporações transnacionais. Conforme dados da UNCTAD de 2002[138] (*apud* Sarfati, 2007, p. 19), de 1992 a 2001 o número de EMNs no mundo cresceu de 35 mil para 65 mil, sendo que o número total de afiliadas

---

[137] The World Bank. DataBank: *GDP 2000-2021 (constant 2015 US$)*. Disponível em: https://data.worldbank.org/.

[138] UNCTAD – United Nations Conference on Trade and Development. *World Investment Report 2022*. Apud SARFATI, 2007, P. 19.

Capítulo 20: Política externa e as ações de paradiplomacia: os impactos da COVID-19 no Brasil

dessas empresas havia aumentado de 150 mil para 850 mil no mesmo período. Por outro lado, o número de empregos oferecidos por essas EMNs subiu de 24 milhões para 54 milhões de pessoas empregadas, enquanto os investimentos diretos dessas empresas aumentaram de US$ 1,7 trilhão para US$ 6,6 trilhões em cerca desses quase 10 anos.

No final do século XX e início do século XXI o mundo entendia que os períodos de grandes conflitos haviam cessado, ou ao menos não se tinha a previsibilidade de alguma nova guerra em âmbito mundial, o que referendava as visões mais otimistas de neoliberais na cooperação entre os países e na aposta em mecanismos de governança global, por intermédio da atuação das Organizações Internacionais, dos regimes internacionais e dos fóruns multilaterais.

Estavam fundamentadas as bases da interdependência entre os países e as sociedades, ou de dependência mútua entre os mercados, as produções, os consumos e os projetos de desenvolvimento econômico dos Estados, das regiões, das corporações e de cada localidade existente no planeta. Em todos os âmbitos e ambientes das atividades no mundo, ainda que as pessoas mais comuns não se dessem conta disso, passou-se a contar cada vez mais com a sistemática das relações de interdependência dos mercados. Num estudo mais aprofundado sobre a Interdependência Complexa, Keohane & Nye (2000) destacam a interdependência em situações que se caracterizam por efeitos recíprocos entre países ou entre atores em diferentes países, como algo que vai além das disputas com foco específico em questões de força e segurança. Entretanto, importante notar que um processo de interdependência entre Estados ou entre atores de países diferentes não garante e não se caracteriza como relações de ganhos e satisfações simétricas; ao contrário, em vista da priorização de interesses próprios, frequentemente tais relações se estabelecem com caráter de interdependência assimétrica.

Particularmente na região da América Latina, tal comportamento foi referendado pelas políticas norte-americanas disseminadas pelo Fundo Monetário Internacional (FMI), a partir das orientações estratégicas definidas pelo Consenso de Washington, ocorrido em novembro de 1989 na capital dos EUA. Numa reunião de economistas que representavam o Departamento do Tesouro norte-americano, o

FMI, o Banco Mundial e outras instituições financeiras dos EUA, foram estabelecidas as medidas fundamentais que deveriam ser assumidas, inicialmente por países latino-americanos, para que os países em desenvolvimento pudessem organizar suas estruturas econômicas e garantir a redução dos déficits fiscais, o enxugamento do Estado, a privatização de empresas estatais, bem como a desregulamentação dos mercados internos para a facilitação do livre mercado e abertura de fronteiras ao fluxo de produtos importados e de capitais estrangeiros.

Certamente que os interesses dos economistas norte-americanos e da política dos EUA para a região era de abertura total dos mercados e de reorganização das economias dos países dependentes, de forma que se ajustassem aos novos parâmetros econômicos da interdependência e possibilitassem a ampliação dos mercados de consumo, para os produtos e para a expansão da economia estadunidense. O fato resultante desse processo, que se alastrou para todas as regiões do mundo, é que o ordenamento das relações políticas e comerciais foram se estabelecendo de forma global, ainda que com características particularizadas em cada localidade, mas com convergência aos objetivos do capitalismo ocidental e das grandes corporações que representavam o projeto econômico dos países desenvolvidos.

O Estado-nação, que durante quase todo o século XX foi o ator determinante das relações internacionais e do ordenamento absoluto de suas dinâmicas internas em face dos contextos das duas guerras mundiais e da Guerra-Fria, passa a ter um papel mais definido e menos abrangente no controle das ações cotidianas que se desenvolvem num mundo de relações muito mais intensas e complexas. Segundo Rosenau (1990, *apud* Banzatto, 2016, p. 7), esse movimento provoca uma bifurcação no sistema internacional anárquico, até então centrado apenas no Estado soberano, permitindo a coexistência do sistema estatocêntrico (composto por Estados soberanos) com um sistema multicêntrico (composto por atores "livres de soberania"). Dessa forma, a autoridade dos Estados estaria sendo deslocada, por um lado, para uma direção exógena (nas relações com coletividades supra ou transnacionais) e, de outra parte, em outra direção endógena (na atuação dos atores subnacionais que conquistam autonomia no mundo multicêntrico).

Nessa nova teia de relações, complexa, multidirecional e dinâmica, os governos subnacionais, sejam regiões administrativas ou governos locais de cidades, assumem progressivamente participação e protagonismo no cenário das relações internacionais cotidianas. Isso não significa, numa visão mais clássica de relações exteriores, que esses governos subnacionais começaram a transpassar de forma independente e autônoma as fronteiras dos Estados centrais para alcançar as relações internacionais, colocando em risco a soberania. O fato é que a alta dimensão de complexidade das relações estabelecidas não permitia mais, naquele momento e até hoje, estabelecer com clareza e delimitar o que seria o âmbito de atuação local e o que seria global. A localidade passou a ficar intrinsecamente influenciada, complementada e constituída por fatores e atores globais, da mesma forma que a globalidade se tornou também um todo que interage e é formado pelas localidades aos quais se relaciona. Conforme Mariano & Mariano (2005, p. 136), tal processo de desenvolvimento global provocou uma alteração nos Estados, sendo que os limites entre o doméstico e o internacional foram se tornando menos nítidos, devido ao crescimento das redes mundiais de interdependência.

A literatura sobre essa temática apresenta alguma divergência em relação à terminologia utilizada para esse fenômeno de atuação internacional dos entes subnacionais, como também expõe variações nas interpretações sobre o momento em que alguma definição teórica surgiu como referência de estudos. Kuznetsov (2015, *apud* Prado, 2018, p. 138) faz uma menção a Rohan Butler, que em 1961 já teria se referido a atos de mais alto nível de *diplomacia pessoal e paralela*[139], como tentação de atuação de chefes do executivo, em complementação ou em competição com a política externa regular do ministério oficial encarregado por tal área. De forma mais frequente e mais aceita na maior parte da literatura, há uma referência ao termo "paradiplomacia", cuja definição da terminologia teria sido introduzida nos estudos da temática por Panayotis Soldatos (1990) e referendado por Ivo Duchacek (1990). Nessa definição conceitual de paradiplomacia, segundo Soldatos (1990, p. 17), trata-se de uma atividade interna-

---

[139] Grifo nosso.

cional direta de atores subnacionais (unidades federadas, regiões, comunidades urbanas, cidades) que proporciona apoio, complemento, correção, duplicação ou desafio à diplomacia dos Estados nacionais.

Outra referência conceitual, que aprofundou tal conceito de paradiplomacia, tem sido Noé Cornago Prieto, cuja definição em 2004 expõe o seguinte:

> A paradiplomacia pode ser definida como o envolvimento de governos não centrais nas relações internacionais mediante o estabelecimento de contatos permanentes e *ad hoc*, com entidades públicas ou privadas estrangeiras, com o objetivo de promoção socioeconômica e cultural, bem como de qualquer outra dimensão exterior nos limites de sua competência constitucional. Embora bastante contestado, o conceito de paradiplomacia não impossibilita a existência de outras formas de participação subnacional no processo da política externa, mais diretamente ligado ao departamento de relações exteriores de governos centrais, como a assim chamada diplomacia federativa, tampouco impede o papel cada vez maior dos governos subnacionais nas estruturas de multicamadas para a governança regional ou mundial. (Prieto, 2004, *apud* Banzatto, 2016, P. 13)

Outros autores buscaram uma redefinição para uma terminologia mais apropriada, tais como Diplomacia Constituinte (Kincaid, 1990), Diplomacia Multicamadas (Hocking, 1993), Cooperação Internacional Descentralizada (Rodrigues, 2011), dentre outros. No Brasil, o termo Diplomacia Federativa passa a ser oficialmente utilizado pelo governo federal, com a criação da Assessoria de Relações Federativas (ARF) em 1997, órgão do Ministério das Relações Exteriores durante o primeiro governo de Fernando Henrique Cardoso, com intuito de monitorar e cooperar com possíveis ações dos entes subnacionais. Já no primeiro governo de Luiz Inácio Lula da Silva, em 2003, cria-se a Subchefia de Assuntos Federativos (SAF) dentro da Assessoria Especial de Assuntos Federativos e Parlamentares (AFEPA), que passa a adotar o termo Cooperação Internacional Descentralizada, ou Federativa, para fomentar uma política de Estado na abertura de espaços e de atuação internacional dos entes subnacionais, dentro de suas competências constitucionais e apoiadas pela Agência Brasileira de Cooperação (ABC).

Prado (2018) analisa que esses termos como "diplomacia federativa" ou "cooperação internacional descentralizada", adotados pelo governo central brasileiro, buscaram afastar a percepção de que o envolvimento dos atores subnacionais ocorreriam sem o acompanhamento do governo federal, ou ainda que tais ações estariam concorrendo com a política externa nacional. Nesse sentido e como forma de minimizar as possíveis tensões entre as atividades subnacionais e a política externa, a Subchefia de Assuntos Federativos (SAF) passou a promover esforços para convergir o estabelecimento de ações dos entes federados na política de cooperação Sul-Sul descentralizada (Prado, 2018, p. 153-154).

2. A PARADIPLOMACIA NOS ESTADOS FEDERADOS E NO BRASIL

A prática da paradiplomacia passou a ser uma atuação cada vez mais frequente nos entes subnacionais dos países que se organizam politicamente em Estados federados. A organização política por federação baseia-se em Estados com divisão e descentralização de poderes, cuja repartição por regiões ou unidades governamentais locais asseguram funções e competências político-administrativas específicas, com certa autonomia constitucional a tais entes federados, assegurando-se exclusivamente ao Estado central a legitimidade da soberania da nação. Portanto, não há, em princípio e por definição, conflito da paradiplomacia em relação às funções legítimas do Estado central de preservação e de garantia da soberania do país, em representação oficial de seu povo, de seu território, de sua nação e de sua liberdade de autodeterminação às questões de organização interna e posicionamento externo.

Por outro lado, há a possibilidade, e frequentemente se constata tais incidências, de consideráveis ou fortes tensões entre as atuações dos entes subnacionais e as competências entendidas ou atribuídas como exclusivas aos respectivos Estados centrais. Certamente as questões de *high politics*, notadamente os assuntos e determinações de segurança nacional e de política externa, são atribuições exclusivas do Estado central, enquanto os assuntos de *low politics*, sobretudo os encaminhamentos de gestão do ordenamento cotidiano da vida e das atividades das localidades, são atribuições possíveis e geralmente delegadas aos entes federados subnacionais. Mas os limites de competências e de autonomias entre as instâncias de governo nessas áreas são sempre muito delicados, senão com interpretações em constantes sobreposições.

Segundo dados da organização Forum of Federations[140], com sede em Ottawa, no Canadá, até 2022 estavam reconhecidos no mundo 25 Estados constituídos como federações. Desses, pode-se destacar como exemplos os Estados Unidos da América, Canadá, México, Brasil, Argentina, Suíça, Alemanha, Espanha, Bélgica, Áustria, Austrália, Índia, Rússia e África do Sul, dentre outros. De outra parte, a imensa maioria dos Estados no mundo se constituem como unitários; ou seja, a organização política desses Estados assegura o poder soberano ao governo central de decidir sobre o ordenamento interno do país, podendo delegar ou retirar a descentralização administrativa e funções executivas determinadas para as autoridades constituídas nas regiões administrativas. Os governos subnacionais de Estados unitários também têm desenvolvido práticas significativas de cooperação internacional descentralizada, de forma coordenada com as políticas de seus governos centrais, como é o caso da França, de Portugal, da Itália, do Japão, da República da Coreia e da China, dentre outros.

No caso do Brasil, a Constituição de 1988 definiu a organização político-administrativa do Estado brasileiro em três níveis dos entes federativos, compostos pela União, os estados regionais e o Distrito Federal, bem como os municípios, todos autônomos, nos termos da Constituição. Isso significa que as competências estão definidas por descentralização político-administrativa e orçamentária, de forma que seja coordenada a atuação dos entes federativos em caráter de competências exclusivas, suplementares ou concorrentes, dependendo do

---

[140] Forum of Federations. *Map of federal countries*. https://forumfed.org/federal-countries/.

caso. Respeitada a Constituição Federal, estados regionais e municípios definem e preservam, com estrutura legislativa própria, as suas respectivas legislações para o ordenamento jurídico local.

Alguns países reconhecem oficialmente a prática da paradiplomacia em suas respectivas Constituições, como é o caso de Alemanha, Argentina, Áustria e Suíça, dentre outros. Entretanto, a Constituição brasileira não faz menção à paradiplomacia ou funções correlatas dos entes subnacionais no ordenamento jurídico, reservando à União a atribuição exclusiva de manter relações com Estados estrangeiros e participar de organizações internacionais. Por outro lado, não há impedimento expresso no texto constitucional sobre a celebração de atos internacionais por parte de estados, Distrito Federal e municípios.

Naquele cenário de intensificação das relações internacionais no final do Século XX, descrito na seção anterior, houve uma tendência acentuada dos governos de algumas regiões fortalecerem os laços e os acordos comerciais entre os países vizinhos, em articulações intrarregionais. Nesse sentido, os próprios governos centrais, por um lado, passaram a estimular a integração mais efetiva nos aspectos econômico, social, cultural e ambiental, como forma de buscar o aquecimento econômico nos mercados internos da região, redução das barreiras comerciais entre os países, organização de blocos regionais para fortalecimento do poder de negociação comercial com as outras regiões e potências comerciais, assim como a troca de experiências e estabelecimento de cooperação técnica para maior equidade de desenvolvimento na região.

Certamente que uma das experiências mais bem sucedidas à época e que chamava a atenção do mundo pela capacidade de coesão e de políticas de integração interna era a União Europeia, que vinha em crescimento significativo e passava a ser um ator de peso no cenário das negociações comerciais, desde 1993 com a criação da união no Tratado de Maastricht[141], mas também como evolução de um processo de formação das instâncias supranacionais na região, desde 1951

---

[141] Parlamento Europeu: *Tratado de Maastricht*. Ver mais sobre o tratado em: https://www.europarl.europa.eu/about-parliament/pt/in-the-past/the--parliament-and-the-treaties/maastricht-treaty.

com a Comunidade Europeia do Carvão e do Aço (CECA)[142] e de 1956 com a Comunidade Econômica Europeia (CEE)[143]. Um dos princípios considerados fundamentais pela União Europeia era o de fortalecer a coesão em toda a região e de reduzir as enormes diferenças que havia entre seus membros e mesmo entre localidades domésticas de seus países-membros. Nesse sentido, as fronteiras entre os países-membros não poderiam se tornar bloqueios para o fortalecimento da integração e desenvolvimento interno da união, o que desencadeou, por exemplo, o Acordo de Schengen[144] em 1995 para a livre circulação de cidadãos entre os países signatários, assim como o estímulo ao estabelecimento de relações e de trocas entre os entes subnacionais daqueles países. Outra iniciativa importante também foi a criação do Comitê das Regiões (CR)[145] em 1994, como um órgão consultivo composto por representantes das autoridades locais e regionais europeias, que atua junto ao Parlamento Europeu e outros órgãos da União Europeia.

Já na região da América do Sul, quatro países estabelecem um acordo em 1991 e firmam o Tratado de Assunção, que instituiu o Mercado Comum do Sul[146] entre o Brasil, Argentina, Uruguai e Paraguai, sendo implantado a partir de 31 de dezembro de 1994. Posteriormente se incorporou a Venezuela[147] e a Bolívia, sendo que este

---

[142] União Europeia: *Comunidade Europeia do Carvão e do Aço* (CECA). Ver mais sobre a CECA em: https://europa.eu/ecsc/index_en.htm.

[143] Parlamento Europeu: Comunidade Econômica Europeia (CEE) – *Tratado de Roma*. Ver mais sobre a CEE em: https://www.europarl.europa.eu/about-parliament/pt/in-the-past/the-parliament-and-the-treaties/treaty-of-rome.

[144] União Europeia: *Acordo de Schengen*. Ver mais sobre o acordo em: https://eur-lex.europa.eu/PT/legal-content/glossary/schengen-agreement-and-convention.html.

[145] União Europeia: *Comitê das Regiões* (CR). Ver mais sobre o CR em: https://eur-lex.europa.eu/PT/legal-content/glossary/schengen-agreement-and-convention.html.

[146] MERCOSUL – *Mercado Comum do Sul*. Ver mais sobre o Mercosul em: https://www.mercosur.int/pt-br/.

[147] A Venezuela, em janeiro de 2023, ainda estava com seus direitos políticos de participação no MERCOSUL suspensos. Havia sofrido uma penalização

último país ainda estava em processo de adesão no início de 2023. O que inicialmente tinha um foco prioritário na quebra de barreiras comerciais entre os países-membros, logo após sua implantação os respectivos governos passam a reforçar a integração mais efetiva de diversos setores desses Estados, não somente na área econômica, mas também em políticas educacionais, de saúde, de tecnologia, de logística, de agricultura familiar, de desenvolvimento urbano, de gênero, de migrações, dentre outras. No início do Século XXI as relações entre parte dos entes subnacionais desses países estava muito intensa, em acordos de cooperação técnica internacional, troca de experiências e acordos comerciais.

Esse movimento nas relações regionais dos entes subnacionais pode ser mais bem verificado e comprovado por outra iniciativa que ocorreu em 1995: a criação da Mercocidades. A Mercocidades é uma rede de governos locais de países da região da América do Sul, que iniciou com a articulação de 12 cidades para promover a integração regional e construir uma cidadania participativa para além das fronteiras dos Estados. Em janeiro de 2023 a Rede Mercocidades[148] já contabilizava a participação de 375 cidades-membro, com mais 4 estados e províncias colaboradoras, provenientes de 10 países sul-americanos, correspondendo a uma representatividade de 120 milhões de habitantes do total dessas cidades. Do Brasil, são mais de 80 cidades-membros da Rede, de diversas regiões.

A natureza dos objetos de paradiplomacia varia, mas frequentemente são destacados os aspectos relativos à conhecimento de experiências bem-sucedidas nas políticas locais, cooperação técnica no suporte ao desenvolvimento de políticas públicas, fontes alternativas de recursos financeiros para implementação de projetos de parcerias,

---

em dezembro de 2016 por descumprir obrigações comerciais e, baseados no Protocolo de Ushuaia de 1998, os demais Estados Partes do MERCO-SUL decidiram acrescentar nova suspensão à Venezuela em agosto de 2017 por ruptura da ordem democrática no país. Ver mais informações sobre essa decisão em: https://www.mercosur.int/pt-br/decisao-sobre-a-suspensao-da-republica-bolivariana-da-venezuela-no-mercosul/.

[148] Rede Mercocidades. Ver mais sobre a Rede em: https://mercociudades.org/pt-br/.

identidades culturais ou reconhecimento das diversidades etnocultu-
rais nas comunidades, alianças e alinhamentos políticos como forma
de fortalecimento horizontal nas relações de paradiplomacia, dentre
outros. É certo que na descentralização de competências e responsabilidades exclusivas aos entes federados, alguns aspectos do cotidiano
envolvem diretamente problemas que se reportam ao governo local
e, por mais que sejam questões com reflexos de grande impacto nas
respectivas comunidades, muitas vezes não se enquadram e não são
sensíveis ao nível do governo central. Tem sido notado esse foco de
iniciativas de paradiplomacia em aspectos que envolvem, por exemplo, assuntos relacionados ao desenvolvimento urbano, à mobilidade
urbana, aos programas locais de habitação e regularização fundiária,
às intervenções de políticas nas redes públicas de ensino básico, à expansão e organização do atendimento no serviço público de saúde,
aos serviços de atenção e acolhimento à migração regional, aos sistemas de monitoramento e intervenção na segurança pública urbana,
aos projetos de suporte no fortalecimento e desenvolvimento das economias locais junto às iniciativas comunitárias e familiares, às soluções para questões locais de impacto ambiental e de desenvolvimento
sustentável, dentre diversos outros assuntos.

Soldatos (1993) identifica três níveis de causas determinantes para
o envolvimento dos entes subnacionais na Economia Internacional.
No primeiro nível ele relaciona algumas **causas dos entes federados**,
tais como as realidades e percepções do âmbito subnacional, o sentimento de nacionalismo, a expansão e competição burocrática entre
diferentes elites governamentais, as crises socioeconômicas e a necessidade de ajuda externa (recursos, comércio, investimentos, dentre
outros), a prática do eleitoralismo e a síndrome do "*me-tooism*" (o "eu
também"). No segundo nível estariam compreendidas as **causas motivadas pelo Estado-Nação**, que seriam as ineficiências da política
federal, as disparidades por assimetrias entre as unidades federadas, os
problemas do processo de construção da nação, as incertezas constitucionais e institucionais sobre a jurisdição dos envolvidos na política
externa e o tratamento em âmbito doméstico da política externa. O
terceiro e último nível é o das **causas externas**, que se referem à interdependência complexa internacional. Nesse nível poderiam ser consi-

Capítulo 20: Política externa e as ações de paradiplomacia: os impactos da COVID-19 no Brasil

deradas questões como as práticas de regionalização da economia (tais como o acordo de livre comércio entre Canadá e Estados Unidos da América), o crescimento da globalização da economia, o crescimento da globalização das comunicações e o crescimento da transnacionalização das relações internacionais.

No que diz respeito a uma política estruturada de estratégia de relações exteriores, Prado (2018, p. 153) observa que os governos subnacionais não seguem uma lógica definida, fazendo com que tal política se mantenha na dependência da vontade política do governante, o que, nas palavras de Keating (1998, *apud* Prado, 2018, p. 153), seria característico de uma dinâmica de *stop and go*.

3. AS TENSÕES DA PARADIPLOMACIA BRASILEIRA NA PANDEMIA DA COVID-19

No dia 31 de dezembro de 2019, o governo da China reportou à Organização Mundial de Saúde (OMS) o registro de diversos casos de pneumonia na cidade de Wuhan, província de Hubei naquele país. Uma semana depois, as autoridades chinesas confirmaram a identificação de um novo tipo de coronavírus. Em 11 de fevereiro de 2020 essa nova variante do coronavírus foi nomeada de SARS-CoV-2, sendo que a doença provocada por esse vírus recebeu o nome de COVID-19 (WHO, 2020[149]; OPAS, 2023[150]).

O primeiro caso no mundo de morte associada ao coronavírus foi anunciado no dia 11 de janeiro de 2020, na cidade de Wuhan, em informativo das autoridades chinesas. Em 22 de janeiro daquele ano, era registrado o primeiro caso de contaminação de coronavírus nos Estados Unidos, quando a China já registrava 547 casos e 17 mortes.

---

[149] WHO – World Health Organization. Coronavirus disease (COVID-19). *Situation Report 22* – 11/02/2020. Disponível em: https://www.who.int/docs/default-source/coronaviruse/situation-reports/20200211-sitrep-22-ncov.pdf?sfvrsn=fb6d49b1_2.

[150] OPAS – Organização Pan-Americana da Saúde. *Histórico da pandemia de COVID-19*. Acessado em janeiro/2023. Disponível em: https://www.paho.org/pt/covid19/historico-da-pandemia-covid-19.

O Brasil registrou o primeiro caso de pessoa contaminada no país em 26 de fevereiro de 2020, quando o mundo já contabilizava mais de 82 mil casos e 2.774 mortes por COVID-19 (OWID, 2023[151]).

Em 23 de janeiro de 2020, o governo chinês decide implantar um *lockdown* radical em Wuhan, o que, segundo Wang *et al.* (2020, *apud* Araujo *et al.*, 2021, p. 40), tornou as medidas de isolamento adotadas como fator de grande importância para a contenção da disseminação do vírus. Enquanto a pandemia[152] também se alastrava de forma devastadora na Europa, com impactos alarmantes principalmente na Espanha, Itália, Reino Unido e Alemanha, nos Estados Unidos prontamente o presidente Donald Trump passou a disseminar um discurso e uma campanha chamando o coronavírus de "um vírus chinês", buscando politizar o debate sobre a COVID-19, responsabilizar a China pela pandemia e tirar vantagem política e econômica para seus projetos político-eleitorais e para o Estado norte-americano. Trump, assim como o primeiro-ministro Boris Johnson também o fez de forma análoga no Reino Unido, resistiu a tomar medidas sanitárias mais restritivas na circulação da população e no distanciamento e isolamento social. Logo o presidente brasileiro Jair Bolsonaro, seguidor declarado das campanhas ideológicas e proposições identitárias radicais de direita de Donald Trump, passou a ser a liderança mais expressiva do negacionismo sobre a existência da pandemia, dos impactos da doença e das comprovações científicas.

Enquanto Bolsonaro minimizava os impactos da pandemia, negava as comprovações e os estudos da ciência e ironizava a situação dos

---

[151] OWID – Our World In Data. *Coronavirus Pandemic (COVID-19)*. Acessado em janeiro/2023. Disponível em: https://ourworldindata.org/coronavirus#explore-the-global-situation.

[152] O termo "pandemia" é utilizado aqui no texto para, eventualmente, referir-se à disseminação da doença COVID-19 pelo mundo desde o seu início. Entretanto, cabe ressaltar, para maior precisão, que essa classificação da COVID-19 como pandemia foi declarada pela OMS (Organização Mundial da Saúde) em 11 de março de 2020, após considerações técnicas sobre a dimensão geográfica que a doença alcançava no mundo. (WHO. *Situation Report – 52*, 12/03/2020. Disponível em: https://www.who.int/docs/default-source/coronaviruse/situation-reports/20200312-sitrep-52-covid-19.pdf?sfvrsn=e2bfc9c0_4.

doentes e das mortes, ao mesmo tempo, ele defendia o tratamento precoce da COVID-19, sem comprovação científica e contrário às orientações dos órgãos de saúde, com cloroquina, hidroxicloroquina, ivermectina e outros componentes, buscando também contestar as medidas mais restritivas de circulação de pessoas por parte dos governos subnacionais, com a alegação de que isso só prejudicaria as atividades econômicas no país. Segundo dados obtidos em fontes públicas pelo jornalista André Shalders, da BBC Brasil, e publicado em 21 de janeiro de 2021[153], desde o início da pandemia até o ano de 2020 o governo brasileiro havia gastado cerca de R$ 89,6 milhões com os medicamentos para o suposto tratamento precoce, sendo que aproximadamente R$ 1,3 milhão teve destino ao Laboratório Químico Farmacêutico do Exército para a produção de cloroquina. Dessa forma, o país ia se transformando num dos casos mais críticos de disseminação da doença e de mortes provocadas pelo vírus SARS-CoV-2 e suas variantes.

A partir disso, os dados de acompanhamento da disseminação da pandemia no mundo foram sendo progressivamente alarmantes, conforme informações registradas pelo OWID[154] e pelo Painel Coronavírus[155]. De acordo com tais registros, no dia 17 de maio de 2020 o Brasil já passava a ocupar o segundo lugar no mundo em casos de COVID-19, com 241.080 confirmações e ficando atrás apenas dos Estados Unidos que contabilizava 1,49 milhão de casos, assim como as mortes no território brasileiro já alcançavam 16.118 óbitos, não estando pior apenas que os Estados Unidos, que registravam 93.172 pessoas mortas pela doença. No final de dezembro de 2020, o Brasil já alcançava cerca de 7,68 milhões de registros acumulados de pessoas

---

[153] André Shalders, da BBC News Brasil. *'Tratamento precoce': governo Bolsonaro gasta quase R$ 90 milhões em remédios ineficazes, mas ainda não pagou Butantan por vacinas.* Disponível em: https://www.bbc.com/portuguese/brasil-55747043.

[154] OWID – Our World In Data. *Coronavirus Pandemic (COVID-19)*. Disponível em: https://ourworldindata.org/coronavirus#explore-the-global-situation.

[155] Ministério da Saúde. DATASUS. *Painel Coronavírus*. Atualizado em 06.01.2023. Disponível em: https://covid.saude.gov.br/.

infectadas, o que representava 9,2% de todos os casos no mundo, enquanto o número acumulado de mortes estava em 194.949, correspondendo a 10,3% do total de óbitos no mundo por COVID-19.

Em dezembro de 2020 começaram a entrar em operação algumas vacinas contra a COVID-19, sendo utilizados naquele momento os imunizantes Pfizer/BioNTech (americano/alemão), Sputnik V (russo), Sinovac (chinês) e Sinopharm (chinês) já em diversos países, tais como Reino Unido, Estados Unidos, Canadá, México, Argentina, Chile, Costa Rica, União Europeia (27 países), China, Rússia e Israel, dentre outros. O Brasil iniciaria a vacinação no dia 17 de janeiro de 2021 com a vacina Coronavac, pela parceria da fabricante chinesa Sinovac com o Instituto Butantan de São Paulo, e no dia 23 de janeiro com a vacina Oxford/AstraZeneca, pela parceria da Universidade de Oxford e o Laboratório anglo-sueco AstraZeneca com a Fiocruz – Fundação Oswaldo Cruz.

Mas o processo de implantação da vacinação contra a COVID-19 no Brasil foi muito conturbado e extremamente marcado por conflitos políticos, que envolviam e colocaram em xeque o campo da paradiplomacia. Ocorreu que, uma vez que o governo Bolsonaro se negava a tomar medidas mais efetivas de combate ao coronavírus, disseminando a ideia de que estavam sendo exageradas as informações sobre a dimensão do impacto da doença, com interferência direta no Ministério da Saúde e, consequentemente, na gestão do Sistema Único de Saúde (SUS), o Programa Nacional de Imunizações (PNI) ficou completamente desarticulado e sem medidas diretas efetivas do governo central na emergência sanitária mundial.

O SUS é um dos maiores sistemas de saúde pública no mundo, com garantia de acesso integral, universal e gratuito a toda a população brasileira. Foi garantido e instituído pela Constituição de 1988, dentro de premissas da descentralização político-administrativa e financeira das políticas públicas, assegurando-se, ao mesmo tempo, a competência comum no atendimento e a competência concorrente no âmbito da legislação (CF, art. 24, inc. XII), tendo o município a função da gestão local dos recursos e das políticas de saúde, o estado a função de gestão suplementar e do sistema na região, e a União a função de garantir a suplementação de recursos e a gestão nacional do sistema. Portanto, a ausência do governo federal na efetiva gestão de uma estratégia e de recursos para o Plano Nacional de Imunizações provocava a quebra das competências e da operacionalidade do sistema e gerava um vácuo na liderança nacional para, principalmente frente àquela urgência, apresentar uma resposta mais efetiva de combate à pandemia no país.

Ao longo dos meses de 2020, alguns municípios, mas, sobretudo os governos regionais dos estados da federação, passaram a buscar toda e qualquer alternativa que se apresentava como alguma medida de solução para o combate ao coronavírus. Com a falta de insumos básicos de proteção, que passou a ter uma corrida no mercado internacional e países mais ricos, como os Estados Unidos, passaram a monopolizar a compra desses produtos, a própria população brasileira, pessoas físicas, começou a se utilizar do *e-commerce* para fazer compras internacionais de máscaras de proteção facial e outros itens.

Enquanto isso, o governador do Estado de São Paulo, João Doria, começou a concentrar esforços junto ao Instituto Butantan para desenvolver pesquisas e encontrar uma alternativa viável para ações de combate a COVID-19. Em 11 de junho de 2020 o governador Doria anuncia junto com o diretor do Instituto Butantan, Dimas Covas, uma parceria com a farmacêutica chinesa Sinovac para a produção e testes avançados de uma vacina. Registre-se que o Governo do Estado de São Paulo já havia tido contato de intenções com a Sinovac e outras empresas chinesas, quando Doria inaugurou em agosto de 2019 um escritório comercial do Governo do Estado em Xangai, na China (Portal Butantan, 11/06/2020)[156]. Uma vez fortemente pressionado por parte da sociedade, pela comunidade política e pelas instituições políticas e jurídicas, o governo de Jair Bolsonaro limitou-se a referendar e acompanhar ações que vinham sendo desencadeadas pela Fiocruz, que em 31 de julho de 2020 anunciou a assinatura de um acordo com a farmacêutica anglo-sueca AstraZeneca e a Universidade de

---

[156]   Portal Butantan. *Butantan e Governo de SP vão testar e produzir vacina inédita contra coronavírus*. Publicado em: 11/06/2020. Disponível em: https://butantan.gov.br/noticias/butantan-e-governo-de-sp-vao-testar-e-produzir-vacina-inedita-contra-coronavirus.

Oxford para a transferência de tecnologia e produção de 100 milhões de doses de vacinas contra a COVID-19 (Fiocruz, 01/08/2020)[157].

Esse quadro vai se acirrando durante os meses de 2020, enquanto as duas instituições de saúde, Fiocruz e Butantan, procediam às etapas de testes e corriam para a instalação das unidades de tratamento e produção das respectivas vacinas. Bolsonaro entende claramente que Doria se torna uma ameaça de liderança política nacional, colocando o governador paulista como forte concorrente na candidatura à presidência da República na então futura eleição de 2022. Enquanto Doria fazia uma campanha de visibilidade diária, em coletivas em horário marcado com às emissoras da imprensa, e criava a expectativa pública sobre a obtenção da vacina, o presidente Bolsonaro buscava impor-se como autoridade máxima na chefia do Executivo, de forma a defender o poder de hierarquia da União sobre os entes federados, na gestão pública da saúde.

De acordo com o jornalista André Shalders, da BBC Brasil[158], em 11 de dezembro de 2020 ao menos 11 estados já haviam demonstrado interesse ao governador paulista João Doria de adquirir doses da vacina do Instituto Butantan (Coronavac), assim que essa fosse aprovada e liberada pela ANVISA – Agência Nacional de Vigilância Sanitária. Esses estados eram: Acre, Ceará, Espírito Santo, Maranhão, Mato Grosso do Sul, Pará, Piauí, Paraíba, Rio Grande do Norte, Rio Grande do Sul e Roraima.

Como a perspectiva na busca de alternativas paralelas, estados e municípios entraram com solicitação na ANVISA para aprovação e autorização de importação de outras vacinas, como foi o caso da vacina russa Sputnik V. Até que em 26 de abril de 2021 a ANVISA rejeitasse a aquisição de tal vacina por inconsistência de dados sobre

---

[157] FIOCRUZ / Ministério da Saúde. *Fiocruz e AstraZeneca alinham detalhes para produção de vacina para Covid-19.* Publicado em 01/08/2020. Disponível em: https://portal.fiocruz.br/noticia/fiocruz-e-astrazeneca-alinham--detalhes-para-producao-de-vacina-para-covid-19.

[158] André Shalders, da BBC News Brasil. *Governador ou presidente: quem é responsável pela vacinação dos brasileiros contra a covid-19?.* Publicado em 11 dezembro 2020. Disponível em: https://www.bbc.com/portuguese/brasil-55269281.

a eficácia do imunizante russo, a agência havia recebido solicitações de 14 Estados e dois municípios para importação da Sputnik V, sendo que 10 deles manifestaram o desejo de importar inicialmente um total de 29,6 milhões de doses, sendo: Bahia, Acre, Rio Grande do Norte, Maranhão, Mato Grosso, Piauí, Ceará, Sergipe, Pernambuco e Rondônia (Karine Dalla Valle, 26/04/2021)[159]. Posteriormente, em 04 de junho de 2021 a ANVISA aprovou, em caráter excepcional e em quantidades específicas, a importação emergencial da Sputnik V aos entes subnacionais solicitantes (gov.br, 04/06/2021)[160].

Apesar de o presidente Bolsonaro anunciar em 26 de outubro de 2020 para a imprensa que não compraria nenhuma dose da vacina chinesa do Instituto Butantan, após a aprovação pela ANVISA em 17 de janeiro de 2021 da Coronavac, dia em que iniciou a vacinação da população brasileira, o governo de São Paulo seguiu recebendo a importação de doses e de insumos para vacina e seguindo com a vacinação em massa do Estado de São Paulo. Até que o governo federal, por meio do Ministério da Saúde, resolve incorporar a vacina Coronavac no PNI, uma vez que necessitava urgentemente reforçar o programa com mais vacinas e já se havia constatado cientificamente que as vacinas em circulação necessitavam de ao menos um reforço de dose após seis meses. Em 16 de junho de 2021 o Instituto Butantan faz a primeira entrega de Coronavac ao Ministério da Saúde, com uma remessa inicial de 50 milhões de doses (Portal do Butantan, 31/12/2021)[161].

---

[159]   KARINE DALLA VALLE. GZN. *Anvisa rejeita importação da vacina contra a covid-19 Sputnik V*. Publicado em 26/04/2021. Disponível em: https://gauchazh.clicrbs.com.br/coronavirus-servico/noticia/2021/04/anvisa--rejeita-importacao-da-vacina-contra-a-covid-19-sputnik-v-cknz0xeo-8009g0198vh7hlbnp.html.

[160]   GOV.BR. Ministério da Saúde/ANVISA. *Anvisa libera, sob condições controladas, parte da importação da Sputnik*. Publicado em 04/06/2021. Disponível em: https://www.gov.br/anvisa/pt-br/assuntos/noticias-anvisa/2021/anvisa-libera-sob-condicoes-controladas-parte-da-importacao-da-sputnik.

[161]   Portal do Butantan. *Retrospectiva 2021: segundo ano da pandemia é marcado pelo avanço da vacinação contra Covid-19 no Brasil*. Publicado em: 31/12/2021. Disponível em: https://butantan.gov.br/noticias/retrospectiva-2021-segundo-ano-da-pandemia-e-marcado-pelo-avanco-da-vacinacao-contra-covid-19-no-brasil.

Importante ainda observar que em 24 de fevereiro de 2021 o Supremo Tribunal Federal referendou por unanimidade a decisão liminar do ministro Ricardo Lewandowski, que autorizou os estados, os municípios e o Distrito Federal a importar e distribuir vacinas contra a COVID-19, respeitada a aprovação do imunizante pela ANVISA ou outra autoridade sanitária estrangeira (STF, 24/02/2021)[162]. Essa decisão foi ratificada por medida semelhante adotada pela Câmara de Deputados, com a aprovação da Lei 14.125/21, de 10/03/2021 (Câmara dos Deputados, 11/03/2021)[163]. Tais decisões trouxeram ainda mais reforço às iniciativas de paradiplomacia dos entes federados, em busca de alternativas à falta de política efetiva do governo federal.

De janeiro de 2021 a maio de 2022 o Ministério da Saúde obteve ao todo 620 milhões de vacinas contra a COVID-19. Desse total, 186 milhões de doses (30%) foram entregues pela Fiocruz do imunizante AstraZeneca (FIOCRUZ, 2022). Já o Instituto Butantan entregou ao Ministério da Saúde em 2021 um total de 100 milhões de doses da Coronavac e em fevereiro de 2022 mais 10 milhões de vacinas para a imunização infantil (Portal do Governo, 16/02/2022)[164].

No caso das importações no Brasil de produtos e equipamentos para a área de saúde, neste período mais crítico da COVID-19, é possível notar no Gráfico 1 a seguir como os valores totais de importação de medicamentos e produtos farmacêuticos teve um aumento significativo em 2021 e em 2022, em relação aos três anos anteriores.

---

[162]   STF – Supremo Tribunal Federal. *STF referenda liminar que autoriza estados e municípios a importar vacinas.* Publicado em 24/02/2021. Disponível em: https://portal.stf.jus.br/noticias/verNoticiaDetalhe.asp?idConteudo=461090&ori=1.

[163]   Câmara dos Deputados. Agência Câmara de Notícias. *Entra em vigor lei que permite que estados, municípios e empresas comprem vacinas contra Covid-19.* Publicado em 11/03/2021. Disponível em: https://www.camara.leg.br/noticias/735023-entra-em-vigor-lei-que-permite-que-estados--municipios-e-empresas-comprem-vacinas-contra-covid-19/.

[164]   Portal do Governo. *Governo de SP entrega 10 milhões de doses da Coronavac ao Brasil nesta quinta.* Publicado em 16/02/2022. Disponível em: https://www.saopaulo.sp.gov.br/noticias-coronavirus/governo-de-sp-entrega-10-milhoes-de-doses-da-coronavac-ao-brasil-nesta-quinta/.

Gráfico 1: Importação de medicamentos e produtos farmacêuticos

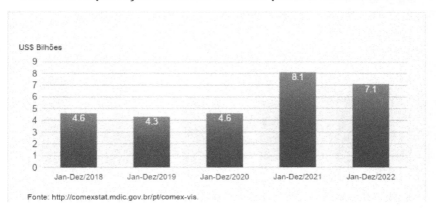

Fonte: http://comexstat.mdic.gov.br/pt/comex-vis.

Observe-se que o salto de importações e produtos farmacêuticos em 2021 (US$ 8,1 bilhões) representou um aumento de 76,1% sobre as importações em 2020 (US$ 4,6 bilhões), para o grupo de Medicamentos e Produtos Farmacêuticos, exceto Veterinários. Já em 2022 (US$ 7,1 bilhões), há uma certa diminuição das importações nesse segmento em relação a 2021 (-12,3%), mas ainda assim manteve um relativo percentual de aumento das importações (+54,3%) se comparado a 2020. Entretanto, se considerado que a COVID-19 começou a afetar a população brasileira em fevereiro de 2020, seria lógico notar uma sensível elevação de importações de produtos nesse segmento já em 2020. Mas devido ao posicionamento negacionista e deliberadamente inoperante do governo de Jair Bolsonaro, tal política fica retratada na, praticamente, estabilidade no total de importações de 2020 (mesmo valor de 2018 e pequena variação de +5,4% na recuperação sobre 2019) nesse segmento em meio à pandemia.

No que diz respeito ao Estado de São Paulo, parâmetro de comparação devido à ação de paradiplomacia do governo regional, o Gráfico 2 apresenta um comportamento das importações no mesmo segmento (Medicamentos e Produtos Farmacêuticos, exceto Veterinários), correspondente com o cenário de disputas e iniciativas internas, ao mesmo tempo em que contribui para o perfil do desempenho geral já observado no plano nacional.

Gráfico 2: Importações de medicamentos e produtos farmacêuticos

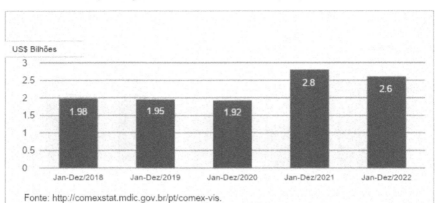

Fonte: http://comexstat.mdic.gov.br/pt/comex-vis.

O mesmo comportamento das importações no segmento destacado para o geral do Brasil é observado em 2021, com certa estabilidade de volumes entre 2018 e 2020. O importante de se considerar aqui é que um aumento do volume de importações em 2021 e 2022 refletem também as fortes iniciativas de paradiplomacia do governo do Estado, nas medidas adotadas contra a pandemia. Dessa forma, o volume total importado no segmento em 2021 (US$ 2,8 bilhões) foi 45,8% maior que o que havia sido importado em 2020 (US$ 1,92 bilhão). Já em 2022 (US$ 2,6 bilhões), embora pouco menor o volume de importações que no ano anterior (-7,1%), ainda assim manteve-se em valores acima de 2020 em cerca de 35,4%.

Resta ainda fazer um olhar sobre como ocorreram essas importações desse segmento (Medicamentos e Produtos Farmacêuticos, exceto Veterinários) em relação à origem de tais produtos. Sabendo-se que o mundo teve uma grande dependência da China para abastecimento de produtos na área de saúde durante o período crítico da pandemia, pode-se verificar no Gráfico 3 a seguir o desempenho das importações brasileiras sobre os insumos vindos da China.

Gráfico 3: Importações brasileiras sobre insumos da China

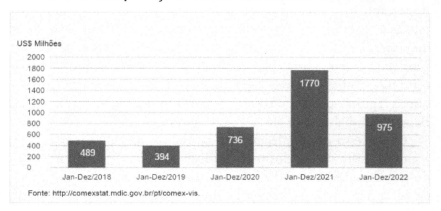

Fonte: http://comexstat.mdic.gov.br/pt/comex-vis.

Note-se aqui um dado bem significativo que, diferentemente do que se viu nos dados gerais de importações, no caso da China já houve um relativo aumento de demanda nesse segmento pelo Brasil desde 2020 (+86,8%) sobre as importações que haviam ocorrido em 2019 (de US$ 394 milhões para US$ 736 milhões). Mas o aumento das importações feitas pelo Brasil daquele país foi notável em 2021 (+140,5% sobre 2020), subindo para US$ 1,77 bilhão. A redução de importações foi acentuada em 2022 (-45,0% sobre 2021), sendo que mesmo assim o volume de US$ 975 milhões manteve-se ainda bem acima daquele realizado em 2019 (+147,5%).

4. CONSIDERAÇÕES FINAIS

O Brasil, assim como demais países do sistema internacional, vinha participando com certo protagonismo, como país em desenvolvimento e com destaque para considerável influência regional, dos processos de fortalecimento das ações e das relações de paradiplomacia dos seus entes subnacionais. Nas décadas de 1980 e 1990, bem como no início do Século XXI, os entes federados brasileiros foram conquistando espaço internacional para encontrar acolhimento e parceria para enfrentamento e busca de soluções a problemas locais/regionais, que se enquadravam em suas esferas de competências constitucionais.

Ao mesmo tempo em que a paradiplomacia foi se tornando um importante instrumento de apoio da gestão para políticas públicas nas esferas do interior dos Estados, também foi se configurando como um destacado mecanismo de articulação regional dos entes subnacionais, ganhando corpo político para barganhas com os seus próprios Estados centrais e com as possíveis negociações de interesses com parceiros de outras regiões ou mesmo certos organismos internacionais, tais como Banco Mundial, BID e ainda alguns setores da ONU.

O processo de fortalecimento da interdependência e articulação regional, estimulada pelos próprios Estados centrais, como foi o caso do processo do Mercosul aqui na região, abriu enormes oportunidades de participação nas relações internacionais dos atores subnacionais. Nesse sentido, o engajamento de cidades brasileiras e argentinas na formação da Rede Mercocidades foi decisivo para o sucesso e coesão dessa articulação regional, reforçada por outras cidades também fundamentais de demais países da região, em menor número.

Então, conforme foi abordado ao final da segunda seção deste capítulo, os três níveis de causas da paradiplomacia definidos por Soldatos (1993) devem ser refletidos para melhor entendimento de nosso foco de análise. É certo que os nossos entes subnacionais foram estimulados pelas causas externas, no terceiro nível descrito por Soldatos, influenciados pela crescente internacionalização da economia, pela interdependência dos países e das localidades, pela globalização das comunicações e pelos problemas locais que se descobrem também globais. Mas esse âmbito fica relacionado ou provoca a participação no primeiro nível, o das causas dos entes federados, pois é a busca de fazer cumprir as suas competências exclusivas, que por vezes não encontra eco nas demais esferas da federação, e o desejo de se fortalecer e de reforçar sua identidade com outros parceiros, semelhantes na escala de poder, que lança os atores subnacionais ao plano externo, com possibilidade de encontrar caminho próprio ou mesmo de gerar polo de resistência às divergências políticas com as instâncias federativas em escala superior. Entretanto, o segundo nível, das causas motivadas pelo Estado-Nação, é muitas vezes o fiel da balança para o desencadeamento da paradiplomacia cooperativa ou competitiva com o governo central. Ou se abrem canais institucionais de interlocução

Capítulo 20: Política externa e as ações de paradiplomacia: os impactos da COVID-19 no Brasil

na esfera nacional com os entes federados, tal como ocorreu nos governos Fernando Henrique (1995-2002) e Lula (2003-2010) com a instituição da Assessoria de Relações Federativas (ARF) e a Subchefia de Assuntos Federativos (SAF), respectivamente, ou não se prioriza na agenda e mesmo se ignoram os problemas e as políticas públicas das responsabilidades exclusivas dos entes subnacionais.

O caso mencionado, a paradiplomacia na pandemia da COVID-19 tratado na terceira seção deste capítulo, destaca-se em todos esses aspectos abordados, mas se caracteriza fundamentalmente por um componente abordado por Soldatos nas causas motivadas pelo Estado-Nação. A ineficiência da política federal: a ausência do Estado central na coordenação e liderança de um complexo sistema de política pública, no caso da saúde, que desarticulou o referenciado Sistema Único de Saúde – SUS, tornando inoperante o Programa Nacional de Imunizações – PNI em momento crucial de combate à pandemia.

O levante de parte dos entes subnacionais para buscarem caminhos próprios e, por vezes, se sobrepondo às competências do governo central entrou em confronto direto com o governo federal e foi parar por mais de uma vez na decisão do poder Judiciário, para a garantia da constitucionalidade em função do bem público. Na literatura que foi abordada inicialmente neste capítulo, alguns pesquisadores poderiam inicialmente tentar classificar a ação dos estados e municípios no que Duchacek (1998), Keating (1998) e Nossal, Roussel e Paquin (2012) nomearam com "protodiplomacia" (*apud* Prado, 2018, p. 139). Ou seja, quando há uma ação por parte do ente subnacional que se confronta com as competências do governo central, de forma desestabilizadora, ilegítima e perigosa à unidade do Estado. Trata-se, neste caso da conceituação, de um ato de secessão, ou seja, de rompimento com a união em movimento de tendência separatista, de independência. São os casos, por exemplo, que tradicionalmente se desencadearam em Québec, no Canadá, e na Catalunha, na Espanha (Prado, 2018, p. 139). Mas não seria esta a situação que se constatou aqui no Brasil, pois havia divergência de alguns governadores e prefeitos com a política ou a ausência dela por parte do governo federal, mas em nenhum momento se propunha a separação dos entes subnacionais. Enquadra-se exclusivamente como um típico caso de alta tensão nas relações paradiplomáticas com o governo central.

Neste caso, a paradiplomacia esteve literalmente num jogo de vida e morte. O resultado desse embate, ou da ausência de uma política efetiva do governo federal, não foi o simples desgaste político e, possivelmente, eleitoral. Não estava em jogo apenas, e, sobretudo, a disputa de poder e de posições ideológicas do Estado. Custaram vidas da população, sobretudo a mais desassistida, sem recursos, sem política de assistência. O Brasil chegou ao final de 2022 com cerca de 694 mil mortes por COVID-19 (OWID, 2023)[165].

O Brasil tem um histórico da existência de ações de paradiplomacia que, embora com tensões que são características dessas relações no interior do Estado, atuam mais em cooperação e complementação entre os entes subnacionais e o governo central. Há uma tendência de que seja fortalecida novamente a paradiplomacia brasileira nos próximos períodos de governos. É a tendência global e o Brasil, certamente, tem papel fundamental nesse processo. Deverá ser uma estratégia de suporte aos interesses nacionais e à política externa brasileira, assim como tem ocorrido com as grandes potências mundiais.

5. ESTUDO DIRIGIDO

Questão 1: Como a Diplomacia Corporativa, realizada pelas grandes corporações transnacionais privadas, pode se relacionar e interferir na paradiplomacia e na política externa de um país? Qual foi o papel das Empresas Multinacionais (EMNs) durante os momentos iniciais da pandemia de COVID-19, em relação à política comercial dos países?

Questão 2: Em que medida a Constituição brasileira dava respaldo para as ações de paradiplomacia durante as ações dos entes federados na pandemia, tratados neste capítulo? Por que o STF foi acionado algumas vezes para decidir sobre conflitos entre as competências dos entes federados e da União em encaminhamentos de transações com o exterior?

---

[165]   OWID – Our World In Data. *Coronavirus Pandemic (COVID-19) Deaths.* Disponível em: https://ourworldindata.org/covid-deaths.

Questão 3: Como as *Smart Cities* (Cidades Inteligentes) podem contribuir para o avanço e a coesão da paradiplomacia? Elas tornaram os processos mais ágeis nas relações internacionais durante o período já vivido de pandemia?

Questão 4: O ODS 11 (Objetivos de Desenvolvimento Sustentável da ONU), que visa tornar as cidades mais inclusivas, seguras, resilientes e sustentáveis, serve como um parâmetro positivo às ações de paradiplomacia? Em que sentido? Esse objetivo ficou em risco durante esses meses de pandemia?

Questão 5: Apesar de todas as tensões e conflitos vividos pelos entes subnacionais no enfrentamento da pandemia no Brasil, pode-se afirmar que a paradiplomacia brasileira sai mais fortalecida e com maior clareza de seu papel na construção das relações exteriores? Justifique com dados levantados.

6. REFERÊNCIAS BIBLIOGRÁFICAS

ARAUJO, R. F. de; et al. *Medidas fiscais e parafiscais diante da pandemia de COVID-19*: experiências internacionais selecionadas. Revista Tempo do Mundo, n. 26, ago. 2021, p. 35-65. DOI: http://dx.doi.org/10.38116/rtm26art1.

BANZATTO, A. P. A. *As interconexões entre o global e o local: governos subnacionais nas Relações Internacionais*. Estudos Internacionais, v. 4 n. 1, nov. 2016. Belo Horizonte: 2016, p. 7-25. DOI: 10.5752/P.2317-773X.2016v4.n1.p7.

DUCHACEK, I. Perforated Sovereignties: Towards a typology of new actors in international relations. In: MICHELMANN, Hans J.; SOLDATOS, Panayotis (org). *Federalism and International Relations*: the role of subnation units. New York: Oxford University Press, 1990, p. 1-34.

FIOCRUZ. *Balanço de gestão 2020-2022*. Atuação da Fiocruz na Pandemia da COVID-19. Disponível em: https://portal.fiocruz.br/sites/portal.fiocruz.br/files/documentos_2/relatorio_fiocruz_covid_0.pdf.

HOCKING, B. *Localizing foreign policy*: non-central governments and multilayered diplomacy. London: Palgrave Macmillan, 1993.

KEOHANE, R. O.; NYE, J. S. *Globalization*: what's new? What's not? (And so what?). *Foreign policy*. New York: Longman, 2000.

KINCAID, J. Constituent diplomacy in federal politics and the Nation-state: conflict and cooperation. In: MICHELMANN, Hans J; SOLDATOS, Panayotis. *Federalism and international relations*: the role of Subnational Units. Nova York, Oxford University Press, 1990, p. 54-74.

MARIANO, K. L. P.; MARIANO, M. P. Governos subnacionais e integração regional: considerações teóricas. In: WANDERLEY, Luiz E.; VIGEVANI, Tullo (Orgs.). *Governos subnacionais e sociedade civil*: integração regional e Mercosul. São Paulo: EDUC; Ed. Unesp, 2005, p. 131-160.

PRADO, D. F. M. do. *A atuação internacional dos governos subnacionais*: construções conceituais, limites e contribuições para o caso brasileiro. Rev. Carta Inter., v. 13, n. 3. Belo Horizonte, 2018, p. 137-168. DOI: 10.21530/ci.v13n3.2018.846.

RODRIGUES, G. M. A. *Marco jurídico para a cooperação internacional descentralizada*. São Paulo: Frente Nacional de Prefeitos, 2011. DOI:10.13140/RG.2.2.30046.48966.

SARFATI, G. *Manual de diplomacia corporativa*: a construção das relações internacionais da empresa. São Paulo: Atlas, 2007.

SOLDATOS, P. An Explanatory Framework for the Study of Federated States as Foreign-policy Actors. In: MICHELMANN, Hans J.; SOLDATOS, Panayotis (org). *Federalism and International Relations*: the role of subnation units. New York: Oxford University Press, 1990, p. 34-53.

SOLDATOS, P. Cascading subnational paradiplomacy in an interdependent and transnational world. In: BROWN, Douglas; FRY, Earl (Eds.). *States and provinces in the international economy*. California: Institute of Governmental Studies Press, University of California, 1993, p. 45-64.

7. RECURSOS AUDIOVISUAIS

Federalismo brasileiro e contrapoder na COVID-19. Gênero: Live. Ano: 2021. Sinopse: Os pesquisadores do Centro de Estudos Estratégicos da Fiocruz Sonia Fleury e Assis Mafort analisam a dinâmica do federalismo brasileiro durante a pandemia, a partir da pesquisa "Novo Federalismo no Brasil? Tensões em Tempos de Pandemia de COVID-19", desenvolvida pelo Centro. Link: https://www.youtube.com/watch?v=-fY4tbx4V9eU.

Coronavírus: as crises entre países provocadas pela pandemia da COVID-19. Gênero: Reportagem. Ano: 2020. Sinopse: Neste vídeo, a repórter Lais Alegretti explica como a crise causada pelo novo coronavírus provocou troca de acusações entre países, passando por tensões na Europa, envolvendo os EUA e, por fim, entre Brasil e China. Link: https://www.youtube.com/watch?v=WrAKg-NMagk.

Conheça os impactos da COVID-19 no Brasil. Gênero: Reportagem. Ano: 2020. Sinopse: O estudo COVID-19 no Brasil – Impactos e Respostas de Políticas Públicas, do Banco Mundial, analisa os efeitos da pandemia de coronavírus na economia, educação, saúde, infraestrutura e outras áreas. Link: https://www.youtube.com/watch?v=lu1-vBrJNDw.